中国非物质文化遗产
CHINA INTANGIBLE CULTURAL HERITAGE

天下第十八福地

蘇軾

苏仙传说

橘井泉香

张式成 ◎ 著

中国文史出版社

本书编辑委员会

The Fragrance of the Orange Well Spring

The Legend of Su Xian, a national intangible cultural heritage protection project, is a part of the historical memory of the Chinese nation. This folklore tells the story of Su Dan, a young boy from Guiyang County (now Chenzhou City, Hunan Province), who predicted a plague and used the leaves of his mother's orange tree as a primer for a spring water in preparation to save the people for free, and the success of the fighting of the people against the plague. It is the origin of one of the most famous tales of Chinese medicine, "the fragrance of the Orange Well Spring", which makes the Su Xian Mountain and the Orange Well the "18th most blessed place in the world".

After years of research, the author of this book has uncovered and deciphered a number of mysteries, such as the legend spreading throughout the country, and more than 10 provinces and cities had their version of the Orange Well. "Orange Well" was named after the poet Du Fu and other famous writers, with the imperial edicts in which the Emperors of the Tang and Song dynasties appointed Su Dan as the immortal doctor. Other contents include the change in the ranking of "the 18th most blessed place in the world" of Taoism, the inscription of Su Shi, the literary works of famous people in the past generations including the emperors and generals such as Emperor Zhenzong of the Song Dynasty and Emperor Qianlong of the Qing Dynasty, the international influence on Koryo, Japan, Italy, Vietnam, Cambodia and America, the formation of the culture of the Orange Well, the culture of immortal spirit and the culture of blessed places, etc. ; the restoration of more than 2,000 years of the ecological grand view of "the legend of Su Xian and the fragrance of the Orange Well Spring", showing its epic style and features beyond folk literature, medicine, and religion, as well as its potential qualification as a worldwide intangible cultural heritage.

(Zhang Ziwei)

1

"苏仙传说""橘井泉香"发生地，南岭要冲湖南郴州市。近为北湖，远即苏仙岭

苏仙岭·万华岩（大型地下河溶洞群）组成国家级风景名胜区

"苏仙传说"两千年载体——道教"天下第十八福地"苏仙岭（含橘井路橘井）

苏仙岭顶苏仙观，祭祀西汉时和母亲一起用药橘配伍草药熬井泉救民的少年郎中苏耽

苏仙观苏耽塑像，上悬"仙自人间"匾

文学、医林名典"橘井泉香"的橘井与药橘（郴州
一中校园）

目　录

前　言

　　"苏仙传说"，萌生于公元前，与汉民族、汉文化同步，逐渐形成的民间文学以及中医、道教、孝、福、仙灵文化现象，含著名典故"橘井泉香"。出版专著，却有波折。

　　"文革"结束后，一次全国中医药会上，日本记者采访，说日本存在与橘井、杏林相关的名物，源自中华；他们知道杏林所在，询问橘井何处，我方接待者未能回答。

　　改革开放的20世纪80年代，在国务院重视下，文化部、全国文联组织文化艺术界，开展抢救、发掘、收集、整理各地各民族的民间文学、文艺资料"集成"系统工程，郴州"苏仙传说"既编入地市县资料本，又列入地市县志。有的版本虽未见"橘井"二字，数量却超过郴州"神农传说"，笔者感到惊奇。

　　春潮鼓荡文化建设，1984年湖南出版的旅游丛书《南国郴州》含苏仙岭、橘井观篇及苏仙观照片；1988年湖南省人民政府批准郴州为首批省级历史文化名城，其中一项条件即为"从汉代流传至今的苏仙神话（那时的认识），扩大了苏仙岭的知名度，被称为道教七十二福地中第十八福地"。郴州行署发展旅游，将我作骨干，郴州又是中国女排集训基地，我身兼基地外事旅游专干；上级领导、专家及外宾来郴，派我作为导游介绍苏仙岭、橘井；行署外办抽我设计导游品《南国郴州》《郴州之旅》及赴港展板，促使我搜集资料。

　　然时至1994年，《湖南日报》头版文章仍将"橘井"错写成"菊井"。2000年上海古籍出版社《道教三百题》一书，专家把湖南郴州马岭山记为"广西马岭山"。2006年民族医药学会《亚太传统医药》杂志一文，写"苏仙公……对儿子苏耽说"。凡此种种，令人联想起1971年8月10日《人民日报》记者报道时，将"郴州"误作"彬州"。这充分说明冰冻三尺非一日之寒，深深刺激了笔者对"苏仙传说"的眷注。

　　1995年地改市，笔者忝列市政协委员兼文史研究员，编旅游书《天下第十八福地郴州》，自然少不了苏仙、橘井的内容。当时不敢奢望成一专著。但文化氛围日浓，笔者从古稀之年的三叔张盛伟和郴州一中邓致和、郴县张治苏老师等前辈处了解到：笔者祖父——民国郴县教育局长、省议员张愈昱，曾约郴籍画师王兰请清末民国同盟会名人、大画家王震绘制苏耽像。

由是，笔者奋力钻研"苏仙传说"文史，渐有心得。2004年中央电视台海外频道《走遍中国·郴州》摄制组，确定我为《苏仙传奇》《神农作耒》《三绝碑》3个专集的采访嘉宾。笔者初中毕业的郴州一中，也采纳了我恢复橘井的议案。2006年郴州全面开展非物质文化遗产评选工作，我有幸成为首批评审委员，敦促、指导苏仙区申报"苏仙传说"，使之成为首个评上市级、省级的民间文学项目。市、区将我列为传承人之一，我遂在保护规划中提及专著。

如此，便一步步探明文学、医林名典"苏耽橘井"的神秘源头，厘清道教"天下第十八福地"的排序变化等。

2014年，"苏仙传说"列入国家级非物质文化遗产代表性项目名录，是湘南首个成功申报国家级非物质文化遗产的民间文学。

民间传说属口头文学、民俗文化，文化部《非物质文化遗产概论》论析："口头文学可能更多地保存了历史的原状，是活态的、生动的历史。由于口头文学是在民间流行，相对于官修史书而言，更少受官方意识的影响和干扰，更少为所谓的尊者、贤者讳饰，因而就能更多地记录、存留下来当时的真实状况。这就使得在某些时候口头文学比官修史书更有历史记忆价值、科学认识价值。……人类的口头语言及口传文学有两个显著特征，首先是讲究具体事实细节的可信，其次是强调高度发达的记忆能力。而且这两大特征是互为因果、相辅相成的：只有强调讲清事实原委及具体细节，保证讲述的真实性，才能达到准确记忆的目的；反过来，有了准确的、发达的记忆功能，才能保证对历史事实的准确记忆和讲述传承。正是口头文学本身的特征，以及它所用以表达的口语的特征，共同保证了口头文学的高度历史真实性，决定了其具有极高的科学价值。"

"苏仙传说"能评上国家级非物质文化遗产，靠当时掌握的小部分文史、文物及道教福地身位。它作为一种历史存在、文化生态、文学现象，还有许多人们未知的亟待了解。如中国道教协会所在地白云观和琉璃厂文化街都看不到《列仙传》《神仙传》中的"苏耽传"，怎么回事？杜甫有关于"苏仙传说"的诗，李白写过吗？秦观贬郴时撰《踏莎行·郴州旅舍》，有无橘井的词？唐宋帝王敕封苏耽的诏令具体写什么？徐霞客在郴州所见"天下第十八福地"穹碑谁题墨宝？"橘井泉香"在医林名典中系唯一预测抗击瘟疫的，那么古往今来，这整个传说与橘井文化究竟呈何种状貌？

如是，笔者焚膏继晷兀兀穷年，开掘出大部分湮沉史料，发现：两千载不间断的各类典籍，形成恢宏的社会化叙事体系，体现出自觉赓续、文以载道、以文化人的中华文明薪火传承特色。这是本书最大的收获，笔者广搜博纳，条分缕析为八个篇章以飨读者。

第一章　南岭一传两千年

（典籍文献）

郴州颇凉冷，橘井尚凄清。

——杜　甫

中华尚文，文学即人学，民间文学尤其如此。"苏仙传说"口口相传的不是怪力乱神，而是汉初南岭桂阳郡治所郴县（今湖南郴州市）郎中苏耽与母亲救民的历史记忆。桂阳郡此前乃"禹贡""楚贡"药材地，战国为楚苍梧郡，贡药桂后易名桂阳；其时兵戈连连，秦灭六国"流血漂橹"，天下聚义再亡秦，又楚汉相争，至汉朝因"桂赤色，汉家象"，改苍梧郡为桂阳郡。长期战乱导致生态失衡，疾病频发。《汉书》记载，西汉文帝时"疾疫之灾"，"朕甚忧之"；苏耽母子悬壶济世，传说就此萌发，孕育的"橘井泉香"系医林名典中唯一预测抗击瘟疫的。其蕴含反封建重人道、母慈子孝、布德行善、力抗天灾、大爱苍生、造福百姓等精神元素。以人为本而拨动天下人心，引起历代文学名家、文化巨匠乃至外国学者共鸣、崇敬，不吝笔墨，反复录写、爬梳剔抉，形成各类文献，藏之汗青、隐于秘阁两千年。申报国家级非物质文化遗产时仅获百分之十左右；今穷搜博采、深掘发现，其浩繁丰赡的状态、周全规整的程度，汗牛充栋令人难以想象，早已突破中医、道教、文史等范畴，蔚为系统化的华夏文学、文化大观。

第一节　文学名著

借问迎来双白鹤，已曾衡岳送苏耽。

——王　维

文学与人最无距离。最早采写此传说的，是西汉文学家、思想家刘向，受楚地巫风、秦汉方术、孝悌文化陶染整理出苏耽传，收入第一部系统的仙人传记暨早期志怪小说《列仙传》，为后世提供了一个孝敬娘亲、珍爱生命的永恒人性主题；晋朝葛洪接续大写"苏仙公"；唐朝欧阳询编《艺文类聚》、白居易著《白氏六帖》，均发现《列仙传》散佚的苏耽传说，《全唐文·苏仙碑铭》证实"《列仙》是纪"；北宋《太平御览》记苏耽骑鹿事在《列仙传》；明《历世圣贤名医姓氏·汉苏耽》言明"出《列仙传》"，嘉靖年郴州举人喻正中忆"幼尝诵《列仙传》至橘井一事"；清《古今图书集成·医术名流列传》"按《列仙传》"全录苏耽传，说明出自《列仙传》古本（后世出版者图省事仅印刷删改涂饰本）。鲁迅认为"刘向的《列仙传》是真的"，传说是小说的"本根"。如此，终致创生名典"苏耽橘井""橘井泉香"等。故"苏仙传说"的起点高、史传久、基础牢、可塑性强。梳理史料，可知历代将"苏仙传说、橘井泉香"付诸文字的，正是名家名著，构建了经典化的仙自人间的专属文学、仙灵文化体系。

列仙传·苏耽

刘　向

苏耽，桂阳人也，汉文帝时得道，人称苏仙。公早丧所怙，乡里以仁孝著闻，宅在郡城东北，距县治百余里。公与母共食，母曰："无鲊。"公即辍箸，起身取钱而去。须臾以鲊至。母曰："何所得来？"公曰："县市。"母曰："去县道往返百余里，顷刻而至，汝欺我也！"公曰："买鲊时，见舅氏，约明日至。"次日，舅果至。

一日，云间仪卫降宅。公语母曰："某受命仙箓，当违色养。"母曰："我何存活？"公以两盘留。母需饮食扣小盘，需钱帛扣大盘，所需皆立至。

又语母曰："明年天下疾疫，庭中井水橘树能疗。患疫者，与井水一升，橘叶一枚，饮之立愈。"后果然，求水叶者，远至千里，应手而愈。

注：刘向（前77—前6），西汉末经学家、文学家。祖籍沛郡（徐州），汉高祖刘邦异母弟楚元王刘交的五世孙。宣帝朝任谏议大夫，后因反宦官下狱。成帝用为光禄大夫、中垒校尉。领校朝廷收藏秘书，撰《别录》，为目录学之祖，著《新序》《说苑》《列女传》《列士传》，整理《战国策》，与儿刘歆编订《山海经》，于史学、文学功著千秋。曾于湘西二酉山读书，了解战国楚苍梧郡郴县，《战国策·楚策》写"临武君"。《列仙传》首记桂阳郡郎中苏耽传说：父早逝，他孝母、救民，提炼孝悌文化典型。"怙"本义：依靠、仗恃，后特指父亲。郡城，即郴县；县治，苏母老家便县（今永兴）。"鲊"为湘中特产腌鱼。"云间仪卫"，仁孝名气传开，天降仪仗迎其登仙。"色养"

即和颜悦色孝养长辈。苏耽预测瘟疫，告母"明年天下疾疫（'疾'，病；'疫'，民皆疾《左传》），庭中井水橘树能疗"，具有医学依据。"橘"，芸香科植物药橘，郴方言"皱皮柑"，主治肺胸胃部疾病。按古汉语语法与中医药学规范，"橘叶一枚"即以橘叶为药引，配伍草药制剂；"患疫者"无偿"与"药义治。本篇已仙化苏耽，但折射出历史影像，属型变史实，这孝亲救民和中医"治未病"的纪实，揭示人性温情与大爱。

湘中山水记

罗 含

项羽徙义帝于郴而害之，今有义陵祠；又县南十数里有马岭山，山有仙人苏耽坛。

注：罗含（292—372），东晋文学家、地理学家，字君章，桂阳郡耒阳县（今衡阳耒阳市）人。历任郡太守、长沙相、中散大夫等职，《晋书》有传。西晋在湘水流域置湘州，故湘江中上游叫湘中（后称湘南），含南岭桂阳郡。罗含撰国中第一部山水散文集《湘中记》，写湘江"白沙如霜雪，赤岸如朝霞"、南岳"遥望衡山如阵云"；是地理文学的主要开创者，楚湘第一个哲学家，撰湖南首篇哲学文《更生论》（更生即刘向原名）以及《菊兰集》等，人誉"湘中琳琅""荆楚之材"。杜甫咏"庾信罗含俱有宅，春来秋去作谁家"。李商隐咏"陶令篱边色，罗含宅里香"。故"罗含宅""罗含梦鸟"成典故。《湘中记》遗此残篇，记祭祀苏耽地点。"县"指县城，写马岭山在"县南"，系苏耽母亲籍地便县南，"便"字脱落。"坛"，《说文解字》释义"祭场也"，"苏耽坛"传为苏耽飞升处，祭苏耽，体现楚俗"好祀"特点。

水 经 注

郦道元

耒水出桂阳郴县南山……郴，旧县也，桂阳郡治也……黄溪东有马岭山，高六百余丈，广圆四十里许。汉末，有郡民苏耽，栖游此山。《桂阳列仙传》云：耽，郴县人。少孤，养母至孝。言语虚无，时人谓之痴。常与众儿共牧牛，更直为帅，录牛无散。每至耽为帅，牛辄徘徊左右，不逐自还。众儿曰：汝值，牛何道不走耶？耽曰：非汝曹所知。即面辞母，云：受性应仙，当违供养。涕泗。又说：年将大疫，死者略半。穿一井，饮水可得无恙。如是，有哭声甚哀。后见耽乘白马，还此山中，百姓为立坛、祠，民安岁登，民因名为马岭山。

注：郦道元（466—527），北魏地理学家、散文家，河北涿州人，曾任荆州刺史。好学博览，文笔深峭，以东汉《水经》为线索纲目，"访渎搜集"即勘察水道、广寻文史，发掘考证山水、城邑、关津的地理沿革、历史事件、相关人物和碑刻等，搜集430多种书籍及民间传说、典故，作二十倍的补充、开展，繁征博引，行文绚丽散漫，遂成《水经注》。其中桂阳郡、郴县、桂水、耒水、黄水（郴江）、圆泉、马岭山的内容深邃，史料稀见，尤其搜集到三国《桂阳列仙传》，写苏耽家贫牧牛养母，"穿一井"即凿通一井，"饮水"即泉水熬药饮用；并告来年"将大疫，死者略半"，嘱母救人，使这预测防治瘟疫的珍贵史料得以保存流传，功荫后学。记苏耽除疫而年谷丰登，百姓"为立坛、祠"，坛同上，祠即苏耽祀庙，皆礼制建筑。日本专家称郦道元为"中世纪全世界最伟大的地理学家"，多国图书馆收藏《水经注》，形成"郦学"，美国的大学图书馆即藏14个版本。

艺文类聚

欧阳询等

卷六十五·产业部上·园：

《桂阳先贤记》曰：苏耽尝除门廷，有众宾来，耽告母曰："人招耽去，已种药著后园梅（注：应为橘）树下，可治百疾，一叶愈一人，卖此药，过足供养。"

卷九十·鸟部上·白鹤：

《列仙传》曰：苏耽去后，忽有白鹤十数只，夜集郡东门楼上，一只爪画作书字，言曰："城郭是，人民非，三百甲子当复归。"咸谓是耽。

卷九五·兽部下·鹿：

《列仙传》曰：苏耽与众儿俱戏猎，常骑鹿，鹿形如常鹿，遇崄绝之处，皆能超越，众儿问曰："何得此鹿骑而异常鹿耶？"答曰："龙也。"

注：欧阳询（557—641），隋唐大书法家、文学家，潭州临湘（长沙）人。隋朝时任太常博士，与唐高祖李渊交谊颇厚；入唐后，任光禄大夫、弘文馆学士等高官，封渤海县男。622年，唐高祖下令编修大型类书，欧阳询等人主编《艺文类聚》；搜集了刘向《列仙传·苏耽》佚失部分，以及三国

《桂阳先贤记》的相关内容。第3条是《列仙传》说苏耽骑鹿戏猎，唐代即有褚载《赠道士》诗言及，清康熙侍读学士高士奇注："《列仙传》：鹿一千年为苍鹿。又苏耽猎，常骑鹿；遇险绝处，皆超越。问之，答曰：龙也。"特别是《列仙传》佚失的"苏耽化鹤"情节与"苏耽歌"，为后世存留珍稀资料，又感人至深，功莫大焉。其采集的《桂阳先贤记》中"尝除门廷"，即修整门墙、清理庭院。"著"，表示贮积，为母贮药。"梅"应是"橘"，属后世刻错。《不列颠百科全书》介绍百科全书历史，列举了中国《艺文类聚》等20多种著名类书。

全唐诗·出郴口北望苏耽山

沈佺期

少曾读仙史，知有苏耽君。流放来南国，依然会昔闻。
泊舟问耆老，遥指孤山云。孤山郴郡北，不与众山群。
重崖下萦映，嶙峋上纠纷。碧峰泉附落，红壁树傍分。
选地今方尔，升天因可云。不才予窜迹，羽化子遗芬。
将览成麟凤，旋惊御鬼文。此中迷出处，含思独氛氲。

注：沈佺期（约656—715），唐代诗人，与宋之问并称"沈宋"。河南安阳人，675年进士，任给事中、尚书等要职。705年秋流放驩州，来去过郴停留，开唐人咏郴诗之先河。宋人评说："郴阳自唐以山水名天下，有沈（沈佺期）杜（杜甫）韩（韩愈）柳（柳宗元）相继发挥之。"首个即沈佺期。此流丽疏放之诗，说明西汉苏耽名气大到其降生、采药之山，已成郴州地标性自然景观，早被人们称作"苏耽山"。"少曾读仙史"，指沈佺期幼时看汉《列仙传》、晋《神仙传》等书籍，故"知有苏耽君"预防瘟疫的救民故事。"流放来南国"句，内含中原与岭南沿海主通道在南国郴州之意。"耆老"，指德高望重的老人。"郴郡"，唐代郴州也称郴州桂阳郡。"羽化子遗芬"，指苏耽化鹤成仙却留下药草清香。诗赞苏山乃出麒麟凤凰之才的宝地。

全唐诗·送方尊师归嵩山

王　维

仙官欲往九龙潭，旄节朱幡倚石龛。山压天中半天上，洞穿江底出江南。
瀑布杉松常带雨，夕阳苍翠忽成岚。借问迎来双白鹤，已曾衡岳送苏耽。

注：王维（693？—761），盛唐山水诗人代表，音乐家、书画家。祖籍山西祁县，字摩诘。他状元出身，被后世誉为"诗佛"，却擅长仙风道骨的游仙诗。撰与郴州相关的七律两首，《送杨少府贬郴州》的"长沙不久留才子，贾谊何须吊屈平"句，引起天下文士心绪共振；《送方尊师归嵩山》，系他奉唐玄宗旨意，到湖湘南岭，寻找"桂阳石室"（郴州桂阳郡一带山洞）中的古石磬乐器时撰写。在衡山，他巧遇方姓道士，知其将返中岳嵩山九龙潭。衡山在西汉曾属桂阳郡，也是桂阳郡郎中苏耽采药和苏仙传说流布地。故王维作此游仙诗，借"苏耽跨鹤"羽化的掌故，喻方道士"仙官"并寄托自己对仙境的向往；诗句"旌节朱幡"说方尊师仪仗，像鹤仙迎接苏耽那般；诗中有画，瀑布夕阳，白鹤松杉，仙气飘绕，清新养眼。"双白鹤"，后人频繁引用。日、美、英、法、俄、韩等国学者多次翻译王维诗集。

全唐诗·寻雍尊师隐居

李　白

群峭碧摩天，逍遥不记年。拨云寻古道，倚石听流泉。
花暖青牛卧，松高白鹤眠。语来江色暮，独自下寒烟。

注：李白（701—762），唐代伟大的浪漫主义诗人，被后人誉为"诗仙"，字太白，号青莲居士、谪仙人，与杜甫并称"李杜"。744年求仙访道，履行道教仪式成为道士。受唐玄宗赏识，做过文学侍从。此游仙诗，述寻找雍姓道士隐居修炼地。"尊师"，道教以老子为教主，其他名道称"尊师"。《全唐诗》编者注语指出李白此诗采用两个楚地道家典故，"花暖青牛"说老子李聃骑青牛出函谷关，隐居花丛地不返，后作咏道士典故；"松高白鹤"传桂阳郡苏耽橘井救民，得道升仙白鹤来迎，后作咏仙人典故。如宋末文天祥好友、宫廷琴师汪元量入湘闻苏仙传说，吟"老子骑牛沙上去，仙人化鹤苑中还"。元代诗人张雨《集太白语酬僧净月》，化用李白句为"借问苏耽鹤，早晚向江西"。明代戏剧家汤显祖咏"似有青牛随李叟，久无白鹤到苏耽"。郴州传仙凡有别，苏耽升天后思母，只能化为白鹤降马岭巅松树遥望母宅，久之松林受感化枝柯齐伸向南。外国学者翻译李白诗集，自然也包括"松高白鹤眠"。

全唐诗·奉送二十三舅录事之摄郴州

杜 甫

贤良归盛族，吾舅尽知名。徐庶高交友，刘牢出外甥。
泥涂岂珠玉，环堵但柴荆。衰老悲人世，驱驰厌甲兵。
气春江上别，泪血渭阳情。舟鹢排风影，林乌反哺声。
永嘉多北至，句漏且南征。必见公侯复，终闻盗贼平。
郴州颇凉冷，橘井尚凄清。从役何蛮貊，居官志在行。

注：杜甫（712—770），唐代伟大的现实主义诗人，被世人尊为"诗圣"，字子美，河南巩县人。"安史之乱"后，北方战争频仍，杜甫知妻舅崔伟奉派郴州，即寄此诗。767 年杜甫携妻、子南下，769、770 年，杜甫一家漂泊湖湘，潭州兵变，杜甫遂投奔代摄郴州刺史的妻舅崔伟，撰《将之郴先入衡州欲依崔舅于郴》，欲安居郴州。770 年夏，舟船抵郴江口（耒水、桂水交汇之永兴县潭门口）下方、耒阳县上堡河滩。孰料南岭气候突变，夏日雨雪，端午洪水，五日进退不得。食耒阳聂县令差人送去的牛肉白酒，又赤日炎蒸，疾病缠身的杜甫坏了肠胃，不幸卒于郴州北大门。历代文士悼诗无算。诗圣生前十分关注"苏仙传说"与橘井，共有 4 首诗写到苏耽井、橘井、归鹤、郴岸等。橘井，即依杜甫、元结、郴州刺史孙会的诗文而定名。"郴州颇凉冷，橘井尚凄清"，被历代名流、各类名著引用。"仙山引舟航"，带起马岭转称苏仙岭。外国学者翻译数种杜甫诗，橘井遂名传域外。

全唐诗·橘井

元 结

灵橘无根井有泉，世间如梦又千年。乡园不见重归鹤，姓字今为第几仙？
风泠露坛人悄悄，地闲荒径草绵绵。如何蹑得苏君迹？白日霓旌拥上天。

注：元结（719—772），盛唐文学家，字次山，河南洛阳人。天宝十二载（753）进士，任山南东道节度使幕府参谋，参加讨伐史思明叛军之战，升水部员外郎。764 年任道州刺史，政声远播。因由春陵水道进出湘中，故往来于郴州、平阳（今湖南省级历史文化名城桂阳县），"欸乃体"诗即创于春陵江，"湘江二月春水平，满月和风宜夜行。唱桡欲过平阳戍，守吏相呼问姓

名"。他专程探访橘井，以其为诗题，诗词史上属首次。"灵橘"，即苏耽故居橘井旁药效灵验之橘；"井有泉"，橘井中有煎药的清泉。元结笔力遒劲，将"安史之乱"带给人民的苦难，糅入七律《橘井》，具有强烈的现实感。他慨叹从汉苏耽救民到唐代，人世已千年，他看不见苏耽化鹤归来，连续发问："姓字今为第几仙？""如何蹑得苏君迹？"有欲借苏耽与橘井之神力，兼济社会的思维。"露坛"，即马岭山顶苏耽坛。诗中颔联、颈联皆为名联。

送廖道士序

韩　愈

　　五岳于中州，衡山最远。南方之山，巍然高而大者以百数，独衡为宗。最远而独为宗，其神必灵。衡之南八九百里，地益高，山益峻，水清而益驶，其最高而横绝南北者，岭。郴之为州，在岭之上，测其高下得三之二焉。中州清淑之气，于是焉穷。气之所穷，盛而不过，必蜿蟺扶舆磅礴而郁积。衡山之神既灵，而郴之为州，又当中州清淑之气，蜿蟺扶舆磅礴而郁积，其水土之所生，神气之所感，白金、水银、丹砂、石英、钟乳，橘柚之苞、竹箭之美、千寻之名材，不能独当也。意必有魁奇忠信材德之民生其间，而吾又未见也。其无乃迷惑溺没于老佛之学而不出耶？廖师郴民，而学于衡山，气专而容寂，多艺而善游，岂吾所谓魁奇而迷溺者耶？廖师善知人，若不在其身，必在其所与游。访之而不吾告，何也？于其别，申以问之。

　　注：韩愈（768—824），文学家、思想家、政治家，"唐宋八大家"之首，河南人，字退之，卒赠礼部尚书，谥号"文"。最高学府国子监祭酒，刑、兵、吏三部侍郎。幼年即随兄嫂跋涉南岭；谪阳山县令与谪郴州临武县令的张署，赦还待命郴州；因谏迎佛骨贬潮州刺史，往来经郴。涉郴诗文多篇，《八月十五夜赠张功曹》收入《唐诗三百首》，《祭李使君文》中"空明"成《辞海》词条。此序赠名道廖法正，廖获唐懿宗封"元妙真人"，然告辞还郴，住持马岭。韩愈反道佛学说，却慕其名，永贞元年（805）作此序，乃名家咏郴最佳之文，极赞郴州地理特、山水俊、物产丰。"郴之为州，在岭之上"，即郴州处于长江、珠江流域的分水岭南岭。"丹砂"，传说苏耽炼丹，而"仙药至上者丹砂"。五种矿产名，接示郴州系矿晶之都。"橘柚之苞"，南岭佳果包括药橘，全身入药，如橘红即柑橘皮。"意必有魁奇忠信材德之民生其间"，隐指汉苏耽、蔡伦；"而吾又未见也"，规劝时人勿"迷惑溺没于老佛之学"。河南、广东举办韩愈国际学术研讨会，美、日、韩等国学者参加。

全唐文·陋室铭

刘禹锡

山不在高，有仙则名；水不在深，有龙则灵。斯是陋室，惟吾德馨。苔痕上阶绿，草色入帘青。谈笑有鸿儒，往来无白丁。可以调素琴，阅金经。无丝竹之乱耳，无案牍之劳形。南阳诸葛庐，西蜀子云亭。孔子云：何陋之有？

注：刘禹锡（772—842），文学家、哲学家，世尊"诗豪"，与柳宗元并称"刘柳"。他在京城长安还与郴籍进士刘景、郴籍郎中陈谏和户部侍郎杨于陵交好。永贞年（805—806）参与革新朝政的活动，失败被贬为湖南观察使所辖岭南连州刺史。途经郴州，遇先下派郴州刺史的杨于陵。杨正撰写《青史王记》，记建中年间（780—783）曹壮士降巨蟒之事，于是陪刘游郴山郴水，为其讲述苏耽救民而跨鹤马岭升仙，及曹代飞平水患化白龙战北湖黑龙的传说。刘禹锡告别杨于陵去连州，上湘粤古道后便染疾，上书朝廷"伏以南方疠疾，多在夏中。自发郴州，便染瘴疟"。幸得杨于陵留置北湖驿站医治，因传染病且条件有限，只得独处陋室治疗。其间，刘禹锡由苏仙岭、北湖的仙灵传说，悟出"山不在高，有仙则名；水不在深，有龙则灵"的哲思，遂撰下此散文名篇。至今，一直选为中学语文教材。"刘禹锡国际学术研讨会（湖南常德）"，有日本、韩国、哈萨克斯坦等国学者参与。

酉阳杂俎·仙桃

段成式

仙桃，出郴州苏耽仙坛。有人至，心祈之辄落坛上，或至五六颗。形似石块，赤黄色，破之，如有核三重。研饮之，愈众疾，尤治邪气。

注：段成式（803—863），晚唐志怪小说家，山东人，父为宰相段文昌。他曾任三州刺史与太常少卿；在诗坛与李商隐、温庭筠齐名，笔记小说集《酉阳杂俎》，列入《新唐书·艺文志》小说家类。其内容广博，包括自然现象、物产资源、方术医药等，对自然科学有研究价值。书中关联郴州的3条，写苏仙岭"仙桃"，人诚心祈求就会掉落，传说苏耽采摘孝母，说明他是取桃核做药。段成式做过吉州（江西吉安）刺史，吉州与郴州距离不远，井冈山

即处"郴衡吉赣之交",故他听闻了苏仙传说,"仙桃"传说系他首记,带起后世广为流传。"形似石块"虽志怪,但实际是苏仙观下山坡中挖掘的"桃石",经化验证实属化石,研磨石粉可入药治心疼、牙痛等,与药橘传说相映。英国科普作家李约瑟在《中国科学技术史》第5卷对《酉阳杂俎》予以高度评价,"桃石"的医药学价值为人关注。

太平广记·苏仙公

李昉等

苏仙公者,桂阳人也,汉文帝时得道。先生早丧所怙,乡中以仁孝闻。宅在郡城东北,出入往来,不避燥湿。至于食物,不惮精粗。先生家贫,常自牧牛,与里中小儿,更日为牛郎。先生牧之,牛则徘徊侧近,不驱自归。余小儿牧牛,牛则四散,跨冈越险。诸儿问曰:"尔何术也?"先生曰:"非汝辈所知。"常乘一鹿。

先生常与母共食,母曰:"食无鲊,他日可往市买也。"先生于是以箸插饭中,携钱而去,斯须即以鲊至。母食去(明抄本"去"作"未")毕,母曰:"何处买来?"对曰:"便县市也。"母曰:"便县去此百二十里,道途径险,往来遽至,汝欺我也!"欲杖之。先生跪曰:"买鲊之时,见舅在市,与我语云,明日来此,请待舅至,以验虚实。"母遂宽之。明晓,舅果到。云昨见先生便县市买鲊。母即惊骇,方知其神异。

先生曾持一竹杖,时人谓曰:"苏生竹杖,固是龙也。"数岁之后,先生洒扫门庭,修饰墙宇。友人曰:"有何邀迎?"答曰:"仙侣当降。"俄顷之间,乃见天西北隅,紫云氤氲,有数十白鹤,飞翔其中,翩翩然降于苏氏之门,皆化为少年,仪形端美,如十八九岁人,怡然轻举。先生敛容逢迎,乃跪白母曰:"某受命当仙,被召有期,仪卫已至,当违色养,即便拜辞。"母子歔欷。母曰:"汝去之后,使我如何存活?"先生:"明年天下疾疫,庭中井水,檐边橘树,可以代养,井水一升,橘叶一枚,可疗一人。兼封一柜留之,有所阙之,可以扣柜言之,所须当至,慎勿开也。"言毕即出门,踟蹰顾望,耸身入云,紫云捧足,众鹤翔翔,遂升云汉而去。

来年,果有疾疫,远近悉求母疗之,皆以水及橘叶,无不愈者。有所阙乏,即扣柜,所须即至。三年之后,母心疑,因即开之,见双白鹤飞去。自后扣之,无复有应。每年百余岁,一旦无疾而终。乡人共葬之,如世人之礼。葬后,忽见州东北牛脾山,紫云盖上,有号哭之声,咸知苏君之神也。郡守乡人,皆就山吊慰,但闻哭声,不见其形。郡守乡人,苦请相见,空中答曰:

"出俗日久，形容殊凡，若当露见，诚恐惊怪。"固请不已，即出半面，示一手，皆有细毛，异常人也。因请郡守乡人曰："远劳见慰，途径险阻，可从直路而还，不须回顾。"言毕，即见桥亘岭傍，直至郡城。行次，有一官吏辄回顾，遂失桥所，堕落江滨，乃见一赤龙于脚下，宛转而去。先生哭处，有桂竹两枝，无风自扫，其地恒净。三年之后，无复哭声，因见白马常在岭上，遂改牛脾山为白马岭。

自后有白鹤来止郡城东北楼上，人或挟弹弹之，鹤以爪攫楼板，似漆书云："城郭是，人民非，三百甲子一来归，吾是苏君弹何为？"至今修道之人，每至甲子日，焚香礼于仙公之故第也。（出《神仙传》）

注：李昉（925—996），北宋文学家、政治家，深州（河北衡水）人。生于后唐，后周时任集贤殿直学士、翰林学士；宋初任中书舍人、参知政事、同平章事。《太平广记》是第一部文言纪实小说总集，李昉奉宋太宗之命领衔编撰。全书500卷，取材于汉代至宋初的纪实故事为主的杂著。因成书于太平兴国年间，和《太平御览》同时编纂，故名《太平广记》。他在后汉乾祐年（948—950）与郴州试子邓洵美同榜进士，又同年，结为好友。听邓洵美讲了郴州汉唐传说，如"柳毅与龙女"，北宋初出任郴州北面衡州知州，又有了解，故他在《太平广记·柳毅诗》下注明："柳毅，郴州人也。"对"苏仙传说"，他搜集到晋代葛洪《神仙传·苏仙公》的版本，录于《太平广记》，专注"出《神仙传》"，使晋代道书完整留传后世。《太平广记》北宋即传入韩国、日本，后又传入越南，影响越南人也创作了一本汉文小说《太平广记》，存该国国家图书馆。

赐丁和还乡

赵　恒

天生一物一阴阳，燮理全凭太古方。六脉若能医有效，四民谁不寿而康。杏林佳实留心种，橘井甘泉透胆香。卢扁更从何处问，罗湖溪上济生堂。

注：赵恒（968—1022），宋代第三位皇帝，河南人。他吏治严格、重视农业、崇尚医学，结束宋辽战争，开创"咸平之治"，使社会进入繁荣期。他诗书画俱佳，名谚"书中自有黄金屋，书中自有颜如玉"，即出其《劝学诗》。后期十分好道，诗有"三茅福地群仙宅"等句。江西万年县罗湖上丁村《丁氏族谱》透露，族中一医师丁和，进京献产子草药供贵妃洗浴用，贵妃浴

后果然孕生皇子。真宗龙颜大悦，赐丁和诊所"济生堂"匾及御诗《赐丁和还乡》。此七律第6句，在文学作品中首次出现"橘、井、泉、香"的排序，由是产生医林名典"橘井泉香"，旧时诊所、药铺多挂此匾牌。后与"杏林春暖"，在中华医药史珠璧交辉。诗中"卢扁"，战国扁鹊住卢国，故称卢扁，指名医。自此诗起，橘井与杏林被文学、道教、医学界相提并论，作为医界代名称。

来 鹤 亭

苏 轼

鸿渐偏宜丹凤南，冠霞岥月影毵毵。酒酣亭上来看舞，有客新名唤作耽。

注：苏轼（1037—1101），北宋文学家、政治家、美食家，字子瞻，号东坡居士，四川眉山人。嘉祐年间进士，曾任知州、翰林学士、礼部尚书，赠太师，谥"文忠"。文领唐宋八大家，词开豪放一派。贬岭南往返经郴，与谪郴的张舜民、秦观和知州吴瑛为友，有涉郴诗数首，如《刘丑斯》云："日此可名寄，追配郴之菀。"转运使刘放贬郴州北面衡州，知苏耽传说，作《次韵和苏子瞻赠王仲素寺丞》，将友人"因之喻苏耽"；苏轼遂作《来鹤亭》，吟一客与苏耽同名。郴州来鹤亭、来鹤楼在东城门楼。"苏耽传说"中，数十白鹤化为美少年来接他，苏耽遂跨鹤升仙而去。清《郴州直隶州乡土志·古迹》列"来鹤楼""橘井"等词目，记："苏仙宅，在城东汉苏耽故居（即橘井观），门悬'天下第十八福地'匾额，相传为苏东坡书。"此诗"鸿渐"，鸿鹤从低到高飞翔；"毵毵"，纷披散乱状；后句写客人"耽"做鹤舞动作。宋代诗人吟咏苏耽橘井，也称慕苏轼为"苏仙"。

郴 州

张舜民

橘井苏仙宅，茶经陆羽泉。万峰团雉堞，二水汇城堧。

注：张舜民，北宋政治家、文学家、画家，字芸叟，自号浮休居士，邠州（今陕西彬州）人。诗人陈师道的姐夫，与苏轼友善。英宗治平二年（1065）进士，任襄乐县令；元丰年中随军征宁夏，写诗同情战死士卒与百姓，揭露官军破坏生态，被小人举报，1083年贬郴州监酒税官。后出任集贤

殿修撰、监察御史、谏议大夫、陕西转运使，以龙图阁待制知定州、同州、吏部侍郎；南宋时追赠宝文阁直学士。在郴撰大量诗文，《郴行录》为承上启下的日记体游记，《乡人言》收入《宋诗选》。五绝《郴州》，前两句乃名句，首句的橘井系道家十八福地组成部分，后句言茶圣陆羽著《茶经》，品鉴煎茶水质，将郴州圆泉列为第十八位，故名"陆羽泉"。如是，表现了天下第十八福地的橘井与天下第十八泉的圆泉共为福地。

次韵宋懋宗三月十四日到西池都人盛观翰林公出遨

黄庭坚

金狨系马晓莺边，不比春江上水船。人语车声喧法曲，花光楼影倒晴天。
人间化鹤三千岁，海上看羊十九年。还作遨头惊俗眼，风流文物属苏仙。

注：黄庭坚（1045—1105），诗书大家，江西诗派开山祖师，书法四家"苏黄米蔡"之"黄"即为黄庭坚。分宁（江西修水县）人，进士及第"苏门四学士"之大弟子，与苏轼、秦观等被掌权者打成"元祐党人"。逝后追封龙图阁大学士。与秦观情谊极深，同情其贬郴，高度评价秦观郴州诗词。他本人诗作涉及郴州苏耽的3首，北宋帝王与社会好道，他因写苏耽化鹤而将苏轼也戏称"苏仙"，带起他人呼苏轼为苏仙。此七律第5句虚语"人间化鹤三千岁"，指汉初苏耽，极言时间久远；第6句实写"海上看羊十九年"，指汉武帝朝出使北海匈奴的苏武；这两句常被各种诗文引用评论。"风流人物属苏仙"，意思说加上苏轼，苏姓名人俱可称仙。另一诗"但恐苏耽鹤，归时或姓丁"句，寓意要写好诗，否则就不像苏轼了，同时言明丁令威传说系步苏耽化鹤传说后尘。

念 奴 娇

秦 观

朝来佳气，郁葱葱，报道悬弧良节。绿水朱华秋色嫩，景比蓬莱更别。万缕银须，一枝铁杖，信是人中杰。此翁八十，怪来精彩殊绝。
闻道久种阴功，杏林橘井，此辈都休说。一点心通南极老，锡与长生仙牒。乱舞斑衣，齐倾寿酒，满座笙歌咽。年年今日，华堂醉倒明月。

注：秦观（1049—1100），北宋婉约派词人，字少游，扬州高邮人。历任

太常博士、秘书省正字、国史院编修、杭州通判。"苏门四学士"中最得苏轼意之人，后世词话有议秦、苏等量齐观之语。受新旧党争牵连，1096 年贬谪郴州，创作多首诗词；代表作如《踏莎行·郴州旅舍》《鹊桥仙·七夕》，抒写亲情、友情、爱情。《踏莎行·郴州旅舍》被视作贬官文学经典，词中"郴山"即苏仙岭。秦观不幸病故，苏轼大恸，米芾将秦词及苏语书写。南宋将秦词、苏语、米书刻于苏仙岭石壁，世称"三绝碑"，引历代名流到郴必访。这首《念奴娇》与宋真宗诗一样，是带起后世将橘井、杏林并联的名作，写他在郴参加手拄铁杖的老中医寿庆，一反婉约风格，豪情讴颂老医师像苏耽橘井救人一样却不声张，本性可通上天主寿的南极星，故被赐列长寿仙班。唯遗憾无中医名姓，留下悬念。美、日、韩学者研究秦观，日本藏宋本《淮海集》并列为国宝，韩国学者有《淮海词译注》。

好事近·十二之五

陆 游

华表又千年，谁记驾云孤鹤。回首旧曾游处，但山川城郭。
纷纷车马满人间，尘土污芒索。且访葛仙丹井，看岩花开落。

注：陆游（1125—1210），南宋文学家、史学家，字务观，号放翁，浙江绍兴人，其名、字，因父母喜爱秦观秦少游所取。生逢北宋倾亡时，受秦桧排斥仕途不畅。宋孝宗赐其进士出身，因与抗金宰相张浚关系密切，遭主和派排斥。乾道年间亲赴抗金前线大散关，后任礼部郎中等职。罢官后，又应宋光宗诏入京，修编《两朝实录》《三朝史》。其诗词成就极高。此词与他知道张浚安置郴州有关，以苏耽化鹤归乡落城郭、儿童不识弹弓击之、鹤乃书字的传说，表达压抑感受，故出"谁记驾云孤鹤"之句；"且访葛仙丹井，看岩花开落"，以晋代炼丹家葛洪的丹井比同橘井，寄托救国之心。

马 岭

何孟春

马岭古福地，苏仙此为宫。灵异其如何？巨石有遗踪。
我时得清暇，云外窥洪蒙。犹见前辈人，葆盖纷相从。
往返双黄鹄，神光映晴空。有心愿执鞭，遨游东海同。

食霞契元化，炼气入无穷。羽翼如可生，蓬瀛驾罡风。

注：何孟春（1474—1536），明代名臣，理学家、文学家、政治家、军事家，茶陵诗派重要人物。号燕泉，郴州鲁塘（今北湖区）人，一门五代科甲，彪炳湖湘。其历官陕西、河南、南京等地，代表朝廷祭祀炎帝陵。任云南巡抚讨平十八寨"叛蛮"，增设五土司安定西南边疆，奏设永昌府奠定昆明历史文化名城根基。代吏部尚书时，"议大礼"领头谏阻嘉靖皇帝，遭贬。逝后平反，赠礼部尚书。他学富五车，为湖南图书馆藏著作最多者之一，岳麓书院联"惟楚有材，于斯为盛"出自其"惟楚有才，于兹托根"。"湖广熟，天下足"亦出其口。他懂医学懂苏耽，此诗大气浑圆，开宗明义言苏耽采药炼丹及飞升之马岭、苏仙观为道教福地；想象自己神游高空，观察混沌大地，似见羽车载苏耽，仙鹤天鹅相随，便也愿餐食云霞，投合造化，修炼真气，像苏耽化鹤仙境，驾驭劲风自在翱翔。语句含理学思维，寄寓人生理想，为后世诗家仿效。

画 鹤 赋

徐 渭

朱冠缟衣，四池玄缘，铁胫昂尻，金眸夹颠。长喙易渚，圆吭闻天。秉寥廓之高抱，小苍莽之微寒。忽一举而追九万之翼，亦孤栖而养千岁之玄。尔其焦山瘗铭，桂阳避弹，道林纵归，扬州负缠，乘轩卫国，徒传甲者之言；闻唳华亭，谁共吴侬之叹。由是观之，则形骸易泯，不胜留影之难；楮墨如工，返寿终身之玩。尔其舐笔和铅，征精召巧，或磅礴而解衣，亦凝澄而命草。想仙羽而仿佛于青田，挥束颖而希冀其玄妙，则有翩然以临划焉。凝仁矫矫波间，亭亭松际。黄楼酒价，全凭橘渖而高；赤壁梦回，徒忆车轮之翅。乃若素壁才粉，朱门始光，徐展玉轮，高悬玳梁，数丈轻绡方挂瀑，一双语燕忽惊行。洒孤雪兮毵毶，顶殷荔而低昂。方拂澜而振翔，亦将啸而引吭。赝以为真，俨致花之粉蝶；久而始觉，误集障之苍蝇。然则物固有神于绘而便于玩者矣，又何必网两翼于苍苍。

注：徐渭（1521—1593），明代三才子之复合型巨匠，书画、文学、戏曲、军事均能。浙江绍兴山阴县人，字文长，号青藤道士。命运多舛，20岁中秀才，却21年乡试不第，家破妻亡。充浙闽总督胡宗宪幕僚，以"知兵、好奇计"助擒倭寇首领。胡宗宪下狱死后，他因精神压力过大患狂疾，因疑

心杀继室，并自杀。经戚继光介绍，指导辽东总兵之子李如松兵法，李如松后破倭寇升将军。而徐渭仍是世上最困苦艺术人，自比病鹤，画鹤作赋。"焦山瘗铭，桂阳避弹"，记述两个著名的鹤典故。"焦山瘗铭"，指镇江焦山所刻纪念仙鹤病死的"瘗鹤铭"，其书法有晋王羲之、南北朝陶弘景等，惜刻石遭雷击崩落长江成悬案。"桂阳避弹"，即汉桂阳郡草药郎中苏耽驱瘟传说，其救民升仙、化鹤归乡，少儿不识弹弓击射，令人惆怅。美、日、瑞典等国美术馆收藏其书画，日本学者赞其"波澜一世虽艰苦，精强诗书散耿怀"。

《金瓶梅》回前诗

兰陵笑笑生

来日阴晴未可商，常言极乐起忧惶。浪游年少耽红陌，薄命娇娥怨绿窗。乍入杏村沽美酒，还从橘井问奇方。人生多少悲欢事，几度春风几度霜。

注：兰陵笑笑生，《金瓶梅》作者笔名。《金瓶梅》系中国首部文人独创的章回体长篇小说，被明清文人视为天下"第一奇书"，但作者真实姓名、身份成谜。这本奇书著者是谁？400多年过去了，至今专家学者、读者争议不休。《金瓶梅》第54回"应伯爵郊园会诸友，任医官豪家看病症"，回前诗采用"橘井、杏林"作诗眼，云"还从橘井问奇方"，既显示橘井波荡千年的赫赫声望，又隐喻了作者欲学苏耽治人疾病医治社会弊病的思想，具有特别的人文意义。10多个国家的大学图书馆收藏、翻译《金瓶梅》，荷兰汉学家高罗佩以及美、法、日等国大百科全书对此书评价甚高。

列仙全传·苏耽

王世贞

苏耽，郴人。事母至孝。尝遇异人，授神仙术。日侍膳，母思鲊，即出，市鲊以献。问所从来，曰：便县。母始异之。一日，忽洒扫庭除。母问其故，曰：仙道已成，上帝来召。母曰：汝仙去，吾谁养？乃留一柜，云：所需即有；又云：明年大疫，取庭前井水橘叶救之。耽仙去。已而果疫，母日活百余人。后耽化鹤来郡城东北楼，时有弹之者，乃以爪攫楼板，似漆书，云：城郭是，人民非，三百甲子一来归。吾是苏耽，弹我何为？

注：王世贞（1526—1590），明代文学家、史学家，苏州太仓人，号弇州

山人。嘉靖二十六年（1547）进士，曾任刑部员外郎、青州兵备使、浙江左参政、山西按察使，戚继光曾赠他宝剑；万历朝任湖广按察使、广西右布政使、郧阳巡抚，与内阁首辅张居正交恶被罢官；后起复，任应天府尹、南京兵部侍郎、南京刑部尚书，卒赠太子少保。文学成就高，为"后七子"领袖。其编著的《列仙全传》有版画、绘像本，流传甚广。其任湖广按察使，熟悉郴州苏仙传说，撰橘井诗。《列仙全传》写郴州四仙，除了苏耽，还有苏仙岭名道廖法正、郴籍宰相刘瞻之兄刘僭、名道唐道可。明代日本即收藏《有像列仙全传》，今在国立国会图书馆，故日本国医界熟知苏耽橘井。

答李郴州乞雨苏仙有应

汤显祖

因忆与高太仆谢友可吴拾之夜游，时谪徐闻，不得过郴为恨耳。

秋水洞庭波渺渺，春年林野柳毵毵。谢生岂可今无一，与子为欢月有三。
怪里新妆能达曙，兴中赊酒必留酣。君憎太仆揪文局，我爱吴卿碧玉簪。
几度笑歌回夜渚，何年别泪隐晴岚。之官楚曲遥连桂，问俗衡州喜种兰。
似有青牛随李叟，久无白鹤到苏耽。不知云汉歌能苦，为许山川雨作甘。
罢舞香云连下鹤，初飞灵雨应随骖。歌风文学诸生满，为政神明自尔堪。
岁在春曹谁不美，古称仙尉我犹惭。今归几问湘源北，昔去初过瘴岭南。
桂水所思能晤晤，韶阳归兴失穷探。三春倏别何情切，千里传书得面谈。
更欲苍梧一来往，不堪憔悴向江潭。

注：汤显祖（1550—1616），明代大戏剧家、文学家。代表作"临川四梦"，其中《牡丹亭》为世界戏剧珍品。江西抚州临川县人，1583年中进士，先后任留都南京礼部祠祭司主事、遂昌知县。写与苏耽相关的诗两首。此首背景为他与友人郴州李知州原同在礼部，万历十九年他贬至广东徐闻，李知州写信告他祈雨苏仙岭灵验之事，他回信附此七古。从与李、高、谢、吴的友情写起，诗中蕴藏植物药材、花卉、民间传说多种信息，对句迭出。"之官楚曲遥连桂，问俗衡州喜种兰"，郴州原本因产桂、境内有桂山桂水而设桂阳郡，处楚地之尾，连接粤桂，桂与兰皆药材又皆花卉。"似有青牛随李叟，久无白鹤到苏耽"，将青牛对白鹤，老子对苏耽，与李白的"花暖青牛卧，松高白鹤眠"异曲同工。"春曹"，礼部别称；"仙尉"，县尉美称。

17

徐霞客游记·楚游·郴州苏仙岭

徐霞客

　　初十日　……郴水东自山峡，曲至城东南隅，折而北径城之东关外，则苏仙桥横亘其上……至是雨复大作……乃持盖为苏仙之游……入山即有穹碑，书"天下第十八福地"。由此半里，即为乳仙宫。……僧以茶笋出饷，且曰："白鹿洞即在宫后，可先一探。"余急从之。由宫左至宫后，则新室三楹，掩门未启。即排推开门以入，石洞正当楹后，崖高数丈，为楹掩，俱不可见，洞门高丈六，止从楹上透光入洞耳。洞东向，皆青石迸裂，二丈之内，即成峡而入，已转东向，渐洼伏黑隘，无容匍伏矣。成峡处其西石崖倒垂，不及地者尺五，有嵌裂透漏之状。……由宫内右登岭，冒雨北上一里，即为中观。……由观右登岭，冒雨东北一里半，遂造其顶。有大路由东向迤入即延伸者，乃前门正道；有小路北上沉香石、飞升亭，为殿后路。余从小径上，带湿谒苏仙……郴州为九仙二佛之地，若成武丁之骢冈在西城外，刘儋之刘仙岭在东城外，佛则无量、智俨、廖师也，俱不及苏仙……

　　十一日　与众旅饭后，乃独游殿外虚堂。堂三楹，上有诗匾环列，中有额……殿后有寝宫玉皇阁，其下即飞升亭矣。是早微雨，至是微雨犹零，仍持盖下山。过中观，入谒仙，觅僧遍如不在。入王氏书室，折蔷薇一枝，下至乳源宫……宫中有天启初邑人袁子训（雷州二守）碑，言苏仙事甚详。言仙之母便县人，便即今永兴。有浣于溪，有苔成团绕足者再四，感而成孕，生仙。于汉惠帝五年五月十五，母弃之后洞中，即白鹿洞。明日往视，则白鹤覆之，白鹿乳之，异而收归。长就学，师欲命名而不知其姓，令出观所遇，遇担禾者以草贯鱼而过，遂以苏为姓，而名之曰耽。尝同诸儿牧牛羊，不突不扰，因各群界之，无乱群者，诸儿又称为牛师。事母至孝，母病思鱼脍，仙行觅脍，不宿而至。母食之喜，问所从得，曰："便。"便去所居远，非两日不能返，母以为欺。曰："市脍时舅氏在旁，且询知母恙，不日且至，可验。"舅至，母始异之。后白日奉上帝命，随仙官上升于文帝三年七月十五日。母言："儿去，吾何以养？"乃留一柜，封识甚固，曰："凡所需，扣柜可得。第必不可开。"指庭间橘及井曰："此中将大疫，以橘叶及井水愈之。"后果大验。郡人益灵异之，欲开柜一视，母从之，有只鹤冲去，此后扣柜不灵矣。

　　母逾百岁，既卒，乡人仿佛见仙在岭哀号不已。郡守张邀往送葬，求一见仙容，为示半面，光彩射人。又垂空出只手，绿毛巨掌，见者大异。自后灵异甚多，俱不暇览。第所谓"沉香石"者，一石突山头，予初疑其无谓，而镌字甚古，字外有履迹痕，则仙人上升遗迹也。所谓"仙桃石"者，石小如桃形，在浅土中，可锄而得之，峰顶及乳仙洞俱有，磨而服之，可已心疾，亦橘井之遗意也。《传》文甚长，略识一二，以征本末云。

注：徐霞客（1587—1641），明代地理学家、文学家、旅行大家，名宏祖，号霞客，江苏江阴县人。40 年艰苦备尝以性命游历天下，考察探寻地理奥秘，撰 260 万字纪实，世称"千古奇人"。遗留 60 万字精华散文，朋辈后人整理成《徐霞客游记》。崇祯十年（1637）3 月 28 日至 4 月 12 日，徐霞客游南岭郴州（包括桂阳州）半月。文字最长一段，即 4 月 10、11 日冒雨游橘井（文字散佚）、登道教"天下第十八福地"苏仙岭，探察"苏仙传说"的白鹿洞、乳仙宫、沉香石、飞升亭等处。"带湿谒苏仙"，即朝觐苏仙观拜苏耽。亲睹"天下第十八福地"穿碑、郴籍雷州同知袁子训撰《苏仙碑铭》，讲述该传说。"异而收归"，揭示苏母"感孕"却顶住宗法族规的反封建意识。指明"郴州为九仙二佛之地"，苏耽乃第一仙。"橘井遗意"提法，证实其看过橘井，并是其大著唯一记中华抗瘟疫事。"以仙桃石馈余"，说自己获赠一个桃石。英国科学家李约瑟盛赞徐霞客为"最伟大的旅行家"；美、法、德、意、澳、日、韩等国学者研究或翻译《徐霞客游记》，形成国际"徐学"，"苏仙传说"亦随之传于海外。

驱车上东门

柳如是

我登北邙上，下望如蚁位。陇水匝树杪，乌鹊成夜魅。
笙竽列长杨，丹旐空悦媚。朝见贵人入，暮见名上累。
昔有苏仙人，千年一归视。华表化犹猶，铜人亦垂泪。
感此巢神山，长松读丹秘。此事下我欺，药成非汝类。
孺子何无谋，日夕甘瘩寐。

注：柳如是（1618—1664），明清易代之际女诗人、才貌绝世名歌妓，浙江嘉兴人。"秦淮八艳"首位，因倾慕辛弃疾《贺新郎》词"我见青山多妩媚，料青山见我应如是"，遂自号"如是"。自幼好学，因家贫被掠卖为婢，妙龄坠入章台，改名柳隐，于风尘乱世中交往东林党、复社人。后嫁明末探花、东林党要人、礼部侍郎钱谦益为侧室。著《湖上草》《戊寅草》《尺牍》

等。柳如是有着钱谦益也不如的气节风骨，后人敬为女侠名姝。钱谦益也写有与苏耽鹤相关诗作，但柳如是更显志操高洁。诗委婉中见感慨，由"驱车上东门"，联想苏耽化鹤归东城门楼的传说，"昔有苏仙人，千年一归视。华表化犹狷，铜人亦垂泪"，叹明季一些男人少爱国壮志，像进退多疑之兽。国学大师陈寅恪专著《柳如是别传》褒扬。

聊斋志异·苏仙

蒲松龄

高公明图知郴州时，有民女苏氏浣衣于河，河中有巨石，女踞其上。有苔一缕，绿滑可爱，浮水漾动，绕石三匝。女视之心动。既归而娠，腹渐大，母私诘之，女以情告，母不能解。数月竟举一子，欲置隘巷，女不忍也，藏诸楮而养之。遂矢志不嫁，以明其不二也。然不夫而孕，终以为羞。

儿至七岁未尝出以见人，儿忽谓母曰："儿渐长，幽禁何可长也？去之不为母累。"问所之。曰："我非人种，行将腾霄昂壑耳。"女泣询归期。答曰："待母属纩儿始来。去后倘有所需，可启藏儿楮索之，必能如愿。"言已，拜母竟去。出而望之，已杳矣。女告母，母大奇之。女坚守旧志，与母相依，而家益落。偶缺晨炊，仰屋无计。忽忆儿言，往启楮，果得米，赖以举火。自是有求辄应。逾三年母病卒，一切葬具皆取给于楮。

既葬，女独居三十年，未尝窥户。一日邻妇乞火者，见其兀坐空闺，语移时始去。居无何，忽见彩云绕女舍，亭亭如盖，中有一人盛服立，审视，则苏女也。回翔之，渐高不见。邻人共疑之，窥诸其室，见女靓妆凝坐，气则已绝。众以其无归，议为殡殓。忽一少年入，丰姿俊伟，向众申谢。邻人向亦窃知女有子，故不之疑。少年出金葬母，植二桃于墓，乃别而去。数步之外，足下生云，不可复见。后桃结实甘芳，居人谓之"苏仙桃"，树年年华茂，更不衰朽。官是地者，每携实以馈亲友。

注：蒲松龄（1640—1715），清代小说家。山东淄博人，世称聊斋先生。少逢明末张献忠李自成起义、清军入关，社会动荡不安，对社会现实的观察思考，使他创作出古典短篇小说巅峰大著《聊斋志异》，借谈狐说鬼、搜罗奇闻，演绎大千世界。其改写郴州两大民间传说为传奇小说，"苏仙传说"改《苏仙公》，"柳毅龙女传说"改《织成》。蒲松龄将《苏仙公》的时代背景，放到清初山东沂南进士"高明图"做郴州知州时。写苏耽出生，改郴人撰《苏仙传》的潘氏遇"五色苔"为"绿苔"，郴州流行的苏仙出生传说，有姑

娘遇五色苔、绿苔、红线、浮萍等几种版本。改苏母潘氏为苏姓。苏耽孝母的"仙桃石"传说，也被改成"苏仙桃"树的故事。而外祖母欲将婴儿"置隘巷，女不忍"，苏氏"矢志不嫁"，具有讲人道、反封建的思想。

避暑山庄三十六景诗之十·北枕双峰

乾　隆

双峰金与黑，拱揖若来参。摧嵝天光接，冥濛云气涵。
鸾音愧阮籍，鹤度肖苏耽。返照千林紫，吟情落碧潭。

注：乾隆（1711—1799），清王朝定都北京后的第四位皇帝，名爱新觉罗·弘历，雍正帝第四子。逝后葬清裕陵，庙号高宗，谥号纯皇帝。乾隆帝好文学艺术，诗、书、画作品特多，撰写的诗词近四万首。此五律所写"避暑山庄"，在河北承德，乃清王室夏宫，每到盛夏，帝、后、贵妃包括太后即前往避暑，皇帝在那里处理政务。山庄殿堂、寝宫、花园、亭台楼阁，乾隆也题写不少匾、联，三十六景他全都写有景诗，其中第十景"北枕双峰"的"双峰"，即承德山庄西北金山、东北黑山。诗中用典两个，"鸾音愧阮籍"即阮籍长啸，三国魏晋名士阮籍声若鸾凤，响动苏门山岩谷；"鹤度肖苏耽"即苏耽化鹤，说看白鹤飞渡金山黑山山水间，好像是汉代苏耽化鹤升仙似的。两千年消磨掉多少时光、淡化了多少事物，而清王朝统治者依然知晓郎中苏耽，可见郴州"苏仙传说"影响之强烈久远。

瓯北诗话

赵　翼

宋人诗，与人赠答，多有切其人之姓，驱使典故，为本地风光者。如东坡与徐君猷、孟亨之同饮，则以徐、孟二家故事，裁对成联；《送郑户曹》，则以郑太、郑虔故事，裁对成联；又戏张子野娶妾，专用张家事点缀萦拂，最有生趣。自是，秦少游赠坡诗："节旄零落毡餐雪（苏武），辩舌纵横印佩金（苏秦）。"山谷赠坡诗："人间化鹤三千岁（苏耽），海上看羊十九年（苏武）。"皆以切合为能事；然以苏武比坡黄州之谪，尚可映带，苏秦、苏耽，何为者耶？

注：赵翼（1727—1814），清代史学家、诗人，号瓯北，常州阳湖县人。

乾隆二十六年（1761）进士，历任翰林编修、镇安知府、广州知府、贵西兵备道。辞官主讲于安定书院。著诗歌理论集《瓯北诗话》《陔余丛考》等。此文评北宋秦观、黄庭坚诗名句"人间化鹤三千岁（苏耽），海上看羊十九年（苏武）"。提出西汉苏耽、苏武、北宋苏轼比拟的趣题，可见苏耽事迹至清代仍影响不减。

《防疫二首》其一

章炳麟

高柳日光赤，飞尘乱度墙。济生无橘井，隐背尚藜床。
灶上若新菜，阶前抒酢瘰。何当赴龙壃，一写百金方。

注：章炳麟（1869—1936），清末民初民主革命家、思想家、国学家，浙江余杭人。因反清意识浓厚，慕顾绛顾炎武而改名为绛，号太炎。青年鲁迅的老师。章炳麟自述幼年读书偶知雍正年"曾静案"（郴州永兴县秀才曾静反清形成著名"文字狱"），与外祖父议论王船山、顾炎武对历代亡国的看法，"余之革命思想伏根于此"。成人后，经"甲午战争"民族危亡之刺激，参加"维新运动"，流亡日本，入同盟会反清，主编《民报》，投身辛亥革命，讨袁称帝。晚年曾赞助抗日救亡运动。其具"医国"思想，懂中医，著《章太炎医论》，专撰《防疫二首》诗，"济生无橘井"句，告诫说：对瘟疫应像苏耽用药橘井泉熬剂的医方，进行"治未病"群防，否则不易解救众生。

流芳橘井诵苏仙

王　震

流芳橘井诵苏仙，未肯飘然绝俗缘；闻说当年应召去，一天白鹤舞翩翩。

注：王震（1867—1938），字一亭，清末民初辛亥革命先驱、著名书画家，浙江湖州人。1922年接待访华的科学家爱因斯坦。1923年日本大地震，他以5万吨面粉赈灾。日军制造"九一八事变"，他愤慨义卖书画为东北义勇军募捐。上海香祖书画社创办者郴人王兰以工笔《百蝶图》，获国际美术对抗赛画展特等奖，王震欣赏并与其相处友善。1933年湖南省议员、教育厅股长、郴人张愈昱，托王兰请擅长孝道人物画的王震，为"孝子神仙"苏耽造像。翌年春王震"敬绘"《苏仙跨鹤图》，赠此七绝，首句用典"橘井流芳"，继

而揭示苏耽孝母、不愿脱俗的心理，最终凡人敌不过仙鹤的翩翩舞姿，乃是因为天庭召唤。诗书画浑然一体，在沪、长、郴，传为美谈。

第二节　先贤纪传

少曾读仙史，知有苏耽君。

——沈佺期

与文学名著同时记述的，是专树才德名人的"先贤传"，崇拜英雄前贤属于人与生俱来的共性化心理，故历代先贤传持续宣扬苏耽。前面"文学名著"已写到苏耽的"孝"，如汉代《列仙传》的"公早丧所怙，乡里以仁孝著闻"，南北朝《水经注》所引《桂阳列仙传》的"少孤，养母至孝"，北宋《太平广记》引晋代《神仙传》的"先生早丧所怙，乡中以仁孝闻"，明代《徐霞客游记》的"事母至孝"。而在历代苏耽传中，编纂者通过模式化将其作为仁德良医和孝道先贤的样板，且"要想成仙，先得尽孝"的思想意图十分鲜明，故领起各界纪传不止。有的如唐代郴州刺史孙会的《苏仙碑铭》，反映出对苏耽的认可，及在维修、兴建先贤纪念建筑时尊重历史、敬畏文化的自觉，还有"为官一任，造福一方"的思维。各本"苏仙传"中，以明代郴人之作最为全面。

桂阳先贤传·汉·苏耽

张　胜

苏耽尝除门庭，有众宾来招，耽告母曰："人招耽去，已种药在后园梅（注：橘）树下，可治百疾，一叶愈一人。卖此药，过足供养矣。"便随宾去，母走牵之，四体如醉，足不能举。

注：张胜，三国时桂阳郡人，吴国国君侍从官，被家乡先辈事迹感动，撰《桂阳先贤传》，又名《桂阳先贤画像赞》一卷，清代湖湘史学家陈运溶搜辑，收入《全三国文》卷七十三·吴（国）十一。记西汉桂阳郡郴县苏耽、东汉桂阳郡临武县成武丁、郴县西部（今桂阳县）胡腾、临武县张熹、程桓、郴县程曾、耒阳县罗陵7位乡贤。他们身上，集中反映了两汉桂阳郡士子、南岭百姓质朴真诚、崇尚信义、勇毅果敢的纯正民风，抗灾救民、爱惜苍生的担当精神。此不完全的"苏耽传"，说"尝除门庭"，意思是苏耽升

仙前曾为母亲修葺门房、整理庭院。"过足供养"，卖药可供奉满足赡养母亲一切所需。《桂阳先贤画像赞》则是听说式，"尝闻"云云。文中"梅"字，应是后人刊刻之误，因前后典籍均记为"橘"。重要处在"种药"一语，说明苏耽的草药郎中身份。

桂阳列仙传·汉·苏耽

佚名或张胜

苏耽，郴县人。少孤，养母至孝。言语虚无，时人谓之痴。常与众儿共牧牛，更直为帅，录牛无散。每至耽为帅，牛辄徘徊左右，不逐自还。众儿曰：汝值，牛何道不走耶？耽曰：非汝曹所知。即面辞母，云：受性应仙，当违供养。涕泗。又说：年将大疫，死者略半。穿一井，饮水可得无恙。如是，有哭声甚哀。后见耽乘白马，还此山中，百姓为立坛、祠，民安岁登，民因名为马岭山。

注：此篇被《水经注》所引。作者可能系三国的吴国张胜，因他已撰《桂阳先贤传》。《先贤传·苏耽》篇幅小，无前后段，《桂阳列仙传·苏耽》相对完整，写他牧牛孝养母亲，属典籍中最早的牛郎。《辞海》记："牛郎①。《神仙传·苏仙公》'家贫，常自牧牛，与里中小儿更日为牛郎②'。""穿一井，饮水可得无恙"，即指为母凿穿一井，用井泉熬药供人饮用可保无病。该篇最早记百姓为苏耽立坛祠。

法国藏敦煌抄本《修文殿御览》

祖珽等

《桂阳列仙传》曰：苏耽去山（注：仙去）之后，忽有白鹄十数头，夜集郡东门上（一者曰："昼"集），作书字言曰：城郭是，人民非，三百年当复遇。成（注：咸）谓耽乎？

注：祖珽，南北朝北齐权臣、诗人，字孝征。史称祖珽机敏聪明，少驰令誉。历官齐郡太守、银青光禄大夫、尚书左仆射等职，监修国史，称"国师"，封燕郡公。辞藻逸逸，能诗会画，工文章音律，擅阴阳占卜，懂少数民

---

① 牧牛童。

② 神话人物，详"牛郎织女"。

族语言，且为名医。但为人极善钻营，阿谀投机，结党营私，陷害忠良，可谓天才与鬼魅共一体。因是诗人名医，自然对医仙苏耽感兴趣，主编《修文殿御览》写下一文。因后世刊刻之误，"去仙"成"去山"，白鹤成白鹄，仙鹤翔集东城门写"夜""昼"两个时间，鹤爪书歌谣"咸"写作"成"，实不成文。但透露《桂阳列仙传·苏耽》还有"白鹄夜集郡东门上"，说明祖斑看到了《桂阳列仙传·苏耽》原本。故他也附庸风雅续写，并有唐人抄本藏于敦煌莫高窟，被法国人伯希和发现带到欧洲。法国图书馆还藏有明代凌蒙初的《拍案惊奇》，里面也写到"苏家井"。

全唐文·苏仙碑铭

孙　会

惟前汉苏耽者，长自郴邑，禀之秀异。幼则适野。初因牧牛桂阳之邱，每游虞芮之畔，遂因有（闲）原之田。（与）县人王怀步田间，值群鹤，（耽）乃跪白其母潘氏曰："忝在仙（箓），又逢真侣，迫以骐骥之便，切以庭闱之恋。咒橘井愈疾，为取给之资；药苗蔬畦，为调膳之费。有阙就养，将（升）上清。"遂留连堂户，出涕如雨，耸身而去，莫知其所。挥城郭以谢世，乘羽翼于无际。且五（云）之路，缥缈难追。而一郡之人，瞻望何及？皆相谓曰："苏公以金骨迈俗，琼浆缮性，能养其正，不失其命。亦犹梅子真之去仙，非关市卒；成武丁之轻举，元由乡人传其盛名，布在方册，盖殊伦矣。及潘氏恒化之后，仙公全以孝行，栖于东山烟雾之中，号哭不绝，啼猿为之酸切，流水为之呜咽。至若系白马于树，执慈母三年之丧，所以竭哀戚之情也；化赤龙为桥，感太守一吊之礼，所以重桑梓之敬也。当此之时，近睹之，难可得而见；远察之，才可得而辨。岂不以贞气有异，嚣尘无杂也？且人之立身者，一善则纪之，一行则称之，犹与美谈，绰有余裕，况《列仙》是纪，旷古莫俦。将归紫府之中，相与赤松为交，向非餐霞契道，外物全真，其孰能至于此矣？"巨唐开元二十九年也，特有明诏："追论（矫迹），俾发挥声华，严饰祠宅。"皎洁遗像，似逢姑射之人；氛氲晚花，何异武陵之境？深院风洒，松声为之淅沥；古坛烟横，苔色为之彬碧。邑中耆艾喟然曰："仙公之旧宅，仙公之灵迹，华表犹在，空山相对。今荷皇恩远及，祀典克明，请考盛事，皆愿刊石。"时郴州太守乐安孙会，文房之士也，遂为之铭，其词曰：

灵启道融，降生仙公。无宗无上，冥感幽通，至者不学，学者不至。

莫知其然，蓄践神异。孝悌是（本），州壤是尊。自藏于畔，孰是其根？

襄城之野，仙公牧马。桂阳之邱，仙公牧牛。千古一致，比德同俦。

上清有命，升元克日。永言孝思，敬授灵术。既超世而离人，复轸慕而哀亲。近贤者之喻梦，表斯道之通神。独蕴殊行，高标众真。至哉仙公，邈古无伦。符守故国，载思载慕。龙桥不留，马岭如故。徘徊尘迹，仿佛（云）步。

注：孙会，唐大历年年江西乐安县进士，郴州刺史，懂医术。开元二十九年（741）唐玄宗有过诏令，对苏耽的高卓行迹，"俾发挥声华，严饰祠宅"，即使其声誉更隆、众所周知。孙会对"苏仙传说"进行了田野调查，在州城东门外苏耽故居与马岭山大兴土木，庄严美观地维修苏耽宅、苏母墓、华表，重修马岭古坛苏仙观，绘制画像，还应一州长老请求撰《苏仙碑铭》。碑文价值甚高，述苏耽自学道术、让田他人（县民王怀可证）、凿井种药、养母救民、群鹤迎升、哭母三年等传说。指出汉《列仙传》已记苏耽，牧牛孝母、橘井愈疾，传说远播中原，派生许昌牧马故事。"咒橘井"句，是说苏耽凿井种药橘养母，亦可咒仙水煎药愈人。"梅子真"，《汉书》记西汉南昌尉梅福字子真，不因官小，为理想离世升仙；"成武丁"，东汉临武县人，擢为桂阳郡主簿，传说升仙，《续齐谐记》载"牛郎织女七夕相会"即出其口。提此二人，是说苏耽孝行还在他们之上。括号内字词，系笔者考证诸种依据填入。

太平御览·苏仙公

李昉等

葛洪《神仙传》曰：苏仙公名林，字子玄，周武王时人也，家濮阳曲水。林少孤，以仁孝闻。贫，常自牧牛得道。母食思鲊，仙公以匕著置器中，携钱去即以鲊至。母曰："便县有鱼，去此百余里，汝欺我哉！"仙公跪曰："不妄。"明日舅至，云：昨见仙公便县市鲊。母方骇其神异。后仙去。有白鹤来上郡城东北楼，以爪画楼板，似漆书，云：城郭是，却蜀非。于今仙公故弟犹在。丁令威亦如此。

注：北宋太平兴国年间，宋太宗欲弘扬历史文化，令宰相李昉等编书，以天、地、人、事、物为序编排，分成 55 部，包罗万象，初名《太平总类》，因宋太宗日览三卷，故改名《太平御览》。此书被称为中国类书之冠，但"苏仙公"篇与《太平广记》相悖，窜乱了，将苏耽的事迹全都安放到"苏林"身上，且错字数个。字错属于后世刊刻或活字印刷初期问题，但造成其他书籍以讹传讹。如"匕著"应为"匕箸"，羹匙和筷子；"却蜀"应是"人民"；"故弟"应作"故第"。人物窜乱，则是编者错解葛洪《神仙传·苏仙公》。

郴江集·苏真君耽

凌伯裕

苏真君耽，母年百余岁，无疾奄然而逝，乡人为立封木以礼敛葬。是日，郡东北隅牛脾山上有紫云覆木，弥漫不散，又若有白马一匹系于林间，遂闻山岭上有号哭之声，皆云：苏君归持母服。乡人竞往即之，其草庵前哭泣之所，基址平坦，有竹两株，无风自摇，扫其地，终年常净。三年之后，无复哭声，白马亦不复见矣。

注：《郴江集》为北宋郴州知州凌伯裕著，明《万历郴州志》载："凌伯裕，政和中以承事郎知郴州。"其原官职较低，承事郎仅文官第二十三阶正八品，元丰年改制用以代大理评事，故徽宗政和年间获得机会，提为郴州知州。郴江乃郴州母亲河，宋代郴州知州数编诗文总集《郴江集》，凌伯裕所著两集已失，幸《苏真君耽》存世。他对苏仙传说有调查，首记乡民们按古礼，设灵堂为苏母穿寿衣入棺，植树木于墓堆厚葬（苏母墓地昔日曾古木参天）。后人依其文"紫云"一词刻于石壁，"草庵"即苏仙岭上的苏仙观。

通志·苏耽传

郑　樵

按《水经注》：苏耽，郴县人，少孤，养母至孝。忽辞母，云：受性应仙，当违供养。后见耽乘白马还山中，百姓为立祠，因名为马岭山。

注：郑樵（1104—1162），宋代史学家、校雠学家，兴化军莆田（福建莆田）人。靖康元年，郑樵联名从兄上书，陈述抗金方略，未得任用；遂不应科举，隐居刻苦钻研学问 30 年。撰著大部佚亡，存《通志》《夹漈遗稿》等，

四献朝廷，受抗金宰相赵鼎、张浚等赏识，荐与宋高宗。但秦桧当权，不得伸展抱负。后应高宗召对，授右迪功郎，管理尚书省礼、兵部架阁文字。他请求回乡著书，后以监潭州南岳庙祠官之职回山抄正《通志》。绍兴三十二年（1162）高宗诏令其进呈《通志》当天，郑樵积劳成疾逝世。《通志》为纪传体中国通史，收录《苏耽传》及东汉桂阳郡主簿《成武丁传》。

舆地纪胜·苏仙

王象之

郴　州

苏仙　前汉苏耽者，长自郴邑，秉性秀异，幼则适野。初因牧牛，得与仙游。每于虞芮之畔，遂有闲原之田。（与）县人王怀步田间，值群鹤，（耽）乃跪白其母潘氏曰："忝在仙箓，又逢真侣，迫以骐骥之便，切以庭闱之恋。况橘井愈疾，为取给之资；药苗蔬畦，为调膳之费；有阙就养，将升上清。"又《舆地记》云：昔有仙人苏耽，入山学道，因号曰苏仙山。今山上有巨石，号曰沉香石。《图经》云：苏仙山在郴县东北七里，中常蓄云雾。沈佺期有《苏仙诗》。

注：王象之（1163—1230），南宋婺州金华（今属浙江磐安）人。庆元二年（1196）进士，历长宁军文学、江西分宁知县、江苏江宁知县。志行高洁，博学多识，尤精史地，无意禄位，中年隐居著述。绍定年间完成地理总志《舆地纪胜》，分府州县沿革、风俗形胜、景物、古迹、官吏、人物、仙释、碑记、诗等门类。郴州卷仙释门，以苏耽传开篇。"虞芮之畔""闲原之田"，本指商周虞、芮两个小国互谅互让致国界之间的田地闲置，透露苏耽让田畔与邻居，故这德行被上苍瞧在眼里，在苏耽与县人王怀步于田间时遣仙鹤来招。苏耽言语用词中"忝在仙箓""将升上清"，填补了《全唐文·苏仙碑铭》中的脱字。"真侣"指真人即仙道，《图经》指北宋《郴州图经》。

九仙二佛传·汉苏仙传

崔　岩、何孟春，袁子让修订

汉苏仙耽，文帝朝桂阳郡人也。母潘氏家郡之便县（便县，今永兴县。后移居郡东鸭子塘），尝于江边浣水。有五色苔浮于水，飏而去，复来，绕指者三，乃取吞之，既而有孕，诞真人（时惠帝五年辛亥七月十五日）。众皆异

28

焉。母乃置之屋后牛脾山石洞中（山在郡东，今谓之：苏仙山）。七日往视，则有白鹤覆之，白鹿乳焉（今名洞为：白鹿），复取归毂（注：乳字异体，楚人谓乳曰毂）。

既长入学，师欲为立姓名，令出门白所见。曰：适有担禾者，以草贯鱼。遂命姓苏名耽。

耽事母以孝闻，居郡城东，尝遇异人，授神仙术，能隐显变化而莫测也。日与群儿牧牛，真人所牧者，徘徊驯扰（平声），不驱而归。众号为牛师（见真人《行状》）。尝乘一白鹿，陟险如驰，人问何以乘此，曰自然也（一作龙也）。

又侍膳，母思鲊，真人放箸，去有顷，持鲊献母，问所从来，曰适自便县市至（便距郡八十里）。时母食犹未彻（母曰：汝诳我乎。真人：市鲊时有舅氏在，请后验之）。数日后，舅氏入郡，乃云前日在邑，见甥市鲊，母始骇异。

真人每持一竹杖（众咸谓之龙杖）。一日忽洒扫庭除，若有所待。家人问其故，曰仙侣当降。有顷，紫气氤氲，从西北下，有十鹤集其庭，形色声音皆人也。与真人语，欵密如故，真人入白母曰：耽已成道，被命将升。仙仗临门，不得终养，即刻辞诀。母歔欷，久之，曰：吾何以卒岁？真人乃留一柜，缄钥甚固。曰：凡有缺，扣柜呼之，所需必得，慎勿发也。又，明年郡人当有疫，可取庭前井水，橘叶救之（即今仙宅内井）。庶几所资，亦助甘旨（《桂阳先贤传》谓：苏耽后仙（注：应为"园"）梅（注：应为橘）树下种药，可治百病（又《先贤画像赞》亦然）。语毕，幢节森列。出门，群鹤随之，迤逦升天。而异香天乐弥日不散（时文帝三年甲子五月十五日也。今沉香石上，有升天足迹存焉）。

明年郡果大疫，百姓竞来谒母，母施以井水，无不瘥者。繇（注：由）是用度颇足，其或有扣柜，所需即至。众有疑，或请彻观，乃有鹤自柜飞去，后扣无复应矣。

潘年百岁无恙而终，乡人殡于城东（即橘井后）。人望牛脾山，若有白马縶林间，遥闻有哭声。郡守张邈率僚属往吊之，求见仙颜，出半面，光彩照人，又垂一大手，有绿毛长尺余，因谓守曰：山谷幽远，日暮难归。遂手掷仙经成桥，令众闭目而渡。少焉即抵城。《行伏》（注：应为：状，《苏耽行状》，记述逝者生平、籍贯、事迹之文）载：邈众登桥顷刻至郡。有郡僚悄聆，人马俱坠，但见赤龙亘空中，《路经》（注：可能指《路史》，宋代元朝设置路，同郡）曰：乃还。三岁后，白马亦不见。后号苏山为白马岭，居天下第十八福地。

后有鹤止郡东楼，累日不去，少年以弹中之，乃以爪攫板成字，曰："风淅淅兮雨霏霏，城郭是兮人民非，三百甲子当来归。吾是苏耽，弹我何为？"乡人漆其板而留之。

今橘井之水有光发于水下（《郡志》：橘井取水置之，有一点金灿烂）。又仙岭有石，俗呼为"桃石"者，剖之纹核如生，世传仙桃为真人所化，其神异类此（《酉阳杂俎》载：仙桃出郴州，苏耽仙桃。又《郡图志》：马岭山亦多虺蛇杀人，磨桃石服之可解）。

唐开元十九年，诏有司饰其祠宇，时刺史孙会，因刻石铭，厥美。宋大中祥符元年，敕赐第为集灵观。元祐初，有林愈（注：山东进士）过齐州（注：济南府）章丘县，见壁上有丹书云，苏仙真人诣东岳回过此，因留诗曰：东南闲望景清虚，万里云程半日余。因过章丘留此语，归郴重庇旧乡间。视之笔法奇怪。越七年出守郴，始知郴有苏仙，仙之阴功默被于郴人者深矣。元符三年，郡旱请雨辄应，州上其事，敕封"冲素真人"，绍兴间加封"普应"。嘉定十五年，再加封"静惠"。是岁二月二十八日，忽有一鹤飞绕苏山后，诰至郴，乃于是日命下；其灵应如是。至景定十五年，再加封"冲素普应静惠昭德真人"。

何孟春曰：按《（神）仙传》又载，苏仙名林字子立，周武王时人，家山东濮阳曲水（葛洪《仙传》载，苏林曾牧牛，亦有投箸便县市鲊及郡城来鹤事）。所称牧牛、取鲊，及化鹤事，委曲皆无殊。然山东郡邑，古今无地名便县者，岂非即吾郴真人，而椎（注：稚）川传（注：稚川传指葛洪著《神仙传》）之讹邪？其传中语不似三代间文字，又三代人皆手饭，不应有匕箸。然则，苏公为郴人不疑。《搜神记》又载辽东有丁令威者（记辽东华表柱，有鹤飞集，少年射之，鹤言曰：有鸟有鸟丁令威，去家千年今始归。城郭如故人民非，何不学仙冢累累。大意与苏鹤相类）。又《瑞昌图经》（注：江西瑞昌县志）有苏仙山，以苏耽飞升于此因名。然《统志》（注：《大元一统志》）载在吾郡，彼亦当出讹传。今便县仙母山下有潘家源，意即潘母所居，真人降诞当此地。仙母未尝适人，何以又有居郴之事？牛脾山，郡城山也，距潘源八十里，而旧《志》云，真人生置之屋后，兹独弗通，《志》固云苏仙郴人也。岂汉时潘源在郴境内，抑后有讹传乎？或又传潘始许聘郴人，未行而夫亡。遂归执丧礼，事其姑以孝闻（见国朝邑人曾今记）。此一节，记者称旧《志》云。今考旧《志》实无之，若果然，则今郴城东宅，当是许聘其夫之宅。而居郴之事，屋后之说，无疑矣。桂阳县独秀峰，旧《志》载，汉苏耽隐此，不知其为仙后，或未飞升之前，何年隐于此也。噫！龙知龙，仙知仙，苏仙天人也，古圣贤有不父而生者，而尘外事（按尘世也，儒为世，释为劫，道为尘），惟与为类者能识之，故予为之补传，而特此以为世人告云。

注：崔岩、何孟春、袁子让皆郴州名士。明代科举发达，郴桂一批进士成国家栋梁，侍郎以上9人，他们支撑江山社稷，钟情家乡人文。正德年间崔岩撰《九仙二佛传》，何孟春续写《郴阳仙传》，袁子让万历年修订。很多名人读到此书，《徐霞客游记》云"郴州为九仙二佛之地"。书中详记潘氏感孕五色苔，"复取归乳"揭示母爱战胜封建族规。"有疫"而"橘叶救之"的防范，"后园种药，可治百病"的爱民，苏耽生卒时间，唐玄宗诏令时间，两宋四次敕封苏耽仙号等内容明晰。何孟春又将《九仙二佛传》名为《郴阳仙传》，考述传说流布国中和苏母苏父婚事，惜绘图仅留苏耽像。其《补传》提及便县潘氏许聘郴人，"未行而夫亡。遂归执丧礼，事其姑以孝闻"。当是许嫁后二人感情好并怀身孕，但苏某突然死亡，潘氏毅然入苏家，葬夫、奉养婆母，其后更助儿大义救民。《九仙二佛传》现藏国家图书馆。

广列仙传·苏耽

张文介

苏耽，郴人，事母以孝闻。尝遇异人，授神仙术。因侍膳，母思鲊，即出市鲊以献。问所从来，曰：便县。母始异之。一日忽洒扫庭除，母问其故，曰：仙道已成，上帝来召。母曰：汝仙去，吾谁养？乃留一柜云：所需即有；又云：明年大疫，取庭前井水橘叶救之。耽仙去。已而果疫，母日活百余人。后耽化鹤来郡城东北楼，时有弹之者，乃以爪攫楼板，以漆书，云：城郭是，人民非，三百甲子一来归。吾是苏耽，弹我何为？

注：张文介，明代浙江龙游县人，秀才，撰《少谷集》《醉吟集》等书。1583年《广列仙传》出，第2卷列苏耽，早《列仙全传》17年，但无《列仙全传》所写郴州其他三仙。

尧山堂外纪·苏耽

蒋一葵

苏耽　桂阳人。文帝时得道。少以至孝著称，母食欲得鱼羹，耽出湖州市买，去家一千四百里，俄顷便返，耽叔父为州吏，于市见耽，因书还家，家人大惊。既而辞母仙去。预为植橘凿井，及郡人大疫，但食一橘叶，饮一泉水，即愈。

苏仙公一日白母，道果已圆，升举有日。忽有数十白鹤降于门，遂升云汉而去。后一鹤降郡屋，郡僚子弟弹之，鹤以爪攫楼板，若书字焉，其辞曰：

乡原一别，重来事非。甲子不记，陵谷迁移。白骨蔽野，青山旧时。翘足高屋，下见群儿。我是苏仙，弹我何为？翻身云外，却返吾居。

注：蒋一葵，字仲舒，号石原，明代江苏武进（今常州）人。早年家贫无书，四处借阅，刻苦抄录，母亲宁食麦麸也让儿子吃面，支撑其读书。万历二十二年（1594）举人，历任灵川知县、京师西城指挥使，四处访古迹，一一记录，官至南京刑部主事。书斋曰：尧山堂。作品有《山海经释义》《尧山堂外纪》《尧山堂偶隽》等，有人称他"其所著撰，琳琅脍炙人口"，是负有重名的骚人墨士。他这篇苏耽传记，综合前人著述，将其孝行延伸江浙，把苏耽舅舅改成在湖州做官的叔父，遇他后写信告诉其母。传中突出"预为植橘凿井"。《苏耽辞》："乡原一别，重来事非。甲子不记，陵谷迁移。"采用元代赵道一《仙鉴》所写。弹弓射鹤者，也按《仙鉴》写为官吏子弟。

楚宝·外篇·列仙·苏耽

周圣楷

苏耽，桂阳郡人，少孤，事母以孝闻。日与群儿牧牛，耽所牧者，徘徊驯扰，不驱而归，众因号为牛师。常乘一白鹿，涉险如驰，人莫能测。侍母食，母忽思得鱼鲊。耽即去，有顷持鲊归。母问所从来，曰：适值便县市至。便县去家一百二十里。母疑其诳。数日后舅氏入郡，乃云前在邑，见甥市鲊，母始骇异。一日涕泗，跪白母曰：耽已成道，被命将升，不得终养。母歔欷，久之曰：吾老，何以卒岁？耽乃留一柜，缄钥甚固，曰：凡有缺，扣柜呼之，可立得。然慎勿发也。又云：郡人当大疫，可取庭前井水橘叶，食之即愈。庶几所资，亦助甘旨。语毕有幢节森列，群鹤随之，遂升云汉而去。明年郡果大疫，母如言，所活无算。众疑柜钥，请启视。母初不肯。固请发之，乃有鹤自柜飞去，后扣无复应矣。母年百余岁终，乡人共葬之。其日，人望牛脾山，若有白马系林间，遥闻哭声，知是耽来。郡守张邈乃率僚属往吊，因求见耽。顷之出半面，光彩照人，又垂一大手，绿毛长尺余，谓守曰：山谷幽远，日暮难归。乃手掷杖成桥，令众闭目而渡，少焉即抵城。有郡僚失盼，人马俱堕，但见赤龙亘空觅路，经日乃还。三岁哭声渐止，白马亦不见。后

32

有鹤降郡东楼，少年竞弹之。鹤以爪攫楼板，若漆书云。其辞曰：乡园一别，重来是非；甲子不记，陵谷迁移。白骨蔽野，青山旧时；翘足高屋，下见群儿；我是苏耽，弹我何为？郡人立祠祀之，名集灵观。宋元符三年，诏封冲素真人。（附：《水经注》引《桂阳列仙传》内容全段，评议：圣楷曰：……按《稚川仙传》又载苏仙名林字子立，周武王时……略）

注：周圣楷，明末长沙府湘潭人。少负才名，一夜撰竹枝词百首，轰动京城。但年近40仍为贡生，天下亦乱，遂游历楚地，专心著哲学、史学书。因明末之乱，其生死成谜。清初诗坛领袖王士祯《池北偶谈》说他做过张献忠政权的常德知府，光绪《湖南通志》其小传则说他拒不接受张氏政权官职被杀。其著作大都散失，唯存楚地历史人物、山水传《楚宝》，规模宏博，体例严谨，考证审慎，后由清代湖湘文化大家邓显鹤增辑。

钦定古今图书集成·方舆汇编·职方典·郴州部记事

陈梦雷

苏耽，郴县人，母潘氏未归夫亡，誓死靡他，一日浣衣江边，忽浮五色苔绕足，弃而复绕者三，母吞之成孕，弥月生男，置之牛脾山洞中，七日母往视见，白鹤翼之，白鹿乳之，母因收养。长就乡塾，师问其姓名，曰：无。见门外人担禾以草贯鱼，因自命苏姓名耽，耽常遇异人授以仙道，一日告母曰：上帝来召耽，欲去矣。母曰：汝去，吾谁养？耽乃固封一匮遗母，云：扣之随所需而得。且云：明年郴州人当有疫，可取庭前井水橘叶救之，亦可助甘旨。言讫，跨鹤飞升而去，明年郴人果疫，母日活百余人，启匮视之，惟见双鹤乘空。郴人因以名其门曰：来鹤门，其母年百余岁无疾而终，后人奉为仙母元君，至今郴城东潘园故址上建苏仙观，相传有仙韭遗种采之不易得。

注：陈梦雷（1650—1741），清代文献学家、编辑家，号天一道人、松鹤老人，闽县（今福州）人。少聪敏，12岁中秀才，19岁中举人，20岁中进士。选庶吉士，后授翰林院编修。省亲时遇靖南王耿精忠举兵，胁迫士人反清，拘其父、逼其任职。返京入狱论斩，经救援免死流放东北，父母死妻子亡。悲极痛惨，仍刻苦攻读，教书著述17年，编撰《周易浅述》《盛京通志》和数县县志。献诗康熙，被召回京城，任皇子侍读。康熙四十年（1701）受命主编"类书之最"《古今图书集成》。与"苏耽橘井"相关的内容，各编都有，不复全录。《苏耽传》综合几种版本，如潘氏未归夫家而夫亡、少儿苏耽

33

就读乡塾、师问姓名、来鹤门等。"母因收养",客观反映社会在进步。小误如"仙韭遗种",是永兴县潘家园。清朝总理衙门曾将《钦定古今图书集成》赠予美国哥伦比亚大学中文图书馆。

第三节　道教经籍

橘井登贤籍,槐宫并俊游。

——张　栻

医道同源,"苏耽传说"和白鹤、白鹿、白马、鱼、橘、松、井等吉祥事物,早就被道教关注,将郎中苏耽作为修道成仙的真人,纳入道教典籍,成了推介该文化的大抓手。最重头的著述,即晋朝道教名家葛洪在代表作《神仙传》所撰大篇幅苏仙公传,区别于西汉《列仙传》和三国《桂阳列仙传》的人物小传。葛洪直称苏耽"仙公",领起道教人士对"苏仙"的续写。随着宗教的普及,至唐代将苏耽栖身采药的马岭山及橘井所在家宅,列入道教洞天福地之七十二福地,且位置居前,奠定了该传说的道教身位。后世学者往往以葛洪所撰《苏仙公》为最早的作品。

神仙传·苏仙公

葛　洪

苏仙公者,桂阳人也,汉文帝时得道。先生早丧所怙,乡中以仁孝闻。宅在郡城东北,出入往来,不避燥湿。至于食物,不惮精粗。先生家贫,常自牧牛,与里中小儿,更日为牛郎。先生牧之,牛则徘徊侧近,不驱自归。余小儿牧牛,牛则四散,跨冈越险。诸儿问曰:"尔何术也?"先生曰:"非汝辈所知。"常乘一鹿。

先生常与母共食,母曰:"食无鲊,他日可往市买也。"先生于是以箸插饭中,携钱而去,斯须即以鲊至。母食去(明抄本"去"作"未")毕,母曰:"何处买来?"对曰:"便县市也。"母曰:"便县去此百二十里,道途径险,往来遽至,汝欺我也!"欲杖之。先生跪曰:"买鲊之时,见舅在市,与我语云,明日来此,请待舅至,以验虚实。"母遂宽之。明晓,舅果到。云昨见先生便县市买鲊。母即惊骇,方知其神异。

先生曾持一竹杖,时人谓曰:"苏生竹杖,固是龙也。"数岁之后,先生洒扫门庭,修饰墙宇。友人曰:"有何邀迎?"答曰:"仙侣当降。"俄顷之间，乃见天西北隅，紫云氤氲，有数十白鹤，飞翔其中，翩翩然降于苏氏之门，皆化为少年，仪形端美，如十八九岁人，怡然轻举。先生敛容逢迎，乃跪白母曰："某受命当仙，被召有期，仪卫已至，当违色养，即便拜辞。"母子歔欷。母曰："汝去之后，使我如何存活？"先生曰："明年天下疾疫，庭中井水，檐边橘树，可以代养，井水一升，橘叶一枚，可疗一人。兼封一柜留之，有所阙之，可以扣柜言之，所须当至，慎勿开也。"言毕即出门，踟蹰顾望，耸身入云，紫云捧足，众鹤翱翔，遂升云汉而去。

来年，果有疾疫，远近悉求母疗之，皆以水及橘叶，无不愈者。有所阙乏，即扣柜，所须即至。三年之后，母心疑，因即开之，见双白鹤飞去。自后扣之，无复有应。母年百余岁，一旦无疾而终。乡人共葬之，如世人之礼。葬后，忽见州东北牛脾山，紫云盖上，有号哭之声，咸知苏君之神也。郡守乡人，皆就山吊慰，但闻哭声，不见其形。郡守乡人，苦请相见，空中答曰："出俗日久，形容殊凡，若当露见，诚恐惊怪。"固请不已，即出半面，示一手，皆有细毛，异常人也。因请郡守乡人曰："远劳见慰，途径险阻，可从直路而还，不须回顾。"言毕，即见桥亘岭傍，直至郡城。行次，有一官吏辄回顾，遂失桥所，堕落江滨，乃见一赤龙于脚下，宛转而去。先生哭处，有桂竹两枝，无风自扫，其地恒净。三年之后，无复哭声，因见白马常在岭上，遂改牛脾山为白马岭。

自后有白鹤来止郡城东北楼上，人或挟弹弹之，鹤以爪攫楼板，似漆书云：城郭是，人民非，三百甲子一来归，吾是苏君弹何为？"至今修道之人，每至甲子日，焚香礼于仙公之故第也。（注：《太平广记》收）

注：葛洪（283—363），晋朝道教理论家、医药学家、炼丹家，字稚川，号抱朴子，丹阳郡句容（江苏句容县）人。父亲葛悌为西晋邵陵太守，早期邵陵随零陵属桂阳郡，葛洪因知桂阳苏耽。他著有《抱朴子》《肘后方》等，对天花、恙虫病的记载属世界最早，于医学、化学皆有贡献，《肘后方》述青蒿治疟，启发了屠呦呦等现代科学家发现青蒿素造福人类。他受赐关内侯，却无意仕途而成道教领袖，强调"欲求仙者，当以忠孝和顺仁信为本"。其名著《神仙传》写湖湘4人，桂阳郡占3个——苏耽、成武丁、郡守栾巴，足见仙灵文化浓厚。他曾做西晋广州刺史的参军，来回经南岭郴县，采集苏耽传说，写大篇《苏仙公》，内含少孤家贫、牧牛孝母、凿井种橘、得道成仙、预言救民、化鹤归乡等母题，"郡楼辞"尤感人，还有牛脾山改称白马岭等，均被后世引用发挥。如苏耽化鹤归乡，影响了陶渊明《搜神后记》的"丁令威传说"，派生"鹤归华表"说。

洞仙传·苏耽

见素子

苏耽者，桂阳人也。少以至孝著称，母食欲得鱼羹，耽出湖（明抄本"湖"作"湘"）州市买，去家一千四百里，俄顷便返。耽叔父为州吏，于市见耽，因书还家，家人大惊。耽后白母，耽受命应仙，方违远供养，以两盘留家中。若须食，扣小盘；欲得钱帛，扣大盘，是所须皆立至。乡里共怪其如此，白官，遣吏检盘无物，而耽母用之如神。先是，耽初去时云："今年大疫，死者略半，家中井水，饮之无恙。"果如所言，阖门元吉。母年百余岁终，闻山上有人哭声，服除乃止。百姓为之立祠。

注：见素子，著名女道医，撰《洞仙传》，又名《洞神传》，时道教经书分洞真、洞玄、洞神三部，其作属洞神部。《隋书·经籍志》录，旧、新唐书记为见素子撰；元代亡佚，残本两卷收入《云笈七签》。见素子写"母食欲得鱼羹"，苏耽远赴湖州市买，"叔父为州吏……因书还家"，"乡里共怪其如此，白官，遣吏检盘"，"服除（去掉孝服）"，属重撰内容，增添神秘性。民间传苏母病思猫鱼豆腐（腐乳鱼羹），苏耽远遁湘州治所（长沙、湘潭）寻来，即出于此。"阖门元吉"，指每个得到救治者全家大吉。

玉清广福观碑铭

倪少通

序：玉清观者，法玉清圣境而名。自吴及梁，相续重兴。汉文帝之祀，苏真人耽自郴阳上升，众仙迎往元辰，曾游斯地。吴大帝之代，葛仙翁元在句容受道，炼丹于涌泉，亦经于此。不独实录，具在仙籍，左右灵踪，古今不泯。赤松山畔，曾闻叱石之羊；王乔岭前，昔现飞凫之履。乡邻白鹤，有傅翁得道之岩；境接赤乌，即施君住宅之址。社连金阙，洞秀玉华，草木长春，烟雾迥秀。黄精遍野，白术盈川。阙监临杨元德、门人王太清，心营半戴，箕敛万缗。山现良材，地呈贞础，林麓听丁丁之响，庭除观乾元之功，法天上之皇都，布凡间之紫府。（阙）铭曰：

观本无名，古仙像成。会朝金阙，遂法玉清。宝殿缔构，祥云送迎。
元功福荫，普寿函生。玉清圣化，栖隐名贤。诱彼英信，构兹良缘。

36

福流旷劫，功逮幽元。解释罗邦，神登九天。栖神之乡，邻有冲阳。
其道不宰，载之无疆。洞馨兰菊，林毓鸾凰。表瑞旌祥，福资圣唐。
仰观洞府，灵路稀有。荡涤妖氛，资崇禄寿。太清太虚，建功不朽。
名载碑珉，天长地久。

注：倪少通，唐开元年间南岳名道士，创道教闿黄派，为衡山玉清观作《玉清广福观碑铭》。序文言，该道观仿照上天三清（玉清、上清、太清）的玉清仙境而建，故名。言及西汉"文帝之祀""苏真人耽自郴阳上升"，指"文景之治"的开启者汉文帝注重孝道与宗庙祭祀，此阶段苏耽在桂阳郡治郴县得道飞升，说明"苏仙传说"发生早。写众仙于元旦吉辰接苏耽前往天宫时，游历南岳，说明苏耽行迹湘南，故衡山建成玉清广福观。此文收入《全唐文》，铭文中"观本无名，古仙像成""栖隐名贤"句，说明苏耽早已扬名道教的"朱陵洞天"，且玉清观供奉他和曾游过南岳的葛洪画像；有福庇该观的首功。郴阳，即郴县、郴州，古人以山南水北为阳，郴县县城、郴州州城在郴水西北、苏山以南，唐代开始将郴县、郴州叫郴阳。明代郴籍大儒何孟春撰郴州仙人传记，就叫《郴阳仙传》。

川主大王为鹤降醮彭女观词

杜光庭

伏以道化无方，真仙有应，于恍惚希微之内，示元黄变化之容。下盼尘寰，以度群品，考诸事迹，载彼经图。所以丁令归时，曾窥丹顶，苏耽降日，亦显霜翎。流万古之美谭，标当年之瑞牒。今者忽闻灵鹤，栖止云峰，乃玄元行化之山，是彭祖升天之所。元坛黡荟，久无焚荐之踪；林木阴森，果致感通之事。实圣朝之上瑞，岂藩阃之所招？愿祈山寿鹤年，以奉龙图凤历。遐瞻烟峤，伏切欢愉，冀凭奏醮之仪，以达归依之恳。谨差赐紫大德上官知真兵马使王承琛，精诚香火，上告真灵。不任归命虔祝之至。

注：杜光庭（850—933），唐末五代高道，字圣宾，处州缙云（浙江缙云县）人。唐懿宗时，考进士不中，入天台山潜心道教学问，遂扬声名。僖宗召其入宫，赐紫袍，充麟德殿文章应制，为供奉于宫内道场的道官。晚唐王仙芝、黄巢起义，僖宗躲避入蜀，杜光庭随去成都。受前蜀国主王建赏识，官至光禄大夫、户部侍郎，进号广成先生，赐号传真天师。晚年辞官隐居青城山，著述等身，有《道德真经广圣义》《道门科范大全集》《广成集》《洞

天福地岳渎名山记》《青城山记》等。相传传奇小说《虬髯客传》及神仙家书系他编撰，故人以妄言谓之"杜撰"。杜光庭对道教教义、斋醮科范、修道方术等进行整理、阐发，尤其对老子《道德经》钻研得力，影响后世，是道教文化史承前启后的人物。此篇为蜀国国主遣官在彭女观进行斋醮科仪（设坛祭神的法事）而写，是道教文学的优美散文；其中特别提到苏耽降生时，白鹤用羽翎为其御寒的动人传说，流芳千载。

仙苑编珠

王松年

丁鹤人语，苏鹿牛形。

《飞天仙人经》云：丁令威七岁入山求道，千年化鹤归乡，下华表柱头，歌曰：我是昔日丁令威，学道千年今始归也。《苏君传》：苏耽者，彬（郴）州人也。小时牧牛，牛化为白鹿，得道。后归乡驻牛脾山上。州县官吏同往礼谒。日暮，君展《黄庭经》化为大桥，直跨城门，官吏登桥而还也。

注：王松年，唐末天台山道士，撰神仙传记《仙苑编珠》，底本藏《正统道藏》洞玄部记传类。上卷有"丁鹤人语，苏鹿牛形"词条，一些典籍常将"丁令威化鹤归"置于"苏耽化鹤归"之前。实则，丁令威化鹤传说晚于苏耽传说，《艺文类聚》记载苏耽化鹤传说在西汉末，《列仙传》、两晋之际葛洪《神仙传》，均早已写。丁氏化鹤传说见于东晋陶潜《搜神后记》："丁令威，本辽东人，学道于灵虚山。后化鹤归辽，集城门华表柱。时有少年，举弓欲射之。鹤乃飞，徘徊空中而言曰：'有鸟有鸟丁令威，去家千年今始归。城郭如故人民非，何不学仙冢累累。'"《搜神后记》所写丁令威传说，沿袭了葛洪写苏耽传说的化鹤手法。此文新点，在牛化为白鹿、苏耽以《黄庭经》化桥。

总仙秘录·苏仙

乐 史

注：乐史（930—1007），五代南唐进士，江西临川人。入北宋再考取进士，先后任著作郎、员外郎、太常博士等。著《太平寰宇记》、传奇小说《绿珠传》《杨贵妃外传》《李白外传》等，《总仙记》等散失，存条目名称。

云笈七签

张君房

卷六十六·金丹部四·金丹论第三

夫丹砂，太阴之精……自古真人、圣人皆炼药致长生……近谢玄冲、苏耽二子，亦羽化金丹之客，人皆知之，何言及矣！

卷一百一十·纪传部·传八·洞仙传·苏耽

苏耽者，桂阳人也。少以至孝著称。母食欲得鱼羹，耽出湖州市买，去家一千四百里，俄顷便返。耽叔父为州吏，于市见耽，因书还家，家人大惊。耽后白母曰：耽受命应仙，违远供养。作两柜留家中，若欲须食扣小柜，欲得钱帛扣大柜，是所须皆立至。乡里共怪其独，如此白官，遣吏检柜无物，而耽母用之如故。先耽将去时云：今年大疫，死者略半，家此井水饮之无恙。果如所言，阖门元吉。母年百余岁终，闻山上有人哭声，服除乃止。百姓为之立祠矣。

注：张君房，北宋藏书家、道教学者，岳州安陆（原属湖南，今属湖北）人。景德二年（1005）进士，历官尚书员外郎、集贤殿校理、御史、县令、知军。1012年由御史台御史谪为宁海、钱塘县令。著名的崇道皇帝宋真宗降旨，将秘阁所藏道教经书均交枢密直学士、杭州知州戚纶等人校正，于是连同苏浙江南旧道藏一起修订。戚纶推荐藏书宏富的张君房主持，编成4565卷的《大宋天宫宝藏》，又择其精要纂成122卷《云笈七签》（云笈，道家藏书的书箱）。卷二十七·洞天福地部，采用唐代司马承祯的《天地宫府图》，故郴州马岭山排在第二十一福地。而李思聪的《洞渊集》晚出三十几年，后人习惯采用《云笈七签》的福地排序。正因为张君房编书时在杭州，故承袭了南朝见素子写法"母食欲得鱼羹，耽出湖州市买，去家一千四百里"，又加工了苏耽留柜情节：大小两柜，乡邻奇怪，告白地方官，派吏员查验，柜不出物，而吏员离开，苏母所需即有。如是字里行间，也多少丰富了苏仙传说。

南岳总胜集

陈田夫

桂阳仙人还归乡里

谓以桑梓荣之也，……按桂阳仙人有二，其一是成武丁，其一是苏仙公，并出《神仙传》。《神仙传》曰：成仙公者，讳武丁，桂阳临武乌里人也……

又曰：苏仙公者，桂阳人也。早丧所怙，乡中以仁孝闻。母欲食鱼鲊，去家百二十里斯须即返。母大惊骇，知其神异。耽后白母："受命应仙，当违色养。封一柜留之，有所阙乏，可以扣柜，所需立至。"三年之后，母心疑，因即开之，见双白鹤飞去。自后扣之，无复有应。母百余岁无疾而终，乡人葬之。后忽见州东北牛脾山紫云盖上有号哭之声，咸知苏君之神也。乡人苦请相见，即出半面，示一手，皆有细毛，异常人也。后有白鹤来止郡城，自言是苏君矣。

注：陈田夫，南宋隐居道士，字耕叟，号苍野子，称"阆中道人"，四川阆州人。金人入侵，宋王朝南渡，北方沦丧，五岳仅存南岳，衡山独为朝廷"祈福道场"，遂得朝廷和名士极大关注，道教随之更为兴盛。陈田夫在此背景下，绍兴初年到湘，隐居南岳，历时30余年。隆兴元年（1163）撰成《南岳总胜集》，记述衡山、湘南及至湘水、南岭的地理形胜、自然景物和以佛道为主要内容的史事、佛寺道观，最早提出南岳七十二峰之说。此书收入明《正统道藏》、日本《大正藏》。《桂阳仙人还归乡里》，写苏仙、成仙。"牛脾山紫云盖"的"紫云"，古人认作祥瑞之兆。"乡人苦请相见"，即怀念苏耽先贤。

三洞群仙录

陈葆光

卷之二
（程妻致缣）　苏母思鲊

……

《苏仙传》：仙君姓苏名耽，桂阳郡梆（注：郴）邑人也，生于前汉，幼丁父忧，奉母潘氏以孝闻，温清定省礼无违者，晨馐夕膳，人莫及焉。常感神仙授以道衍，能隐形变化。一旦侍朝冷于母，母曰：吾思鲊，汝可政（注：应为征，征取）之。曰：唯。即拾七（注：匕，羹匙）饬辍食，担金而去，须臾持饰而至。母食未毕，得鲊甚喜，母曰：此去市甚远，何处得之其速如此？答曰：便县市中买来。母曰：便县山路危险，去一百二十里，如此之速，汝狂（注：诳）我也。答曰：买鲊之时见舅在便市，语耽明日来此，请待舅来，以验虚实。翌日，舅果至，乃具说市中相见之事。母始知其非常人，乃潜察之，见常持一青竹杖，众疑之为神杖也。

卷之四
（侯观三松）　苏庵两竹

……

《郴（注：郴）江集》：苏真君耽母年百余岁，无疾奄然而逝，乡人为立封木以礼敛葬。是日，郡东北隅牛脾山上有紫云覆木，弥漫不散，又若有白马一匹系于林间，遂闻山岭上有号哭之声，皆云苏君归持母服。乡人竞往即之，其草庵前哭泣之所，基址平坦，有竹两株，无风自摇，扫其地，终年常净。三年之后，无复哭声，白马亦不复见矣。

卷之八

苏耽鹤柜　　（孙真牛车）

《郴（注：郴）江集》：苏仙君耽忽一日扫洒庭宇，具衣冠，若有所待。俄见西北云鹤翔集，从空而下。君乃入，跪白母曰：太上召补真官，仪卫已至，不得终养。言讫拜辞，子母戏歌久之。母曰：汝去后，使我何以存养？君因留一柜，缄钥甚固，曰：有所阙乏，可扣柜呼之，所须当至，慎勿开也。自后母但有阙，叩柜其物立至。母一日必疑其柜，开视之有双鹤飞去，自后虽扣，无复应矣。

卷十六

仙君橘井　　（神女竹坛）

《郴（注：郴）江集》：苏仙君，一日太上有召将补真官，临别告其母曰：明年此郡当有疾疫，可取庭前井水一杯、橘叶一枚以救人疾苦，必有奇验，亦少资甘旨。言毕出门，众仙拥卫，幢节羽仪森列左右，冉冉升天而去。明年果大疫，母以井水橘叶救之，无不立愈。至今橘井存焉。

　　注：陈葆光，南宋正一派名道士，住持江阴静应庵。他见道教神仙人物传记著作，在长期流传中多有散失，便网罗九流百氏之书，下逮稗官俚语之说，凡载神仙事者，皆汇集、编入《三洞群仙录》（收入《正统道藏》）。书中共有 1054 则神仙故事，自盘古迄于北宋，均注明来源，故此书不失为研究道教人物的重要资料。其观点是："集仙之行事"，乃"扬高真之伟烈，以明示向道者，使开卷洞然，知神仙之可学"。即说神仙也是出于人世，读了他们的传记，就能懂得仙人的品德志行是可以学到的。书中搜集苏耽 4 个传说加工，还写有郴州成武丁、罗道成二仙。"郴"误成"郴"，系后世刻书或检字模时常见错误。

历世真仙体道通鉴

赵道一

卷十一　苏　耽

苏耽，桂阳人也。耽之母李氏，因江中浣帛，触沉木而感，孕焉。耽生，

41

有双鹤飞于庭，白光贯户牖。及生数岁，寡言语，不为儿戏（一云：得仙道，与众儿俱戏猎，常骑鹿，鹿亦如常，然遇险绝之处，皆能超越，众儿问曰："何得此鹿骑，而异常鹿也？"答曰："龙也。"）。少以至孝著称，年已十四，母方食荤，曰："吾偶思资兴泷鲊，患远不可得也。"耽曰："今往市之。"乃去。母以为戏言见悦尔。食未竟，耽来，鲊于前，曰："此资兴泷鲊也。"母曰："汝最为谨厚，资兴泷去此二百余里，汝不一时往还，何诈也！"耽曰："市鲊时，见舅儿来，言致意母：不数日亦来谒母矣。"母举鲊而食，真资兴泷鲊也。不数日，舅至，具言市中见耽，母亦大神其事（一云：母食，欲得鱼羹，耽出湘州市买，去家一千四百里，俄顷便还。耽叔父为州吏，于市见儿，因书还，家人大惊）。

耽一日告母："道果已圆，升举有日。翱翔云水之乡，脱落尘泥之外，命蒂胎根，已为我有。琨台紫府，本是各家。阴阳不能陶铸，天地不能管辖。陵谷迁，而此不可迁；日月老，而吾不可老。真元一气，万古长存。"母曰："吾恃尔也，尔去，吾何依？何言去乎？"耽曰："常闻师曰：一人升仙，九族受庇，虽过去者，亦不为下鬼。今虽去，母之动息皆可知也。"乃留一柜，封钥甚固，愿母毋开，若有所需，告之如所言也。因谓乡人曰："更后二年，郴人大疫。"乃植橘、凿井，曰："受病但食一橘叶，饮泉水一盏自愈。"（一云：耽将去时云："今年大疫，死者略半。汲此井水，饮之无恙。"后果如所言。）语已，有五色云下庭中，箫鼓隐隐而至。耽乃升云，泣别母与乡人，冉冉东南而去。乡人数百、郡官悉见之。时汉文帝三年也（一云：耽道成，一日有数十白鹤降于门，耽遂乘之，升云汉而去）。

尔后，母凡有乏，祷其柜，皆如所求。一日，母思耽，谓在其中，乃发柜，了不见物，惟见二鹤，凌空而去。

苏仙冲升之后二年，郴人果大疫，乃取橘泉治病，即时皆愈，所存活者千百人。郡将与僚佐、郡人，悉拜祭。橘泉之下，常若市焉。

不数年，耽母有疾，耽尝来问疾，不久，耽母倾丧，寿百余岁。朝廷乃命郡守送丧，遂葬苏山之南。于时，猿惊鹤怨，风惨烟昏，愁云不散，悲雨自泠，山顶闻哀泣，远听而近，近听而远。郡守率郡僚、郡人，诣山慰耽。虽闻仙泣，而不见其形。郡守卢献可乃曰："不因慰问，无由拜仙。愿得一见仙容，以消尘障。非某一身之幸，乃九族之幸也。"耽曰："仙凡异道，升沉殊途，吾不惜令汝见，但恐汝辈福鲜，不能尽见吾也。"乃曰："吾令汝见吾之半。"耽乃出半面、一臂示献可等郡官，见面若真玉，艳而有光，臂亦绀毛，与日气相射。郡官再拜，跪慰仙。耽曰："山路绝险，远劳郡官，吾欲造一桥，令汝等安然至家，慎勿回顾也。"乃取玉轴《金庭经》一卷，对空掷之，俄成巨桥，若玉虹之架空，栏楯皆金宝为饰。卢献可率郡官隐隐而升，不久到郡。惟判官张信臣回顾，隧堕绝涧，为朽木败叶，藉地不曾损，三日方到郡。

耽母之终，山上哭声，服除乃止。后，郡守以其事闻于上，封其山为"苏仙山"，名其观为"苏仙观"。郡守以时严洁醮祭焉。

元结诗云："灵橘无根井有泉，世间如梦又千年。乡园不见重归鹤，姓字今为第几仙？风泠露坛人悄悄，地闲荒径草绵绵。如何蹑得苏君迹？白日霓旌拥上天。"又沈彬咏苏仙山诗云："眼穿林罅见郴州，井里交连侧局揪。味道不来闲处坐，劳生更欲几时休。苏仙宅古烟霞老，义帝坟荒草木愁。千古是非无处问，夕阳西下水东流。"

宋初，俄有一鹤栖郡斋屋脊，久而不去。郡僚子弟辈聚观，乃弹之。鹤乃举足画屋，若书字焉。郴屋皆以板为瓦也，鹤乃骞翼升云而去。郡将乃遣人升屋，即见所画字曰：

> 乡原一别，重来事非。甲子不记，陵谷迁移。白骨蔽野，青山旧时。
> 翘足高屋，下见群儿。我是苏仙，弹我何为？翻身云外，却返吾居。

一云：耽骑白鹤来，止郡城东北楼上，人或挟弹弹之，鹤以爪攫楼板，似漆书云："城郭虽是人民非，三百甲子一来归。我是苏仙，弹我何为？"

郡将取其板，藏之府中，后乃归之本观，仙亦不复再来。高宗绍兴间，赐苏仙为"冲素普应真人"。

注：赵道一，宋末元初名道，住持南昌奉新县万年宫，号全阳。修撰《历世真仙体道通鉴》，录道教人物九百人，1294年成书，进献元王朝，简称《仙鉴》，数人作序，称其高士。此书为现存仙家道士传记中搜罗最富一部，收载时限之长、人物之多为《神仙传》《洞仙传》《续仙传》诸书不及，具有道教派别历史、教义思想、人物传等价值，为道教研究提供详尽资料。"苏耽传"体现此特点，系历次传记篇幅最大者，字格超1600，内容重组大扩。说明该江西老表到过湘南郴州，搜集到流变传说，故时空变化；写潘氏"李"姓，江中洗丝织品触木感孕，引起后世潘氏吞红丝线感孕传说；写"一云：……耽叔父为州吏"句，苏耽的叔父证实苏耽有父早丧；出现郡守、判官实名及"资兴泷鲊"的县名、鱼名（"东江鱼"源头，资兴、郴县、永兴共一江）。预言瘟疫、种橘凿井、橘泉救民，采用两说。"谓乡人曰"，说明苏耽的抗疫意识；"橘泉之下常若市焉"，写深井泉水熬药效果佳。"朝廷命郡守送葬"苏母，唐宋封"苏仙山"、山上"苏仙观"及官方醮祭，录唐人诗，带出楚"义帝陵"；记"郴州皆以板为瓦"，板子街现代还有；重记《苏耽

歌》等，均具有很高的传记文学价值。

历代神仙通鉴摘要

徐　道

卷十一　苏　耽

苏耽曾谓，郴人将大疫，乃植橘凿井曰："受病但食一橘叶，饮泉水一盏自愈。"苏仙冲升之后，郴人果大疫，乃取橘泉治病，即时皆愈，所存活者千百人。

　　注：《历代神仙通鉴》，道教经籍，又名《历代神仙演义》，明初滇池侯徐英之子徐人瑞、理学家程翔之子程瑶写出初稿，其后世孙、清初好道学者徐道重新修撰 17 卷，程毓奇续修 5 卷。卷十一写苏耽种药橘、挖井泉救民。

第四节　史志地理

炉峰生转盼，橘井尚高褰。

——杜　甫

　　历代国家、地方的史志、地理书籍，对该文化遗产多次记载，通过史料书籍的形制化，使之成为公序良俗。

一、汗青方志

孤飞唳空鹤……有字悲城郭。

——元　稹

　　志书的记、述、志、传、考、录、图等，记载这传说产生的自然和社会环境、历史沿革、历久弥新的魅力，可了解其传承时间、传播范围、糅入州县文化的程度，以及各类物质载体包括祭祀场所名称变化等地情。各本看似重复，实则忠实于历史记忆、文化活态传承，凸显存史、资政、教化及宣明地方资源及文化主权的作用。

桂　阳　记

杨元凤

　　注：《桂阳记》记录两汉、三国桂阳郡及郡治郴县情形，是湖湘地域及全

国较早出现的地方志记，遗憾散佚于历史长河，仅由清末著名方志、地理学家、长沙人陈运溶考据辑录数条内容。2003 年底 2004 年初郴州发掘大批三国、西晋简牍，填补了我国晋简考古空白（原全国仅散留 14 枚）。从简牍主体部分内容、格式分析，当为三国至西晋初《桂阳记》。但保护、整理、考据烦琐，幸存简牍中有无苏耽、马岭山传说尚不明，而《桂阳记》应记桂阳人苏耽。杨元凤可能系赵云之后的桂阳郡太守。

后汉书·郡国志
范　晔　撰，刘　昭　注

桂阳郡：郴县南数里有马岭山，山有仙人苏耽坛。

注：范晔（398—445），南朝宋官员、史学家、文学家，顺阳郡顺阳县（今河南淅川县）人。博览群书，曾任秘书丞、新蔡太守、宣城太守等。元嘉十七年（440），投靠始兴王刘浚，历任徐州长史、南下邳太守、左卫将军、太子詹事。元嘉二十二年（445），拥戴彭城王刘义康即位，事败被杀。一生才华横溢，史学成就突出。著作《后汉书》，博采众书，结构严谨、属词丽密，与《史记》《汉书》《三国志》并称"前四史"。

刘昭，南朝梁史学家、文学家，平原高唐（山东禹城县）人，历官无锡、剡县县令等，任过豫章王、临川王记室。搜集诸种《后汉书》，参校异同，选取声誉最高最翔实之范晔撰本作注，"世称博悉"。今版范晔《后汉书》，为刘昭注志和唐代章怀太子李贤注传。但《郡国志》桂阳郡一栏，不见刘昭注"郴县南数里有马岭山，山有仙人苏耽坛"，应在古本《后汉书》中。而刘昭注语让人明了，苏耽祭祠所在的原牛脾山，南北朝早已叫马岭山，东晋葛洪《神仙传》指出是苏母百年后，"遂改牛脾山为白马岭"。"郴县南"则错，应为东。

舆 地 志
顾野王

桂阳郡郴县
马岭山在县东北五里，昔有仙人苏耽入此山学道，白日上升。今有祠甚严，山与黄箱山相连。

注：顾野王（519—581），南朝文字训诂学家、史学家、书画家，博通经

史，擅长丹青。吴郡吴县（江苏苏州）人，居亭林（今上海金山区），人称"顾亭林"（清初思想家顾炎武即其后裔，亦号亭林）。梁陈期间，历官梁武帝朝太学博士、陈国子博士、黄门侍郎、光禄大夫；陈太建十三年卒，诏赠秘书监、右卫将军。撰《玉篇》《舆地志》《国史纪传》以及志怪小说《续洞冥记》等。《玉篇》为现存最早的楷书字典，《舆地志》是全国性历史地理总志。记桂阳郡郴县马岭山"昔有仙人苏耽入此山学道"，后世不少文本转载或另写时，因"昔"与"晋"字形相近，把"昔"字错为"晋"，结果汉苏耽变成"晋苏耽"。山上"今有祠甚严"，即南朝苏耽祠，建得极为庄重严整。"黄箱山"即南岭五岭之骑田岭别名，在郴城南。

隋书·经籍志

《桂阳先贤画赞》一卷，东吴左中郎张胜撰。

注：《隋书》由唐初宰相魏徵总领编纂，其《经籍志》记录，三国吴国左中郎张胜撰《桂阳先贤画赞》，有资料说张胜是桂阳郡人。三国前期，桂阳郡为西蜀刘备占据，《三国志》记蜀国大将赵云夺取桂阳郡、代太守，庞统出守桂阳郡耒阳县。三国中后期以湘江为界，西边属蜀国，东边属吴国，桂阳郡在湘江东面，故属东吴，桂阳郡人张胜出任东吴官员很正常。《桂阳先贤画赞》即《桂阳先贤传》，该书卷先后被《旧唐书·经籍志》《新唐书·艺文志》《太平御览》等记录卷目。苏耽传，在《桂阳先贤画赞》中。

元和郡县图志·郴州

李吉甫

江南西道·郴州

马岭山，在县东北五里，昔苏耽学道于此得仙，其旧宅在城东半里，俯临城，余迹犹存。

《郡国志》曰：郴州马岭山，本名牛脾山，山上有仙人苏耽坛，即郴人也。为儿童时，与众童牧更直守牛，每耽守牛，牛不敢散。尝与众人猎，即乘鹿，人笑之，曰："龙也。"去郡百二十里，母临食晚，往买鲊，须臾即还。一旦有众宾来，耽启母曰："受性当仙，仙人合召耽去，今年疾疫甚，饮家中井水即无恙。又种药于（注：后）园梅（注：橘）树下，可治百病，买此水及药，过于供养。"便去。母遽视之，众宾皆白鹤也。以耽常乘白马，故号马岭山。

注：李吉甫（758—814），唐代政治家、地理学家、史学家，字弘宪，赵

郡赞皇（河北赞皇县）人，一家三代为相。其任宰相时撰名著《元和郡县图志》，系我国现存最早又较完整的国家地理及地方总志。原有图和志，北宋散佚，现存仅 34 卷，却可观全国十道四十七镇各府、州情，如户口数、贡赋特产、县数、沿革、山川、城邑、军事设施、历代大事等。他曾因病免官，再授郴州刺史，故熟悉南岭郴州，志记八县"郴、义章（宜章）、义昌（汝城）、平阳（桂阳）、资兴、高亭（永兴）、临武、蓝山"，州治郴县"项羽徙义帝之所都也"。"桂阳监，在城内，每年铸钱五万贯。""温水，在县北，常溉田……可一岁三熟。""蓝山县……九嶷山，在县西南五十里。"他以"苏仙传说"揭示马岭山名的由来，是因苏耽常乘白马故名。"种药于园梅树下，可治百病"，这"梅"字当属"橘"之误。而传说这一段，在古本《元和郡县图志》中，全文被宋《太平御览》照搬。

北宋《郴州图经》
佚　名

苏仙山，在郴县东北七里，中常蓄云雾。沈佺期有诗。

注：《郴州图经》已佚失，序言由翰林学士李宗谔作。李宗谔系宋初宰相李昉之子，进士，历官起居舍人、集贤院校理、知制诰（为皇帝起草诰命）、翰林学士、契丹使馆伴使（外交接待官）、经度制置副使、工部郎中、右谏议大夫。文集 60 卷，有《诸路图经》，故《郴州图经》可能系他所撰。所幸存苏仙岭一条，方位县城东北 7 里，准确。

大明一统志·郴州
李贤、彭时等

山　川：

马岭山　在州城北七里。汉苏耽升仙之后，其母每来候之，见耽乘白马飘然而往，故名。又名苏仙岭。上有白鹿洞、仙人坛，有巨石曰沉香，小石曰仙桃。仙桃色赤黄，有核，研饮之，可以愈疾。

仙母山　在永兴县东二里，下有苏仙观，宋县令徐经孙曾刻汉寿字碑于山之石岩。

橘　井　在州城东苏耽宅。耽将仙去，谓母潘曰："明年郡大疫，母取橘叶井水饮之。"如期疫果作，郡人忆前言，竞诣饮水，下咽即愈。唐杜甫诗："郴州颇凉冷，橘井尚凄清。"元结诗："灵橘无根井有泉，世间如梦又千年；乡园不见重归鹤，姓字今为第几仙?"

宫室：

仙居台　在州城北，苏仙岭后。

关梁：

苏仙桥　在州城东。

古迹：

苏仙宅　在州城东。仙，汉苏耽也。耽初乘鹤去后，尝骑白鹤来止郡城楼上。

仙释：

苏　耽　汉郴人，事母以孝闻。尝遇异人，授神仙术。因侍膳，母思鲊，即出，市鲊以献。问所从来，曰：便县。母始异之。一日忽洒扫庭除，母问其故? 曰："仙道已成，上帝来召。"母曰："汝仙去，吾谁养?"乃留一柜，云：所需即有。又云："明年大疫，取庭前井水橘叶救之。"耽仙去，已而果疫，母日活百余人。宋元符中赐号：冲素真人。

注：李贤、彭时皆明代中期名臣。李贤（1409—1467），河南邓州人，进士。"土木堡之变"瓦剌军入侵，英宗在大太监王振蛊惑下亲征，郴籍兵部尚书邝埜反对王振瞎指挥，殉国于前线。英宗被俘。李贤脱难返京，上正本十策，受代宗赏识，升兵部侍郎等职。英宗重新登上皇位后，升吏部尚书。宪宗即位，晋升其入阁为宰相，著作多部。逝后追赠左柱国、太师，谥号"文达"。彭时（1416—1475），庐陵安福（今江西吉安市安福县）人。1448年状元及第，历官翰林院修撰、太常寺少卿兼侍读、吏部右侍郎兼学士。宪宗成化年间，升兵部尚书、太子太保兼文渊阁大学士、内阁首辅。逝后追赠左柱国、太师，谥号"文宪"。他二人奉英宗旨意主持纂修国家地理总志，按《大元一统志》（散失）体例，1461年编成《大明一统志》。在湖广郴州卷中，"苏仙传说"分置于山、水、宅、人物各条，并引用杜甫、元结写橘井的诗，较早在志书中写到宋王朝对苏耽的第一个仙真封号。

日本藏嘉靖《湖广图经志书》·郴州

薛刚、吴廷举等

山川：

本　州：

马岭山　在州北七里。汉苏耽升仙之后，其母每来候之，见耽乘白马飘然而

48

往，故名。又名苏子岭，上有白鹿洞、仙人坛；有巨石曰沉香，小石曰仙桃，仙桃色赤黄有核，研饮之，可以愈疾。

橘　井　在州东苏耽宅。耽将仙去，谓母潘曰：明年郡大疫，母取橘叶井水饮之。如期疫果作，郡人忆前言，竞诣饮水，下咽即愈。唐杜甫诗"郴州颇凉冷，橘井尚凄清"。

永　兴：

仙母山　在县东二里，上有苏仙观，宋端平中县令徐经孙曾刻汉元封间寿字碑于山之石岩。

桂　阳：

独秀峰　在县南十七里，一名孤山岭，汉苏耽隐此。

宫　室：

本　州：

景仙楼　在城上东门，宋建。

仙居台　在州城北苏仙岭后。

关　筑：

本　州：

苏仙桥　在州东一里，国朝宣德间知州吕棠建。成化间知州唐宽琢石甃墩上架以木，后圮。正德庚午州人、工部侍郎崔岩首倡修复之举，兵备副使程杲、陈萧、知州卢锐、沈照议出官帑，且募州民出赀成之。

飞仙桥　在子城外正南。

寺　观：

本　州：

橘井观　在州东半里。

永　兴：

苏仙观　在县东。

陵　墓：

本　州：

苏母墓　在州东一里，汉苏仙母潘氏葬此。

古　迹：

本　州：

苏仙宅　在州东。仙，汉苏耽也。耽初乘鹤去，后尝骑鹤来止郡城楼上。

永　兴：

潘家园　在苏仙观东一里许，即仙母元君外氏家也。旧时有仙韭存焉，采而得者亦少，然水石怀抱，窈窕清幽，则一胜境也。

仙鹤池　又名灌泉，古砌尚存，邑人祷雨于此。

仙 释：

本 州：

苏 耽 汉时，事母以孝闻。尝遇异人授神仙术。因侍膳，母思鲊，即出市
　　 鲊以献，问所从来，曰：便县。母始异之。一日忽洒扫庭除，母问
　　 其故，曰：仙道已成，上帝来召。母曰：汝仙去，吾谁养？乃留一
　　 柜云：所需即有。又云：明年大疫，取庭前井水橘叶救之。耽仙去，
　　 已而果疫，母日活百余人。宋元符中赐号"冲素真人"。

郴州诗文类：汉—明（略）

　　注：我国方志八千多种，不少流散海外被日、美、法、加等国收藏。明
嘉靖《湖广图经志书》即是日本藏中国罕见地方志。明成化二十年（1484）
湖广提学薛刚编成《湖广通志》，其逝后，衙门失火雕版焚毁。正德十二年
（1517）副都御史吴廷举到汉口，从某诗书世家找到一部，令重修。湖广左布
政使周季凤主持，巡抚秦金、巡按毛伯温等各司其责，各府州行动，嘉靖元
年（1522）功成。此巨著覆盖范围为湖北湖南各府州县，因名《湖广图经志
书》。改革开放后在日本发现，北京书目文献出版社 1991 年出版。薛刚、秦
金、毛伯温等人到过郴州、桂阳州，薛刚撰有临武县诗，秦金镇压宜章县瑶
族起义，毛伯温为汝城县御史范辂建"绣衣坊"，故对苏仙传说的相关事物，
较前人著作详细。郴州卷增加州城苏母墓、苏耽娘舅家永兴县潘家园、汝城
县（桂阳）苏耽隐处等，记录了各级官员重视传说产物的兴建维修，集纳了
与苏仙传说相关的诗文 20 篇，页码较多，首篇即《苏耽郡楼辞》，尤其北宋
张舜民的《郴江百韵》，填补了湖南和郴州文史的缺憾。但书中一些页面墨迹
乱字难辨，故略。

万历郴州志

胡 汉

卷之六·提封志上

山

州

　　苏仙岭　在东北七里。高二里，周回三十二里。旧名牛脾山，为苏耽翀
升之所，是称"十八福地"。其中多云雾，其上有仙坛，旁有沉香石。有桃
石，赤黄色，有核，研饮之，可以愈疾。山半，旧名景星观，山麓有白鹿洞，
置乳仙亭。为郴阳八景之一，曰"苏岭云松"。罗明诗："行上山来更上山，

白云深处是仙关。望中吴楚乾坤大，坐底松乔日月闲。岩草翠摇鹦鹉绿，涧花红染鹧鸪斑。登临未了残诗句，付在烟莎雾柳间。"又："金碧楼台倚半空，松花不扫白云封。紫绡制氅烟霞色，斑笋裁冠玳瑁容。龙甲卷来天下雨，鹤翎梳破树头风。世人若问长生诀，洞口桃花几度红。"何孟春诗："马岭古福地，苏仙此为宫。灵异其如何？巨石有遗踪。我时得清暇，云外窥鸿蒙。犹见前辈人，葆盖纷相从。往返双黄鹄，神光映晴空。有心愿执鞭，遨游东海同。食霞契元化，炼气入无穷。羽翼如可生，蓬瀛驾刚风。"欧礼诗："云雾岩巉下，乾坤指点间。钟声忏藻句，屐齿破苔斑。"何仲方诗："半日棋枰招月上，一时诗句送春来。山腰有观行新菜，云顶留岩壮古苔。"刘汝楠诗："昨宿洞中雨，旦上仙人峰。四壁含清气，千崖变晴容。谷风何澹荡，春云自冲融。流目泛华滋，倾耳聆谿淙。丹台藏隐雾，灵草春茸茸。凄然迷大隐，怅望古仙翁。天路招白鹤，鼎湖控飞龙。不见骑鹿人，绿发不相从。挥手谢白云，倚徙青孤松。"刘本学诗："山巅鹤已远，洞口雾长封。欲向赤松问，何由觅去踪。"胡汉诗："苏仙突兀枕江流，九日重登续胜游。几点峰峦天外小，千家烟火望中收。整冠共诧风生软，把菊争呼酒送稠。潦倒新亭歌未歇，忽惊凉月在松楸。"熊汝鹏诗："胜地红尘净，春山青草芊。云芽凝洞顶，石发蔽诗镌。太乙炉难觅，升仙迹可传。何能乘羽辇，去问汉苏仙。"

白鹿洞　在苏仙山。洞中可容数席，深邃莫知底止。太守胡汉构八角亭于洞前，匾曰"鹤鹿遗踪"。阮阅诗："风驭云轩鹤羽轻，野麋尝此望霓旌。当时岩下藏身处，依旧春来草自生。"丁逢诗："鹿走旧随云底去，鹤翻时带雨飞来。"

后仙岭　在州北二十里。相传苏仙炼丹于此，有古杉一株焉。

仙台山　在州北三十五里。山突然，皆石其上。有白莲池，其水清冽，四时不涸，生白莲。山后，石穿如桥，桥上下俱通往来。山，旧为苏仙修炼处，有仙坛。俯眺郴江山最奇绝。刘汝楠白莲池诗："莲峰似太华，玉井宛然开。镜面青天落，波心白鸟来。灵根翻石壁，瑶朵拂仙台。借问如船藕，谁移此处栽。"又游宿兴元观诗："龙鼎销丹洞，仙床闭石林。池光霞外落，山色雨中深。夜气交莲蝶，春声变树禽。坐邀赤松子，一论白云心。"黄宗器诗："雨余古洞丹炉润，云静方坛贝叶堆。未许苏门振长啸，寻真更上最高台。"

永兴县：

仙母山　在县东二里，潘家园之上。曾全诗："白云常宿疏棂外，明月平飞碧树间。鹿傍竹根眠独稳，鹤巢松顶梦应闲。"马文诗："云间犬吠是仙家，天暝鸟栖月有华。试问无端风雨夜，还留蟾影照窗纱。"李永敷诗："参差楼阁俯群山，访胜重来晓叩关。望眼远回三楚外，吟怀清绝万松间。瑶坛地迥烟霞近，石洞云深岁月闲。淹坐不知归棹晚，数声渔唱起江湾。"

问仙洞　在仙母山雷坛观下。

兴宁县：

苏仙山　三峰并列，学宫望之若文笔然。

桂阳县：

独秀峰　在县南十七里，一名孤山。俗呼为古岭。相传汉苏耽隐此。阮阅诗："瘴山蛮岭斗嵯峨，上可跻登下可磨。万岫千山皆阘茸，一峰独秀不如多。"

卷之七·提封志下
水

州

　　郴　水　发源黄岑山，又一水自五盖山至沙江合流四十里，逶迤至州城，水清益驶，秦淮海所谓"郴江绕郴山"是也。城东南有洲出江心口中，洲旧有尧舜禹汤庙，今废。郭璞谶云："中洲生到太平前，郴州出状元。"其水北流，过苏仙山下，两岸山势类多夹水如峡，六十里至郴大江口……

　　橘　井　在州东苏仙观。传云："仙将飞升，谓母潘氏曰：'明年郡民疫，母取橘叶井水饮之。'如期，果疫。郡人饮之，日愈百余人。"杜子美诗："郴州颇冷凉，橘井尚凄清。"元次山诗："灵橘无根井有泉，世间如梦又千年。乡园不见重归鹤，姓字今为第几仙？"

古　迹

苏仙宅　在州东。今为观。

陵　墓

苏仙母潘氏墓　在州橘井观之左，苏耽母潘氏葬在此。宋时，石刻"汉苏仙母潘氏元君墓"八字。

卷之八·创设志上
城　池

州　城

汉太守杨璆所筑。……门四：南曰迎薰，北曰仙桂，东曰朝阳，西曰瞻极，又曰迎恩；东曰来鹤，北曰绿净。

卷之九·创设志下
宫　室

州

　　北　楼　在州治北，唐李晔建。柳子厚诗："郡楼有遗唱，新和敌南金。境以道情得，人期幽梦寻。层轩隔炎暑，迥野恣窥临。凤去徽音续，芝焚芳意深。游鳞出陷浦，唳鹤绕仙岑。风起三湘浪，云生万里阴。宏规齐德宇，丽藻竞词林。静契分忧术，闲同迟客心。骅骝当远步，鹠鸼莫相侵。今日登高处，还闻梁父吟。"（注：柳宗元诗"游鳞出陷浦，唳鹤绕仙岑"句，前句述柳毅龙女传说，后句即述苏仙传说。）

来鹤楼　即东门月城楼。苏仙尝化鹤来上，少年弹之。爪书"三百甲子当来归，我是苏耽，弹我何为"之句，故名之。

上仙阁　在州治北。阮阅诗："曲槛危梯紫翠中，苏仙宅畔古城东。不须更著登山屐，万岫千峰一日穷。"

乳仙亭　在州城东，苏仙山下。万历三年，知州胡汉建。

仙居台　在苏仙岭后。

厢　市

州

苏　仙　在州东苏仙桥。

坊　表

州

仙桥古渡　在东门外。

桥　梁

州

苏仙桥　跨郴江而若长虹。晋江庄壬春重建。

飞仙桥　在子城正南。

卷之十二·秩祀志
观

州

苏仙观　在城东。创于汉，橘井在焉。阮阅诗："寂寂星坛长绿苔，井边橘老又重栽。城头依旧东楼在，未见当时鹤再来。"

景星观　在苏仙山半岭。今名中观。阮阅诗："圣世休祥见景星，曾闻瑞日庆云生。羽人中夜来朝斗，透过松梢一点明。"

县

苏仙观　在永兴县东。

昭德观　在兴宁县城南。李廷柬诗："昭德容与法界宽，渠渠夏屋俯清湍。且斟仙蚁消长日，莫把时情强索瘢。过雨秃墙摇狗尾，斜阳编圃烁鸡冠。刘郎再入玄都里，总把桃花作怨端。"

53

卷之十九·仙释传
汉

苏耽，文帝朝郴县人，事母潘氏，以孝闻，居郡城东北。尝遇异人授神仙术。日与群儿牧牛，真人所牧者，徘徊驯服，不驱而归，众号牛师。常乘一白鹿，登山如飞。因侍膳，母思食鲊。真人放顿匕箸，即市献鲊。母问所从来，真人谓：适到便县取至。时母尚未澈，数日后舅氏入郭，乃云前日在邑，见甥市鲊，就得问安。母始异之。

一日忽洒扫庭除，母问其故，真人谓：耽仙道已成，即日被帝召。母曰：汝仙去，吾何以养？乃留一柜甚固，云：倘有所需，随扣即有。且云：明年郡人当有疫疠，可取庭前井水橘叶救之资，亦可助甘旨。言讫，仙侣旌幢，云鹤来迎。辞母升天而去，时文帝三年甲子五月十五日是也。明年郡果大疫，百姓竞来诣母。母以井水橘叶救之，日活百余人。

或有令彻柜一观，开而视之，乃双鹤飞去。自后扣之，迄无所应。母潘百余岁无疾而终，乡人殡于城北仙宅橘井之后。人望牛脾山。若有一白马系于林间，遥闻有哭声。郡守张邈乃率郡僚父老往吊之，愿求仙貌。出半面，光彩照人，众皆惊恒；又出一大手，有细绿毛如青丝长尺余，因谓邈等曰：山谷幽远，日暮难归。遂手掷仙经一卷为桥，令大众闭目而渡，少焉即抵城。

后有一白鹤来止郡城东楼，少年以弹丸中之。乃以爪攫成字，曰：风淅淅兮雨霏霏，城郭是兮人民非；三百甲子当来归，我是苏耽，弹我何为？

橘井之水，有光发于水下。仙岭有石，纹核如桃，剖之金星灿然。

郡守林愈来除郴日，经过齐州章丘县，见石壁间有丹书云："苏仙人，元祐丙寅上元诣东岳回，因留诗曰：'东南闲望景清虚，万里云程半日余。因过章丘留此语，归郴重庇旧乡闾。'"视之笔法奇怪。越七年出守义郴，始知郴有苏仙，自飞升逮今千有余岁，其阴功默被于郴民深矣。

宋元符三年郡境旱，请雨辄应，州上其事，赐号"冲素真人"。绍兴间加封"冲素普应真人"；嘉定壬午因苏旱息盗，再加封"冲素普应静惠真人"；是岁三月二十八日，忽有一鹤飞于苏仙绕仙观，后诰到郴，乃知于是日命下，其灵验昭响如是。至景定甲子加封"冲素普应静惠昭德真人"。

……

评曰：昔人谓，郴在海峤之北，衡湘之南，为仙台之所孕。其诚然欤！其诚然欤！抑何飘飘者之夥也？有无信妄，我不敢知。乃余尝按堪舆而评隲之，盖信有然者。独韩氏谓："清淑之气，扶舆磅礴，必有魁奇忠信材德之民。"而以廖道士当之，吁！彼其魁奇者欤！

注：胡汉，明晚期文人，徽州进士，字文叔、学夔，万历元年任郴州知州，纂修《万历郴州志》。中国的地方志兴盛于明朝，宋元及明代前中期《郴州志》均佚，留下《万历郴州志》，系诗文俱佳的胡汉主持编纂。万历二年（1574）基本完成，人即病逝。书被宁波天一阁、南京图书馆收藏，民国上海商务印书馆翻印，属地方名志，史学、文化、文学、文献学价值较高。胡汉本人所撰《万华岩游记》，即写州署官员、仆人在地下河溶洞合唱昆腔情景"遂顾苍头作吴歌，众更纵饮以和"，揭示昆曲在万历以前已从苏吴传入潇湘。"仙释传"，对宋代皇帝敕封苏耽的四个仙号写得明白。考证苏母墓碑为宋代树立。透露山东章丘县石壁，镌刻"苏仙"造访泰山时留诗。全书对涉及苏仙传说、橘井的州城、各县山水洞井、楼阁亭台、道观佛寺、渡口桥梁，均以文学语言描绘，多引唐代杜甫、柳宗元、元结，宋代阮阅、丁逢，明代何孟春、刘汝楠等名家诗歌烘托，仅苏仙岭就引九诗，宛然游记散文。"先释传"后的评论中的"韩氏"指韩愈，韩愈谈论的"魁奇忠信材德之民"指苏耽等先贤。

康熙广西《湘山志·寿佛志》

徐　泌　谢允复

天宝癸未，师年十六，拜辞父母，诣郴州城西开元寺……返郴省母……郴人建刹于香山留师，师结静室牛岭（注：苏仙岭原名牛脾山）下。母往视，母或渴，师卓锡得泉水饮之；母或饥，师叩石得馒食之。至今，泉水馒模尚在。又南有万岁山，师曾坐石上入定，至今盘踞之迹存焉。

注：康熙二十一年广西全州知州徐泌及州人谢允复编撰《湘山志》，全州在唐代为湖南观察使辖下湘源、灌阳县，后唐天成二年（927）楚王以郴州寿佛名字全真之"全"字置全州（宋代划入广西）。北宋建中靖国元年（1101）徽宗赐其号"寂照大师"，南宋均加封；清康熙帝赐书"寿世慈荫"，咸丰九年（1859）敕封"保惠无量寿佛"。北宋苏轼友人王巩记："湘山祖师者姓周名全真，郴县人也。"明《万历郴州志》、清《湖南通志》记周全真乃唐代郴州程水乡（今资兴市）人，《湘山志》记寿佛与苏仙岭旧事，出家州城开元寺，师从杭州道钦禅师。进长安谒唐玄宗，返郴探母。父老建香山寺留他，他则到"牛岭"即汉苏耽出生采药的牛脾山下，搭陋室静修，又在南郊万岁山入禅。后按道钦师指点，赴湘源县湘山开辟净土院。传说唐武宗灭佛时，苏仙观道长掩护寿佛，苏仙岭山腰脚盆井传为寿佛所掘。

康熙《郴州总志》

陈邦器初修，范廷谋补修

郴州山川

苏仙岭　州东北五里即苏耽升仙处，郴阳八景之一，曰：苏岭云松。上有仙坛、沉香石、仙桃石，桃赤黄色有核，研饮可愈疾。胡汉诗"几点峰峦天外小，千家烟火望中收"。

白鹿洞　苏仙山麓，洞中可容数席，深邃莫知底止。有八角亭，久毁，知州陈邦器复建。丁逢诗"鹿走旧随云底去，鹤归时带雨飞来"。

马岭山　州北二十里，或传苏耽升仙，后母候之，常见耽乘白马往来。此山一名龙头山。

后仙岭　苏岭后，相传苏耽炼丹处。

白莲池　州西北，谢邦信有记。

橘　井　在州城东苏仙故宅，即今橘井观。传苏仙飞升，令母以井水橘叶救民疫者即此。井底有桃石，明万历间取出，井遂涸。州守范廷谋令道士祈禳，捐资修井，井水复满矣。

永兴山川

仙母山　县东二里潘家园之上，生子苏耽仙去，故名。

桂阳山川

独秀峰　县南十五里，一名孤山，四围平田一峰独立，相传苏耽隐此。

苏仙岭　县东一里，与桂枝岭对峙，相传苏耽得仙处。

郴州古迹

橘　井　在苏仙观（注：即橘井观）内，杜诗"郴州颇凉冷，橘井尚凄清"。

潘家园　永兴苏仙观东一里，即苏耽母家，旧传有仙韭。

仙鹤池　永兴苏仙观东，又名灌泉，古砌尚存。

郴州陵墓

楚义帝陵（注：略）

苏仙母潘氏墓　在观之左，日久湮没，州守范清其地，立碑修整，墓始出焉。（注：义帝陵后紧接着记苏母墓，说明苏母潘氏在郴人心目中地位甚高。）

郴州亭台

来鹤楼　即城东门楼。苏耽仙后曾化鹤，楼止留题，故名。康熙五十三年州守范廷谋修城重建。

郴州桥梁

苏仙桥　在城东北门外。

郴州寺观

橘井观　州城东，创于汉，即苏仙旧宅。也有柏树最古，相传为苏仙手植。旧观凡三层，前供三清像，中供苏仙，后祀苏母。殿宇窄小幽暗，岁久将致倾圮。康熙五十八年州守范廷谋，倡率合州士民捐资修建。以前殿祀苏仙，中殿奉三清，后殿祀苏母，并欲改造观门。乃前殿甫成以奉，内升未毕其事，惟后之君子续而成之，所厚望焉。

苏仙下观　州东北五里苏山之麓，即《传》所称"鹤覆鹿乳"处也。观前有桂花五株，扶苏苍翠，布席其下，最称名胜。

苏仙中观　在苏山半岭，青松夹道，云气缭绕。旧名：景星观。

苏仙上观　观在苏山绝顶（注：即苏仙观），岁久倾颓。康熙五十六年州守范廷谋捐俸重建，并建山门，门匾曰"去天不远"；联句曰"江山同一览，风景并千秋"。

苏仙观　永兴城南。

景星观　宜章城东一里。

陈修本志余·仙释

陈邦器曰：

自祇园（注：喻佛祖）说法、函谷（注：喻老子）传经，而其教遂为当世所称道。郴旧传九仙二佛，昔人称神仙窟山水乡，盖慕之也。但语多不经，恐误流俗，谨择其不诡于正者著焉，书之略以辨严尔。

苏耽　汉文帝朝郴县人，事母潘氏以孝闻，遇异人授神仙术。一日，留一柜甚固，谓母曰：倘有所需，随扣即有。且云："明年郡人当有疫，可取庭前井水橘叶救之。资亦可助甘旨。"言讫遂去。明年郡果疫，母日活百余人。启柜开视，唯见双鹤飞去；郡以名其门曰：来鹤门。其母年百余岁，无疾而终。

范修本·仙释

范廷谋（注：范仲淹裔孙、康熙年郴州知州）曰：

神仙鬼怪之说，佛老清净之谈，故吾儒所不道。《前志》目为志余而附于篇末似矣。至谓：宇宙间尽为佛为仙，竟无人类，而不敢阿徇所好。拟何言之过耶？夫载仙释于志乘（注：志书）也，与他书异。而载仙释于郴州之志乘也，又与他郡异。历观《一统（志）》与地省府县志，皆于人物之外详载仙释，亦谓仙也释也，各挟其奇，以争鸣于世，皆足为山川生色、桑梓增重。

故备志之而不遗，是他志之所共载，故不必其矫而异之也。

夫所怪乎佛与仙者，非以其自为一家显，与吾儒相悖，而未尝有益于民生有功于斯土也哉。乃吾广搜旧说而见，夫郴之为仙者九、为佛者二、为神者二。若苏仙、范仙（注：南北朝名道范伯慈）之孝，刘仲仙（注：唐代宰相刘瞻，兄弟中排行二）之忠、大仙季仙（注：刘瞻之兄刘僭、小弟刘助）之友，成仙（注：东汉桂阳郡主簿，揭示牛郎织女"七夕鹊桥相会"的成武丁）之慈，王仙（注：唐代医师王锡）之好善，柳侯（注：唐代义救洞庭女的灵济侯柳毅）之义，黄将军（注：广惠灵应昭德侯黄师浩）之勇，周佛（注：无量寿佛周全真）、朱佛（注：寂通证誓大师朱道广）之敏悟，皆与吾儒之道适相契合。即儒者殚心竭力而为之，且未有克臻斯境者。而况喋酒救火、施药全生、祈雨立沛，则故有益于生前矣。而且重庇乡闾、有祷辄应，柳神祠畔风波靖湖曲之舟，石虎庙中鼙鼓壮干城之气，则又有功于身后矣。闻之有功德于民者则祀之，载在祀典，是方当春秋胙飨以酬报之不已。而顾于志乘之中谨附其名，而不详其事也，可乎哉？

郴之土脉，自衡岳来，益积而高蜿蜒磅礴。所谓山水之灵，必钟异人，开其先者，既为仙为佛为神矣。安知更千百年不必其仙其佛其神，而或圣或贤或忠臣或义士；继邝忠肃（注：明前期兵部尚书、宜章县进士邝埜，劝阻英宗出征不成，留下于谦守卫北京，自身殉难于"土木堡事变"，谥号"忠肃"）、何文简（注：明中期代吏部尚书、郴县进士何孟春，平定云南十八寨"叛蛮"，在"议大礼"事件敢于限制皇权遭贬，逝后平反，谥号"文简"）、朱恭简（注：明前期两广总督、汝城县进士朱英，谥号"恭简"）而起者乎，则备载之。亦足使后之人闻风兴起也！

吾故曰：载仙释于志乘，异于他书；载仙释于郴州之志乘，异于他郡者；此也，盖征信而不疑。前人既考核，非诬矣。而况灵光于千古绝观，法于将来昧奖劝之，方失守土之责，是亦刺史之过也。因删定各传，详列于左，以补前志之阙略焉。

苏耽　汉桂阳郡人。母潘氏，家郴之便县（便县即今永兴）。尝于江边浣水，有五色苔浮水，扬去复来，绕足者三。乃取吞之，生耽（时惠帝五年辛亥七月十五日），众异之，母乃置屋后牛脾山石洞中（即今之苏仙岭）。七日往视，则有白鹤覆之，白鹿乳焉，复取归。既长入学，师为立姓名，令出门白所见。适有担禾以草贯鱼者，遂命姓名苏耽。居郡城东，事母孝，常侍母膳，母思鲊，耽即取献。母问所从来，曰："适自便县市至（便距郡八十里）。"母疑之，后数日舅氏入郡，乃云："前日见甥在邑市鲊。"母益骇异。以耽遇异人授神仙术，能隐显变化而莫测也。与群儿牧牛，耽所牧者独驯优，不驱而归。又乘一白鹿，涉险如驰。人问之，曰："龙也。"

一日忽洒扫庭除，曰："仙侣当降。"有顷，紫气从西北来，十鹤集其庭，形色声音若人，与耽语，款密如故。遂入白母曰："耽已成道，被命将升，即当辞诀。"母歔欷久之，曰："吾何以卒岁？"乃留一柜，缄钥甚固，曰："有需必得，慎勿发也。明年郡有疫，可取庭前井水橘叶救之。所资亦可助甘旨（今名橘井）。"语毕，随群鹤迤逦升天，异香弥日不散（时文帝三年甲子五月十五日。今沉香石上有升天足迹存焉）。

明年郡果疫，百姓竞谒母，母施以井水立瘥。其或有需，扣柜即至。众异之，请彻视，则有鹤自柜飞去，后扣无复应矣。

潘年百岁而终，乡人殡于城东（即橘井后）。人望牛脾山，若有白马荣（注：一次续一次）林间，遥闻哭声。郡守张邈率属往吊，求见仙貌。出半面，光彩照人，垂一大手，有绿毛长尺余，因谓守曰：山谷幽远，日暮难归。遂掷仙经成桥，邈、众登桥，顷刻至郡。后有鹤止郡东楼累日，少年以弹中之，乃以爪攫板成字，曰："风渐渐兮雨霏霏，城郭是兮人民非，三百甲子当来归。吾是苏耽，弹我何为？"乡人漆其板而留之。

唐开元十九年，诏有司饰其祠宇。宋大中祥符元年，敕赐第为：集灵观。元祐初，有林愈过齐州章丘县，见壁上有丹书云：苏仙真人诣东岳回过此，因留诗曰："东南闲望景清虚，万里云程半日余。因过章丘留此语，归郴重庇旧乡间。"越七年，愈出守郴，始知郴有苏仙，则仙之功被郴人者深矣。元符三年，郡旱请雨即应，州上其事，敕封"冲素真人"。绍兴间加封"普应"。嘉定十五年再加封"静惠"。景定十五年，再加封"冲素普应静惠昭德真人"。

注 1：康熙帝在位 61 年，开启了"康乾盛世"。康熙《郴州总志》为清代郴州第一部志书，首修陈邦器，李嗣泌、刘带蕙纂。陈邦器，辽东盖州（今辽宁盖县）人，荫生（凭借上代余荫取得的监生资格），康熙二十一年（1682）至二十四年（1685）任郴州知州。李嗣泌，湖北孝感人，郴州儒学训导。刘带蕙，湖北武昌人，宜章县训导。本志书接续《万历郴州志》，增加明末清初内容。篇幅简洁，不如范廷谋补修本丰富。

注 2：康熙《郴州总志》补修范廷谋，浙江鄞县人，北宋初改革家、文学家范仲淹第 19 代孙，康熙四十九年出任郴州知州至五十八年升台湾知府，在郴为官 10 年，振兴学校、设法侦缉盗贼、减价发粜贫民、捐资复建文物古迹等，造福于民；与汉卫飒、茨充、许荆，唐李吉甫、杨于陵，宋周敦颐、薛彦博，元王都中，明代袁均哲等同列郴州《名宦志·贤守》栏。《嘉庆郴州总志》赞其"抚字十年，心迹千古，民思其德，建祠以祀"。

注3：志中记载知州范廷谋造福地方的多项文化工程，如改建义帝祠等。其对苏仙传说认识深刻，捐资倡修橘井、苏母墓、来鹤楼、橘井观、苏仙观等。《仙释志》的记载，承袭明代郴州大儒崔岩、何孟春、袁子让的《九仙二佛传》《郴阳仙传》中《苏耽传》，为精编版。志前录范廷谋序言，还有其《重修苏仙岭上观记》《重修橘井观正殿记》《牒苏仙祈雨文》，以及瞿潜《重建三清殿三官祠苏母祠记》《募修苏仙岭庙疏》等5篇，见本书第六章。

雍正《湖广通志》

迈柱修，夏力恕等纂

卷十二　山川志

直隶郴州

马岭山　在州北二十里（注：即苏仙岭所连后山），《后汉书·郡国志》：郴县有马岭山，山有仙人苏耽坛。《水经注》：黄溪东有马岭山，高六百余丈，广圆四十里许，汉末有郡民苏耽栖游此山。辞母云："受性应仙，当违供养。"后见耽乘白马还此山中，百姓为立坛、祠。民安岁登，因名为马岭山。

橘　井　在州东。

永兴县：

仙母山　在县东二里，下有苏仙观。《一统志》：宋县令徐经孙，曾刻碑于仙母山石岩。

卷十四　关隘志（津梁附）

郴　州：

苏仙桥　在州东门外，邑人崔岩建。

卷十五　城池志（公署附）

直隶郴州

郴州城　汉太守杨璆筑。后周显德三年增筑子城，宋淳熙巳西太守丁逢建城楼。明正德七年千户胡勋增修，嘉靖乙丑州守赵恂创筑外城，景泰间千户高景春重修，周三里五分高二丈厚八尺。门四：东曰来鹤，南曰迎薰，西曰仙桂，北曰瞻极；濠阔八尺，深五尺。

卷七十五　仙释志（方伎附）

直隶郴州

汉　苏耽

葛洪《神仙传》：苏仙公，桂阳人，文帝时得道。早丧怙，以仁孝闻。家贫为牛郎，牛徘徊侧近，不驱自归。母食无鲊，往市买，便县去百二十里，遽至。母惊骇，方知其神异。常乘一鹿，持一竹杖，人谓：苏生竹杖，固是龙也。后数岁，天西北隅紫气氤氲，有数十白鹤飞翔，降于门。仙公跪白母，曰："某当仙，违色养。明年疾疫，庭中井水，檐边橘树，可以代养。井水一升，橘叶一枚，可疗一人。"兼封一柜晋之："有所阙乏，扣柜言之，所须当至，慎勿开也。"言毕踟蹰，耸身入云，紫云捧足，群鹤翱翔而去。来年果有疫，母疗之以水及橘叶，无不愈者。有所阙乏，扣柜即至。三年后，母开之，见双白鹤飞去。自后扣之，无复有应。母年百余岁，无疾终。后有白鹤来止郡楼，人或挟弹弹之，鹤以爪攫楼板，似漆书云："三百甲子一来归，吾是苏君弹何为？"

<h3 style="text-align:center">卷七十九　古迹志</h3>

郴　县：

苏仙宅　在州城东，汉苏耽故居。

橘　井　在苏仙宅。《苏耽传》：耽一日白母，曰："被命将升，即当辞诀。"母欷歔久之。耽曰："明年郡有疫，可取庭前井水橘叶救之。所资亦可助甘旨。"后果如所言。唐杜甫《送崔伟之摄郴州》诗："郴州颇凉冷，橘井尚凄清。"元结《橘井》诗："灵橘无根井有泉，世间如梦又千年。乡园不见重归鹤，姓字今为第几仙？"

仙居台　在州城北苏仙岭后。

永兴县：

潘家园　在苏仙观东。按《苏耽传》云：母潘氏家桂阳郡之便县，此其故居也。传有仙韭，采而得者甚多。

<h3 style="text-align:center">卷八十　古迹志·寺观</h3>

直隶郴州

郴　州：

上仙观　在州城东十里（注：苏仙上观简称）。

橘井观　在州城东，即苏仙旧宅，有柏树最古，相传为苏仙手植。

永兴县：

苏仙观　在县东仙母山下。

<h3 style="text-align:center">卷八十一　陵墓志</h3>

直隶郴州

汉苏仙母潘氏墓　即苏耽母（墓），在橘井观之左。

湖广通志·艺文志（略）

<h3 style="text-align:center">卷一百十九　杂纪（二）</h3>

仙　桃　《酉阳杂俎》：桃出郴州苏耽仙坛，有人至，心祈之，辄落坛上。

61

或至五六颗，形似石块，赤黄色，破之如有核三重，研饮之，愈众疾，尤治邪气。

注1：迈柱（1670—1738），清朝大臣。喜塔腊氏，满洲镶蓝旗人。曾任监察御史，署理江西巡抚；雍正五年（1727）擢升湖广总督，晚年召拜武英殿大学士兼吏部尚书；乾隆元年兼管工部。夏力恕，清中期文学家、史学家与理学家，湖广孝感县人。康熙庚子（1720）中乡试第一，1721年与兄一同高中进士，选庶吉士，历任翰林院编修、京闱同考官、山西正考官，参与纂修《明史》。因孝母归家，被湖广总督迈柱、湖北巡抚聘修《湖广通志》。

注2：志中记"直隶郴州"，直隶州的设置，最早在元代，因隶属行省布政司而名；明清有直隶州和散州，直隶州与府平级。该志有自身写法，如写苏耽母子对话，与他志略区别。记城东十里上仙观，即苏仙岭上苏仙观。橘井观柏树相传是苏耽所栽。"杂记"引唐《酉阳杂俎》载仙桃，是药材石。

乾隆《直隶郴州总志》

谢仲坑修，杨桑阿等续修，何全吉等纂

山 川 志

云秋山　在州北三十里，一名仙台山，又名天飞山；上有莲池，其水清冽四时不涸；山后石穿如桥，上下俱通往来。有仙坛，为苏仙修炼处。俯眺郴江，山最为奇绝。（庄壬春联：林端石阙通幽径，洞里瑶池出白莲……）

鹿仙山　在州东二十里，山顶园秀，上有鹿仙庵（注：祭祀乳苏耽之白鹿）。

苏仙岭　在州东北七里，高一里，周回三十二里，即苏仙飞升处。山顶即仙观，旁有沉香石、仙桃石。桃色赤黄，虚中有核，研饮之，可愈疾。岭腰有景星观，岭麓为白鹿洞、乳仙亭。岭多云雾，为郴八景之一，曰：苏岭云松。（何仲方诗：半日棋枰招月上，一时诗句送春来。山腰有观行新菜，云顶无岩壮古苔。）

马岭　在州北十五里，一名牛脾山，又名白马岭。（考《后汉书·郡国志》：桂阳郡·郴。《水经注》：马岭山高六百余丈，广四十许里，汉末有郡民苏耽游此山。《方舆胜览》《舆地志》谓：苏耽入山学道，其母往窥之，见其乘白马飘然，故又谓之白马岭。）

白鹿洞　在苏仙岭麓，洞中可容席，深邃莫知。洞外旧有乳仙亭，明知州胡汉复建八角亭，匾曰：鹤鹿遗踪。国朝知州陈邦器重修。（丁逢诗：鹿走

旧随云底去，鹤翻时带雨飞来。袁子让联：凿开顽石方成洞，跳出尘埃便是仙。）

橘井　在城东门外，即今橘井观，为"天下第十八福地"。《传》称仙君将去，谓母潘曰：明年郡有灾、民大疫，母以橘叶井水愈之。厥后，疫果作，郡人忆前言，皆求饮，下咽即愈。《舆地纪胜》亦载其事。井旁柏树巍然挺秀，乃仙子植，井底有桃石。明末井水忽涸，国朝康熙五十年知州范廷谋为文祭之，井水复出。乃郴八景之一，曰：橘井香泉。（杜子美诗：郴州颇凉冷，橘井尚凄清。）

永兴境

仙母山　在县东二里，潘家园之上，世传潘母生子苏耽，仙去。

桂阳（汝城）境

苏仙山　在县东，与桂枝岭对峙。山脉自白云山起伏而来，至是耸拔特立。昔郴人苏耽得仙道，邑人慕之，遂祠于巅，岁旱祷雨立应。

独秀峰　在县南十七里，传汉仙人苏耽隐此。

桥渡·郴州桥

苏仙桥　在城东门外，明同知庄壬春、郡人侍郎崔岩俱有记。

附亭·郴州亭

望仙亭　在州东北二十五里。

城　池　志

楼三　东曰：来鹤；西曰：爽极；南曰：迎薰。

附街巷

州前街　在州治（注：署衙）前，左出东城门通苏仙桥，右出西城门……

仙桥巷　在"仙桥古渡"（注：苏仙桥头牌坊），南通盐埠，西通大街……

公　署　志

道正司　在橘井观。

寺　观　志

潘婆庵　州东二十里栖凤乡（注：祭祀苏耽母潘氏，观庵时在该乡辖区）。

小苏仙　（注：属于小观，州城外共48座，成、王、廖、刘、范、唐等俱有。）

橘井观　州城东，即汉苏仙旧宅也。有柏树最古，相传为苏仙手植。

苏仙下观　州东北五里，即《传》称"鹤覆鹿乳"处，旧有桂五株，扶苏苍翠，布席其下，最称名胜。

苏仙中观　在苏山半岭，青松夹道，云气缭绕。旧名景星观，唐廖道士居之。

苏仙上观　在苏山绝顶，州守范廷谋匾曰：去天不远。联句曰：江山同一览，风景并千秋。

永兴县

问仙洞庵　城东苏仙观下。

苏仙观　县东附郭。（注：相对于治城，附郭即外城。）

兴宁县

昭德观　在云盖山半。

仙 释 志

仙类（凡九）

汉　苏耽　桂阳郡人。母潘氏家于便县（后徙居郡东鸭子塘）。尝浣于江边，有五色苔浮水面，荡去复来，绕指者三。乃吞之，孕生耽，时惠帝五年辛亥七月十五日也。众异之，母乃置屋后牛脾山石洞中，即今苏仙岭。七日往视，则鹤覆鹿乳，复取归乳。既长入学，师欲为立姓名，令出门白所见。适有担禾以草贯鱼者，遂命姓苏名耽。居郡城东，事母孝。母尝思鲊，耽放箸有顷，即取献母。母问所从来，曰：适自便县市至。母疑之，后数日舅氏入郡，乃云：前日见甥在邑市鲊。母益骇异。

以耽遇异人授神仙术，能隐显变化而莫测也。与群儿牧牛，耽所牧者独驯，不驱而归。又乘一白鹿，涉险如驰。人问之，曰：龙也。

一日忽洒扫庭除，若有所待。人问之，曰：仙侣当降。有顷，紫气氤氲从西北来，十鹤集其庭，形色声音若人，与耽语款密如故。遂入白母曰：耽已成道，受命将升，仙杖临门，不得终养。即当辞诀。母歔欷久之，曰：吾何以卒岁？乃留一柜，缄钥甚固。曰：有需必得，慎勿发也。又：明年郡有疫，可取庭前井水橘叶救之。亦可资甘旨。语毕，幢节森列出门，群鹤随之迤逦升天，异香弥日不散。时文帝三年甲子五月十五日也。今沉香石上有升天足迹存焉。

明年郡果疫，百姓竞来谒母，母施以叶水立瘥。其或有需，叩柜即至。众异之，请启视，则有白鹤自柜飞去，后叩无复应矣。

潘百岁而终，乡人葬于城东，在橘井观后。人望牛脾山，若有白马系林间，遥闻哭声。郡守张邈率属往吊求见，仙出半面，光彩照人，又垂一大手，有绿毛长尺余，因谓守曰：山谷幽远，日暮难归。遂手掷仙经成桥，令众闭目而渡。邈、众登桥，顷刻至郡。后有鹤止郡东城楼，累日不去，少年以弹中之，乃以爪攫板成字，曰：风渐渐兮雨霏霏，城郭是兮人民非，三百甲子当来归。吾是苏耽，弹我何为？乡人漆其板而留之。

今橘井之水，有光发于水下。仙岭有桃石，剖之纹核如生，世传仙桃；马岭山亦多虫蛇杀人，服之可解。

唐开元十九年，诏有司饰其庙宇。宋大中祥符元年，敕赐第为：集灵观。元祐初，有林愈过齐州章丘县，见壁上有丹书云：苏仙真人诣东岳回过此，因留诗曰：东南闲望景清虚，万里云程半日余。因过章丘留此语，归郴重庇旧乡间。笔法奇怪。越七年，愈出守郴，始知郴有苏仙，则仙之功被郴人者深矣。元符三年，郡旱请雨即应，州上其事，敕封"冲素真人"。绍兴间加封"普应"。嘉定十五年再加封"静惠"，是岁二月二十八日，忽有一鹤飞绕苏仙；后诰至郴，乃于是日命下，其灵应如是。景定十五年，再加封"冲素普应静惠昭德真人"，入《一统志》。

附录　郡人何孟春语（注：同前，此略）

古　迹　志

苏仙宅　在城东，汉苏耽故居。

橘　井　事详山川志。

仙居台　在州城北苏仙岭后。

永兴县

潘家园　在县东苏仙观里许，《苏仙传》云：母潘氏家郡之便县，园有仙韭，耽种以赡母者。

仙鹤池　在苏仙观东，又名灌泉，古砌尚存。邑人尝祷雨至此。

郴州冢墓

苏母墓　汉苏耽之母潘氏，葬城东隅、橘井观之左。国朝知州范廷谋重立碑修整。

艺　文　志

崔岩《重修苏仙桥记》、庄壬春《重修苏仙桥记》、谢邦信《白莲池记》《苏仙岭祈雨记》、何禅《苏仙岭赋》、何达宪《橘井赋》、谢惟盛《喻国人传》（注：言及湖南硕儒喻国人出生与梦苏耽白鹿，略）。

诗　凡二百四十五首

（注：开篇即沈佺期《谪驩州过郴江口》的"少曾读仙史，知有苏耽君"，继而王昌龄、杜甫等历代名人的诗，都有不少苏耽、橘井、苏仙观、苏仙岭、白鹿洞、潘园仙韭的内容，此处略。）

杂志·撼地

桃花流水　溪自苏仙山中观之前下，其水清泻，经白鹿洞前流入郴江。

古沿岸有"桃树芳春"，花落逐水浮荡，足供玩赏。秦观三绝词刊石上，即其地也。

杂志·物

橘桃　今集灵观，传为苏仙故宅，前有橘井，尝浚之得石碑，泉遂涸。碑系青石，侧有白纹如橘桃相丽，形逼真，有篆书"橘桃仙瑞"四字。后知州范祷之，泉复出。

复苏柏　集灵观前，古柏大数围，苍翠凌云，传为苏耽手植。国朝初忽枯死，观老道士谭虔奏章。于南天门外遇桂阳州马道士，说笏履不能入，因借之。后马来州索还，柏苏至今茂。

疗疾桃　《广舆记》：石出马岭，大似榆钱，圆厚寸许，中有空心，摇而响者是。山陕旅客多登山求僧。有仙桃诰，依磨服之，疾斯愈，不可多得。

事　纪

乾隆三十三年春旱，先年九月至本年三月无雨，舆情惶惶。署州事谢仲垸祈祷鱼降庙、苏仙岭，四月八日甘霖大沛，岁乃有秋。详见艺文各记。

注：乾隆《直隶郴州总志》承续康熙《郴州总志》，内容基本一致。首修谢仲垸，广东阳春人，解元，乾隆三十二年（1767）至三十四年（1769）郴州知州。杨桑阿，满洲旗人，一等子爵，接任知州后续修。何全吉、谢惟盛等纂。《山川志·马岭》，提到谢仲垸考据了《后汉书·郡国志》，承续了康熙《郴州总志》，写出马岭原本在苏仙岭后，原名牛脾山。这样，人们也就清楚了明清马岭与苏仙岭合为一体，通称苏仙岭。记橘井，也为"天下第十八福地"。各志中，言及前朝知州范廷谋做了很多保护文化遗产之举。"事纪"中提到那两年连续7个月干旱，知州谢仲垸专门到鱼降山柳侯（柳毅）庙和苏仙岭苏仙观祈雨，也造福了地方。

乾隆《永兴县志》

卷一·封域志·山川
仙母山　在县东二里，潘家园之上。世传：潘母生子苏耽，仙去，故云。
卷一·封域志·古迹
潘家园　在县东苏仙观里许，即苏耽母家也。旧传有仙韭，苏耽种以供母者。其地水石环抱，云树清幽，则一胜境也。
津梁·桥梁
望仙桥　在县东四十里。

卷十一·艺文志

诗选

（注：有《潘园仙韭》及《苏仙观》多首，还有《潘家园仙韭歌》《秋日登苏仙观》等，此处略，见后面篇章。）

卷十二·见闻志·仙释

仙母元君

仙母潘氏　邑人，汉苏仙耽之母，许聘郴人某，未归，亡。誓死靡他，遂归执丧礼，事姑尽孝。一日浣衣江滨，五色苔绕足，弃而复绕者三，母吞之成孕，弥月生男，置之牛脾山洞中。七日，母往视之，白鹤翼之，白鹿乳之。母始收养，长就乡塾，师问其名，曰无，见门外人枕禾以草贯鱼，因自命姓苏名耽。

卷十二·寺观

苏仙观　邑城东潘园故址上建苏仙观。

白鹿观

昭德观

注：乾隆年永兴知县接续明代正德年县志，组织县人重修县志，郴州知州作序。此地在战国乃楚苍梧郡郴县之"鄙（边邑）"，秦末起义，楚地番君吴芮和儿子吴浅有战功，楚汉相争刘邦胜出建立汉王朝，封吴芮为长沙王，改苍梧置桂阳郡，郴"鄙"置便县，刘邦儿子惠帝封吴浅为便侯。"苏仙传说"内容与番君、便县有一定关系，本志书所说"仙母潘氏　邑人，汉苏仙耽之母"，即苏耽母亲姓潘，便县人。"潘"始于楚"芈"而以番国为姓，《山海经》载："番，邾国也。"潘姓部分族人可能随番君之子便侯，迁居便县，便县便有了潘家园，出了苏母潘氏。便县在唐代改名安陵、高亭，北宋改永兴。《永兴县志》说潘氏"许聘郴人某，未归，亡。誓死靡他，遂归，执丧礼，事姑尽孝"。透露潘氏许配给郴县苏某，苏某突然身亡，潘氏生下遗腹子，照顾公婆，竭尽孝道。从"苏仙传说"云苏耽事母至孝，可知是受其母影响，这反映了汉文帝、景帝时期"孝悌治国"的民间真实。

乾隆衡州《清泉县志·地理志》

苏仙井，在城南二里，泉清洁，汲者不绝。唐王昌龄诗曰："昨临苏耽井，复向衡阳求。"

注：清泉县，清衡州依郭县，占城部分辖区（今岳屏广场附近），有苏仙井，又名苏眼井、苏耽井，在衡州城治的城墙外苏仙巷。衡阳在三国吴国之前分属桂阳郡、长沙国，故"苏仙传说"长期流传于湘南、衡阳，至抗战时衡阳城内仍保留"苏仙井"。国民革命军第10军方先觉军长奉命保卫衡阳，与郴人葛先才师长等仅率1.7万官兵抗击10余万日军，拼死血战长达47天；构筑"方先觉壕"工事重创日寇，于五仙庙—苏仙井阵地前也挖有一条，致"苏仙井绝壁前，日军的死亡人数达到四千人以上"，市民传："苏仙老爷保佑衡阳！"

嘉庆《大清一统志》
潘锡恩等

郴 州

山 川：

天飞山　又名仙台山，上有莲池，其水清冽，四时不涸。山后石穿如桥，上下俱通往来，有仙坛，为苏耽修炼处。

马岭山　在州东北五里，一名苏仙山，一名牛脾山，又名白马岭，亦名龙头岭。《后汉书·郡国志》：桂阳郡。（注：郴县南十数里有马岭山。）《水经注》云：黄溪东有马岭山，高六百余丈，广圆四十里许，汉末有郡民苏耽栖游此山。《方舆胜览》《舆地志》谓：晋苏耽入山学道，其母往窥之，见其乘白马飘然，故又谓之白马岭。《明统志》：上有白鹿洞、仙人坛。有巨石，曰沉香。小石曰仙桃，色赤黄有核，研饮之，可以愈疾。

仙母山　在永兴县东一里，相传苏耽母居此，故名。

孤 山　在桂阳县南十五里，一名独秀峰，四围皆田，一峰独立因名。《明统志》：汉苏耽隐此。苏仙岭在桂阳县东一里，以苏耽得名。

郴 江　郴江自黄岑山会沙江水，流四十里至州城南，少西而东北，径万岁桥过苏仙山下；两岸山势如峡，又西北会北湖水，至州城东北六十里入耒水。

古 迹：

橘 井　在州东半里，《舆地纪胜》：在苏仙故宅，传曰，仙君将去世谓母潘曰："明年郡有灾，民大疫，母取橘叶井水饮之。"如期疫果作，郡人忆前言，竞诣饮，饮下咽即愈。

仙居台　在州东北五里苏仙山后。

来鹤楼　在州治东，即城东门楼，《州志》：苏耽曾化鹤楼于此。

苏仙宅　在州东，《元和志》：苏耽旧宅在城东半里，俯临城隍，余迹犹存。《方舆胜览》：即今开利寺。

潘家园　在永兴县西仙观东。《府志》：即苏耽母仙母元君之母家也，旧有仙韭。

津　梁：

苏仙桥　在州城东门外郴江上。

寺　观：

橘井观　在州治东。

苏仙观　在永兴县东仙母山下；又州东亦有苏仙观，旧名开利寺（注：曾名）。

人　物：

邓存忠　郴州人。父患足疾，存忠年方十二，远往粤东求医，治之得愈。又母病痢，诚祷北斗，求以身代，夜母梦子负而归，疾遂瘥。母目失明，存忠又日祷苏仙观，观前枯橘忽发枝叶，取叶并汲橘井水，煎洗三日复明。人以为孝感，雍正十一年旌表。

仙　释：

苏　耽　郴县人。少孤，养母至孝。言语虚无，时人谓之痴。尝与众儿共牧牛，更直为帅，录牛无散。每至耽为帅，牛辄徘徊左右，不逐自还。众儿曰：汝直，牛何道不走耶？耽曰：非汝曹所知。后谓母云："受性应仙，当违供养。"言毕涕泗。又曰："年将大疫，死者略半，穿二井饮水，得无恙。"后，人见耽乘白马，还马岭山中。百姓为立坛、祠。

注：清王朝经过"康乾盛世"，国力猛增扩充，版图空前辽阔。嘉庆皇帝根据这巨大变化，颁旨在康熙、乾隆两朝编纂的《大清一统志》基础上，重修《大清一统志》，历时30年成书，潘锡恩主持。潘氏历官翰林院编修、侍讲学士、国史馆提调兼总纂、副都御史、兵部侍郎、江南河道兼漕运总督，封太子少保，谥号"文慎"。嘉庆《大清一统志》，是古代中国内容最丰富、体例最完善的国家地理总志。从郴州篇章也能看出，《大清一统志》注重引用历代国家志书与名著，显得比较权威。如马岭山一条，就引用了《后汉书·郡国志》、北魏《水经注》、南朝《舆地志》、宋代《方舆胜览》、《明统志》，写出其历史上曾有的名称。编入了明清湖广志书没记载的"天飞山"名。所引"郴县南十数里有马岭山"，应为"便县南"即苏母娘家。关于苏仙观，记有两个，永兴县东仙母山下的，是其娘家纪念建筑的；州城东面的即苏仙岭的苏仙观为正宗。

嘉庆《郴州总志》

朱偓、陈昭谋修撰

卷之三·沿革·古桂阳郡考

附郭郴县有马岭山，山有仙人苏耽坛。

卷之四·疆域·直隶郴州疆域总要

形　胜：

郴居荆楚上游，南当五岭之冲，西接九嶷之要……郴州之境，环以万山，东有鱼仙，北有苏岭，南有灵寿，西有阳华。

村　庄（附郭统居村凡一十一）：

北湖里　四浦庄　教场背（注：教场背下方即苏耽宅所在鸭子塘）　白鹿洞（注：山洞在苏仙岭麓，传说潘氏生苏耽于洞中，村庄在苏仙岭山口）……

卷之四·疆域·郴州桥（凡一百二十九）

苏仙桥（注：志书编为第一桥）　在城东门外，明同知庄壬春，郡人、侍郎崔岩捐建，均有记。乾隆四十一年被水冲坏二拱，绅士陈昭龙、朱龙山等募捐复修。

永兴县（凡四十）：

升仙桥　在泮宫坊东。

兴宁县（凡四十六）：

九仙桥（注：徐霞客云"郴州为九仙二佛之地"，苏耽居首位）　在西关。明天顺县令达贵建，嘉靖元年县令顾斌建，万历三年县令喻思化重建，乾隆二年贡生段岂等倡建石栏杆。

桂阳县（凡八十三。注：东晋由郴县析置的汝城县，从北宋至清代为桂阳县。）

苏仙桥　在县东五里。

卷之四·疆域·郴州亭（凡七十）

望仙亭　在州东北二十五里山河口，里民谢望重等募建。

卷之五·山川·郴州山

山（凡三十六）：

云秋山　在州北三十里，一名仙台山，又名天飞山。上有莲池，其水清冽，四时不涸。山后石穿如桥，上下俱通往来，有仙坛，为苏耽修炼处。俯眺郴江，山最为奇绝。庄壬春联：林端石关通幽径，洞里瑶池出白莲。

苏仙岭　在州东北七里，高二里，周回三十二里，即苏仙飞升处。山顶即仙观。旁有沉香石。仙桃石，桃色赤黄，虚中有核，研饮之，可愈疾。岭腰有景星观，岭麓为白鹿洞，有乳仙亭。岭多云雾，为郴八景之一，曰：苏岭云松。何仲方诗："半日棋枰招月上，一时诗句送春来。山腰有观行新菜，云顶留岩壮古苔。"

马　岭　《湖南通志》：在州东北五里。今按在州北十五里，一名牛脾山，又名白马岭。考《后汉书·郡国志》：桂阳郡郴县南十数里，有马岭山。《水经注》：马岭山，高六百余丈，广四十里许，汉末有郡民苏耽栖游此山。《方舆胜览》《舆地志》谓：苏耽入山学道，其母往窥之，见其乘白马飘然，故又谓之白马岭。

洞（凡七）：

白鹿洞　在苏仙岭麓，洞中可容席，深邃莫知。洞外有乳仙亭。明知州胡汉复建八角，亭匾曰：鹤鹿遗踪。国朝知州陈邦器重修。丁逢诗："鹿走旧随云底去，鹤翻时带雨飞来。"袁子让联："凿开顽石方成洞，跳出尘埃便是仙。"

卷之五·山川·郴州水

井（凡十）：

橘　井（注：列第一位）　在城东门外，即今橘井观，为"天下第十八福地"。《传》称：仙君将去，谓母潘曰："明年郡有灾，民大疫，母以橘叶井水愈之。"厥后疫果作，郡人忆前言，皆求饮，下咽即愈。《舆地纪胜》亦载其事。井傍柏树巍然挺秀，乃仙手植。井底有桃石，明末井水忽涸。国朝康熙五十年知州范廷谋为文祭之，井水复出。乃郴八景之一，曰：橘井香泉。杜子美诗"郴州颇凉冷，橘井尚凄清"。

永兴境：

山（凡四十三）：

仙母山　《湖南通志》：在县东（注：古代志书中的"郡、州、县"单字指城治）一里。今按《县志》：在县东二里潘家园之上，世传潘母生子苏耽仙去。《一统志》：相传耽母居此，故名。

洞（凡二）：

问仙洞　在县东雷坛下。

桂阳境（注：汝城县）：

山（凡十八）：

苏仙山　在县东，与桂枝岭对峙，山脉自白云山起伏而来，至是耸拔特立。昔郴人苏耽得道，邑人慕之，遂祠于巅。岁旱祷雨立应。

峰（凡二）

独秀峰　在县南十七里，传汉仙人苏耽隐此。

卷之七·古迹志·郴州古迹（旧志：凡二十二）

苏仙宅　在城东（注：州治东门外），汉苏耽故居。

来鹤楼　在东城上，见"城池"条。

橘　井　在东城外，详见"仙释"。

仙居台　在州城东北苏仙岭后。

乳仙亭　在白鹿洞，州人因苏仙"鹤覆鹿乳"处建此亭。里人、雷州府同知袁子训于万历三十二年修葺，并作记勒碑。今现存《记》，见"艺文"。明知州胡汉复修八角亭，匾曰："鹤鹿遗踪。"国朝，知州陈邦器重修。

景星观　在苏仙山腰，古松夹道，云气缭绕，真郴治之胜景。廖仙亦尝居此。宋知州万俟倡有词，见"艺文"。绝顶，即苏仙飞升处。

苏山十二景诗刻　在白鹿洞石壁，乃郡人袁子让敬倩（注：袁子让字敬倩，音韵学家、进士，万历年兵部员外郎、嘉州知州，著有《字学元元》），甫于万历丁亥年（1587）读书于景星观题刻。万历甲午，郡人汪楫济读书于山下桃花洞，赓原韵。

州八景　附（注：明代州八景有橘井灵源）：

龙泉烟雾　圆泉香雪　相山瀑布　苏岭云松

北湖水月　南塔钟声　鱼降飞雷　登高一览

永兴县古迹（凡二十一）：

仙鹤池　在苏仙观东，又名灌泉。古砌尚存，邑人尝祷雨于此。

桂阳古迹（凡十八。注：汝城县）：

邑八景　附：

君子朝阳　大官夕照　桂岭秋香　苏山春霁

寿江奇石　热水灵泉　古刹钟声　长湖渔唱

卷之七·古迹志·郴州冢墓（凡十五）

义帝陵（略）

苏母墓　汉苏耽之母潘氏，葬城东门外橘井观之左。国朝知州范廷谋（注：宋代范仲淹第19代孙）重立碑修整。

卷之八·城池志

直隶郴州城池　秦以前无考。汉太守杨璆肇建。……明……楼三，东曰：来鹤；西曰：爽极；南曰：迎薰。

附街巷

城内街（凡二）：

州前街　在州治前，左出东城门，通苏仙桥。

仙桥巷　在"仙桥古渡（注：苏仙桥牌坊）"南。

卷之十三·祀礼·郴州

柳侯祠　祀唐柳毅（注：《太平广记》古本、《洞庭湖志》、本州志、《宜章县志》均记载"柳毅，郴州人也"），祠一在州东南鱼降山……一在城东苏仙桥之东（注：桥东头，桥下即郴江，故又名郴江祠）。

昭忠祠　在城东门外橘井观左侧。（注：苏仙祭祀在苏仙观，此处不载）

卷之三十五·艺文上·记（注：此处只记篇目名，文见第六章）

《重修苏仙桥记》　工部左侍郎崔岩（注：明代郴州进士，以下明代）

《重修苏仙桥记》　郴州同知庄壬春

《白莲池记》　郴州通判谢邦信

《乳仙宫记》　雷州府同知袁子训（注：郴州拔贡）

《游天飞山记》　广东分岭西道左参议袁嵩年

《苏仙岭祷雨记》　谢仲垸（注：清代郴州知州，以下均清代）

《游白鹿洞记》　州学训导张九镡（注：清代翰林编修）

卷之三十六·艺文中·传

《喻国人传》　谢惟盛（州人，廪生）

卷之三十六·艺文中·赋

《橘井赋》　茶陵州训导何达宪（注：郴州岁贡）

《来鹤楼赋》　江西知县首永清（注：郴州举人）

《橘井赋》　江西知县首永清

卷之三十七·艺文下·诗（注：关于苏耽橘井的诗词20多首，略）

卷之三十八·仙释志

仙类（凡九）：

汉　苏耽

桂阳郡人，母潘氏，家于便县，后徙居郡（注：治城）东鸭子塘。尝浣于江边，有五色苔浮水面，荡去复来，绕指者三；乃吞之，遂孕生耽，时惠帝五年辛亥七月十五日也。众异之，母乃置屋后牛脾山石洞中，即今苏仙岭。七日往视，则鹤覆鹿乳。复取归毂（注：乳的异体字，楚人谓乳曰：毂）。既长入学，师欲为立姓名，令出门白所见。适有担禾以草贯鱼者，遂命姓苏名耽。

居郡城东，事母孝。母思食鲊。耽放箸，有顷即取献母，问所从来，曰："适自便县市至。"母疑之。后数日舅氏入郡，乃云："前见甥在邑市鲊。"母益骇异。以耽遇异人授神仙术，能隐显变化而莫测也。

73

与群儿牧牛，耽所牧者独驯不驱而归。又乘一白鹿，涉险如驰。人问之，曰："龙也。"

一日忽洒扫庭除，若有所待。人问之，曰："仙侣当降。"有顷，紫气氤氲从西北来，十鹤集其庭，形色声音若人，与耽语款密如故。遂入白母，曰："耽已成道，受命将升，仙仗临门，不得终养。"即当辞诀。母欷歔久之，曰："吾何以卒岁？"乃留一柜，缄钥甚固，曰："有需必得，慎勿发也。又，明年郡有疫，可取庭前井水橘叶救之，亦可资甘旨。"语毕，幢节森列，出门群鹤随之，迤逦升天，异香弥日不散。时文帝三年甲子五月十五日也，今沉香石上有升天足迹存焉。

明年郡果疫，百姓竞来谒，母施以叶水，立瘥。其或有需，叩柜即至。众异之，请启视，则有鹤自柜飞去。后叩无复应矣。

潘百岁而终，乡人葬于城东，在橘井观后。人望牛脾山，若有白马系林间，遥闻哭声。郡守张邈率属往吊求见，仙出半面，光彩照人，又垂一大手，有绿毛长尺余。因谓守曰："山谷幽远，日暮难归。"遂手掷仙经成桥，令众闭目而渡。邈众登桥，顷刻至郡。

后有鹤止郡东城楼，累日不去。少年以弹中之，乃以爪攫板成字曰："风淅淅兮雨霏霏，城郭是兮人民非；三百甲子当来归，我是苏耽，弹我何为？"乡人漆其板而留之。

今橘井之水，有光发于水下。仙岭有桃石，纹核如生，世传仙桃。马岭山亦多虫蛇杀人，服之可解。《太平广记》仙哭母处，有桂竹两枝，无风自扫，其地恒净。三年之后，无复哭声，因见白马常在岭上，遂改牛脾山为白马岭。

唐开元十九年，诏有司饰其祠宇。宋大中祥符元年，敕赐第为集灵观。元祐初有林愈（注：山东进士）过齐州章丘县，见壁上丹书云：苏仙真人诣东岳回过此，诗曰：东南闲望景清虚，万里云程半日余。因过章丘留此语，归郴重庇旧乡间。笔法奇怪。越七年愈出守郴，始知郴有苏仙，则仙之功被郴人者深矣。元符三年郡旱，请雨即应。州上其事，敕封"冲素真人"；绍兴间加封"普应"；嘉定十五年再加封"静惠"，是岁二月二十八日，忽有一鹤飞绕苏仙，后诣至郴，乃于是日命下，其灵验如是。至景定十五年再加封"冲素普应静惠昭德真人"，入《一统志》。（附录：郡人何孟春语。略）

汉　仙母潘氏（《永兴志》，注：乾隆县志）

汉苏仙耽之母，许聘州人某，未归，夫亡。誓死靡他，遂归（注：归入夫家），执丧礼，事姑尽孝。一日澣衣江滨，忽浮五色苔绕足，弃而复绕者

74

三。母吞之成孕，弥月生男，是为苏仙。氏百余岁无疾而终，后人奉为仙母元君。

卷之三十九·寺观志

郴　州　寺三十　观七　庵一百六十一　仙五十　山三十一　堂八　祠一：

橘井观　州城东，即汉苏仙旧宅也。有柏树最古，相传为苏仙手植。

苏仙下观　州东北五里，即传称"鹤覆鹿乳"处。旧有桂五株，扶疏苍翠，布席其下，最称名胜。（注：即乳仙宫）

苏仙中观　在苏山半岭，青松夹道，云气缭绕；旧名：景星观，唐廖道士居之。（注：有传说苏耽由此处云雾之上飞升）

苏仙上观　在苏山绝顶（注：即苏仙观），州守范廷谋匾曰"去天不远"，联句曰："江山同一览，风景并千秋。"

潘婆庵　州东二十里栖凤乡（注：纪念苏耽母亲潘氏的道教建筑，时属栖凤乡，后属许家洞镇；庵，"在古代指的是圆形草屋"，《广韵》记"庵，小草舍。晋代葛洪在《神仙传》中介绍焦先'居河之湄，结草为庵'"，属早期道家"修道、祀神的净地"，如成都二仙庵、武当山冲虚庵；庵也通用于其他宗教庙宇的俗称）。

鹿仙观　州二十里。（注：在州城东北白露塘，祭祀"苏仙传说"中的白鹿）

永兴县：

苏仙观　县东郭，今名六如苏仙观。

白鹿观　县西五十里二都。（注：祭祀"苏仙传说"中的白鹿）

兴宁县（注：今资兴市）：

昭德观　即在云盖山。（注：祭祀苏耽）

桂阳县（注：今汝城县）：

九仙观　在长乐乡。（注：徐霞客总结"郴州为九仙二佛之地"，苏耽居首）

卷之四十二·杂志·摭物（凡四十八）

橘　桃　今集灵观传为苏仙故宅，前有橘井。尝浚之，得石碑，泉遂涸。碑系青石，侧有白纹，如橘桃相丽，形逼真；有篆书"橘桃仙瑞"四字。后，知州范（注：知州范即范廷谋，宋贤范仲淹第19世孙）祷之，泉复出。

仙　桃　《酉阳杂俎》：出郴州苏仙坛。有人至，心祈之，辄落坛上，形似石块，赤黄色，破之如有核三重。研食之，愈众疾，尤治邪气。旧

《志》略。

复苏柏　集灵观前古柏，大数围，苍翠凌云，传为苏耽手植。国朝初忽枯死，观老道士谭虔奏章于南天门外，遇桂阳州马道士，说谭：筇履不能入，因借之。后，马来州索还，柏苏，至今茂。（注：大意说清初时，橘井观前的古柏树枯死，住持观中的谭姓老道士书写奏章，登上南岳衡山，虔诚地要向天廷祷告。恰巧碰见先上衡岳、从南天门里出来的桂阳州马道士，马道士告诉他：你穿的筇头履，头部高翘，形似筇板，是不能进入天门的。于是谭道士借马道士的鞋子，进入南天门，向天念完奏章。谭道士回郴后，桂阳州马道士去橘井观要回鞋子时，古柏已然复活。到嘉庆年间，古柏仍然茂盛。）

疗疾桃　《广舆记》：石出马岭（注：即仙桃石），大似榆钱，圆厚寸许，中有空心，摇而响者是。山陕（注：泛指北方）旅客多登山求僧，有"仙桃诰"（注：道家告诫之文，教信众、游客食用方法），依磨服之，疾斯愈，不可多得。

注：嘉庆《郴州总志》两册，为湖南方志上乘，自宋代编志后的第22次修州志，继康熙、乾隆两志（20万、25万字），文字增至80万字。正文分35门，内容宏富；诸图详标山川名胜古迹，方位准、描绘精；矿厂独立为门，别于他志。仙释，录旧志所载九仙、二佛、三神（前言，缺北湖神曹代飞，改革开放后发掘于族谱藏唐宋文）外，列汉苏耽之母传说，还搜集20个仙佛人物。苏仙岭3座道观均名"苏仙观"，按高低位置，分为上中下观，苏仙上观即绝顶之苏仙观，中观又名景星观，下观又名乳仙宫。首记苏母祀庙"潘婆庵"。主修者朱偓，四川兴文县进士，嘉庆十四年（1809）以奉政大夫任郴州知州，著《训民俚语》等，嘉庆二十二年（1817）主修《郴州总志》。主纂陈昭谋，乾隆年郴县举人，历桂阳州学正、甘肃文县知县，归乡肩承郴州东山书院山长，著《剑溪文稿》《典制分类文海》等，文名时覆郴桂。欲了解郴州与苏仙传说，只需拥有该志书。因内容丰赡宏富，多处需说明，故注于文内。嘉庆、民国《郴县志》均采用此版本。

嘉庆安徽《宁国府志》

洪亮吉、凌廷堪纂

卷十二·舆地志·古迹上

琴高台　……在泾县东北二十里，有炼丹处……按《列仙传》云：琴高者，赵人也，以鼓琴为宋康王舍人。行涓、彭之术，浮游冀州、涿郡间。二百余年后辞入涿水中……果乘赤鲤来，出祠中，有万人观之。留一月余，后入水去。不知何为仙迹在此。或云琴高、苏耽也，以其好弹琴，高目之。其山有苏耽炼丹洞，山足有隐雨岩，悬崖峭壁上薄云汉，古木修篁掩映其间，流湍潺溪，真仙隐之所也。蒋右丞之奇诗云：未至泾川十里余，崭然崖石翠凌虚。自惭不是神仙骨，空羡琴高控鲤鱼。郡守光禄卿余良肱和云：山形江势共纡余，潦退寒潭澈底虚。控鲤仙人无复见，春来犹有药涔鱼。元都官积和云：云敛尘霾春雨余，寒溪清浅水涵虚。真仙已上青霄去，空使时人羡鲤鱼。（《泾川志》）

按：《泾川志》以琴高赵人，不宜留踪泾县，而遂已苏耽当之，则益非是。考《洞仙传》云：苏耽者，桂阳人也，少以至孝著称。母食欲得鱼羹，耽出湖州市买，去家二千四百里，俄顷便返。耽叔父为州吏，于市见耽，因书还家，家人大惊。耽后白母，耽受命应仙，方违远供养。以两盘留家中，若需食即扣小盘，欲得钱帛扣大盘，是所需皆立至。乡里共怪其如此白官，谴吏检盘无物，而耽母用之如神。先是耽初去时云，今年大疫，死者略半，家中井水饮之无恙，果如所言，阖门元吉。母年逾百岁终，闻山上有人哭声，服除乃止。百姓为之立祠。此事《太平广记》引之，又引《神仙传》苏仙公事，大意相同。谓即桂阳之苏耽也，并无好弹琴乘赤鲤事，安得以琴高附会之，且谓琴高赵人，与泾相远为可疑，而苏耽桂阳人，宁与泾近而可信乎？乃知或以苏耽为琴高者，益为无据。

注：洪亮吉（1746—1809），经学家、文学家、人口学家，毗陵（今江苏常州）人，乾隆五十五年高中榜眼，历任翰林院编修、国史馆编纂、贵州学政，嘉庆年入值上书房教皇孙学业。因上书论时弊，充军新疆伊犁，赦还后归常州著书。凌廷堪（1757—1809），经学家、史学家、文学家，安徽歙县人，乾隆五十四年乡试中举，次年与洪亮吉同榜进士，宁国府学教授。宁国府，即安徽原芜湖今宣城市。琴高台在泾县城北琴高山，泾川是泾县别称。琴高，《列仙传》说他是周代末年赵国人，或战国末宋国康王属官。北宋《云笈七签》有《玄洲上卿苏君传》"先师姓苏，讳林，字子玄，濮阳曲水人也……师琴高先生"；元代礼部尚书王沂《题松涧》诗，吟"时逢苏耽鹤，或见琴高鲤"。有人便将两者扣紧，由此窜乱，形成湖南郴州人苏耽隐居泾县琴高台炼丹的芜湖传说，近乎海外奇谈。故洪、凌二人采纳《泾川志》之说后，作按语指出系附会现象；这从一种角度印证了苏仙传说的流变状况。

同治江西《南康府志》

卷三·地理·古迹

橘　井　在治西旧紫清宫右，相传苏仙以此水剂人。又元辰山上有泉，亦传为橘井。

马蹄洞　在元辰山上，相传苏仙驻马上升之所。

苏仙剑池　（注：八景第四列苏仙剑池）

磨剑池　在治西黄氏园内，相传为苏耽磨剑之所。

注：清代南康府，在江西九江，治所星子县（今庐山市），辖星子、都昌、安义县和建昌州（今建昌县），1913年废。同治《南康府志》，记载都昌县古迹，竟有5处与郴州苏仙传说紧密联系，元辰山、橘井2处，马蹄洞，苏耽磨剑池；苏山乡鹤舍村，传说是苏耽化鹤归郴在此修炼而得名，现为历史文化名村。足见苏仙传说的流布范围宽、辐射力度强。

同治《桂阳直隶州志》

王闿运

卷二十一·水道志

湖屯水　过州城，城中的鹿头山，有"州人、仕女以六月朔登山，祠苏仙，及城旁登眺，舒襟散意于此也"。

注：王闿运（1833—1916），晚清经学家、文学家、湖湘文化大家，号湘绮，世称湘绮先生。咸丰二年（1852）举人，曾做肃顺家庭教师，后为曾国藩幕僚。授翰林院检讨，加侍读衔；辛亥革命后出任清史馆馆长。应桂阳好友、浙江巡抚陈士杰请，编纂《桂阳直隶州志》。桂阳州历史上属于郴州不可或缺的重要组成部分，从战国楚苍梧郡、汉三国西晋桂阳郡，直到东晋郡治郴县发生政区变化，即："东晋陶侃……置平阳县，属平阳郡，至陈，郡、县俱废。"公元320年荆州刺史陶侃析桂阳郡治郴县，置平阳郡、县，公元580年废，省入郴州桂阳郡。唐代设桂阳监铸钱，后移入平阳县，北宋从郴州分离，南宋设桂阳军，元明清为桂阳州，民国改桂阳县回归郴州，历史上称"郴桂"。故桂阳郡、郴州的苏仙传说，在桂阳流行十分自然，他记述明清桂阳州有"州人仕女以六月朔登山，祠苏仙"的习俗。新千年桂阳县银河乡出

土了乾隆年间的"苏仙碑铭"石碑，记该乡曾建祭祀苏仙的庙宇。

湖南全省掌故备考

王先谦

卷五·山川一·衡州府

清泉县（注：衡州衡南县）：

苏耽井　县境，泉极清澈，唐王昌龄有诗（注：衡州地在汉—晋属桂阳郡）。

耒阳县：

石臼山　县西，上有石臼。世传汉苏耽之舅求修炼处于耽，耽以一矢相遗，曰："视矢所至，即为住足地。"寻之，在此山下。矢着处有小窦出泉，后山僧凿大之，泉遂涸。明陶志皋有记。

卷六·山川二·郴州

云秋山　州北。上有仙坛，为苏耽修炼处。一名天飞山，明袁嵩年有记。

马岭山　州东北。道书以为第十八福地。一名苏仙山，晋苏耽学道于此。其母往窥之，见其乘白马飘然，故又名白马岭。五代沈彬、明何孟春有诗。

白鹿洞　州东北。宋阮阅诗："风驭云轩鹤羽轻，野麋常此望霓旌。当时岩下藏身处，依旧春来草自生。"

橘　井　州东，苏仙故宅。苏耽将仙去，白母曰："明年，郡有大疫。母取橘叶井水饮之。"如期，疫作，争取饮，下咽即愈。唐元结诗："灵橘无根井有泉。"

永兴县：

仙母山　县东。相传苏耽母居此，故名。

桂阳县：

孤　山　县南。一名独秀峰，汉苏耽隐此，宋阮阅有诗。

卷十二·古迹·郴州

苏仙宅　州东。《元和志》：苏耽旧宅，在城东半里，俯临城隍，余迹犹存。宋释显万有诗。

来鹤楼　即州城东楼。苏耽化鹤，至此累日不去，少年以弹中之，乃以爪攫板成字曰："风渐渐兮雨霏霏，城郭是兮人民非。三百甲子当来归，我是苏仙，弹我何为？"人漆其板而留之。宋阮阅有诗。

永兴县：

苏仙观　《苏耽传》云：母潘，家桂阳郡之便县，此其故居也。园有仙韭。

卷十五·寺观·郴州

橘井观　州治（治城）东，即苏仙旧宅。有柏树最古，相传为苏仙手植。

苏仙观　在州东。宋阮阅诗："寂寂星坛长绿苔，井边橘老又重栽。城头依旧东楼在，未见当时鹤再来。"（注：州东，指整个郴城东向即苏仙岭）

永兴县：

苏仙观　县东仙母山下。明李永敷、曾全有诗。

卷十八·金石二·郴州

苏仙山题字　郴州苏仙山题壁有"霞旭霄霁，鹤云朝骞"八字，字径三寸，遒劲，无年月，相传宋人所书。

仙母山寿字　在永兴县东雷坛下，宋县令徐经孙摹汉篆刊石。

卷二十·物产·郴州

仙　桃　出郴州苏仙坛，有人至，心祈之，辄落坛上或五六颗。桃似石块，赤黄色。破之，如有核三重。研饮之，愈众疾，尤治邪气。（《酉阳杂俎》）

卷三十二·仙释·汉

苏　耽　郴县人。少孤，事母孝。与群儿牧牛，更直为帅，录牛皆散，每耽为帅，牛辄徘徊左右，不逐自还。一日，辞母云：受性应仙，当违供养。年将大疫，死者略半，穿二井饮水，得无恙。后人见耽乘白马，还马岭山中；百姓立坛以祀。

注：王先谦（1842—1917），清末湖湘文化大家，长沙人，湘绅领袖。同治年间进士，曾任云南、江西、浙江三省乡试正副考官，国子监祭酒（最高学府执掌），江苏学政，长沙城南书院、岳麓书院山长以及湖南师范馆馆长。其史学、经学、训诂学研究，均成果斐然，系《史记》《汉书》《后汉书》《水经注》等研究家；光绪三十四年获赏内阁学士衔。他游郴州，撰苏仙岭诗文，此书前记衡阳府清泉县"苏耽井"并"王昌龄有诗"，属大家小误，王昌龄诗实写郴州苏耽井。

另记一传说颇有趣，苏耽的舅父学道要向外甥求修炼之处。

光绪《湖南通志》

李瀚章

卷二十五·地理二十五·山川十三·郴州

马岭山　在州东北五里，一名苏仙山，一名牛皮（脾）山，又名白马岭（《一统志》）。桂阳郡，郴县南十数里有马岭山（《后汉书·郡国志注》）。

马岭山，本名牛脾山（《太平御览》）。山高六百余丈，广圆四十里许。汉末有郡民苏耽，栖游此山（《水经注》）。《舆地志》谓：晋苏耽入山学道，其母往窥之，见其乘白马飘然，故又谓之白马岭（《方舆胜览》）。第十八福地马岭山，在郴州，《杜光庭·福地记》。上有白鹿洞、仙人坛，有巨石曰沉香，小石曰仙桃。仙桃色赤黄，有核，研饮之，可以愈疾（《一统志》）。国朝何禅《苏仙岭赋》。

云秋山　在州北三十里，一名天飞山，又名仙台山。上有莲池，其水清冽，四时不涸。山后石穿如桥，上下俱通往来。有仙坛，为苏耽修炼处（《（明）一统志》）。山与酃县界，云秋水出焉（《明史·地理志》）。袁嵩年《游天飞山记》。

方外志·寺观三

寺　观：

橘井观：（注：与前一致，略）

苏仙观：（注：与前一致，略）

注：李瀚章（1821—1899），李鸿章的胞兄，安徽合肥人。因其父与曾国藩同年（1838）进士，故投奔曾国藩，参加朝廷拔贡考试，签分湖南，署名知县。在太平天国起义爆发时，与其弟李鸿章先后入湘军曾国藩幕府，他功升知州、知府，补道员，襄办江西团练；后擢为广东按察使、布政使，升任湖南巡抚、浙江巡抚、湖广总督、四川总督、两广总督等。在湖南巡抚任上，调遣桂阳州人、前江苏按察使陈士杰"壁郴州防闽贼"。任湖广总督时主编《湖南通志》。志中云第十八福地马岭山系出《杜光庭·福地记》，写错，应为《洞渊集》。

光绪《郴州直隶州乡土志》

卷下　山水志

在城之山：

苏仙岭　在州东北七里，高二里，周回三十二里，即苏仙飞升处。山顶即仙观。旁有沉香石。仙桃石，桃色赤黄，虚中有核，研饮之，可愈疾。岭腰有景星观，岭麓为白鹿洞，有乳仙亭。岭多云雾，为郴八景之一，曰：苏岭云松。

栖凤乡之山：

云秋山　一名天飞山，今谓之白莲池。高里许，周二里。上有池，其水四时不涸。山后石穿如桥，上下俱通往来。有仙坛，为苏耽修炼处。俯眺郴江，最为奇绝。

马　岭　高六百余丈，广四十里。昔苏耽入山学道。其母往窥之，见其乘白马飘然，故又名：白马岭。

永丰乡之山：

梯子岭　在州东十里，高里许，周二十里。与苏仙岭相连。

鹿仙山　在州东二十里，高七十丈，周四里。山顶圆秀，上有鹿仙庵。（注：祭祀"鹤覆鹿乳"苏耽的白鹿）

秀才乡之山：

白石岭　在州南四十里……有飞来神农石像，祈祷有验，乡人为立石庙于其巅。山旁有神农母墓，相传神农携母南巡，母死葬此。

栖凤乡之水：

郴　江　为栖凤乡东偏之径流。自秀才乡流入（注：源于秀才乡，即今江口、良田、廖家湾、坳上、石盖塘一带），北流绕苏仙岭之西。

沂　流　至苏仙桥上约三里。

秀才乡之水：

郴　水　一名黄水，出黄岑岭之井水头，郴江之源也。东北流十里至王仙桥。过苏仙桥而入栖凤乡。

桥梁录：

郴山高水迅，桥渡林立，官建无多。惟苏仙桥、化龙桥系知州庄壬春、范廷谋捐资建立。其余津梁百余处，俱系乡里善士倡建募修。（注：此处近于信口开河，在明嘉靖年同知庄壬春募捐重修之前，早有宣德年间知州吕棠重建木石结构苏仙桥，正德年间郴籍工部左侍郎崔岩倡重修全石材联拱苏仙桥，并桥亭。）

苏仙桥　在城东门外。

祠庙志：

苏仙祠　在州城东门外，即今橘井观，汉苏耽旧宅也。有柏树最古，相传为苏仙手植（与"古迹类"参看）。

古　迹：

石　刻　"白鹿洞"三字，嘉靖四年东莱腾谧题，字大如斗。

苏仙宅　在城东，汉苏耽故居（即今橘井观）。门悬"天下第十八福地"匾额，相传为苏东坡书。

来鹤楼　在东城上。缘《旧志》有"苏仙化鹤来归，止郡东城楼上"语，故名。明景泰间，千户高景春修。国朝同治初，州牧杨昌江拓展旧制，增建三层，遂为吾郴大观也。

橘　井　在东城外。世传苏仙上升时，嘱其母云："明年郡有疫，可取庭前井水橘叶救之。"后果疫,母施以叶、水,立瘥。

仙居台　在州城东北苏仙岭后。

八字铭　在苏仙山顶石壁。镌"霞旭霄霁,鹤云朝骞"八字,径三寸,甚遒,不著年月姓氏。询之老僧,相传为唐人手迹云。

乳仙亭　在白鹿洞。州人因苏仙"鹤覆鹿乳"处建此亭。明,郡人、雷州同知府袁子训、知州胡汉复建八角亭,匾曰"鹤鹿遗址"。

景星观　在苏仙山腰。古松夹道,云气缭绕,真吾郴胜境。廖仙亦居此绝顶,即苏仙飞升处。(注:既在山腰,又说"廖仙亦居此绝顶,即苏仙飞升处",是言清光绪年间苏仙观虽住进和尚,但自廖仙所在的唐代至今,绝顶苏仙观、飞升亭、山腰景星观等建筑群均属道教。)

苏仙十二景诗刻　在白鹿洞石壁。明郡人袁子让于万历丁亥年读书于景星观题刻。万历甲午,郡人汪楫济读书于山下桃花洞,赓原韵。

注1:清末列强环伺,甲午战争失败后,日、欧乡土教育兴盛等因素,使中国人意识到:民众精神状态关乎国家兴衰,爱国需爱乡。舆论兴起,晚清政府1902、1903年尝试在小学进行乡土历史、地理、格致教育,目的在培养忠君爱国思想。乡土教育应运而生,各地均编纂乡土志。《郴州直隶州乡土志》于光绪三十三年(1907)编纂。因属新书,内容限于州城及附郭郴县;且时局处于慈禧太后扼杀"戊戌维新"后、辛亥革命前夜,编写简单,缺乏乡土志应有特点,丢三落四勉强成册。如国医典故"橘井泉香"、明代袁子让的苏山十二景诗无具体介绍,苏仙观住进和尚,干脆不记。山顶八字铭有时间人名,却说无,"龙旭"错为"霞旭"。但"古迹"记苏耽故居大门"天下第十八福地"匾,为苏轼书写,填补了前志不足。

注2:"白石岭",述"山岭有飞来神农石像,祈祷有验,乡人为立石庙于其巅。山旁有神农母墓。相传神农携母南巡,母死葬此"。与当地传神农尝草辨药、母亲抢尝护子一说吻合,有助今人对民族医药发祥、中医文化兴起、苏耽种橘凿井、母子大义救民的深化理解。

光绪《永兴县志》

卷四十三·仙释志

天下岂有神仙,汉武末年始悟其妄。然方外之士有未可以方内测者,郴志载苏母潘氏家于便县,又尝市鲊于便,称遇其舅。……不必以是为轻重也。

汉仙母潘氏　邑人,汉苏仙耽之母,许聘郴人某,未归夫亡,誓死靡他,遂归执丧礼,事姑尽孝。一日浣衣江滨,忽浮五色苔绕足,弃而复绕者三,母吞之成孕，弥月生男，置之牛脾山洞中。七日母往视之，白鹤翼之，白鹿乳之。母始收养，长就乡塾，师问其名，曰无，见门外人枕禾以草贯鱼，因自命姓苏名耽。尝遇异人授以仙道。一日告母曰："上帝来招，耽欲去矣。"母曰："汝去吾谁养？"乃固封一柜遗母，云："扣之，遂所需而皆得。明年郡有大疫，庭前橘叶井水可取以疗众，亦足稍供甘旨。"语毕，云端见旌幡冉冉，前导跨鹤飞升而去。母百余岁无疾而终，后人奉为仙母元君。至今邑城东潘园故址上建苏仙观，相传有仙韭遗种，采之不易得云。详见《州志》。

注：永兴因是苏母潘氏老家，光绪县志延续前志潘氏传并扩展，突出其尽孝婆婆、慈爱孩儿、送子读书，及苏耽留柜、种韭孝母、橘井抗疫。"甘旨"，美食，养亲老之食。可贵处，在《仙释志》开篇直言"天下岂有神仙，……不必以是为轻重也"，意即仙人传说乃民俗、文化。诗词方面，苏仙观、潘园仙韭、问仙洞诗多于前代县志，此处不重复。

光绪《兴宁县志》

卷之三·疆域志

山　水：

苏仙山　在南乡旧治西。数峰连矗如帜，上有小庵，石隙皆丛小笋，细如削，味绝于他产。

卷之十·艺文志

《昭德观修建殿楼记》：

我宁之昭德观，盖自苏仙真人云游标异，故因徽号以名之。

卷之十八·杂纪志

昭德观　在云盖山半。

注：清代郴州兴宁县即唐代资兴县，明代改名兴宁，民国时因与广东兴宁县同名，改回资兴。历史上，资兴经常性省入母体郴县及重置为县。所以"苏仙传说"自然成该县民间文学一部分，地理方面也命名了苏仙山。南宋理宗加封苏耽"昭德真君"，郴州传说苏耽到过或留有遗迹之各县，均建"昭德观"。有的保留至民国，如光绪元年《兴宁县志》实录。

光绪《耒阳县志》

石　臼　在县西，山有石臼仙人迹。旧传汉苏耽常游此上，有苏仙祠。

注：耒阳县在古代长期属于郴县、桂阳郡，战国时属楚国苍梧郡治郴县耒水流域的重要水关，故封耒阳君于此，为郴县耒邑。汉高祖刘邦立国，改楚苍梧郡为汉桂阳郡，升耒阳县；隋朝由桂阳郡划入衡山郡；明代短期回归桂阳州，再划出。1950—1980年代初又归回郴州地区，1983年重划入衡阳。所以桂阳人、草药郎中苏耽的传说，流传于耒阳很自然。

清 史 稿

赵尔巽、柯劭忞等

郴州直隶州：冲，繁，难。隶衡永郴桂道。

东：马岭山。东南：五盖。西南：灵寿山。又黄岑山即骑田岭，又名腊岭，盖五岭之第二岭也。

注：赵尔巽（1844—1927），清末汉军正蓝旗人，辽宁铁岭人。清同治年间进士，授翰林院编修。历官安徽、陕西、甘肃、新疆、山西，做过湖南巡抚、户部尚书、盛京将军、湖广总督、四川总督等职。1911年任东三省总督。武昌起义后在奉天（沈阳）成立保安会，阻止革命。民国成立，任奉天都督，旋辞职。1914年任清史馆总裁，主编《清史稿》。柯劭忞（1848—1933），号蓼园，山东胶州人。光绪十二年进士，历翰林院编修、湖南学正、国子监司业、翰林院侍讲。1906年受命赴日考察教育，回国任贵州提学使、京师大学堂经科监督。宣统二年任资政院议员。1910年出任山东宣慰使。民国成立后任《清史稿》总纂、代馆长，撰《新元史》，使官修二十四史成二十五史，获中外学术界好评。《清史稿》少不了马岭山，可见苏耽的仙名和苏仙岭"天下第十八福地"的地位之重要。《清史稿》中"郴州直隶州：冲，繁，难"，指的也是地位，言郴州地处南岭交通要冲，政务繁多，较难管控。

二、地舆地记

苏耽佐郡时，近出白云司。

——严 维

地载万物，比之车舆，故称地舆，地理学旧称。实录地方山川风土、物产及名士学人著作，皆地理类书籍，属方志的早期形式。历代地理地记书籍均载马岭、苏仙山、橘井，使人知其所处自然生态环境、地缘关系及其滋生的相关世情。

湘 州 记
庾仲雍

桂阳（郡）

郴县东北五里有马岭山，高六百余丈，苏耽所栖游处，因而得仙。后又见耽乘白马还此山中，世因名为马岭。

马岭山者，以苏耽升仙之后，其母每来此候之，见耽乘白马飘然，故谓之：马岭。

注：庾仲雍，南北朝地记作家，撰《湘州记》（晋、南朝以湘水流域为主设湘州）、《荆州记》《江记》《汉水记》等。写长江流域地理，说明他长期在鄂、湘地域生活。一说，庾仲雍是东晋司空庾冰之子，河南许昌人，穆之乃其名，仲雍乃其字。《湘州记》等诸家辑本，错漏较多，尤其张冠李戴，这些误漏与另一作者盛弘之的《荆州记》相似，应属于流传中后世刊印时的窜乱。庾氏《湘州记》，是我国古代较早的地记作品，郦道元《水经注》、南朝梁文学家殷芸《小说》等，多引此书，可见其具有一定的文学、史学价值。《湘州记》南宋亡佚，唐《艺文类聚》卷七引苏耽传说两条；清代湖南学者陈运溶的辑录本，也有两条。

北宋·乐史《太平寰宇记》

《太平寰宇记》卷一一一·江南西道十八·南康军都昌县：
元辰山，道书第五十一福地。又名苏山，晋苏耽居此。

《太平寰宇记》辨伪
陈运溶

江南西道十八·郴州

马岭山　按庾穆之《湘州记》云：马岭山者，以苏耽升仙之后，其母每来候之，见耽乘白马飘然，故谓之马岭。

《（舆地）纪胜》引《（太平）寰宇记》云：在郴县。《湘中记》云：永兴县南有马岭山，苏耽升仙之后，其母每来候之，见耽乘白马飘然，故谓之马岭。

按《（舆地）纪胜》引国朝（注：宋朝）《（宋）会要》云：熙宁六年改为永兴县，是《湘中记》为宋人所著，乐史撰《（太平）寰宇记》时在前。故补阙删去"永兴县"三字，加以庾穆之姓名。其弥缝可谓工矣，然犹不免被人识破，作伪果何益耶？

注：乐史（930—1007）撰《太平寰宇记》，北宋学者、官员，抚州宜黄（江西）人，生于五代，自南唐入仕，北宋初任知州，昭文馆（掌校书及教授生徒）、集贤院（掌刊辑书籍，承旨撰集文章）、史馆三馆编修，还任过水部员外郎等职。是宋太宗心目中"笃学博闻"之人，但也犯错。陈运溶，清代湖湘文史家，勘误不少地记，如一些典籍写马岭山在郴"县南"，他说是永兴县南，因苏母娘家永兴。专家评价在地记方志研究上，"陈运溶贡献最大"。

舆地纪胜

王象之

卷五十七·郴州

风俗形胜：

昔杜草堂慨橘井之凄清，韩昌黎诧北湖之空明，二公笔端有神，钩抉郴江景象，殆无遗赏。

风俗形胜·景物上：

橘　井　在汉苏仙君宅。《传》云：仙君将去世，谓母潘曰：明年郡有灾，民大疫，母取橘叶井饮之水。如期疫果作，民忆前言，竞诣饮，下咽即愈。

风俗形胜·景物下：

仙人坛　《湘中记》云：郴县马岭山，上有仙人坛。

白鹿洞　在苏仙山口。（注：从此处"苏仙山"及下行，可知其为马岭山前部。）

马岭山　《寰宇记》云：在郴县；《湘中记》云：永兴县南有马岭山，苏耽升仙之后，其母每来候之，见耽乘白马飘然，故谓之马岭。

仙　释：

苏　仙　（略，见前）

……

87

四六：

橘暗苏仙之井，苔荒义帝之碑。

卷六十一·桂阳军

仙 释：

苏仙公 《神仙传》：苏仙公者，桂阳人。《洞仙传》云：苏公名耽，汉文帝时得道；有白鹤数十降于门，乃跪白母曰："某，神仙被召有期，即便拜辞。"遂升云汉而去。后，白鹤来止郡城东北楼上，人或挟弹弹之。鹤以爪攫楼板，似漆书云：城郭是，人民非，三百甲子一来归。吾是苏君弹何为？

诗：

拟向苍梧叫虞舜，更于橘井访苏仙。吕延嗣诗。

注1：王象之（1163—1230），南宋婺州金华（今浙江磐安）人。1196年进士，历长宁军文学、江西分宁知县、江苏江宁知县。博学多识，尤精史地，中年隐居著述。撰地理总志《舆地纪胜》，分府州县沿革、风俗形胜、景物、古迹、官吏、人物、仙释、碑记、诗、四六等门类，设立"景物"门是该书一大创新，将地方志的山水、井泉、亭堂、楼阁、佛寺、道观等内容悉数纳入"景物"。其"收拾之富，考究之精"，为世所称。郴州卷即体现这特点，风俗形胜门，以杜甫感慨橘井凄清、韩愈惊诧北湖空明而开篇。"景物"将橘井、仙人坛、白鹿洞、马岭山都囊括，厘清《湘中记》记载马岭山在"永兴县南"。

注2：桂阳军，原是汉、三国、魏晋桂阳郡治郴县一部，晋—隋桂阳郡平阳县、唐代郴州桂阳郡及郴州平阳县。唐代在郴州设钱官与监管机构桂阳监，专门监管矿冶铸钱；五代改平阳县为桂阳监，北宋初桂阳监别离郴州，领平阳、临武、蓝山县；南宋升军（元代改路，明代改州）。历史上将郴州、桂阳军州统称"郴桂"，故王象之在书中桂阳军卷·仙释部分，也编入"苏仙公"，诗部分也辑入一首，作者为辽金女真族进士状元、侍御史吕延嗣。

方舆胜览

祝 穆

卷二十五·郴州

山 川：

马岭山 在郴县东北七里，旧名牛脾山，又名苏仙山。《舆地志》：昔有仙人苏耽，入山学道；其母往闯之，见其乘白马飘然，故又谓之白马岭，其上有坛。

井　泉：

橘　井　在苏仙故宅，即今开利寺。《传》云：仙君将去世，谓母潘曰："明年郡有灾，民大疫，母取橘叶井水饮之。"如期疫果作，郡人忆前言，竞诣饮，饮下咽而愈。日起百余人，以故争持钱敬谢潘。"元结诗："灵橘无根井有泉，世间如梦又千年。乡园不见重归鹤，姓字今为第几仙？风冷露坛人悄悄，地闲荒径草绵绵。如何蹑得苏君迹？白日霓旌拥上天。"沈彬诗："眼穿林罅见郴州，井里相逢侧局楸。味道不来闲处坐，劳生更欲几时休。苏仙宅古烟霞老，义帝坟荒草木愁。千古是非无处问，夕阳西下水东流。"

道　观：

苏仙观　在郡子城东。东门外即汉苏耽故宅，绍兴（注：南宋绍兴年间）封"冲素普应真人"，观名"集灵"（注：明清称橘井观）。

题　咏：

"郴州颇凉冷"，杜甫《送舅氏诗》云云，"橘井尚凄清"。

"风起三湘浪"，柳宗元《和杨尚书郴州登楼诗》"游鳞出陷浦，喷鹤绕仙岑"云云："云生万里阴"。

"城头鹤立处"，柳宗元（注：应是刘禹锡）《和杨侍郎郴州纪事诗》"旌节下朝台，分圭从此回"云云，《苏耽传》：耽化为鹤，立城东北隅。"驿树凤栖来"。《图经》（注：《郴州图经》）：有威凤降于庭隅。

四　六：

惟郴古郡，号楚上游；眷惟楚望，孰若郴邦。乃眷郴江，实居岭麓；眷惟斗僻，颇带烟岚。惟郴江之名郡，实湘楚之上游。橘暗苏仙之井，苔荒义帝之碑。郴素称于娇俗，地新控于贼巢。序考韩公，钟扶舆清淑之气；诗形杜老，有凄清凉冷之风。桂林池近，虽当五岭之冲；橘井凄清，幸据三湘之上。

注：祝穆（？—1255），祖籍安徽婺源（今属江西），曾祖祝确为朱熹的外祖父，父康国是朱熹表弟，跟随朱熹母亲祝氏徙居福建崇安。祝穆少年丧父，与弟从朱熹受业，后被荐为迪功郎（闲散文官）。青年时往来于吴、越、鄂、湘之间，登高探幽，临水览胜，遍访民情风俗。晚年卜居建阳县，凡经、史、子、集，稗官野史，金石刻，列郡志，"有可采撷，辄抄录"；撰成两部文献性大著，类书《古今事文类聚》和综合性地理志《方舆胜览》；赢得逝后谥号"文修"。《方舆胜览》较《舆地纪胜》详细，设立"四六"门类，也有创新。四六，颂赞性的骈赋文体，又称俳赋；字句上注重工整精巧，音节

上追求轻重协调，四、六成句；重用典，篇幅短，偏抒情。如郴州卷"惟郴江之名郡，实湘楚之上游"，"橘暗苏仙之井，苔荒义帝之碑"，包括后面的句子，均摘锦布绣、铺陈翰藻，道出郴州当时的人文特点，橘井凄清，帝陵苔荒，杜甫诗吟，韩愈序赞。写橘井水济救民，人们争着持钱敬苏母。

广舆记·郴州

陆应阳

山川

马岭山　州城北。苏耽飞升后，其母时来候之，见耽乘白马飘然而往，故名。上有巨石曰沉香，小石曰仙桃，其色赤黄有核，食之可疗疾。

古迹

橘井　州城东苏耽故宅。耽将仙去，谓母潘曰：明年郡大疫，取橘叶井水饮之。如期疫作，郡人诣饮者即愈，争持钱谢潘。

仙释

苏耽　郴人，事母以孝闻。一日忽告母曰：耽仙道已成，上帝来召。母曰：吾谁养？乃留一柜云：所需即有。宋赐号：冲素真人。

注：陆应阳（1542—1627），明中后期云间人，居郡城松江府（上海青浦区），与王世贞、董其昌并为书法名家，著有诗选、地记。《广舆记》清代增订版本记："疗疾桃，石出马岭，大似榆钱，圆厚寸许，中有空心，摇而响者是。山陕（指北方）旅客多登山求僧，有'仙桃诰'（道家告诫之文，教信众、游客食用方法），依磨服之，疾斯愈，不可多得。"

读史方舆纪要

顾祖禹

卷八十二·湖广八·郴州

黄岑山，州南三十六里。即五岭之一，从东第二骑田岭也。……又马岭山，在州东十余里，岩洞幽胜，一名苏子岭，以有汉苏耽升仙遗迹也。

注：顾祖禹（1631—1692），清初历史学家、军事地理学家，江苏无锡人，居常熟，明末清初史学界"宛溪先生"顾柔谦之子。改朝换代遭遇家国之变，遵父嘱不思富贵，潜心著述，撰280万字《读史方舆纪要》，系取材丰富、考订精详、结构严整的沿革地理、军事地理著作，各方面均超《元和郡

县志》《太平寰宇记》《舆地纪胜》《方舆胜览》等前人的历史地理著作，时人称作三大奇书之一。《清史稿》列《顾柔谦、顾祖禹传》。梁启超称誉其书"实为极有别裁之军事地理学"，英、日收藏此书。此书记郴州"马岭山，在州东南二十余里"，可能是明末李自成军攻打郴州时，州治短暂迁往北面，苏岭也就在州治东南了。

第五节　蒙学读物

橘井苏仙宅，茶经陆羽泉。

——张舜民

"蒙学"，即启蒙教学，通过识字、诗礼教习，开发童蒙智慧。蒙学读物可上溯先秦两汉，唐宋发展较大，明清更为繁盛。苏耽橘井，早在盛唐即作为幼学知识点，明清延续，经此常识化过程跻身民族文化、书面文字教育的普及层面。

初 学 记

徐坚等

卷八　州郡部·江南西道第十　郴州
仙人祠　义帝庙
《舆地志》曰：马岭山有仙人苏耽坛。耽至孝。一朝忽辞母曰："受性应仙，当违供养。"涕泗呜咽。百姓立坛祠之。《湘州记》曰：郴县南有义帝庙，百姓祭之。《汉书》曰：项羽尊楚怀王以为义帝。已上郴州。

注：徐坚（660—729），字元固，浙江长兴人。唐玄宗朝重臣，以文行于世。少举进士，历官至绛州刺史、太子左庶子、秘书监、左散骑常侍、崇文馆学士、集贤院学士。受命与学士们编撰《初学记》，"类集要事，以教诸王"，即该书原是为玄宗的皇子们启蒙教育编写，供诸皇子作文时检视各类要事之用。内容取材于群经百子、历代诗赋及唐初诸家作品，保存了很多古代典籍的零篇单句，可以窥见其时社会生活，知悉名物品种。《初学记》列郴州要事两则，仙人祠与义帝庙，说明唐人认为这两事必须让天下读书少儿知晓。故宋代进士、郴州知州王恕一到任，就"访橘苏仙井，看碑义帝坡"。

龙文鞭影

萧良有、杨臣诤

《龙文鞭影》十二　侵

苏耽橘井，董奉杏林。

苏耽橘井：南北朝苏耽孝顺母亲，临死前预见二年后将发生瘟疫，就种植柑橘凿好井，对母亲说："食橘一叶，饮水一盏就可以自愈。"后来果然验证。

董奉杏林：晋代董奉有道术，为人治病不取钱，让病重的人种杏五棵，轻者种一棵。数年成林，成熟后用杏换谷赈济贫民。

注：萧良有，湖北汉阳人，幼有神童之誉。万历八年（1580）会试第一，任国史院修撰、国子监祭酒（最高学府执掌官），声望隆极，撰幼学《蒙养故事》。杨臣诤，安徽桐城秀才，逢明清换代绝意科考，见《蒙养故事》，遂增订改名《龙文鞭影》。"龙文"，古良马名，眼见鞭影便疾奔；《龙文鞭影》形象地反映该书"逸而功倍"的效果。书内容主要来自"二十四史"中的人物典故，且从名家著作、传说、小说、笔记如《庄子》《列仙传》《搜神记》《世说新语》等书籍广罗故事，辑录孟母断机、毛遂自荐、荆轲刺秦、鹬蚌相争等两千多个典故，字句简练精要，成八股文。全用骈文体四言构成短句，上下对偶，各述一典故。按韵编排，逐联押韵，四卷十五字韵，用来表示官话声韵，规范各地方言读音。"苏耽橘井"作为医林典故，放在卷四第十二篇侵部首句，与"董奉杏林"对韵对联。但注释时错把苏耽作"南北朝"人、"临死前"预测瘟疫，影响后人组合医典联将"晋代"杏林前置。

千　金　裘

蒋义彬

卷十八　人部　杂艺：橘井

《仙鉴》：苏耽将仙去，谓乡人曰：后二年大疫，但食一橘叶，饮泉水一杯，自愈。

注：蒋义彬，清代湖北汉阳秀才，嘉庆年间编纂《千金裘》，包罗万象、五花八门，叙各类事物、典故传说、成语专词、天象山水、动物植物、农桑工织、建筑器皿、服饰装束、官职称谓等，引名家诗、名著文、史志、杂记

等加以解读。按事物出现时序，"橘井"在"杏林"前，以明代《仙鉴》所记苏耽传说解读，文字少而精，突出药橘之井的灵。即如"楚中骚雅才"张九钺所吟"澄泓橘井清，小汲珍灵液"。

楹联丛话全编·巧对录

梁章钜

人间化鹤三千岁，海上看羊十九年。

丁令威化鹤，出干宝《搜神记》，此人人知之也。又《神仙传》：苏仙公，桂阳人，升云而去。后有白鹤来止郡城楼，人或弹之，以爪书曰："城郭是，人民非，三百甲子一来归。我是苏公，弹我何为？"故黄涪翁《次韵苏翰林出游》诗云："人间化鹤三千岁，海上看羊十九年。"并用苏家典故，真佳对也。

注：梁章钜（1775—1849），清代文学家。字闳中，晚年号退庵，福建省长乐县人。乾隆五十九年（1794）中举人，嘉庆七年（1802）成进士，曾任礼部主事，充军机章京，授湖北荆州府知府。道光年间，历官江苏、山东、江西按察使，江苏、甘肃布政使，广西巡抚，前后五次任江苏巡抚，兼署两江总督等职。道光二十二年（1842）正月，因病辞官返故里，此后即闲居家中，专事著述。吐纳经范，综览群书，熟于掌故。喜作笔记小说，精对联，也能诗。著作颇多，计有七十七种。有《文选旁证》《归田琐记》《楹联丛话全编》等。此引黄庭坚诗联，在《巧对录》卷之三，"苏家典故"即苏姓名人苏耽、苏武的经典故事。

第六节　医谱医话

神仙多孝子，药石起膏肓。

——杨恩寿

亚圣孟子言"医者，是乃仁术也"。"苏仙传说""橘井泉香"产生后，特别在唐宋帝王诏令宣扬苏耽事迹、敕封其仙号后，中医药界立即尊苏耽为悬壶济世的仙医，奉橘井为普救众生的良药，体现了医道同源的特点。我国自古即有"医者通仙道"之说，国学大师陈寅恪指出"本草药物之学出于道家"。如此，因医而传的苏耽橘井经中医理论化，俨然成为仙医良药的代称。现知，明清含有苏耽橘井内容的各类医书、医谱及序言不少，并有日本学者的《先哲医话》。此节选取部分。

上清天医许陶相宰救苦济世宝忏

《正统道藏》

上清医院内宰华阳广教真君贞白大帝好生普救天尊
至心朝礼
天医……神医……仙医
仙医普救橘井苏真人

注：明代道教天师张宇初等《正统道藏》（1445）收录的《上清天医许陶相宰救苦济世宝忏》，署名为晋代许真君所撰道家经文，在玉皇大帝、太上老君、太古医圣尝药神农炎帝、太古医圣传经轩辕黄帝和天尊后面，列天医10位、神医6位、仙医13位、良医25位、名医67位。"普救橘井苏真人"苏耽，在13位仙医中列第6位，在药王孙思邈、良医张仲景等人之前。此外后辈"名医传世橘泉祝真官"，则是受"橘井苏真人"影响而出。

古今医统大全·历世圣贤名医姓氏

徐春甫

《抱朴子内篇》 并外篇四十卷，晋葛洪稚川撰，自号抱朴子……《神仙传》即稚川弟子所撰者，前秦阮仓所记数百人，又刘向所记七十余人，并集之以传，如苏耽、董奉皆在列也。

第一章卷之一《历世圣贤名医姓氏·苏耽》

苏耽 桂阳人也，汉文帝时得道，人称苏仙公。公早丧所怙，乡里以仁孝著闻。宅在郡城东北，距县治百余里。公与母共食，母曰：无鲊。公即辍箸，起身取钱而去，须臾以鲊至。母曰：何所得来？公曰：县市。母曰：去县道往返二百余里，顷刻而至，汝欺我也。公曰：买鲊时见舅氏，约明日至。次日舅果至。一日，云间仪卫降宅。公语母曰：某受命仙箓，当违色养。母曰：我何存活？公以两盘留，母需饮食扣小盘，需钱帛扣大盘，所需皆立至。又语母曰：明年天下疾疫，庭中井水、橘树能疗，患疫者，与井水一升、橘叶一枚，饮之立愈。后果然，求水、叶者远至千里，应手而愈。出《列仙传》。

注：明代太医、中国首个民间医学组织一体堂宅仁医会创立者徐春甫，辑录明以前历代医书及经史百家有关医药资料，分类编写《古今医统大全》，嘉靖三十五年（1556）成书。记"《神仙传》……又刘向所记七十余人，并

集之以传，如苏耽、董奉皆在列也"。首章《历世圣贤名医姓氏》列苏耽传，传记后言明"出《列仙传》"。"距县治百余里"及"县市"，指其母亲家便县（永兴），便县腌鱼有名，苏耽去便县墟市买，故遇娘舅。

橘泉辩

郑文康

苏耽将仙，告母曰：后二年郴人大疫，宜植橘凿井，使病者食橘一叶饮水一盏自愈。后其言果验，客有问者曰：橘叶井水果可疗疾乎？予曰：橘叶不入药，井泉止消渴、解热毒，谓能疗疾恐未可也。然则橘泉果不可疗疾乎？予曰：苏公往事具载史册，谓不能疗疾亦未可也，二者曷从乎？予曰：有理在。曰：何如？曰：橘叶井泉不能疗疾或能疗疫耳。客曰：以子之言，神仙果无乎？予曰：恶是何言也，耽之明效步验天下，后世无有议，其诬者未敢必其无也。然则神仙又有乎？予曰：昔有深嗜酷好之者，至寝食卒无所遇，文成五利皆以诈诛，未敢必其有也。二者曷从乎？予曰：有理在。曰：何如？曰：孟轲所谓尽信书，则不如无书也。客意不解，务欲毕其说。予口吃，不能为辞；长洲有赵叔仁者，隐居锦溪之上，为时良医，尝以橘泉自号，必达神仙施疗之旨，宜从而问焉。

注：郑文康（1413—1465），明代诗人、医家，号介庵，南直隶苏州府昆山人，名医郑壬长子。正统十三年（1448）进士，授官观政大理寺。父母病卒，遂不复仕进。筑书院收徒讲学，著《平桥稿》《介庵杂编》等，继承女科医术，整理医籍《产科百问》。其友赵姓医师取号"橘泉"，引起对苏耽橘泉疗疾的争议。他遂作《橘泉辩》云苏耽"往事具载史册""明效步验天下"，谁能断定没有此事呢？故鼓励友人以"橘泉"为号，继续良医业绩。

《橘泉》序

张 宁

汉苏耽仙去，白其母曰：明年此郡有疾疫，可取庭前井水一杯橘叶一枚以治。明年桂阳郡果大疫，母依其言日救百余人，其事怪诞不经，不见于史传。后世医者率慕乐之，以其用力简而济人多也。海昌郜生，汝济青年，美质好学有恒，骎骎乎工巧之域。因庠友钱廷美求为橘泉序，余闻天之六气，因地而笃，故饥劳之处必有大疫。虽邻州切地不相通也，古人治疫有处一方，而尽愈一境者。近世疫病交加，亦有饮冷就凉而自愈者。橘叶味苦经寒日深，

95

井泉潴蓄阴沴岂耽？实有所见。审察致疫之原，而预立一防欤，不然其事何独见于一年一郡，而此后遂不复闻？耽之遗母可称孝，何不并其母仙去而所遗仅若此耶？饥者得食即饱，寒者得衣即温，劳者得息即安，虽无疾者使服麻桂即汗，服姜附即燥，服硝黄即泻，况有疾者服食得宜，何事多材也。后之为医者，诚能察橘叶井泉之足以治疫，而使病者于当服之药，一如叶泉之易取，而众资之，则所济也必博。何必遍试诸方而曲求神怪也。余凡遇医以耽事自号者，常以此说正之，因汝济故人子，复为之言。

注：张宁（1426—1496），明中期著名谏臣，号方洲，浙江海盐人。景泰五年进士，授礼科给事中，后任汀州知州；丰采甚著，英宗欣赏，大臣妒忌。弃官还乡，撰《方洲集》。为乡学友人钱姓医师的医书《橘泉》写序，从苏耽橘叶井泉治疫讲起，云传说怪诞，却有医学道理，是审视当时当地瘟疫生发缘由，预作防疫良方才能成功，济世应从中汲取经验。

疣 赘 录
顾梦圭

橘井杏林媲美

注：顾梦圭，明代江苏昆山县人，嘉靖二年（1523）进士，江西右布政使。有治皮肤病时的诗文集《疣赘录》等，散文家、隆庆文学侍从归有光为其书作序，入《四库全书》。

丁毅《医方集宜》
龚云致等叙

扁鹊遇长桑君授以禁方，其方秘密不传而华佗之灵怪，乃有青囊遗方焚燎不尽者，每只字活人。如神许胤宗精医人，问何不著书，曰：医者意也，脉之深趣不可言传。而葛洪为勾漏令，有仙术《抄金匮方》百卷，《肘后要急方》四卷。

夫使天下圣方尽神秘不可测，则神仙遗迹当不复留置人间，而后人欲窥橘井、杏林之藩者，安所得尽饮上池游……

赐进士第政大夫云南按察司佥事前湖广按察司副使
湖广道监察御史通家治生龚云致顿首拜撰

注：丁毅，明代南京江浦（今浦口区）痘科名医，生于儒医世家，民间传其祖先驯虎还金、山中读书遇神人授秘术。丁毅科举不第，遂托医道以济世，他认为："诸证唯痘科杀人最多，由药误之也！"其救活婴幼儿甚多，资助贫病者无算。嘉靖年著《医方集宜》10卷、《痘科玉函集》8卷，作序者达9人。序言中"欲窥橘井、杏林之藩者"，指突破才有良方。

推篷寤语
李豫亨

医者，意也，其术不尽于药石。故古人有泥丸蒉草，可以济人之语。苏耽橘井，食叶饮泉即愈，岂专药石也？此在医者有恒，能真心济世，不逐声利之间，则虽祝由，可以已病。以我正气，去彼邪气，德行所积，随施随验，故非常理可测。若只专计刀锥之利，己心不正，安能却邪？虽己试之方，珍异之药，或未必能有神明助乎？其间非可摈之为妄语也！

隆庆庚午（1570）四月既望云间李豫亨

注：李豫亨，明代医家，上海云间（松江雅称）人。谙养生术，著书《推篷寤语》，这段话说苏耽救民，并非简单地靠食橘叶饮井泉，而是具有相应的药方，特别是济世恒心。

本草纲目
李时珍

水部卷之五·水之二：井泉水。
井水疗疾，有"橘井"之典。

注：李时珍（1518—1593），明代杰出医药学家，湖北蕲州人，出生医家。三次乡试不中，遂承家学自修十年精研医道。因治好楚王世子，荐入京城太医院授院判；去世后朝廷敕封为文林郎。见《证类本草》历代注解有谬误，遂广搜群书辨疑订正，嘉靖三十一年（1552）至万历六年（1578），三易其稿，采用"目随纲举"体例，故名《本草纲目》。其中对橘子的果实、叶、皮、核、络等药理研究透彻，明确配伍后可治疟疾、伤寒、肺疾、乳癌、霍乱等20多种病症。他认为好井泉可治病，故明末刊本水部卷记"井水疗疾，有'橘井'之典"。

《寄园寄所寄》·方抄

赵吉士

年疫，穿一井饮之，可得无恙，此仙人苏耽之言。案《汉·礼仪志》云："夏至日浚井改水，冬至日钻燧改火，可去疹病。"则耽言非无征。

注：赵吉士（1628—1706），清初官员，安徽休宁人，入籍钱塘。顺治八年（1651）中举，授山西交城知县，清廉，政声颇著，升户部山西司主事，历河南司、四川司主事，奉使征扬州关钞，调通州中南仓主管，纂修盐漕二书。受康熙皇帝面试，擢户部给事中。后受命勘河，罢官后复补国子监学正。编《交城县志》《徽州府志》，著《录音韵正伪》《万青阁全集》等。在《寄园寄所寄》的医药方抄，有苏耽用橘井水防疫方，指出科学饮水对治疹病的作用。

古今图书集成·医部全录·医术名流列传

陈梦雷

汉 苏耽

按《列仙传》：苏耽，桂阳人也，汉文帝时得道，人称苏仙。公早丧所怙，乡里以仁孝著闻。宅在郡城东北，距县治百余里。公与母共食，母曰：无鲊。公即辍箸起身取钱而去，须臾以鲊至。母曰：何所得来？公曰：县市。母曰：去县道往返百余里，顷刻而至，汝欺我也。公曰：买鲊时，见舅氏，约明日至。次日，舅果至。一日，云间仪卫降宅，公语母曰：某受命仙箓，当违色养。母曰：我何存活？公以两盘留。母需饮食扣小盘，需钱帛扣大盘，所需皆立至。又语母曰：明年天下疾疫，庭中井水橘树，患疫者，与井水一升，橘叶一枚，饮之立愈。后果然。求水叶者，远至千里，应手而愈。

注：陈梦雷（1650—1741），清康熙年间文献学家、史志学家、编辑家，生平见前文先贤纪传。他主编的《古今图书集成》，在《郴州部记事》有苏耽之故事；在《医部全录·医术名流列传》中为战国、秦汉名医列传，自然少不了"汉苏耽"。故采用《列仙传·苏耽》原文，不做加工，只前加四字"按《列仙传》"。"距县治百余里"，亦从苏母娘家古便县角度而言。

《疡医大全》序

汪立德

昔苏文忠公云：药虽进于医手，方多传于古人。粤自轩岐而降，代有传人，博览群书，方称国手。或谓望而知其病者，谓之神；闻而知之者，谓之圣；问而知之者，谓之工。至于诊脉浅深，呼吸至数，而后能疗治者，得巧之道焉。夫如是则临证施治，宣通补泻，岂徒按古人成方，遂可毕乃事哉！故神明变化，运用之妙，存乎一心，而规矩准绳，则又不能舍方书而私心自用也。顾君练江，鸠江儒士，三世业医。今侨居广陵四十余年，丹荔青芝，起颠连而跻仁寿者，指不胜屈。因念张、刘、朱、李诸书，以及时贤立论著述，咸于内证阐发无遗，而外科亦间施治有方，终未能得窥全豹。不惮岁月，殚精竭神，搜括古今确论，都成一集，名曰《疡医大全》。下问于余，余披阅数过，深叹顾君之学问渊深，而用心良浓也。夫世之庸工，不明脏腑，不按经络，临证制方，灭裂古人之成法，而私心自用，则于外科为尤甚。及偶得一经验之方，辄珍为己有，秘不示人。殊不知古圣贤创设成规，笔之于书，原示后人以规范，徒以秘而不宣者，煽巧矜能，自诩为专家独步，何见之小耶！顾君则不然，首述《内经》，次详脉络，以及分门别类，无一非先哲名言；珍方秘旨，悉皆胪载，其底蕴渊深，亦从可知矣。夫良医之后，必有达人。顾君是书一出，将与杏林橘井媲美争光。吾愿世之习是科者，咸奉一册以为标准，则于古人施济之意，庶几得之。余不敏，乐援笔而为之序云。

乾隆癸巳仲冬长至前三日新安健堂汪立德撰

注：汪立德，清乾隆年按察使。扬州名医顾澄，字练江，编辑祖孙三代家藏秘方，撰《疡医大全》，请汪作序。汪称顾澄为良医达人，言其医书一出，"将与杏林橘井媲美争光"。

《金匮悬解》后叙

黄元御著，申士秀序

慨自俞跗云遥，巫彭既远，玉版之奇浸失，灵兰之秘无传，此膏肓之病，所以难为，而太和之春，无人更贮也。

乃有都昌上士，莱国鸿生，史服经衣，探《八索》《九丘》之奥，仁巢义杖，发三辰五岳之灵。本良相之心为良医，即活人之手而活国，技已精于三折，病不患夫四难。独念长沙（注：东汉大医、长沙太守张仲景），真集大成之圣，惟兹《金匮》，难期冥悟之人，遂乃妙弃筌蹄，旁搜秘籍。当其探奇抉奥，则志无二格，灵有专门，及乎提要钩玄，则说必解颐，趣皆炙舌，真所谓发智灯于暗室，渡宝筏于迷津者也。

嗟乎！当今之世，门檀桐君之术，家传葛氏之方，求其返正绪于玄都，扬令名于绿籍者鲜矣。得是解而读之，心花月透，意蕊春开，行见宝饵可以缓童年，妙药可以驻斜景，岂非囊中之玉律，肘后之金科也欤！

仆学迷脉色，每怀橘井苏公。识暗针砭，今识杏林董子。未调九候之则，壮不如人，欲觅千金之方，卿须怜我。制锦裳于云表，愧乏中郎黄绢之词，寿金石于人间，快探委宛紫书之秘，聊申扬扢，以附缥缃云尔。

注：《金匮悬解》系乾隆帝御医黄元御所著医书，济南学者申士秀作后叙。山东昌邑县人黄元御（1705—1758），因庸医误诊损他左眼，遂发愤行医济世。撰医书《素灵微蕴》《伤寒悬解》《长沙药解》等13种，入《四库全书》，乾隆题"妙悟岐黄"赐予。其《长沙药解》，是讲解东汉长沙太守、名医张仲景的医著。《八索》《九丘》与《三坟》《五典》属中国最古书籍，申士秀以此极赞黄元御探索精神，以"每怀橘井苏公"等语，颂其医宗德业。

松峰说疫

刘 奎

瘟疫来路两条，去路三条，治路五条，尽矣……

陈宜中梦神人语曰："天灾流行，人多死于疫疠，唯服大黄得生，因遍以示人时果疫，因服大黄得生者甚众。"

松峰曰："大黄，瘟疫症尚在表，总不宜服，唯入里宜服。苏耽最孝，谓母曰：'后三年郴人大疫，宜穿井植橘，病患食橘叶水一盏自愈。'"

注：刘奎，乾嘉年间名医，号松峰，山东诸城人，系名臣刘统勋侄子、名相刘墉堂弟，著有《松峰医话》《四大家医粹》等。《松峰说疫》即其代表作，撰于乾隆四十七年（1782）。该书继承《温疫论》的学术思想，加以发挥补充，首创瘟疫、寒疫、杂疫三类疫说及避瘟方，在治瘟方面独树一帜。刘奎遵张仲景《伤寒论》六经证治之说，结合临床经验，创瘟疫六经治法，发展了仲景学说。对历代瘟疫名家张景岳、吴又可等前辈理论，择其善而从之。此外由于瘟疫变化莫测，症状多样，临床上必须对症下药辨证治疗，他创用瘟疫统治八法除秽、解毒、针刮、罨熨等屡屡见效，是中医临床经典，

并流传日本。《松峰说疫》卷之一·述古，列举了古代各地治瘟的多个案例及名医们的说法，其中有苏耽的预防治疫法。

友渔斋医话

黄凯钧撰，刘嗣绾序

医之为言意也。俞扁之方，和缓之术，通乎治国，功在活人，斯言虽小，可以喻大。退庵黄先生，希夷养生，淡泊明志，学进乎道，艺通乎神。大还菊泉之旁，小隐橘井之侧。凡夫炎帝百草之谱，黄庭六根之书，康伯市上，壶史探奇；扁鹊箧中，镜经测要，莫不撷我灵素，洞其神明，以回膏肓，以达腠理。良医良相，胥在是矣！请志简端，以为嚆矢。

甲戌春仲阳湖愚侄刘嗣绾顿首拜题

注：清乾嘉年间医家、浙江嘉善人黄凯钧好读神农、孙思邈之书，亦好文学；仁心仁术，救人为上，他以自己的行医经验，撰《友渔斋医话》等著作。其侄辈诗人、嘉庆十三年（1808）会试第一的刘嗣绾，专为序言，钦佩其："淡泊明志，学进乎道，艺通乎神，大还菊泉之旁，小隐橘井之侧。"将神农尝百草、黄庭经、扁鹊药箱等典故历数一遍。

万氏秘传片玉心书·慈幼敬心赋

李子毅

证随百出，治无一偏。调变造化，保养真元。善攻不如善守，宜急不若宜缓。种杏成林，踵当年之董奉；植橘名井，见今日之苏耽。

注：李子毅，清代医家，字庆申，湖北蕲水县人。对痰症有专研，分其为二类，轻者为痰子，重者曰瘰疬，俗称鼠疮，即中医病证名：颈淋巴结结核。专著《痰瘰法门》，并附医案。卷一的《慈幼敬心赋》，"植橘名井，见今日之苏耽"句，表示要发扬光大苏耽悬壶精神。

《叶选医衡》序

叶天士著，缪萼联序

余本不知医，少年奔走四方，见夫率尔操觚，草菅人命者，指不胜屈，心窃悯之。由是稍稍涉猎方书，又苦诸家持论不同，或拘泥古法，或固执偏见，或狃于门户习气，各承师说，聚讼纷纭。浅识者寡陋孤闻，易为掉惑；博览者依违两可，靡所适从。是医书愈多，医学愈杂，诚不如不服药之为中医也。尝欲访求专门名家，足以抗衡前人者，相与考核群编，鉴空衡平，权衡至当，俾业医者折衷一是，奉为定衡，庶不至倒行逆施，旁骛歧出，为医书之枕中秘，即为医学之指南针，岂非杏林橘井之集大成者耶？惜乎有其志而无其人也。嗣游京师，获交会稽吕梅卿先生，见其衡诊立方，举重若轻，适如分量，不偏不倚，直可合刘李朱张为一家，向之所谓抗衡前人者，先生其庶几乎？心折既深，时从请益，临别乞授片言，先生曰：吁！古今医书，汗牛充栋，乌能以管窥蠡测，谓遽可融会而贯通耶？虽然！有执简御繁之一法，有由博返约之一法。子吴人也，亦知吴中有叶先生乎？曾见其《医衡》一书乎？诚得是书翻覆玩索，即不啻三折肱矣。余恍记曾经寓目，归而搜诸敝簏，原书具在，狂喜不禁，然不知吴中先未刊行，竟为绝无仅有之本。阳湖管君敬伯，长洲彭君箫九，皆奄贯百家，尤精轩岐学，佥称见所未见，嘱即补刊，以广其传。携归里门，适杨滨石太常，养病家居，假观逾月。凡字句讹阙处，逐一添注涂改，悉臻完善。请制弁言，则以医非夙习辞。维时以医道着名，继叶先生而代兴者，吴门则曹君智涵，澄江则柳君谷孙，均已乐为之序。备述此书功效，余但记校刊缘起，并诸君之相与有成云。

光绪二十年甲午季秋虞山缪荽联识于伊芳园

注：叶天士（1666—1745），清代名医，名桂，字天士，号香岩，江苏吴县（今苏州）人。叶天士致力温病学说、发明杂症治论，奠定中国温病学基础。后人钦敬，誉为"神医"，集成《叶选医衡》，由诗人、河南宜阳县令缪荽联（1830—1901）作序。缪荽联认为《叶选医衡》，是"杏林橘井之集大成者"。现代有数字电影《医痴叶天士》。

《三家医案合刻》序

吴金寿汇辑，陆长春、姚文田等序

三家医案者，叶天士布衣、薛生白征君、缪宜亭进士之所作也。青囊一肩，紫书三卷，壶公待用无遗；牛溲马勃，收藏不弃。盛以竹节，量以刀圭。赤箭于云根，红盐拂于灶上。明珠耻其价，金镜惭其形。杏林之树，以董奉而益珍；橘井之泉，非苏耽其谁凿。游刃恢乎，……无枝经肯綮之忧，得批却导之要。今虽扁卢已杳，和缓云遥，郭玉之针靡传，淳意之经失授，而问秘书于金匮，鼠迹犹存，抄禁方于龙宫，蠹蚀未尽，傥不搜之石室，镌以玉版，则桃胶莫问，金浆遂漓，安能唤三折之肱，起一肱之土，续已断之琴弦，补久亡之笙诗乎。此莺湖吴子音先生，所以有合刻之选也。先生以民胞为怀，婆心救世，赤饼胸纳，青芝手采，五行精理，六气辨淫，心源接俞跗之传意，学探允宗之妙，岁活人以万计，日扪心无一疵。固已严州道上，争颂桐君。成都市中，惟寻韩伯矣。乃当夫春雨初过，药苗微香，花拂帘垂，茗熟炉沸，茶烟袅于帐后，砚云起于池中。簠滑瓯甘，窗疏几净。爰翻玉轴，细检牙签。考阴阳之和，按升沉之度，攻必腠理，位必君臣，总思邈之《千金》，资葛洪之万卷，莫不明折虫翼，细察蚊睫，着解颅理脑之效，显涤胃涮肠之能，洵可以寿诸枣梨，观其草木焉。今天秘术不宣者，庸医之窄量也；著书行世者，良医之苦心也。设或箧藏内典，枕贮《灵枢》，窃巫彭之制，而号为己能，抱岐伯之书，而矜为独得，则春风已歇，兰草孤芳，抱朴虚传，简文空劝。竟没飞仙之迹，难言妙道之公，乃先生则玉字亲编，金针暗度，囊气潜消，广被太和，其心可不谓美哉！其利于是乎溥矣。长春少有痼疾，长习微术，药性粗谙，方书渐熟，命含毫而撰序，遂濡笔而成章。嗟拙陋之无文，恐揄扬之未善，神君活我，医者原存割股之心，贤士知余，狂夫难疗看花之癖。

道光辛卯九月既望愚侄乌程陆长春瓣香氏谨撰

注：清代名医辈出，如第一个在中国发现猩红热、温病学奠基人、中医"叶派"创始者叶天士，因治好康熙背疮获赐"天下第一"匾，因解决众多疑难杂症被百姓传赞"天医星下凡"。长春电影制片厂的《姑苏一"怪"》、央视电影频道推出的《医痴叶天士》等影视剧，即叙述其故事。康乾大医薛生白，诗书画骑射拳高手，因母病研岐黄，擅治温热二邪。乾隆年进士、弃知县从医的缪宜亭，善治温疾、虚劳杂症。嘉道年间苏州儒医吴金寿将"吴中三名医"的医案汇编合刻，请浙江乌程县名诗人、笔记小说作家陆长春和嘉庆年状元、南书房行走（皇帝秘书）兼户部侍郎、道光朝礼部尚书姚文田作序。此序为陆长春撰，"橘井之泉，非苏耽其谁凿"一语，极赞三大名医腕力之硬、医术之高。

《理瀹骈文》撷句

吴师机

医不能活人，虽熟读金匮石室之书，无益也；药不能中病，虽广收橘井杏林之品，无当也。

注：吴师机（1806—1886），清代外治名医，钱塘（杭州）人，道光十四年举人，官至内阁中书，却热爱医学，弃官从医以悯民。撰《外治医说》，后更名《理瀹骈文》，系中医史上第一部以膏药为主包括多种外治方法的外治专著。此段前句言要多读医书，但如果仅凭书面知识是不能治病的，必须要结合临床验证；后句言要多用上好药材，但不能只依靠好药，必须要对症下药疗效为准。总之，"活人"才是硬道理。

药　　论

沈文彬

……痎疟，上池饮带，下橘井泉。实人可矣，虚其审诸。

注：据童舜华在《中医古籍珍稀抄本精选》（上海科技出版社）中点校，沈文彬为清代上海浦东人，字杏苑，性慈善，游学于名医徐建村门下，精内外科，治病精细不苟，全活者甚众。光绪二十七年完成《药论》一书，言及橘井。

日本国《先哲医话》序

张斯桂

予既序《皇国名医传》一书，而知扶桑国里亦有杏林若木，华中岂无橘井。宜乎视祖州为仙岛，而化海峤作神山也。然祗详其姓氏里居，师徒授受，与夫活国活人之事，而于孙思邈《龙宫秘诀》未勒成篇，抱朴子《金匮神方》未纂入册，徒令后之人流连往昔，景仰遗徽，有华佗不在之叹焉。今年夏季，幕中西席施君邦孚因不习水土，兼失调摄，陡患膨涨，势已增剧，遂延浅田君来视，察脉投剂，不三四服，而泽腹之坚，顿如桶底之脱，病遂霍然。始知扁鹊来齐治膝理之甚易，太仓在汉解颅脑而何难，真三折肱而九折臂矣。日者复携《先哲医话》一书来求序于予，翻阅数过，见某氏治某病，察某候，用某药，议论精卓，剖析详明，医固井井而有条，事亦凿凿之可据，乃知《太上五经》之说，犹传诸王君隐仙灵宝之方堪师。夫禄里则是书之成，洵后学之津梁，医家之圭臬也。因志数言于简端云。

大清光绪四年戊寅仲冬钦差大臣四明张斯桂撰并书

注：张斯桂（1817—1888），清末外交家，浙江宁波慈溪县人。懂西学，近代中国引进首艘机动轮船船长，屡败海盗，尽力福建船政，得以引进曾国

藩、沈葆桢幕府，参与洋务运动，随赴台湾理事。《入幕之曾国藩幕府僚》史料披露，他于1861年拜谒曾国藩成其幕僚。经沈葆桢推荐"恩于录用"，光绪二年（1876），赏加三品顶戴，奉旨出使驻日本国首任副使。光绪三年（1877），与正使何如璋率使馆人员东渡，是清末中国人真正赴一衣带水之邻邦调查、学习之开端。他为日本学者编撰的名医（包括汉医）著作《皇国名医传》、汉医名家医话著作《先哲医话》及翻译的《法兰西志》作序；和参赞黄遵宪、杨守敬等与日本汉学家往还唱和，帮助宁波人在日经商、留学等，推动了两国外交、文教、医学、文学、商贸交流。光绪四年（1878）为日本医家《先哲医话》作序，言及我国最著名的两个医界典故橘井、杏林。

儿科萃精

陈守真编著，李博仁序

天下事至变者病，而可见者恃乎形；至精者医，而可据者恃乎理。极精以穷变必本见微知著之旨，就形而求理尤赖慎思明辨之功，是以疾在腠理扁鹊论其易治，病居膏肓秦缓知其难效。若夫河内出蛇之奇，海陵走獭之变，伯宗之徙痈于柳，秋夫之针鬼于茅，要皆病之变者，亦即医之精也。唯能神而明之，自可习而化之耳。医道一端，茫无涯，始于黄岐，圣于仲景，递演相传，名家辈出，撰述千百，阐发靡遗。降及今日，斯道凌夷，或剽窃肤辞，或拘泥古法，偶阅本草，粗记成方，既盲于心，复昧于目，本以活人之术，转为杀人之具，吁可叹也，亦可畏也。闽侯陈君守真，今之知名医也，兹以所著《儿科萃精》一书，不弃浅陋而来求序于余，余不敏忝长卫生职司锁钥，长城日坏，焉忧之，正欲领导群伦同遵正轨，务期挽救民生咸登寿域，方在整理之中，猝遇济世之筏，披阅再四，喜慰无量。窃爱其命名儿科独具只眼，题曰萃精别有会心，融化圣经贤训，吸其精华，采取名言要诀，倾其糟粕，深具得医之意，犹善察脉之真，择焉既精，语焉亦详，何异龙宫之获，宁非金匮之钞。行见苏耽救疫，常满橘井之泉；将使董奉赈贫，偏多杏林之树。陆宣公道在活人，范文正志在济众，余知斯书之出也或莫非其意也欤，是为序。

注：李博仁（1889—1969），清末民初医学博士，湖北洪湖县人，留学日本，在东京帝国大学医学部学习，系武汉地区首个博士，在国民革命军北伐后成立的汉口特别市任卫生局长。民国十八年（1929），福建闽侯县名医陈守真（1881—1960）认为"上古羲农黄帝及臣岐伯所作《天元玉册》《本草》《灵枢素问》三经为医书之鼻祖，厥后而汉唐而宋元而明清，代有传书，独儿科专集寥落如晨星，且皆缺而不全，杂而不纯"，且看儿科不易，常有"泥古

而不通今，构虚而不核实"的误诊，故依平生经验编撰成《儿科萃精》一书，请李博仁作序。李序中"所着"的"着"，即着笔、着墨，此处为着力写作之意。序特写"行见苏耽救疫，常满橘井之泉"，勉励医者以苏耽抗疫的医德医术挽救民生。

第七节　类书杂著

华表双栖鹤，联楹几点乌。

——白居易

类书，古代大型资料性书籍。辑录各种书中的材料，按门类、字韵等编排，方便人们分检备查资料，了解各类事物，属于古代信息化的"数据库"。近现代丛书即类书的演变，从文献的传承关系而言，类书相当于今百科全书。唐代以降，类书、杂著多收录苏耽传说与橘井；最引人注目的是，由白居易著作开始。

白氏六帖
白居易

卷十·井（一）
井，德之地，井以辨义：施而无私，义之方也……
橘井尚高骞。
卷九十七·鹿（九）
鹿：《仙瑞图》黄帝时西王母使白鹿，献白环。又，苏耽常乘鹿，过绝险之地，皆能超越，乃龙也。

注：白居易（772—846），唐代三大诗人之一（另即李白、杜甫），享有"诗魔"之誉，字乐天，号香山居士，祖籍太原，生于河南新郑。先为翰林学士、左赞善大夫，后贬为江州司马，复为中书舍人、杭州刺史，筑西湖堤防、疏浚六井等，"白堤"由是名扬。逝赠尚书右仆射，谥号"文"。新乐府运动主要倡导者，撰大量反映人民疾苦的作品，主张"文章合为时而著，歌诗合为事而作"。人皆知其诗，而少知其文，《白氏六帖》便是其编著的大部头类书，杂采各种字词、典故、成语、诗文佳句，供士子选录辞藻之用。其中对"井"的解释"德之地，井以辨义"，观点新颖高异；而井字首条，即防疫救民的"橘井"，正体现出"施而无私，义之方也"。对"鹿"字，采用了"苏

耽乘鹿”传说，也印证了《列仙传》原“苏耽乘鹿”传说的佚文。日、韩、美、英、德、法、俄、捷克等国，都推崇和研究白居易。德国著名剧作家、诗人贝尔托·布莱希特，就把白居易诗转译成德文。

太平御览
李昉等

居处部　井

《桂阳列仙传》曰：苏耽启母曰：“有宾客来会，耽受性当仙，今招耽去，违于供养。今年多疫，窃有此井水，饮之可得无恙，卖此水过于供养。”使宾客随去焉。

道部四　苏耽传

葛洪《神仙传》曰：苏仙公名林字子玄，周武王时人也，家濮阳曲水。林少孤，以仁孝闻，家贫，常自牧牛。母食思鲊，仙公以匕箸置器中，携钱去即以鲊至。母曰：“便县有鱼，去此百余里，汝欺我哉！”仙公跪曰：“不妄。”明日舅至，云昨见仙公便县市鲊。母方骇其神异。后仙去。有白鹤来上郡城东北楼，以爪画楼板，似漆书，云：城郭是，却蜀非。于今仙公故第犹在。

资产部　园

《桂阳先贤画赞》云：“苏耽尝闻夜有众宾来，耽告母曰‘人招耽去，已种药着后园梅树下，可治百病，一叶愈一人。卖此药，以足供养’。”

兽　部　鹿

《列仙传》曰：苏耽与众儿俱戏猎，常骑鹿，形虽如常鹿，遇险绝之地能超越。众儿问曰：“何得此鹿异常鹿耶？”答曰：“龙也。”

果　部　梅

《桂阳先贤传》曰：有人谓苏耽后园梅树下种药，可治百病。

药　部　药

《桂阳先贤画赞》曰：苏耽尝除门庭，有众宾来招，耽告母曰：“人招耽去，已种药着后园梅树下，可治百病，一叶愈一人。卖此药，过足供养。”便随宾去，母捉牵之，四体如醉，足不能举。

注：《太平御览》，利用五代以前古籍文献，太平兴国年间编纂，故名，属百科全书性质的大型类书。因与纪实小说集《太平广记》同时编纂，某些内容重复、未厘清、窜乱。如道部三有苏林传，道部四苏耽传却又写“苏仙公名林……少孤，以仁孝闻，家贫，常自牧牛。母食思鲊”“便县”等，均桂

阳苏耽传说，却名"苏林""家濮阳"，即编者混淆了苏耽与苏林，造成后世疑惑难辨。错别字多，果部"梅"亦混淆"橘"。但搜集到《列仙传》关于苏耽骑鹿如龙的故事，确证西汉刘向在《列仙传》写有"苏耽传"。

古今事文类聚续集

祝穆等

卷十·井
苏耽橘井　见神仙门
橘
橘叶治病
苏耽种橘凿井，以救乡里之有病者，以井泉服一橘叶即愈。（《神仙传》）
仙鹿异常
苏耽与众儿俱猎，常骑鹿，鹿形如常，鹿遇险绝之处皆能超越。众儿问曰：何得此鹿骑而异常鹿耶？答曰：龙也。（《列仙传》）
苏仙乘鹤
苏仙公者，名耽，桂阳人。有数十白鹤降于门，遂升云汉而去。后有骑白鹤来止郡城东北楼上，人或挟弹弹之。鹤以爪攫楼板，以漆书云：城郭是，人民非，三百甲子一来归；吾是苏仙，君弹我何为？（《神仙传》）

注：祝穆（朱熹的表侄）在南宋淳祐年间（1241—1252），年已垂暮，将一生读书笔记，仿《艺文类聚》《初学记》体例，加以整理。元代四川人富大用、祝穆裔孙祝渊再行续补。

野客丛书

王楙

化鹤二事……
又《神仙传》云：苏仙公，桂阳人，升云而去。后有白鹤来，止郡城楼上，人或弹之。鹤以爪书曰："城郭是，人民非，三百甲子一来归；吾是苏君，弹我何为？"《洞仙传》谓：仙公即苏耽也。是以鲁直《次韵苏翰林公山邀诗》曰："人间化鹤三千岁，海上看羊十九年。"正均用苏家故事也。

注：王楙（1151—1213），南宋学者，福建福清县人，叔父王苹乃理学

家、左奉郎，得罪秦桧遭罢官。王梸身世同苏耽，少孤，事母以孝闻。有志却不逢时，后随复官的叔父王苹到苏州。母殁，遂弃科举做学问，时人称"读书君"；以稿谒范成大，范为之击节。此文"鲁直"即名诗词家黄庭坚之字，《次韵苏翰林公山邀诗》即黄庭坚七律诗（见后）。

记纂渊海

潘自牧

卷十三　荆湖南路　郴州

形胜……苏仙山在郴县东北，苏耽学道于此。……白鹿洞在苏仙山口。……飘飘桂水游，怅望苍梧暮（杜诗）。郴州颇凉冷，橘井尚凄清（同上）。……游麟出陷浦，唳鹤绕仙岑。风起三湘浪，云生万里阴（柳诗）。……橘井苏仙宅，茶经陆羽泉（张舜民）。郴江本自绕郴山，为谁流下潇湘去（秦少游）。石桥步月公居后，橘井烹茶我在先（折枢密）。

卷九十七　禽部

鹤　经……子……史……传……《苏仙》

公仙去后，有白鹤来止城楼。人或弹之，鹤以爪攫楼板书，曰：城郭虽是人民非，三百甲子一来归，吾是苏君弹何为？（《（太平）广记》）

注：潘自牧，南宋金华（浙江）人，庆元二年（1196）进士，福州州学教授，龙游、常山县令。编著大型综合性类书《记纂渊海》，作者记录历史事件，纂集历代名诗、名言，旨在以广博内容让人如航渊海。

全芳备祖

陈景沂

橘

纪要　苏耽将仙，告母曰：……（注：此类书写苏耽、橘井与前面诸书同，略）

群书通要

佚　名

郴州路

郡名：郴阳、郴江；景致：苏仙观、橘井；名官：周敦颐、唐介；人物：

蔡伦。

北轩笔记
陈世隆

苏仙公耽升云而去，后有白鹤立郡城北楼（注：东城门楼），以爪攫楼板书云："城郭是，人民非，三百甲子一来归。我是苏公，弹我何为？"又，丁令威仙去，后亦化鹤来归，集辽东华表柱上，语亦相同。

注：陈世隆，字彦高，元代文学家，钱塘人，宋末著名书商陈思之从孙，顺帝至正中，设馆嘉兴陶氏，没于兵乱。所著诗文唯《宋诗补遗》《北轩笔记》收入《四库全书》，此节厘清了苏仙公化鹤传说后产生丁令威化鹤传说的时序。

永乐大典·留柜付母
解　缙

苏耽将飞升，母曰："吾恃尔也，尔去，吾何依？"仙曰："儿今虽去，母之动息皆可知也。"乃留柜付母，封钥甚故（注：固），曰："愿母不拆，若有所需告之，如所言也。"后，母凡有所乏，祷其柜，皆如所求。一日，母思仙，以为在其中，乃发柜，了不见物，惟二鹤凌空而去。

注：《永乐大典》系明代前期永乐年间内阁首辅解缙主持编修的大型类书，誉为编纂最早、规模最大、内容最广的"世界有史以来最大的百科全书"，计11095册、22877卷、3.7亿字，收录先秦至明初各种书籍，包括经、史、子、集、天文、地理、阴阳、医术、宗教、戏剧、工艺、农艺，涵盖中华民族数千年的文化遗产、知识财富。清末八国联军侵华时，散失于世界各处，仅存残卷。《留柜付母》，写苏耽仙去之前的孝母传说，在第10813卷。

天 中 记

陈耀文

桃

《酉阳杂俎》：仙桃，出苏耽仙坛。有人至心祈之，辄落坛上，或至五六颗。形如石块，赤黄色，破之，如有核三重。研饮之，愈众疾，尤治邪气。

梅

苏耽后园梅树下种药，可治百病。

注：陈耀文，河南确山人，12 岁补庠生，嘉靖二十九年（1550）进士，授中书舍人、工部给事中，因忤怒权贵，谪魏县丞，移淮安推官，后升南京户部郎中、淮安兵备副使、监察副使。忤触权相严嵩，辞官归故里汝南天中山下，专志于钩沉纂辑、辨正稽疑，著作数种，其中《天中记》类目广泛，搜辑僻典遗文甚多，间做考证，征引完备，是古代类书中较完善者。万历本由名人屠隆作序，清代大学者纪昀在《四库全书总目提要》中尤其称赞该书。清晚期重刊时，民族英雄林则徐亲手校勘并作跋。书中取材苏耽传说的植物，分别为"仙桃""梅"，"苏耽后园梅树下种药"的"梅"，陈耀文未考证前书而保留。

卓氏藻林

卓明卿

橘井（略）

钱 通

胡我琨

苏仙公名耽，桂阳人也，……携钱而去，斯须鲊至……

日 涉 编

陈 阶

二月（盛春）初六（一说初五）：
东华帝君圣寿、玄洲上卿苏仙君飞升、中神庆生日、雷斋、厕鬼巡日。

各种历史故事、事物按日累记，故书名《日涉编》。记二月初六日，"玄洲上卿苏仙君飞升"，或指苏耽。

广博物志

董斯张

卷五·地形·山

永州有山曰：苏耽山，乃其飞升之所也。山中多石，人以锯界破，其象有桃株，有塔样，有观音弥勒像，又有"天下苏山"四字。

卷四十四·鸟兽一·诸鸟上

苏耽，桂阳人，少以至孝著称。一日白母："道果已圆，升举有日。"母曰："我独恃尔，尔去我何依？"耽乃留一柜，封钥甚固，若有所需，告之如所愿也。预为植橘凿井，及郡人大疫，但食一橘叶饮一匙水，即愈。后一鹤降郡屋，久而不去，郡僚子弟弹之。鹤乃举足画屋，若书字焉，其辞云："乡原一别，重来事非；甲子不记，陵谷迁移；白骨蔽野，青山旧时。翘足高屋，下见群儿。我是苏仙，弹我何为？翻身云外，却返吾居。"（《神仙传》）

注：董斯张（1587—1628），明代湖州乌程人，监生（最高学府国子监生员），因体弱多病未授官。结社力扶诗教，撰《吴兴备志》《吴兴艺术补》，著《静啸斋词》《广博物志》。湖州地名曾入苏仙传说，故他写苏耽山、仙桃石，但"郴州"错为"永州"。抄录苏耽传说，置于卷四十四鸟兽一·诸鸟上卷的鹤鸟一节，突出"植橘凿井"的预防性。

夜航船·九流部·医

张　岱

橘井，晋苏耽种橘凿井，以疗人疾。时病疫者，令食橘叶，饮井水，即愈。世号：橘井。

注：张岱（1597—1689？），明末清初文学家、史学家，号陶庵，晚号六休居士，山阴（浙江绍兴）人。幼为神童，不第弃仕，清初隐居，潜心著述，有《琅嬛文集》《陶庵梦忆》等文学名著，史学名著《石匮书》；散文尤著名，代表作有《西湖七月半》《湖心亭看雪》等。包罗中华文化常识的《夜

航船》，也专写橘井一条，宣扬苏耽种橘凿井以疗人疾，深井水乃卫生饮用水。

古今类传

董谷士、董炳文

岁时类　岁序　总岁

橘井　《列仙传》：苏耽最孝，谓母曰：后三年郴人大疫，宜凿井植橘，病者食橘叶水一盏，自愈。

二月日次　二十八

[杂] 鹤绕苏山　《郴阳仙传》：苏耽郴阳人，群鹤随之升天。汉文帝时人，至宋宁宗嘉定五年加封静惠真人。是岁二月二十八日，忽有群鹤绕苏山一飞；——诰至郴乃于是日，其灵应如此。

[丽句] 通用：……梳鹤翎，重到空山苏公有二；鸣雁诗，独存凉露程母无双。

五月日次　十五

十鹤集庭（《郴阳仙传》：文帝三年苏耽是日有其因，谓母潘氏曰："耽已成道，被命升仙，仙仗临门，不得终养。"即刻辞去，母曰："吾何以卒岁？"耽乃留一柜，缄钥甚固，曰："凡有缺，扣柜呼之必得，可助甘旨。"语毕群鹤随之升天，异香天乐，弥日不散）。

[丽句] 通用：十鹤行庭，苏耽钥柜，将慈母双跌，志铭荀勖……

七月日次　十五

五色苔　《郴阳仙传》：苏耽母潘氏，尝于江边浣水，有浮水扬去复来，绕足者三。乃取吞之，于惠帝五年是日生。母致之居后牛脾山石洞中，七日往视，白鹤覆之，白鹿乳焉。复取归，既长欲立姓名，母曰："适有担禾者至，以草贯鱼，遂以苏姓，以耽名。事母以孝闻。耽每持一竹杖，一日扫户，若有所待。母问之，曰："仙侣当降。"顷之，十鹤集庭，与耽语，款密如故。出门，群鹤随之迤逦升天，异香天乐弥日不散。

注：董谷士、董炳文，清初学者，浙江湖州乌程县人，康熙三十一年（1692）兄弟二人编成大类书《古今类传》，由康熙帝日讲起居注官潘耒作序。分天、地、人、物四部与春、夏、秋、冬四时类，每日一编，共 365 天日次，按经、史、子、集、杂著、诏状、祝文、诗词铭赋排序，选取典故、专用名词、成语熟语，以名著诗文内容略注所出，后附"鹤""苏耽"等通用丽句，解读传统文化知识。突出苏耽最孝，在"凿井植橘"防疫。

钦定古今图书集成·明伦汇编·氏族典

陈梦雷

钦定古今图书集成·博物汇编·神异典

钦定古今图书集成·方舆汇编·职方典·郴州部汇考二

郴州公署考

僧正司　在开元寺。（注：与苏耽橘井相关的大量重复内容在各编各典中，此略。）

道正司　在橘井观以上，俱废。（注：道正司为明清州级道教管理机构，设城内。）

僧会司　在太平寺。

道会司　在苏仙观。（注：道会司为明清县级道教管理机构，设城外苏仙岭上观。）

注：陈梦雷《古今图书集成》奉康熙帝旨意，搜罗各地史料集成大型类书。在《职方典·郴州部汇考二·郴州公署考》中，记载明代所设各级道教管理机构至清康熙年，郴州的道正司设在橘井观上方，郴县的道会司设在苏仙岭上苏仙观，证实两观一直是官府规范掌管。

钦定古今图书集成·方舆汇编·职方典·南康府部

陈梦雷

南康府志部·山川考一
都昌县

大矶山　在县西七里，一名望仙山，传晋许旌阳拔宅飞升，苏耽于此望之。

元辰山　在县西四十里，道书以为第五十一福地，晋苏耽居此，有丹灶石杵。

臼履迹，源马蹄洞下，有显福观，又名苏山。

橘　井　即苏耽济人之井，汲之有红点，在元辰山上。

磨剑池　在县西，即苏仙淬剑之地。

古迹

都昌县

马蹄洞　在县治西元辰山，苏仙驻马上升之所。

橘　井　在县紫清宫右，即苏仙济人橘水。

七步石　在治西山，俗传苏耽升仙，步登此石而上，因名。

南康府部·艺文二

《杏林》前人

春云压地花围屋，秋实连山虎收谷。却笑苏家橘井泉，一酌寒流不堪掬。

注：《古今图书集成·方舆汇编·职方典·南康府部》，记九江都昌县多处苏耽遗迹，橘井、苏山、显福观、磨剑池等。"传晋许旌阳拔宅飞升，苏耽于此望之"，属传说流布时的常见窜误（因苏耽年代在前）。"晋苏耽"，说明苏耽橘井传说在晋代传至这里。苏山即道教第五十一福地元辰山，可见苏仙传说影响深广，竟拥有湘赣两处福地。艺文部分七绝《杏林》，作者署名"前人"，指本首之前诗作者、明代状元曾棨，第3首写橘井。

《御定渊鉴类函》

张英、王士祯、王掞

州郡部　江南道二

仙人祠　义帝庙（《舆地志》曰：马岭山有仙人苏耽坛，耽至孝，一朝忽辞母曰："受生应仙，当违供养。"涕泗呜咽。百姓立坛祠之。《湘州记》曰：郴县南有义帝庙，百姓祭之。《汉书》曰：项羽尊楚怀王以为义帝。以上郴州）

居处部十一　园圃二

《桂阳先贤记》曰：苏统（耽）尝除门庭，有众宾来；耽告母曰："人招耽去，已种药着后园梅树下；可治百病，一叶愈一人，卖此药，过足供养。"

果部三　橘三

苏井（上见橘二《神仙传》苏耽种橘凿井，以救乡里之病者，以井水服一橘叶即愈。)

鸟部三 鹤二

《列仙传》曰：王子乔见桓良曰：告我家七月七日待我缑氏山头，至期果乘白鹤住山巅，望之不得到。又曰：苏耽去后，忽有白鹤十数只夜集郡东门楼上，一只口画作书字言，曰："城郭是，人民非，三百甲子当复归。"咸谓是耽。

兽部二 鹿二

《列仙传》曰：苏耽与众儿俱戏猎，常骑鹿，鹿形如常鹿，遇险绝之处皆能超越。众儿问曰：何得此鹿骑而异常鹿耶？答曰：龙也。

注：《御定渊鉴类函》，清初官修大型类书，由张英、王士祯、王掞等撰，康熙四十九年（1710）御定。张英，明崇祯年间生，安徽桐城人，康熙六年进士，以翰林编修充日讲起居注官，入直南书房，官至文华殿大学士，兼礼部尚书。王士祯（1634—1711），明崇祯七年生，号渔洋山人，世称王渔洋，山东桓台县人。顺治十五年（1658）进士，官至刑部尚书。清初名诗人、诗词理论家、文坛领袖，颇有政声，谥"文简"。王掞，顺治二年生，康熙九年进士，授翰林院编修，官至文渊阁大学士。三大臣分部别类编纂，五个部分编入苏耽"种橘凿井"等故事。

橘　谱

诸匡鼎

《广舆记》：楚　郴州城东，苏耽故宅。耽将仙去，谓母潘曰：明年郡大疫，取橘叶井水饮之。如期疫作，郡人诣饮者即愈。杜甫诗"橘井尚凄清"。

广群芳谱

汪灏等

橘　《神仙传》苏仙公者（略）。

注：古人重视橘的食、药价值，《汉书》记载专设橘官，管理果橘与药橘之事。

骈字类编

吴士玉

吴襄《子史精华》：橘井　葛洪《神仙传》苏仙公。

第八节　辞典工具

苏耽控鹤归来日，李泌藏书不仕年。

——张居正

"立文之道，惟字与义。"字书、辞典、韵书、专业书籍等，专为读者查考字音、词义、语韵、字词句演化处，或提供各种常识、信息、专业知识而编纂，少不了橘、橘井、马岭山、桂阳、苏耽、苏仙观等，以规范化权威认定其字词名称的内容、性质、含义。

佩觿

郭忠恕

桂阳鹤觜
《列仙传》：桂阳苏耽得仙后，忽有白鹤数十集东门楼上，以觜画地作字曰："城郭是，人民非，三百年后当复归。"咸谓是耽焉。

注：郭忠恕，生年不详，北宋太平兴国二年（977）卒。洛阳人，初仕后周，为宗正丞、周易博士。入宋后为国子监主簿，善工山水画，兼精文字学，著《佩觿》《汗简》。"觿"是古代解绳结的锥子，以此为书名，表明本书是通俗普及性的文字学著作；"桂阳鹤觜"记"嘴"字前身"觜"。此引《列仙传》苏耽传说，与欧阳询所搜版本"爪画书字"不同。

韵府群玉

阴时夫

橘　井（略，与下同）

御定《佩文韵府》

张玉书、陈廷敬、李光地等

卷十五之二　上平声　十五删韵二　山

马岭山　庾仲雍《湘中记》：桂阳郴县东北五里有马岭山，高六百余丈，苏耽所栖游访因而得仙。后有见耽乘白马还此山中，世因名为马岭。

卷二十八之二　下平声　十三覃韵二　耽

苏　耽（略，引《水经注》"桂阳列仙传"）

卷九十三之七　入声　四质韵七　橘

橘　井　元结《橘井》诗。（略）

注：《佩文韵府》，清初官修大型辞藻典故辞典之一，专供人作诗时选取辞藻寻找典故，以便押韵对句而用的工具书。"佩文"系康熙皇帝的书斋名，"韵府"是指以元代阴时夫《韵府群玉》和明朝凌稚隆《五车韵瑞》两书为基础，再汇抄其他类书中涉及音韵词语的材料增补；两种名称合为工具书名。这部最大的韵典，由文华殿大学士、《康熙字典》总裁官张玉书，文渊阁大学士、《康熙字典》总修官陈廷敬以及文渊阁大学士李光地三相领衔，于1704—1711年编纂。其中，引用南北朝庾仲雍所写桂阳郡郴县"马岭山"，但《湘州记》错成《湘中记》，因《佩文韵府》与《康熙字典》交相编纂，具体抄书者头昏眼花，力有未逮，差池难免。另，辞典多处引用元结《橘井》诗和各代诗人关于"橘井"的作品，此略。

《御定韵府拾遗》卷二十二

张玉书等

橘芳　杨慎《药市赋序》鹤翥、苏耽之井远嗣橘芳。

注：康熙五十五年，圣祖玄烨因《佩文韵府》收字词有遗，令"搜奇抉秘"，补充缺漏。康熙五十九年（1720），辑成《韵府拾遗》。编排体例仍同《佩文韵府》。收《佩文韵府》未收之字、词。分"补藻""补注"。"补藻"指新增的文句典故，"补注"指前编虽载，但所注并不完备，而又补充注释的部分。"橘芳"一词，属于新增文句典故。

《铁板神数》条文

绛帐橘泉名利客，不是儒林即杏林。

注：《铁板神数》，算命先生预测人命理说法的工具书，秘不示人，民俗称此为看八字。传《铁板神数》由宋朝理学家邵雍首创。若算命先生见来客像医界或学界之人，即从"绛帐橘泉名利客，不是儒林即杏林"的客气套话开始算起。"绛帐橘泉"，对传承橘井医药等术业的讲席、师门的敬称。

旧版《辞源》

橘　井：桂阳人苏仙公成仙前，告其母，明年有疫，可取橘叶井水以疗疫疾。好事者因传之。

注：旧版《辞源》，1915年出版的大型工具书，以语词为主，重点解释词的来源。

旧版《辞海》

辰集　木部　橘
橘　井：汉苏仙公告母以橘叶井水治疫。详苏仙公条。
申集　艸部　蘇（以下简写）
苏仙公：汉桂阳人，以仁孝闻。文帝时得道，将仙去，告母曰："明年天下疾疫，庭中井水一升，檐边橘树，可以代养，井水一升，橘叶一枚，可疗一人。"遂升云汉而去。至期，果疫；母如言疗之，皆愈。久后有白鹤来止撑过，人欲弹之，鹤以爪书云："城郭是，人民非，三百甲子一来归，吾是苏君，弹我何为？"见《神仙传》。按《桂阳列仙传》谓仙公名耽；《御览》谓名林，字子元，周武王时濮阳曲水人。未知孰是。《元和志》谓苏仙公故宅在湖南郴州（今郴县）城东半里；《方舆胜览》谓即今开利寺。

注：旧版《辞海》，1936年编定出版的大型工具书，以字带词，兼有语文字典和百科辞典性质。"苏仙传说"的橘，为药橘；"苏"字因为草药紫

苏，列草部，又名"桂荏"。

新版《辞海》

木部　橘

橘井　古代传说：苏仙公，汉代桂阳人，修仙得道。仙去前，对母亲说："明年天下疾疫，庭中井水一升，檐边橘叶一枚，可疗一人。到明年，果然发生疫病，他的母亲依他的话医治病人，果然都痊愈了。见葛洪《神仙传》。"

牛部　牛

牛郎　《神仙传·苏仙公》："家贫，常自牧牛，与里中小儿更日为牛郎。"

注：1979 年上海辞书出版社出版新编《辞海》，"橘"字词条第一条即"橘井"。"牛郎"词条说明，史料显示古代最早的"牛郎"是桂阳郡、郴州苏耽。1999 年版调整，省去"汉代桂阳人"，全段加"后以'橘井'为良药之典故"。

汉语大词典

橘

橘井　典出晋葛洪《神仙传·苏仙公》。相传苏仙公得道仙去前对母亲说："明年天下疾疫，庭中井水，檐边橘树可以代养。井水一升，橘叶一枚，可疗一人。"来年果有疾疫，远近悉求其母治疗，皆以得井水和橘叶而治愈。后以"橘井"为良药之典。

注：《汉语大词典》编辑委员会、编纂处编纂，《汉语大词典》出版社 1989 年第一版第四卷。

中国的井文化

吴裕成

第一章　饮水思源　第三节　甜水井　苦水井
井华水和井底泥

道家故事，多涉丹井……

《太平广记·神仙》讲苏仙公得道升天，拜辞母亲，母亲问：你去之后，我靠什么生活？苏仙公说：明年天下疾疫，庭中井水，檐边橘树，可以代养，井水一升，橘叶一枚，可疗一人。转年，果然有疾疫流行，远近都来求医。苏仙公的母亲一概用橘叶和井水治疗，个个有效。苏仙公本名苏耽，明代《列仙全传》为他画像，特意画井以应故事。

注：中国民俗学会理事吴裕成著《中国的井文化》，天津人民出版社1992年、台湾百观出版社1993年相继出版。其中少不了苏耽和他母亲的"橘井"。

中国神话人物辞典

李建平

苏仙公

道教神话人物。据晋葛洪《神仙传》载：苏仙公，桂阳人也，于汉文帝时得道。苏得修真之术，隐于郴州高秀之峰。种橘凿井，以救时疫。病者食橘叶、饮泉水即愈，时人号之橘井。其母欲得鱼羹，苏出湖州市买。去家一千四百里，顷刻即返。曾以两盘留家中，须食，扣小盘；欲得钱帛，扣大盘，所须皆立至。后将仙去，"乃跪白母，曰：'某受命当仙，被召有期，仪卫已至，当违色养。'即便拜辞，母子歔欷。母曰：'汝去之后，使我如何存活？'先生曰：'明年天下疾疫，庭中井水，檐边橘树，可以代养，井水一升，橘叶一枚，可疗一人'"。言毕，有白鹤数十降于门，遂乘鹤仙去。后果疫，母用其言疗疾，皆愈。几年后，"有白鹤来止郡城东北楼上，人或挟弹弹之，鹤以爪攫楼板，似漆书云：'城郭是，人民非，三百甲子一来归，吾是苏君弹何为'"。《水经注》引《桂阳列仙传》谓：苏仙公，名耽，汉末桂阳人。少孤，事母至孝。仙去后，有人见耽乘白马还山中。百姓为立祠，因名为马岭山。《御览》引此传，谓仙公名林，字子元，周武王时濮阳曲水人。《古诗源》收有《苏耽歌》，言："苏耽仙去后，一鹤降郡屋，久而不去。郡僚子弟弹之，鹤乃举足画屋，若书字焉。"其辞云："乡原一别，重来事非。甲子不记，陵谷迁移。白骨蔽野，青山旧时。翘足高屋，下见群儿。我是苏仙，弹我何为？翻身云外，却返吾居。"此诗显为后人托名而作。不过历代文人都非常喜爱这一神话，王昌龄、杜甫、刘克庄等对此均有题咏。如刘克庄《东坡故居》诗："已为韩子骑骊去，不见苏仙化鹤归。"今湖南郴州市东北的苏仙岭上，与此神话相关的古迹颇多。关于白鹿洞，传说苏母乃郴州东门外鸭子塘一潘姓姑娘，因吞食水上漂来的仙萍而有孕，后生耽于一石洞中，耽因得

121

白鹿哺乳而长大，故名。飞仙石，传为苏骑仙鹤飞升处。苏仙去后，因思念其住在山南之母，山上松树为之将枝叶伸向西南，百姓称其为望母松。此松今已成郴州八景之首——苏岭云松。苏仙岭被道家称为"天下第十八福地"。

苏　耽

道教神话人物。即苏仙公，参见"苏仙公"。

注：《中国神话人物辞典》，在中国神话学会主席袁珂、中国社会科学院特约研究员王利器等名家指导下，由陕西宗教学专家李建平主编，1998年出版。"苏仙公"属于长词条。

中国道观

罗伟国

前言

……除了上述供奉道教神灵的庙宇外，还有不少祀奉历史名人的道教庙宇，比如：三皇庙，供奉传说中的三皇伏羲、神农、黄帝；禹王宫、禹王庙、涂山祠，供奉治理洪水、开创夏朝的大禹；轩辕宫，供奉中华民族的祖先轩辕黄帝；……苏仙观，供奉西汉文帝时的神仙家苏耽……

注：《中国道观》，上海古籍出版社2009年出版，上海远东出版社副总编、《上海译报》主编、上海宗教学会理事罗伟国著。该书阐述中国道教文化的物质载体道教庙宇及祀奉对象，道教庙宇的各种称谓有宫、观、殿、院、祠、洞、庵、阁、馆、署、谱、府、堂、门等繁多名目。郴州苏仙观、苏耽置于前言之中，证实苏仙传说的全国性影响。

湖南宗教志

第二编　道教　前言

……汉惠帝五年（前190）至文帝前元三年（前177），桂阳郡郴县有苏耽语异人授仙术成仙的传说；唐开元十九年（731）玄宗李隆基命桂阳郡太守修整苏仙庙宇。后来历代皇帝屡次为苏仙观加封道号。……这是旧志上汉代道教在湖南活动的记载。

……唐代皇帝李渊、李世民以道教尊封的老子姓李，自认为是老子后裔，提倡道教。特别是唐高宗李治即位时，尊太上老君为"太上玄元皇帝"，敕令各州建道观。在这时期，南岳先后建有大庙、黄庭观，郴州先后建有苏仙观、橘井观、成仙观、露仙观，……道教在湖南有很大发展，而且道教名人辈出。

……湖南地处中国南方中部，是中华文明古国的重要组成部分，也是中国道教的圣地。全国道教 36 洞天中……72 福地中，湖南就有君山、苏仙岭、鹅羊山、岳麓山等。湖南的洞天福地占了全国 1/6 以上。其中最负盛名的有长沙岳麓山……郴州苏仙岭，山势秀丽，万木葱茏，有白鹿洞、三绝碑、苏仙观、升仙石、望母松等名胜，古称道教"天下第十八福地"。

注：《湖南宗教志》在国家出版基金项目之湖湘文库乙编，湖南人民出版社 2012 年版。

高等中医药院校教学参考丛书·中国医学史

甄志亚

本书由高等中医药院校中医专业教材编审委员会《中国医学史（二版）》编写组各位编委分别执笔（南京中医学院陈道瑾副教授负责第一、二章，湖南中医学院周一谋教授负责第三章，广州中医学院周敬平副教授负责第四章，黑龙江中医学院车离教授负责第五章，上海中医学院傅维康教授负责第六章，北京中医学院甄志亚、熊同检副教授负责第七章），共同修订而成，人民卫生出版社 2008 年出版。第三章"医学理论体系的初步形成"，归纳公元前 475—公元 265 年（战国—三国）的历史阶段情况，第六节"主要医药学家"，有"一、扁鹊；二、文挚；三、淳于意；四、涪翁与郭玉；五、华佗；六、苏耽和董奉，（一）苏耽、（二）董奉"（略）。

按：汉—晋的文字载体为简、牍、缣帛，传播靠抄写，在改朝易代的历史长河流动中，版本较难完整保存。因此，西汉《列仙传》、三国《桂阳先贤传》、晋代《神仙传》，都存在版本不一及散失的问题。清乾隆朝侍读学士、湖南学政卢文弨亲见"《列仙传》见有七十二人"，而《四库全书》本"止得七十"。晋《神仙传》的"苏仙公"则在九十二人本中。

第二章　孝子神仙万众念

（口头文学）

少曾读仙史，知有苏耽君。

——沈佺期

基于民众对先贤的感恩、纪念、尊崇，"苏仙橘井传说"流传两千年而不衰，构成了根系深固、生命顽强，草根与精英共同传承的民俗化过程。

第一节　口传文学

华表千年鹤未归，竹杖成龙去不难。

——骆宾王

2006年苏仙传说批准为市、省级非物质文化遗产保护项目，2012年开始申报国家级项目。按文化部专家组要求，"苏仙传说"属群体传承性质，必须要有相当数量的民间口头传说录入。当时感觉困难，因为这公元前的传说，在以往被视作"四旧"，多年过去还能剩下多少？刻不容缓，苏仙区文化局、文化馆、非遗保护中心在笔者指导下，一面从1980年代民间文学"三套集成"，找出原有资料；一面采用田野调查方式，在苏仙岭风景区周围50平方公里内，深

郴州市苏仙区各学校孩子们讲述"苏仙传说"

入苏仙区、北湖区（远至资兴市）街道、社区、乡村、企业、学校等处采风，实地记录60多人口述的72个传说。并在白鹿洞街道、卜里坪社区村庄、许家洞镇山上，新发现一些与传说相关的遗址、文物。除去少数迷信成分，男女老少强调"这是历史，祖祖辈辈都这样讲"，有些还兴致勃勃言及"我们这里还有神农尝百草、舜帝仁孝、大禹治水、女娲补天、后羿射日、嫦娥奔月、牛郎织女、柳毅传书等故事"。令人感佩传统优秀文化在族群中的影响力、凝聚力和生命力，原原本本的口传验证了一代代人约定俗成的诚信化讲述，更说明像苏耽、潘氏这样为社会奉献大爱的人，永远活在民众心目中，致使该项目生生不息、绵延不绝，活态传承两千年。此处选取部分。

感孕出生型

搜集时间：1986 年止

讲 述 人：年良瑞，男，汉族，80 岁，原县级郴州市苏仙岭林场退休工人。

李福义，女，汉族，70 岁，原住苏仙观尼姑，苏仙岭林场退休工人。

搜集整理：邹云峰，原郴州市（北湖区）对台办主任；后任地区对台办主任、市政协委主任。

内　　容：苏仙全传

西汉年间，在郴州城东的牛脾山下，有一个大村庄。郴江河从村前流过，村里的姑娘们都爱到河边来洗衣和玩耍。在这些姑娘当中，有一个潘家姑娘，人长得标致，又知书识礼。一天清晨，潘姑娘和往常一样，最早来到河边洗衣。她蹲在河边的一块大石头上，抡起棒槌轻轻地捶洗着衣裳。衣裳快洗完的时候，从上游漂来了一根红丝线，在她的脚边游来游去。她用手中的棒槌去撩红丝线，一撩开又游拢来了，蛮好玩的。突然，红丝线缠住了棒槌，怎么甩也甩不脱，怎么扯也扯不掉……（全文长、全，此略。20世纪70年代即搜集，首篇整理。1980年代收入《中国民间故事集成湖南卷郴州市（今北湖区）资料本》《中国民间故事集成湖南卷郴州地区分卷》，及1987年开始修编的《郴州市（今北湖区）志》）

时　　间：2010 年 7 月 8 日

地　　点：许家洞镇联盟村陈家楼

讲述人：陈先瑜，男，74 岁，文化程度：小学，职业：农民

记录人：邓德耀（未介绍身份者，皆苏仙区文化局、非遗保护中心工作者）

内　容：吞丝怀孕

苏仙的母亲姓潘，长得蛮漂亮，人也好善良，可是家里蛮穷，从小就勤劳。有一天到河里洗衣服，河上突然出现一道霞光，河面飘过来一根红丝线，绕到了她洗衣的手指上。潘姑娘怎么也甩不脱，就用嘴巴咬，刚挨上去，那根红线就钻进她嘴巴里去了。开始也没有觉得不对，可是腹部大了，她惊慌地告诉母亲。母亲听了好伤心，怕族人晓得后把女儿沉河！就告诉她，后山有个洞，躲到洞里，不要被别人发现。潘姑娘没有办法，只好躲进山洞生小孩，生完把孩子放在洞里偷偷回家。由于蛮想念亲生骨肉，不管生死也要去看，三天后跑到洞里，看到有白鹿给婴儿喂奶，白鹤用翅膀给婴儿保暖。潘姑娘再不肯丢下孩子，就在洞口安家，艰苦带孩子过日子。

时　间：2010年10月9日

地　点：高山背社区18号

讲述人：高丙坤，男，62岁，文化程度：小学，职业：职工

记录人：陈姿序

内　容：取名苏耽

传统习俗是孩子跟爸爸姓，潘姑娘的孩子既然没有爸爸，也就没有姓名。孩子长大读书，没有名字不方便，教书先生因此为他取个名字。先生要他走出塾馆，告诉他第一眼看到的景象。孩子刚走出门，就看见有一个人用禾草串鱼挂在树枝上，自己却侧身睡大觉。孩子于是回去将所看到的告诉先生，先生说："禾草串鱼，是个'蘇'字；枕耳而卧，是个'耽'字。何况你耽误了你娘的青春，你就姓苏名耽吧。"从此，孩子就叫苏耽。

时　间：2011年8月19日

地　点：南街社区

讲述人：李小春，女，50岁，文化程度：高中，职业：职工

记录人：李红琴

内　容：鹿哺鹤覆

汉代的时候，郴县潘姑娘没结婚就怀孕了，众人议论纷纷，话讲得很难听。为躲避别人的口舌，潘姑娘的母亲只得将婴儿丢在村后牛脾山下（今苏仙岭）桃花洞中。要走的时候，潘母指天发誓说："如果你命大，七天之后你还是活的那就活；如果你命短，七天之后你死了也没办法。"到了第七天，想孩子心切的潘姑娘急忙赶到桃花洞去，就看到一副奇异的景象：一只美丽的白鹤

正张开雪白的翅膀为婴儿保暖，一头健壮的白鹿正用奶头给孩子喂奶。潘姑娘非常吃惊，高兴得不得了，连忙将这苦命的孩子紧紧搂在怀里抱回家去了。

孝子思母型

时　　间：2010年7月12日
地　　点：高山背师范家属区
讲述人：王小林，男，58岁，文化程度：小学，职业：农民
记录人：黄利艳
内　　容：苏岭云松

苏耽成仙后，特别思念母亲，常常偷偷下凡到苏仙岭山顶眺望祖屋。思母之致，常常泪流满面，泣不成声。苏仙岭上的青松也被感动了，松树枝也一起伸向潘氏的家张望。所以，苏仙岭的松树枝现在也是直指西南城区。由于树的样子蛮好看，当地

苏仙区开展"苏仙传说　德孝中华"展演活动

的人把苏仙岭的松树也叫望母云松。历代郴州志书都把苏岭云松列为郴阳八景之首。

时　　间：2010年9月2日
地　　点：橘井路
讲述人：陈刚，男，61岁，文化程度：小学，职业：农民
记录人：廖书贞
内　　容：化鹤归乡

苏耽升仙登天了。后来有一只白鹤飞来，停在郡城东北的城楼上，有好事之人用弹弓打那白鹤，白鹤就用爪子抓楼上的横匾，抓过的印迹好似上了漆的字，"城还是旧城，人已不是故人了。我一万八千年回来一次，我是苏仙公，你为何要用弹弓弹我呢？"人们才知，原来是苏仙想念母亲，化鹤归来。后来人们每到甲子日，都要到苏仙公的故居焚香礼拜。

时　间：2011 年 3 月 10 日

地　点：高山背文化宾馆家属区

讲述人：曹勇，男，73 岁，文化程度：小学，职业：农民

记录人：黄利艳

内　容：苏耽孝母

穷人的孩子早当家，苏耽从小就蛮孝顺。潘氏生病想吃猫鱼豆腐（霉豆腐乳），郴州没买到，苏耽几个时辰就弄来了。一个月后，苏耽舅舅从湘潭过来，和潘氏聊天，说一个月前在湘潭碰到苏耽。推算时间，恰好是潘氏生病那天。一问才晓得苏耽是钻白鹿洞抄近路去的，几个时辰就走一个来回。潘氏得病想吃桃子，苏耽就到苏仙岭摘了一筐。想让母亲早一点吃到，下山时心急，被石头绊了一跤，桃子滚得满山都是。苏耽顾不得那么多，捡了七个就急忙赶回屋里。后来，滚散的桃子化作石头，就叫桃石。现在走运的话，还可以在岭上捡到像桃子的石头。从前，小儿腹疼，抹上桃石磨粉调制的药剂可以止疼。

种橘驱疫型

地　点：苏仙区政府大院

讲述人：贺湘汉，男，65 岁，文化程度：大专，职业：干部

记录人：黄利艳

内　容：橘药除瘟

传说苏耽晓得种橘种药，十多岁的时候，在马岭山采药碰到仙人，授给他医术。他就治病救人，做了蛮多好事，于是得道成仙。要走的时候，苏耽给他的母亲一个盒子，叫她不要打开，要什么就会有什么。并告诉他妈妈：第二年会有一场瘟疫，拿他种的橘树的橘叶和橘井水熬成药，就可以救人。说完这些后，十多只仙鹤来了，接苏仙上马岭山顶升天成仙。第二年果然发了一场大病疫，他母亲用他这个橘井药方救了很多

郴州市道教协会会长、湘南学院王彭龄教授讲述

128

人，这个传说就传遍全国。

时　　间：2012 年 3 月 25 日
地　　点：苏仙北路社区牛栏村
讲述人：王清陵，男，48 岁，文化程度：小学，职业：农民
记录人：廖书贞
内　　容：治病救人与民谣

苏耽长大后，学医学道教，种药种橘树，整（治）穷人的病。有些病，医师都没找到病因，而苏耽却治得好。有一年郴州发生大瘟疫，所以有句话是这样讲："船到郴州止，马到郴州死，人到郴州打摆子。"苏耽就想办法，治活蛮多人，名传千里，他治病治出名气来以后，传到皇帝耳朵里，得到皇帝赏赐。苏耽就得道成仙，在苏仙岭顶上，所以那石头上有个脚印，苏耽升了天被封为"地仙"，从此成了道教"第十八福地"，就是这样叫出来的。

时　　间：2012 年 9 月 29 日
地　　点：五连冠基地家属区
讲述人：张式成，男，61 岁，文化程度：大学，职业：干部
记录人：李红琴
内　　容：橘井泉香的故事

苏耽做了蛮多好事，后面上天要召他走。他就跟他妈妈讲一个事，说明年我们这里南岭、桂阳会暴发打摆子的瘟疫，就告诉他妈一个方子，门口橘树下这口井是泉水，把泉水舀一升，摘一片橘树叶子，配点种在后园的草药，熬起药汤给乡亲们喝，可以防治瘟疫。他升仙以后，第二年真的开始有打摆子的。他妈妈赶忙架起九口锅熬药，乡亲们都来喰药，防瘟治病。乡亲又告诉其他地方的人，各地的人来讨药都得救了，因为泉水舀不完，橘叶摘一片就会长一片。还有讲苏耽成仙后，不能下凡落地，他就降到马岭山顶站在松树上，吹气帮助他妈，吹得火很旺，救了蛮多人。"橘井泉香"这个典故就流传至今。

仙人斗法型

时　　间：1983 年 11 月 8 日
地　　点：高山背师范家属区
讲述人：胡忠余（已故），男，76 岁

记录人：胡桂生，城管局干部、市人民检察院人民监督员

内　容：苏仙岭与王仙岭的故事

苏仙岭和王仙岭的由来，蛮有味道。传说苏仙无父，其母潘氏到郴江洗衣，碰上河面冲来一根红丝线绕住捶衣棒，潘氏用嘴咬线而受孕。王仙跟苏仙不同，从小没有母亲。父亲上山砍柴，捡回一个树筒，用斧头劈开，树筒里跳出一个天真活泼的孩童。

他们两个成仙后，有一天，王仙登上苏仙岭拜访苏仙。谈得蛮高兴。苏仙以酒招待王仙，对诗划拳，不觉到了黄昏，王仙想走。两人边说边走，来到石鼓石，苏仙指着石鼓上镌刻的围棋盘说："王兄没必要马上走，我俩在这里下几盘棋，高兴高兴，你看如何？"双方盘腿坐下，下棋三盘，胜一盘输一盘，半斤八两不分上下。第三局，苏仙摆阵围攻，步步紧逼，王仙胸有成竹，稳如泰山。阴阳棋子杀得难分难解。突然一只蚊虫叮王仙的脸，王仙右手打蚊虫，左手走棋，放错一格，阵局急转直下，差了蛮远。王仙想悔棋，苏仙不肯，二仙死死按住棋子不放，用力过大，把棋子压进石盘（今棋眼仍在）。

双方互不相让。王仙悔棋不成，恼羞成怒，拔刀舞剑，将苏仙岭峰峦削去，慌忙逃走。苏仙火冒三丈，赶回观里拿来棒槌，朝王仙岭狠狠打去，王仙岭峰顶凹下一截。两仙交战，飞沙走石雷轰电闪，像翻了天。惊动了天宫玉皇大帝，玉帝急令传旨苏仙、王仙入宫。两仙上天叩拜玉帝，公说公有理，婆说婆有理。玉帝大笑，吓坏了跪着的苏仙、王仙，哪个也不敢作声，默默等待发落。玉帝手摸胡须，示意二仙起身："两位不要再争，先刻发生的事寡人都知晓了，为小事二仙闹个脸红，伤自家和气，扰他人安宁，实在不该。"玉帝几句话说得两仙互相认错和好，于是玉帝从月宫拿出桂花酒，君臣一醉方休。

时　　间：1987 年 10 月 10 日

地　　点：高山背师范家属区

讲述人：朱开弟（已故），男，84 岁

记录人：田　健（已故），小学教师，市作协会员

内　容：苏仙桥与王仙桥

蛮久以前，王仙桥叫横江桥，苏仙和王仙为争郴州建城发生纠纷，苏仙要把州城建在苏仙岭下，王仙要把州城建在王仙岭下，结果两仙打架。苏仙打败了王仙，就在苏仙岭下建起郴州城。这事被王仙的伯伯五盖山大仙晓得了，决心报复苏仙一下。马上从山里放出一条 8 丈多长、修了 900 年的孽龙，掀起 50 丈高的浪，朝郴城扑来，说是要水陷郴州。

王仙得信后急了，他心想：自己正是为建城才和苏仙打一架，现在苏仙建成了郴州城，伯伯要毁掉郴州，自己岂不是成了罪人？他要去五盖山说服伯伯已来不及了，只有从自己白水洞放出万年蜈蚣精，叫它赶快到横江桥去劝阻孽龙。蜈蚣精受命来

传承人在老街区为国内外游客讲述

到横江桥，把王仙的旨意转告孽龙，孽龙不但不听，反而掀起冲天巨浪。蜈蚣精站在桥上，任凭孽龙怎么掀浪，就是过不了桥。孽龙与蜈蚣精大战一场，双双重伤，筋疲力尽死了，郴州城总算保住了。

苏仙晓得这件事蛮受感动，重修横江桥，改名王仙桥，表示敬重王仙。王仙也表示友善，他在苏仙岭下的郴江建了一座桥，叫苏仙桥。都是方便郴州人。

时　间：2012 年 8 月 10 日
地　点：资兴市郴州冶炼厂家属区
讲述人：廖诗华，男，63 岁，文化程度：小学，职业：农民
记录人：廖书贞
内　容：苏仙和王仙的故事

这是我小时候从老人那里听来的，蛮有味。讲苏仙和王仙都是郴州有名的修行人，苏仙岭和王仙岭也挨得蛮近，不像现在离得那么远。有一天，王仙打坐时忽然心血来潮，认为自己法力比苏仙高，凭什么在百姓面前平起平坐？他跟苏仙讲："我两个道行不分上下，应该比试一盘，分个高下如何？"苏仙来不及细想就答应了。比什么？王仙提出，不比法术只比体力，规定晚上半个时辰内，谁爬的山高谁就赢，就在此山建殿修行，接受百姓香火，今后为善为大。苏仙一听觉得有道理，时间就定在当天晚上，规定在天亮之前的半个时辰比试。

当天晚上，二人到规定时间同时出发。王仙一心要赢，不管边上有什么，只管打飞脚。苏仙紧跟。就在经过山里一间茅屋时，传出小孩哭声。王仙跑得好专注，听到哭声也不停。苏仙听到后心想，小孩这么晚哭，饿了还是病了？我是修道行善之人，难道不管不问吗？他马上停脚，退回到茅屋边。这

131

时候天快要亮了，茅屋出来一个农民。苏仙问小孩子为什么这样哭，农民说小孩发烧得急病啊！苏仙马上拿出药丸，告诉农夫喂药。农夫进屋，苏仙不放心，守到边上。直到药喂完，小孩没事，他才走。这时候天已经亮了，王仙早登上山顶赢了。

比试后，按约定，王仙在王仙岭顶峰起屋修行。苏仙就到海拔不高的苏仙岭盖殿修行。一年年过去，由于苏仙修行的山不是很高，路也比较方便，加上苏仙慈爱为怀，到苏仙观拜他的人蛮多，香火越来越旺。王仙岭那边，因为山高，路也远，拜的人就少一点。

苏仙遗迹、遗址传说

时　　间：2012 年 8 月 9 日

地　　点：苏仙岭

讲述人：邓德生，男，70 岁，文化程度：高中，职业：干部

记录人：王　强

内　　容：遇娘庵

"寻母冲"在青年湖边上，水润山离仙桃岭不过一两里远，山里有一座功德碑，上头写"长冲铺村遇娘庵何家"，"我何家坳组，位于苏仙岭岭东以北……"等字样。经过这块石碑不远，就可以看到路左边有一片溜青的竹林，右前方那个山坳，林木葱葱，地面隐约水光粼粼，原来是一口四方小井，长宽约一条手臂长度，水井不深，清澈见底，水质甘甜。据住在这里的张松鹤老人说，这就是传说苏仙挖来给潘氏喝水的水井。村民知道这是苏仙显灵，感受他们的恩德，于是自发在苏仙遇到他母亲潘氏的地方建造了一座"遇娘庵"。据老辈人讲，"遇娘庵"就在水井对面的竹林中。但是后来被推倒了。开田的时候，他们把那些古石柱、半人高的古石碑、各种菩萨神像等东西都埋进了土里。现在的竹林里和葡萄园里，还散落着许多这种古青石，长

群众带文化馆人员找道光年重塑遇娘庵苏母像的功德碑

132

条形，上面布满了青苔，稍微注意就找得到。

时　　间：2012 年 8 月 10 日

地　　点：郴州市碳素厂家属区

讲述人：刘洪央，男，54 岁，文化程度：小学，职业：农民

记录人：廖书贞

内　　容：白鹿洞和遇仙桥

据说苏耽成仙之前住在白鹿洞，洞不深，洞内宽敞，凸起蛮高，长满了千奇百怪的石头，有水流，蛮漂亮，洞外长满了树。传说白鹿、白鹤就在里面给苏耽哺乳、御寒。原来旁边的石壁上有蛮多诗。好像清代的时候有个碑文，讲的是当时大旱，郴州的官员就带起老百姓上山祭拜，突然一下子就下起大雨，老百姓就晓得苏仙显灵了。苏耽到苏仙岭放牛，在山脚小桥碰到一个仙翁，给了他一本医书。苏耽放牛的时候就认真看医书。后来，苏耽掌握了医术，时常为乡亲采药治病。以后人们就把苏耽遇仙这座小桥，叫作遇仙桥。

时　　间：2012 年 11 月 9 日

地　　点：南街

讲述人：王菁，女，38 岁，文化程度：大专，职业：干部

记录人：李红琴

内　　容：苏仙桥

苏耽成仙离家的时候，为了母亲穿衣吃饭有着落，把老仙翁送的小石匣留给了母亲，石匣上写着"心有求，叩叩首"几个字。只要敲一下石匣，就会出现他母亲所需；苏母凭着这个石匣子，温饱度日，竟活到百岁才死。苏母去世那天，人们看见苏仙岭上有白马出没，并隐隐听到哭声从岭上传来。苏仙知道家乡的事情，知道郴江没有桥，来往的人都靠小船过河，非常不方便，于是有意为乡亲们做好事。将手中一卷仙经投向郴江，河面上立刻出现了一座石拱桥。郴州人为纪念苏仙的恩德，就称这座桥为"苏仙桥"。

时　　间：2013 年 9 月 16 日

地　　点：苏仙岭桃花居

讲述人：陈平楚，男，65 岁，文化程度：大专，职业：干部

记录人：黄振玉

内　　容：慈洁庵和潘婆庵

苏耽位列仙班后，勾着手指一算，晓得郴州百姓有难，赶快架祥云回乡，寻找母亲，要传授治瘟疫的药方。他到白鹿洞没见到母亲，走到牛脾山西北一个山冲，碰到一个村民。村民告诉，自他走后，潘家人觉得对不起他母亲，就在偏僻地方，盖起一座慈洁庵接潘氏去住。蛮巧，这一天潘氏想儿子，也到洞里去瞧，走到何家坳睡椅山，正好碰到苏耽。母子相见激动万分。苏耽禀告："孩儿算出，明年将发瘟疫，我在东门口种下橘树，母亲只需用井水，每锅放七片橘叶熬七个时辰，百姓喝了即可防治。"苏母离开慈洁庵，在东门口井旁搭草棚，垒起九口灶置九口锅。次年二月，疫情猛烈，苏母煎药，众人来喝，药到病除。秋季瘟疫再起，苏母又配药剂，百姓相安无事。苏母在慈洁庵安度晚年，寿终百岁，葬在东门口水井东北坡上。后人为苏母墓立碑，把井取名橘井，水井边的路取名橘井路，把慈洁庵改名潘婆庵。

得道、成仙篇

时　间：2011 年 4 月 16 日
地　点：许家洞镇墟场
讲述人：陈高乐，男，48 岁，文化程度：高中，职业：农民
记录人：陈姿序
内　容：初遇仙人

牛脾山山灵水秀，风景蛮好，据说山中有神仙。一天，苏耽上山砍柴，忽然遇到一位老仙。老仙人十分喜爱苏耽的聪慧孝顺，传授仙术给他。苏耽学会后试了一下，砍刀不用磨就很锋利，柴担再大都不觉得重。从那以后，围绕着苏耽就发生许多奇怪事。如山上白鹿本来胆小，看见人就跑，但苏耽却能隐身，走到白鹿旁边，骑上鹿背再现形，白鹿驮着苏耽在山上跑很平稳。更怪的是，他骑鹿，在别人的眼里，白鹿就好像变成一条龙，跑得像飞一样。

郴州中医院与苏仙岭风景区举办"橘井中医文化讲坛"

时　　间：2011 年 9 月 21 日

地　　点：卜里坪村寻母冲

讲述人：梁丽群，女，66 岁，文化程度：小学，职业：农民

记录人：黄振玉

内　　容：玉帝封"药仙"

苏耽行孝、治病救人的故事，感动了玉帝，玉帝就封他"药仙"。苏耽接到旨意，限七天内升天，心里好舍不得母亲，但又不能把这个事公开。天意不可违，他就把家里破旧的房子修理好，又到山上砍柴，挑青石，烧石灰。他把柴点上火，就回家把地填平，免得母亲跌跤。过了三天，到山上一看，石灰已经烧好，晓得一定是仙人在帮忙。他把石灰挑回泡成浆，刷白墙壁。留下两个柜子，一个是衣食柜，让母亲衣食无忧；一个是药柜，让母亲和老百姓病了有药医治。安顿好了后，就在一队仙女的陪伴下，变成白鹤升天了。

时　　间：2012 年 5 月 12 日

地　　点：郴江畔潘家湾（传说苏母潘元君由便县移居郴县之处，郴州三中原建于此）

讲述人：杨元里，男，78 岁，文化程度：小学，职业：农民

记录人：黄振玉

内　　容：孝子成仙

潘家湾对面的苏仙岭呢，过去蛮热闹，都到那里烧香拜苏仙，求苏仙老爷保佑，保佑五谷丰登。苏耽是潘家湾里的孝子，做了蛮多好事，结果就成了仙。以前苏仙岭庙里有蛮多菩萨，烧香拜苏仙，点蜡烛，到了 8 月这些日子，蜡烛下河，顺郴江漂到永兴、耒阳，老辈人讲最远的漂到湘潭、长沙。苏仙庙的菩萨像，曾一度遭到破坏，后来又修整了。

苏母潘氏传说

时　　间：2011 年 9 月 20 日

地　　点：卜里坪村寻母冲

讲述人：梁瑞珠，女，76 岁，文化程度：小学，职业：农民

记录人：邓德耀

内　　容：苏母潘氏

听老人说潘姑娘是龙王的女儿，头上有癞子（指生疮），她煮菜往脑袋上抓一下放进去，那个菜格外好吃。潘姑娘嫁到郴江边的鸭子塘（今省级重点

中学郴州一中），姑嫂两个一起做事、带小孩很苦，那狗就来陪起姑嫂。后来一年涨大水，龙王就托梦给他的女儿，涨大水都会被淹死。姑嫂就一个人扳一个龙角，跟龙王出去逃过洪水，后来也成仙了。后来，老百姓就到这里（寻母冲）烧香、放生、放乌龟。我六七岁没多高，就跟着娭毑去过这个庵子，放生泥鳅、黄鳝、鳜鱼，全都养到塘里，观音菩萨生日这几天，就去放。我们这些人呢，就带这些到脚盆岭去烧香火敬苏仙老爷，苏仙老爷蛮灵的，求什么都可以实现。

苏耽寻母篇

时　　间：2011年6月10日
地　　点：苏仙区审计局家属区
讲述人：王祥亮，男，64岁，文化程度：中专，职业：干部
记录人：廖书贞
内　　容：寻母遇娘庵

听老人家讲，苏母生下苏耽后，便哭着离开白鹿洞走了。走到许家洞陈家楼那里，又到许家洞后面叫南岭仙的庵子。我还看过那庵子里一块碑，记载"生怀苏耽的潘姑娘"。潘姑娘养下苏仙后，还是想儿子，又下山找他。这时苏仙已经长大，也很想母亲，就到卜里坪何家村那里寻母。何家村那里有个庵子，苏母到庵子住了一晚，观音菩萨就托梦给她：你儿子会来找你。苏仙也刚好挑起桃子往庵子过，口渴进去，两人相遇。后人为纪念他们母子相遇，取名：遇娘庵。苏仙老爷听母亲口渴要喝水，用脚到地上一踩，水就冒了出来。

时　　间：2012年7月11日
地　　点：卜里坪村寻母冲
讲述人：张程国，男，64岁，文化程度：小学，职业：农民
记录人：王强
内　　容：寻母冲与仙桃庵

老辈人讲苏仙老爷成仙后，沿着这条路寻找老母亲，所以就把我们这里叫作寻母冲。寻母冲张家，走过去是观音岩，苏仙老爷挑了一担桃子找母亲，碰到人就问母亲下落，所以就叫仙桃岭。别人指点他老娘可能在何家坳。到那里母子就碰到了，那里就叫遇娘庵，这就是寻母冲的来历。我们找到一块碑，这块碑现在还在，是这个传说的一个见证。我们希望政府重视，老百姓

也都有这种愿望，它不是迷信，是民间传说、一个来历。观音岩以前蛮大，仙桃庵也有蛮多菩萨像，后来打的打了，烧的烧了，庵子也倒了，毁坏了这一段历史。

第二节　民俗文学

山河风景元无异，城郭人民半已非。

——文天祥

民俗文学属直接质朴反映一地方的民情风俗、市井文化的地域民间文学，呈雅俗两面。与苏耽橘井相关的民俗文学，有民谣、民歌、八景名称等。中国社会史丛书之《流放的历史》，提到历史上与流放相关的民谣，只举"郴州民谣"为例。民歌则从西汉至清代，有苏耽歌、鹤书歌、郡楼辞、东城楼歌8种版本，大同小异，有的只一两字的变动，以元代《仙鉴》区别大点；均由名家搜录。

一、民谣

流放的历史·郴州民谣

船到郴州止，马到郴州死，人到郴州打摆子。

注：苏仙传说的主要情节，是苏耽别母时预告"明年天下疾疫"，与南方以至国中瘟疫关联，即郴州民谣内容。第一句说，湘江、耒水的船往上游最远至郴城航道休止，秦末项羽逼义帝迁都长沙，义帝选择到上游船止之地郴县建都，故"船到郴州止"。第二句，郴州踞南岭要冲，山高林密，瘴气蛮烟、毒蚊滋生，北方大马远道而来，不是爬山累死就是被猛兽蚊虻咬死，《后汉书》记："县接交州，旧献龙眼、荔枝及生犀，驿马昼夜传送之，至有遭虎狼毒害，顿仆死亡不绝。"故"马到郴州死"。第三句，南岭原始林莽，瘴雨湿热，北人南下不服水土，被蚊虻毒虫叮咬，易染疟疾伤寒，浑身发抖，俗话"打摆子"。汉初南越王赵佗攻桂阳郡、长沙国，伏波将军"出桂阳"征讨，汉军却败北，原来"会暑湿，士卒大疫，兵不能逾岭"。瘟疫蔓延军营，削弱南征兵力。故，苏耽预测"明年天下疾疫"实有根据。

二、民歌

西汉·苏耽歌
欧阳询发掘

城郭是，人民非，三百甲子当复归。

注：欧阳询（557—641），隋唐书法家、文学家，光禄大夫，他编《艺文类聚》发掘出西汉末刘向《列仙传·苏耽传》散佚的"苏耽歌"，是产生年代最早的。后世所出多个版本，均由欧阳询记"苏耽鹤爪歌"和晋代葛洪记"苏耽鹤书歌"发展而来。

晋代·苏耽鹤书歌
葛　洪　录

城郭是，人民非，三百甲子一来归，吾是苏君弹何为？

注：葛洪（283—363），两晋道教理论家、医药学家，著《神仙传·苏仙公》，篇后录"自后有白鹤来止郡城东北楼上，人或挟弹弹之，鹤以爪攫楼板，似漆书云：城郭是，人民非，三百甲子一来归，吾是苏君弹何为？"这首民歌，是最先出现的文字版《苏耽歌》。

元代·东城楼歌
赵道一　辑

乡原一别，重来事非。甲子不记，陵谷迁移。白骨蔽野，青山旧时。翘足高屋，下见群儿。我是苏仙，弹我何为？翻身云外，却返吾居。
又：城郭虽是人民非，三百甲子一来归。我是苏仙，弹我何为？

注：赵道一，元初名道，又名赵全阳，南昌万年宫住持。其修撰《历世真仙体道通鉴》，重写大篇幅"苏耽传"，重新整理两个版本的"苏耽歌"，即"东城楼歌"，影响后世。

郡 楼 辞

苏 耽

风淅淅兮雨霏霏，城郭是兮人民非。三百甲子当来归，我是苏耽弹我何为？

注：这首《郡楼辞》，在日本藏明嘉靖《湖广图经志书》郴州卷·郴州诗类中发现。

《古诗纪》苏耽歌

冯惟讷 录

苏耽，桂阳人，少以至孝著称。一日白母："道果已圆，升举有日。"母曰："吾恃尔也，尔去，吾何依？"耽乃留一柜，封钥甚固："若有所需，告之，如所愿也。"预为植橘凿井。及郡人大疫，但食一橘叶饮一泉水，即愈。而后一鹤降郡屋，久而不去，郡僚子弟弹之。鹤乃举足画屋，若书字焉，其辞曰：

乡原一别，重来事非。甲子不记，陵谷迁移。白骨蔽野，青山旧时。
翘足高屋，下见群儿。我是苏仙，弹我何为？翻身云外，却返吾居。

一云：耽骑白鹤来，止郡城东北楼上，人或挟弹弹之，鹤以爪攫楼板，似漆书云：城郭虽是人民非，三百甲子一来归。我是苏仙，弹我何为？

注：冯惟讷（1513—1572），明代大臣、著作家，山东临朐人，号少洲。嘉靖戊戌（1538）进士，历知县、知州、郎中、河南参议、浙江副使、山西按察司佥事、江西布政使、光禄寺卿。长于文学研究、古籍整理，著述宏富。汇编《古诗纪》156卷，录先秦、汉至隋古诗，收入《四库》，时人称其与《昭明文选》为并辔之作。141卷外集第一·仙诗列《苏耽歌》，序写苏耽告白母亲"道果已圆，升举有日"，即指苏耽得道升仙。《苏耽歌》采用元代赵道一两个版本。冯惟讷与传奇道人苏洲友好，将其戏拟苏耽："十年不见苏耽面，千里相逢宁子城。"

《古诗归》苏耽歌

钟惺、谭元春辑录

《古诗归》苏耽歌内容同上。

注：钟惺（1574—1624），明代文学家，湖广竟陵（湖北天门市）人。万历三十八年（1610）进士，工部主事、福建提学佥事。谭元春（1586—1637），与钟惺同里的文学家，天启七年（1627）乡试第一。两人共选《唐诗归》《古诗归》等，世称"钟谭"，创立的文学流派称"竟陵派"。

《古诗源》苏耽歌

沈德潜　录

《神仙传》：苏耽仙去后，一鹤降郡屋，久而不去，郡僚子弟弹之，鹤乃举足画屋，若书字焉，其辞云云：

乡原一别，重来事非。甲子不记，陵谷迁移。白骨蔽野，青山旧时。

翘足高屋，下见群儿。我是苏耽，弹我何为？翻身云外，却返旧居。

注：沈德潜（1673—1769），清代诗人、诗论家，长洲（江苏苏州市）人。家贫志大，参加科考17次，乾隆四年（1739）中进士已67岁，却受乾隆青睐，成为其侍读、侍讲学士。沈德潜潜心诗学，造诣高，为康乾以来拟古主义诗派代表。其诗受到乾隆赏识，擢为上书房行走，与乾隆帝唱和、论诗，从而使其诗论和作品声名颇响，官至内阁学士兼礼部侍郎，加尚书衔。据说乾隆一些诗乃其润色，他逝后遗稿有痕迹泄露，乾隆找碴儿革除其太师等功名，印证了"伴君如伴虎"之语。沈德潜的贡献在编选历代诗集，《五朝诗别裁》《唐诗别裁集》《明诗别裁集》《清诗别裁集》等，尤以《古诗源》被后世视作经典。《苏耽歌》在卷四杂歌谣辞的汉诗中，但采用的并非晋代《神仙传》中的，而是元代《历世真仙体道通鉴》的歌词。只第9句"我是苏仙"改"我是苏耽"，结束句"却返吾居"改"却返旧居"。

永兴县民谣

问仙洞，洞问仙，问来问去问神仙。

注：永兴县系苏耽母亲潘氏家乡，县城仙母山下有问仙洞，遂有此民谣记于县志。

三、郴古八景

古八景系民俗中的雅文学，州城"郴阳八景"，苏耽传说载体即占两景。永兴县、汝城县有三景。

州城

苏岭云松（望母云松）

注：郴州古八景第一景"马岭云松"，又名"望母云松""苏岭云松"。民间传说苏耽得道飞升后，由于仙凡有别，不得僭越天官规制下凡见母，脚亦不能触地。于是他偷偷乘白马降临马岭山顶，系马松林，人立树上，凝望岭下母宅，哀哭三年，久而久之岭顶松树枝柯齐齐伸向西南岭下苏母宅，百姓即称"望母云松""马岭云松"。名人撰诗较多。

橘井灵源

注：郴州古八景诗有南宋、元、明、清版本，多由名人、官员创作（各县亦同），就一位作者所撰 8 首统计，唯明代前期音乐家袁均哲任郴州知州时所作保全，其中"橘井灵源"排第五景。清乾隆、嘉庆《郴州志》亦为八景之一：橘井香泉。就诗词咏景而言，橘井诗词因杜甫、王昌龄、元结、刘禹锡、宋真宗、张舜民、秦观、张元干、朱胜非、折彦质、周必大、张栻、王都中、杨维桢等作品在前，跻身八景后作品最多，在全国古八景诗中名列前茅。

永兴县

潘园仙韭

注："潘园仙韭"，系永兴县十景之一，传说是苏耽孝母，种下韭菜，割

了又能长出，让母亲一年四季有蔬菜吃。明代永兴进士曾全吟"潘园尚有遗迹在，绿韭春风绣石湾"。

汝城县

苏山春霁

注：汝城县从北宋至清代县名"桂阳"，获评"千年古县"，八景有两景直接反映苏仙传说。"苏山春霁"，县志言："苏仙山在县东，苏耽得仙道，邑人慕之，祠于山巅。"清代知县凌鱼诗吟："汉代苏仙迹未淹，瑶坛飘渺起山尖。丹成自跨千年鹤，岁老应逢八字蟾。"

独秀晴岚

注：汝城县独秀峰一名孤山，《明一统志》载苏耽曾隐此独峰修炼，故有"独秀晴岚"。清代知县盛名誉诗咏："勒石哪知千载事……孤峰隐隐夕阳西。"

第三节　苏仙传说内容元素演变表

古籍文献	作者	写作时间	传主身世	孝母事闻	治瘟声迹	神化元素	备　注
列仙传	刘向	西汉末	父早丧	仁孝著闻辍箸、县市买鲊、留盘养母	预测瘟疫，井水一升橘叶一枚，熬药防疫疗人	云间仪卫，受命仙箓	较早记载中华民族抗疫史
桂阳先贤传、桂阳列仙传	张胜	三国	父丧，少孤	种药、牧牛养母、整修庭院，嘱母卖药	种药后园，可治百疾，穿井饮水，民安岁登	众宾来召受性应仙白马还山民立坛祠	"人招耽去"，揭示苏耽外出学医访道
神仙传	葛洪	两晋	父早丧、家贫，宅城东，母百岁	以仁孝闻牧牛养母便县买鲊修房留柜井水橘树代养娘亲哭母三年	预测疾疫，庭中井水，檐边橘树，一升一叶，可疗一人，远近悉求无不愈者	十鹤降召仪卫升天对话郡守脸手细毛龙桥送客化鹤归乡爪书歌谣	葛洪往岭南罗浮山，经郴采风；记牛脾山改白马岭，修道人祭祀苏耽

古籍文献	作者	写作时间	传主身世	孝母事闻	治瘟声迹	神化元素	备 注
后汉书郡国志	范晔刘昭注	南北朝			山有仙人苏耽坛		说明东汉已有祭祀
水经注	郦道元	北魏	少孤	牧牛养母	测瘟、凿井民安岁登	受性应仙民立坛祠	引:《桂阳列仙传》
洞神传	见素子	南北朝	无父	远去湖州买鱼羹，留大小两盘，有食有钱	初预测瘟疫，死者略半。饮苏井水可无恙	受命应仙，百姓为之立祠	南北朝祭坛改祠祀，建苏仙祠
艺文类聚	欧阳询	隋唐	因只录《桂阳先贤记》，无父	引《桂阳先贤记》：苏耽种药后园橘下，嘱母卖药作供养资费	引《桂阳先贤记》：种药后园橘下，可治百疾，一叶愈一人	引《列仙传》：鹤夜集郡东门楼，其一爪画字作苏耽歌	发掘《列仙传》、《桂阳先贤传》苏耽化鹤书字、骑鹿逸文
全唐文·苏仙碑铭	孙会	唐开元十九年	无父，母潘氏。苏耽牧牛桂阳，牧马襄阳	橘井熬药，栽药苗种蔬畦，调膳养母。执慈母三年之丧	橘井愈疾，药苗蔬畦	汉郴县人王怀见苏耽辞母。太守吊礼。唐明皇诏令：追论仙迹，发挥声华	郴州刺史孙会，奉唐玄宗令，重修苏耽宅、苏仙观；述《列仙传》有纪苏耽篇
酉阳杂俎	段成式	晚唐			桃出郴州苏耽仙坛，似石块，愈重疾，治邪气	桃石传为仙桃，心祈辄落	《酉阳杂俎》记桃石含有矿物科技因素
云笈七签	张君房	北宋	引《洞仙传》	出湖州买鱼羹	引《洞仙传》	引《洞仙传》	宋代皇帝数封苏耽
郴江百咏诗集	阮阅	北宋	苏耽生于白鹿岩	留柜奉母	橘井愈沉疴	苏耽依松望母；苏耽化鹤归乡；苏仙祠祀	阮阅，郴州知州，诗10首记苏仙传说最多
三洞群仙录	陈葆光	南宋	幼丁父忧，母潘氏	奉母潘氏以孝闻	告明年疾疫，井水橘叶救人立愈	众仙拥卫，幢节羽仪，升天	敕仙号后，文记典故：仙君橘井

143

古籍文献	作者	写作时间	传主身世	孝母事闻	治瘟声迹	神化元素	备注
历世真仙体道通鉴	赵道一	元代	母李氏浣帛触木感孕;引后世红丝线说	奉资兴鲊,留柜养母李氏;仙去后,尝问母疾。母逝,哀泣无形	14岁预测翌年大疫,植橘凿井。橘泉治病,存活千百人;橘泉下若市	郡守登山求见,仙出半面如玉,经书变桥送客。化鹤归乡画字	郡守上报,帝封山为苏仙山,名其观为苏仙观。扩充苏耽歌
正统道藏	道教天师张宇初、张宇清等	明代永乐年间编	苏耽入山修道			列为医界:仙医普救橘井苏真人	记在:上清天医许陶相宰救苦济世宝忏
九仙二佛传	三郴人:《崔岩撰九仙二佛传·苏耽》,何孟春撰《郴阳仙传·苏耽》,袁子让修	明代正德间,嘉靖年间,万历年间	潘氏吞苔五色儿,白鹤覆,白鹿乳。遇担禾者以草贯鱼,取名苏耽	奉便县鲊,其他与别的文献基本一致,篇幅大些	交代母亲:明年郡人当有疫,可取庭前井水、橘叶救之。明年郡果大疫,百姓竞来谒母,母施以井水,无不瘳者	十鹤集庭,逌逦升天,天乐不散,沉香石迹。郡守张邈率吏登岭求见仙颜。唐皇令追论仙迹,宋帝赐观名四封仙号	详记传主出生及离母时间。汉惠帝五年七月十五生,汉文帝三年五月十五日离家外出。内容《万历郴州志》用
徐霞客游记	徐弘祖	明代崇祯年间	引袁子训碑文:苏母吞苔感孕		苏仙观诗匾环列	苏仙岭穿岩碑书:天下第十八福地	书中唯一记述先贤抗疫事闻。总结:郴州为九仙二佛之地
聊斋志异	蒲松龄	清康熙年间	苏母感孕绿苔	藏椟养母,有求辄应;母逝植桃于墓	因改写,无治瘟事。(另撰诗专颂苏仙故井)	儿云:"我非人种。"	背景改到清初山东进士高明图知郴州
嘉庆郴州总志	朱偓、陈昭谋	清嘉庆年间	潘氏许州人某未归,夫亡	内容广博	内容广博	内容广博	朱偓,郴州知州;陈昭谋,郴州进士

第三章　名目繁多播郡县

（各类载体）

王君飞舄仍未去，苏耽宅中意遥缄。

——王昌龄

该传说拥有名目繁多的载体，属物质文化长期遗留所形成的固定化现象。与非物质文化遗产相得益彰。

第一节　地名、政区名、景区名

定与苏仙双橘井，他年续入郦元经。

——张元干

历史上，郴州的地名、行政区划名、风景区名，甚至道、桥、亭、街道办事处、学校名称，很多与苏仙传说、橘井紧密相关。其缘由是，各县市区都是在不同朝代由古郴县、郴州析置的，历史底蕴、文化基因元素早已盘根错节。

一、郴州——省级历史文化名城、中国优秀旅游城市、国家文明城市

眼穿林罅见郴州……苏仙宅古烟霞老。

——沈　彬

1988年2月2日湖南省建委、文化厅、环保局联名向省政府提交《关于审定第一批省级历史文化名城的请示》，省人民政府以"湘政发〔1988〕9号"文件予以批准。报告即有"苏仙传说"作为郴州获批省级历史文化名城的条件内容。

省人民政府：

根据国务院国发〔1986〕104号文件精神，我们对全省富有历

史特点和传统文化风貌的大中城市进行了初步考察和鉴定。按照我省历史文化名城保护和建设状况，根据岳阳、衡阳、永州、郴州4市人民政府的报告，建议省人民政府批准这4个城市为第一批省级历史文化名城。

一、岳阳市……

二、衡阳市……

三、永州市……

四、郴州市。位于五岭之北，毗邻粤北、赣南，城区面积277平方公里。公元前221年秦始皇为统一岭南，开凿五岭，修通从郴州至乐昌的栈道，郴州从此成为军事重镇和交通要道。韩愈、刘禹锡、周敦颐等历代文人学士在郴州留下了许多诗篇及题刻，如三绝碑、濂溪书院等。从汉代流传至今的苏仙神话，扩大了苏仙岭的知名度，被称为道教七十二福地中"第十八福地"。现代史上，朱德、陈毅曾在郴州举行著名的"湘南起义"，后率农军由此上井冈山与毛泽东同志会师。革命旧址——湘南暴动总指挥部、湘南特委和郴县县委旧址仍保护完好。

现为国家文明城市、自贸试验区片区、中国优秀旅游城市（含高新技术、进出口加工区，机场、高铁），地级市，辖苏仙、北湖、资兴、桂阳、宜章、永兴、临武、嘉禾、汝城、桂东、安仁11区市县，国家级风景名胜区苏仙岭万华岩、东江湖，国家自然保护区莽山、八面山，各区市县国家森林、湿地、矿山公园，"核工业第一功勋矿"711今华湘社区，国家排球（中国女排）郴州训练基地等。

二、苏仙区（与北湖区共享省级历史文化名城）

> 游鳞出陷浦，唳鹤绕仙岑。
>
> ——柳宗元

苏仙区，全国唯一以仙人姓名命名的县级行政区划。

原郴县、郴州母体，经考古知建置最早为战国楚国苍梧郡治所郴县，系南岭区域第一县；秦郴县，汉至隋唐桂阳郡，南北朝、隋唐郴州、郴州桂阳郡，宋代郴州，元代郴州路，明代郴州府、州，均为治；清代为直隶郴州。秦汉之际楚义帝熊心建都郴县，造纸祖师蔡伦即东汉"桂阳人也"，三国赵云任桂阳郡太守，唐代寿佛周全真和清廉宰相刘瞻即郴县人，宋理学鼻祖周敦颐任郴县令、汝城县令、郴州知州，开创理学。1949年后郴县为郴县专署、郴州地区行署驻地。1994年郴州地区改市时与首府县级郴州市一并改区。郴县城区因分布"山不在高，有仙则名"的道教第十八福地苏仙岭、橘井，改名"苏仙区"；原郴州市因拥有"水不在深，有龙则灵"的古八景"北湖水月"的北湖，改名北湖区；两区共享省级历史文化名城美誉。苏仙区拥有众多苏仙名目，原有道教名胜：

苏仙岭·马岭山（牛脾山）、白鹿洞、跨鹤台·升仙石（沉香石）、棋盘石、仙居台、仙桃岭、寻母冲、后仙岭、仙台山·天飞山、白莲池、鹿仙山等。

苏仙观（苏仙上观、苏仙祠）、景星观（苏仙中观）、乳仙宫（苏仙下观、桃花居）、橘井（苏耽井、橘泉）、橘井观（集灵观）、苏仙宅（苏耽宅）、苏母祠、苏母墓、仙桥巷、潘婆庵、遇娘庵、鹿仙观、鹤仙观等。

苏耽坛（仙人坛，后为观景台）、乳仙亭、鸣鹿馆、来鹤亭、飞升亭、鹿角亭、"初登仙境"亭、"蓬莱在望"亭、来鹤楼、苏仙桥、遇仙桥、飞仙桥等。

唐刘瞻题"跨鹤台"，北宋苏东坡题"天下第十八福地"穹碑、匾，秦观、苏轼、米芾"三绝碑"，南宋理宗赐苏仙观"敕封苏仙昭德真君"碑，宋仲温书"祈雨"碑，丁逢题乳仙亭联，元"寿山福地"、湘南胜地、"橘桃仙瑞"碑，明"白鹿洞"等摩崖石刻群，胡汉题"鹤鹿遗址"匾、重修登山道功德碑，清范廷谋题"去天不远"匾及联，何绍基题"来鹤楼"城门额门联，"仙桥古渡"牌坊，民国王震绘"流芳橘井·苏耽化鹤"碑。

橘树（药橘）、疗疾桃（石）、复苏柏、明代"郴阳八景"第一景：马岭云松·望母云松·苏岭云松，列入郴州十大文化符号；第七景：橘井灵源。

现存：苏仙观与"敕封苏仙昭德真君"碑、景星观、白鹿洞、跨鹤台·升仙石、飞升亭、棋盘石、道亭，三绝碑及寿山等崖刻群，橘井及橘井观、苏母墓（郴州一中），寻母冲、潘娘庵遗址、鹿仙庵，仙台山·天飞山·白莲池，还有橘井路、苏仙路、苏仙街道办事处、白鹿洞社区、苏仙中学、苏仙大药房，等等。

三、苏仙岭·万华岩国家级风景名胜区

家邻汉室神仙宅，路入唐朝宰相乡。

——朱 辂

《辞海》"郴"字词条介绍郴州，名胜古迹最著者4处"三绝碑、义帝陵、苏仙岭、万华岩"，苏仙岭·万华岩风景区拥有3处；2009年升格为国家级风景名胜区。道教"天下第十八福地"苏仙岭，喀斯特地貌，海拔526米，

周回 15 千米，山麓与峰顶为天然森林。山中有苏仙观、景星观、白鹿洞、跨鹤台·升仙石、桃石坡、脚盆井、乳仙宫·桃花居、郴州旅舍等，古为祈雨祷晴灵山，今属郴州文化地标之一。

大型喀斯特地下河溶洞群万华岩在北湖区，美、法溶洞探险队称其为"世界最壮丽的洞穴之一"。传说白鹿洞通此。清末郴州同盟会会员、民国初国会议员、中华总工会会长陈九韶作《游万华岩歌》，尾句"回头笑语二三子，种桃为我来结庵"，笑说让儿子侄子把苏耽的仙桃移种至此，他愿在万华岩筑草屋住着。

注：乳仙宫，即志书中的苏仙下观，亦名"桃花居"（留学法国、与音乐家冼星海同舍的名雕塑家、全国政协委员、郴州安仁县人周轻鼎先生题）；传说宫后白鹿洞乃苏耽诞生处。

注：苏仙岭麓白鹿洞，传说潘氏感孕郴江，为宗法族规不容，躲此洞生苏耽。白鹤覆羽御寒，白鹿喂乳哺养，婴儿存活，历代名人歌咏。北宋朝散大夫阮阅《马岭》诗"牛山日日夕阳红，鹿洞年年草色浓"，元代诗人王逢有"苏岭石鹿双耸然"句，说明古代雕白鹿纪念。

注：岭顶棋盘石，传说苏仙与王仙下棋斗法，唐末沈彬有诗句"眼穿林罅见郴州，井里交连侧局楸"。局，棋赛；楸，楸木棋盘。明代郴州举人何仲方吟"半日棋枰招月上，一时诗句送春来"。这又与苏耽到过围棋仙地烂柯山的传说联系，唐末诗僧贯休吟"常忆苏耽好羽仪，信安山观住多时"，信安山即古烂柯山。

四、北湖区（与苏仙区共享省级历史文化名城）

无数奇珍藏洞里，何时仙景落人间。

——蔡来仪

原计划单列郴州市，地区首府，1995年地改市时改北湖区。境内万华岩地下河溶洞群，与同属喀斯特地貌的苏仙区苏仙岭共同组成国家级风景名胜区。

注：北湖区万华岩与苏仙岭组成国家级风景名胜区，图为万华岩大型地下河溶洞群，南宋理学大师张栻取名，可进行洞中河漂流。古代百姓联想丰富，传说万华岩通苏仙岭白鹿洞；徐霞客当年从骑田岭下山"问所谓万华岩"，即专门寻找此洞。

五、永兴县——中国银都

> 旧是仙人苏母宅，潘园自始传仙迹。

—— 李佐鼎

汉初因反秦有功的长沙王吴芮的儿子吴浅封便侯，于桂阳郡治郴县北设便县；宋改永兴县。传是苏母潘氏家乡，拥有仙母山、潘家园、问仙洞、苏仙观等。

六、资兴市——中国优秀旅游城市

> 想见苏耽携手仙，青山桑柘冒寒烟。

—— 黄庭坚

资兴市，古代有汉宁、兴宁等县名，经常性省入郴县又析置，因此既有与苏耽传说相关的地名，又有与寿佛周全真相关的名物。拥有苏仙山、昭德观。

七、汝城县——省级历史文化名城

> 东岭仙人迹，韶光每爱看。

—— 边　贡

汝城县在东晋析郴县汝城乡等置县，北宋以降为桂阳县，理学鼻祖周敦颐在此任过县令；1913 年改回汝城。拥有苏仙岭、独秀峰等。

八、桂阳县——省级历史文化名城

> 稽首苏耽仙，乘云去无迹。

—— 陈与义

桂阳县，承载"桂阳"地名、行政区划最多之特殊县。原为汉、三国桂阳郡治郴县矿冶地，东晋析置平阳郡、县，北宋设桂阳监，南宋升军，元代升路，明清为州。秋瑾父亲秋寿南曾任知州。1912 年改县，也有苏仙庙、橘井。志书记"州人士女以六月朔登山（鹿头山）祠苏仙"。

九、宜章县——中国茶业百强县

> 肯跨苏耽岭头鹤，轻逐浮丘吹玉笙。

—— 华　镇

隋朝于骑田岭南，析郴县南部置县义章，北宋改名宜章。清道光十年旱，知州委托知县迎神赴州城祷雨，事成而归功苏仙，于骑田岭筑望苏亭远眺苏仙岭。

十、临武县——有色金属、傩戏之乡

羽节忽排烟，苏君已得仙。

——韦渠牟

临武县原为楚苍梧郡治郴县在战国析置之邑，汉初刘邦封樊哙为"临武侯"置县。国家级非物质文化遗产"临武傩戏"显示，明末清初油湾村傩祭有感恩守护家国"苏仙王"的先贤信俗，"郴县苏仙岭山神苏耽，生于苏仙岭白鹿寨；修炼山顶，驾鹤日飞，跨鹿碧云，垂玉手现金容；祛瘟逐疫，济世救人，祷之即应，叩之即灵。孝感得道苏仙，冲素普应静惠，普济弘化天仙"。

十一、衡阳市耒阳市、衡南县

原有相关地名，现存耒阳市鹿岐峰、石臼仙，衡南苏仙井毁于抗战期间。

第二节 文 物

人世几番更面目，仙山依旧锁烟霞。

——郭 震

文物系物质文化遗产，具有历史、艺术、科学、文献等多方面的价值，宋元较多。现存主要集中在苏仙区境：苏仙岭风景名胜区、百年名校郴州一中校园、北郊丹霞天飞山喻家寨等处。

一、苏仙岭

图画天开马岭山，仙家白鹿洞中看。

——完颜东皋

"敕封苏仙昭德真君"碑

两宋皇帝敕封、加封苏耽仙号共 4 次，现存唯一的封赐碑是南宋理宗皇帝加封的"敕封苏仙昭德真君"蟠龙汉白玉碑，嵌砌在苏仙观正门门额上方。

苏仙观

苏仙观，志书中的苏仙上观、苏仙祠，雄踞郴江边苏仙岭顶，系祭祀西汉救民郎中苏耽专祠。唐乾封元年（666）高宗诏令"诸州各置观一所"，苏仙坛扩为观，北宋朝散大夫、郴州知州阮阅吟"羽节云旌事已空，旧观今在最高峰"，南宋吏部尚书罗汝楫作《谒苏仙观》诗。苏仙观为楼阁式三进庑殿道教建筑，砖木石结构，南北长82.2米，东西宽41.5米，两侧厢房为两层，建筑面积2464平方米。门额嵌宋理宗赐碑，正殿塑苏耽捧药橘像、潘氏苏耽母子像，大梁悬"仙自人间""孝子神仙"等匾，墙挂历代名人诗词歌赋，《徐霞客游记》载"堂三楹，上有诗匾环列，中有额"。1966—1976年遭到破坏，后在省地市重视下于1978—1980年按原貌修复。

苏仙观·屈将室——张学良幽禁处

西安事变后，张学良被"褫夺公权"，减处特赦，交军统局管束在宁波奉化县溪口镇。1937年卢沟桥事变，日军8月进攻上海袭击江浙；军统局遵照蒋介石、宋美龄意，将张学良安全转移，12月25日抵郴。28日张学良日记写"移往苏山苏仙庙中"，同于凤至夫人住苏仙观东厢两间，曾书墨"恨天低，大鹏有翅愁难展"于墙。1938年1月3日记"此地甚好，余甚喜之"。9日记"游白鹿洞，观宋代三绝碑"。2月

152

17 日迁看管他的刘乙光队长老家永兴县油市墟。3 月 22 日离郴，其苏仙观居室现为省级文物"屈将室"。

苏仙岭摩崖石刻群

国家级文物苏仙岭摩崖石刻群，由山顶苏仙观宋理宗"敕封苏仙昭德真君"碑、跨鹤台·升仙石崖刻群，山腰道亭群，山麓"三绝碑"崖刻群，白鹿洞崖刻群等组成，有唐、宋、元、明、清、民国名人书写镌刻的 30 余方。因种种原因，文物部门、风景区未查明各代题词者；本书除一处外，全部厘清。

1. 跨鹤台·升仙石摩崖石刻群

跨鹤台·升仙石，在岭顶，又名沉香石，传苏耽跨鹤升天处，横列阴刻大字"跨鹤台"，遒劲有力，字径 40 厘米，传唐代宰相、郴人刘瞻题刻，名款剥落，徐霞客云"镌字甚古"。下为元代阴刻"升仙石"，字径 25 厘米。周围刻"万古名山"，元代"寿山""福地""湘南胜地""香树、井中、景致、仙迹……"组刻，明代"川原旷雨，城景物饶……"诗、"紫云"词刻、"龙旭、霄霁、鹤云朝骞"铭刻，民初"南天一览""仙境"等 10 多方，字体各异，美观夺目。尤以"大孝格天"联，崇尚苏耽爱民精神，直抵人心。

注：传说苏耽跨鹤升天的"跨鹤台·升仙石"，岭顶悬石，上有形似脚印痕迹。"跨鹤台"三字斗大，传为唐人书法，名款剥落，徐霞客云"镌字甚古"，应为唐代郴籍名相刘瞻所题，因其熟谙苏耽传说，在山麓白鹿洞悬石"上书'白鹿洞'三字，字大如斗"，楷书阴刻；在山顶即可能题"跨鹤台"，因也是三字，字大如斗、楷书阴刻。下方"升仙石"，系元代泰定三年（1326）藩属国进士、高丽人、郴州路总管完者炎书写镌刻。

注："寿山"崖刻，元代名臣"清献公"郴州路总管、福州府人王都中（后户部尚书），至元辛巳年（1281）令幕僚、经历官等祈晴祷雨，认为"屡叩苏仙""昭答灵贶"，书写大字刻石（"寿"字120×100厘米、"山"字80×100厘米），注"'寿山福地'四字镌于仙山之石壁"。

注："福地"崖刻，痕迹依稀可辨。1994年因官员引进劣僧在苏仙观违规大兴工程，强烈震动四周，致"湘南胜地"石崖倒塌，此处石壁受损，元代"福地"两字刻痕脱落。

注：元代"湘南胜地"组刻：香树、井中、云峰、景致、人泉、仙迹、古传。"居浩然征东七年七月"题刻，1258年元王朝征服朝鲜半岛，1280年在藩属国高丽设立特殊机构"征东行省"，筹划征服东瀛、防御倭寇，又称"征日本行省"（1356年罢）。居浩然为行省高官，征东七年（指1287年）夏到郴，游橘井、苏仙岭感触殊深，撰题"湘南胜地"组刻。

154

注：明代崖刻四言诗"川原旷雨，城景物饶；遗踪空怅，归犹自恋"，嘉靖年苏州长洲县进士、刑部郎中、给事中、湖广佥事、长沙分巡道张勉学，嘉靖癸亥年（1563）题刻，描述登苏仙岭顶俯瞰郴城美景、游览跨鹤台·升仙石、遥忆苏耽化鹤归乡之种种情怀。

注：明代"紫云"崖刻，系廉洁有为之岭南名臣李焘题刻。李焘，广东河源进士，广西布政司、湖广按察使、云南巡抚、右都御史，万历乙巳年（1605）返乡经郴游苏仙岭题词。

注："龙旭霄霁，鹤云朝骞"，南明隆武二年（1646）苏州书画家顾超题反清复明八字铭。

155

注：对联"大孝格天得东方生气，官司守土应景行高山"，系清末湖州归安进士、郴州知州李宗莲撰。李宗莲乃晚清四大藏书家之南韶兵备道、福建盐运使陆心源门生，其崇仰苏耽之大孝，以理学鼻祖、宋代郴州知州周敦颐为楷模，捐修濂溪书院、苏仙观。

注："南天一览"，民国七年（1918）孙中山大元帅府参议、湖南湘潭隶书名家马骧题。马骧，清末同盟会会员，保定军校一期生，湘军骑兵团长，随黄兴投入辛亥革命，参与策划长沙起义，后任湘军第三路司令。北伐战争任国民革命军第6军高参、第4路军总指挥部总参议，1928年全国名义上统一后，任国民政府参谋本部高级副官主任（中将级），1936年逝世。

注："仙境"，民国九年（1920）孙中山广州大本营少将咨议陶澄孝题。陶澄孝，上海人，清末留日陆军士官学校中华队一期，日本近卫步兵第四联队见习士官，湖南武备学堂教习，湖南新军标统、江苏新军标统，沪军第1师团长，参加辛亥革命，南京临时政府少将。

注："万古名山"，"登高廖居士书"。"居士"，居家信道者泛称，亦文人雅士自称。该居士留姓不留名，亦未落年款，只写"登高"。风景区人员提出是否唐代景星观廖道士，有可能。

苏仙岭则堪称"万古名山"，唐代《天地宫府图》言黄帝大臣力牧曾掌管此山。

2. 奉宪泐石碑

光绪五年碑

光绪六年碑

注：在苏仙观内，碑三通。明晚期动荡，苏仙观道士离开。佛教禅宗五家流派之一的曹洞宗古爽派南移，僧人来到苏仙岭。因"苏仙岭乃合郡香火福地"，地方长老遂招入住以有人照管苏仙观。咸丰年，法云、法秀禅师立约据、受田租，三年一居、照约交替并维护苏仙观，州署发执照。曹洞宗影响海外，法云是古爽派

高僧，其恪守教规，尊重历史与道家，不改苏仙观名；并在有能力后迁出，到观北2里外小苏仙处建寺，圆寂葬寺后青虚塔。留在观里的僧人分三房，遵约轮管。然光绪初劣僧宏开等，超期霸住，强收租谷、桐油、茶叶，乡民李、欧等"勾串劣僧，滋生事端"。光绪五年（1879），刘知州为"保全福地"，与32位绅民代表在观中竖《奉宪泐石》碑，执行原定法规，驱逐"召集匪类，不守清规"的宏开等劣僧。"奉宪"即奉行法令、奉命。光绪六年孙知州，续立《奉宪泐石》碑，"查苏仙庵院建自前汉，历今二千余年，本系合郡香火福地。前人施设田租，招僧住持，原为侍奉香火，岂容僧人据为己有。如有劣僧不守清规，应即随时驱逐。……一纸永垂永久，以资保护"。以法令形式，保护郴州全民所有的千年道观及"苏仙传说"的物质载体。

3. 三绝碑摩崖石刻群

山麓三绝碑摩崖石刻群，以三绝碑举世瞩目，还有祈晴碑、诗碑等9方。

宋代三绝碑

北宋婉约词正宗秦观秦淮海的代表词作、唐宋八大家苏轼苏东坡的悼语、书画名流米芾米元章的书法合成，南宋摩崖石刻（52×46厘米），享有称首中国十大三绝碑之说。其来历为：秦观在北宋新旧党争中因系苏轼门生，无辜遭小人诬陷贬谪郴州，骨肉友情远隔天涯，遂忧愤而作《踏莎行·郴州旅舍》：

> 雾失楼台，月迷津渡，桃源望断知何处？可堪孤馆闭春寒，杜鹃声里残阳树。
>
> 驿寄梅花，鱼传尺素，砌成此恨无重数。郴江本自绕郴山，为谁流下潇湘去？

词中"楼台"即苏仙观等，"津渡"在苏仙岭山前郴江龙船头渡，"郴山"指苏仙岭，旅舍即在山下，"郴江"绕苏仙岭而流下湘江。词意为：贬来南岭郴州，不见桃源。北湖畔驿站可寄梅花笺，鱼腹藏帛书也能传音信，但苏山却无仙鹤帮他带去对亲友的思念。苏轼在其逝后大恸，将此词抄于扇面，悲悼："少游不幸死逆路，哀哉，世岂复有斯人乎？"米芾见状痛书："秦少游辞，东坡居士酷爱之，云'少游已矣，虽万人何赎！'芾书。"如此，刻于碑上，世称"三绝碑"。南宋咸淳元年（1265），奉直大夫邹恭出任郴州知州，翌年（1266）春将其摹刻于白鹿洞上方石崖，三绝碑遂成历代游客谒访胜迹。

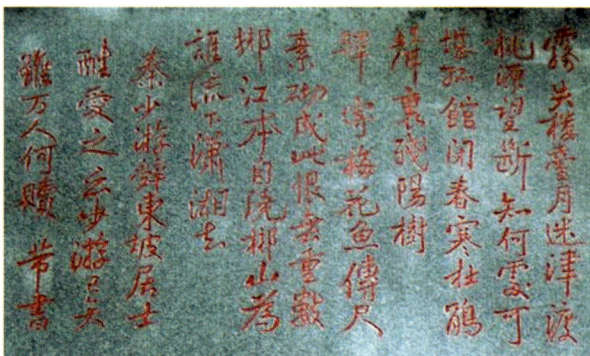

大夫邹恭跋文壁刻

三绝碑下壁刻小字，即邹恭摹刻三绝碑跋文。邹恭系福建邵武县进士，其父邹应龙为南宋状元、尚书、参知政事（副宰相）、廉正名臣，嘉定十三年（1220）任荆湖南路安抚使，到过郴州，知悉秦观苏轼米芾故事，遂使邹恭特别钦仰三位先贤。邹恭任郴州知州，第一事就是寻找原碑转刻于苏仙岭。并

注：《踏莎行·郴州旅舍》词中"郴山"，即苏仙岭，图为三绝碑护碑亭与秦观铜像。

专撰对秦词、苏语、米书的评介及说明摹刻三贤之碑经过的跋，"淮海词、东坡语、元章笔，素号'三绝碑'，骚人词客得之宝惜。余来守是邦，首访旧刻，把玩不置。因谒苏仙山，少憩白鹿洞口，偶披荆而上，有泉出乎两山之间。于是草创小亭，环植桃栽，追思唐孙会（注：唐玄宗朝郴州刺史）'何异武陵之境'之句，慨悟少游'桃源望断知何处'之所咏。迨命工以其词镌之石壁，尚与此景同传不朽云"。

两宋名臣李光诗刻

注：两宋参知政事、庄简公李光，抗金反秦桧，遭贬海南，秦桧1155年死后安置郴州，自述"蒙恩徙郴，所寓适与苏仙邻。暇日携儿徜徉""成二小诗题之壁间"。现查出其诗凿制时间，早于郴州知州邹恭崖刻三绝碑110年，但字剥蚀。

清代·祈晴碑

注：清代"祈晴记"，述道光丁酉年
(1837) 6月阴雨大甚，宁波进士、郴州知州胡钧率属吏祈晴成功，田陌大熟，重九时登山礼谢苏耽塑像。在白鹿洞搜见南宋绍熙甲寅年《祈晴记》，不知"商元左"等是谁。刻《祈晴记》于三绝碑石壁，认为"任水旱祈祷之事，应是当时守土官，而州志其未载，询之士人亦无知者，良可叹也"。

清代·诗刻《郴山为谁游》《入洞觉春暮》

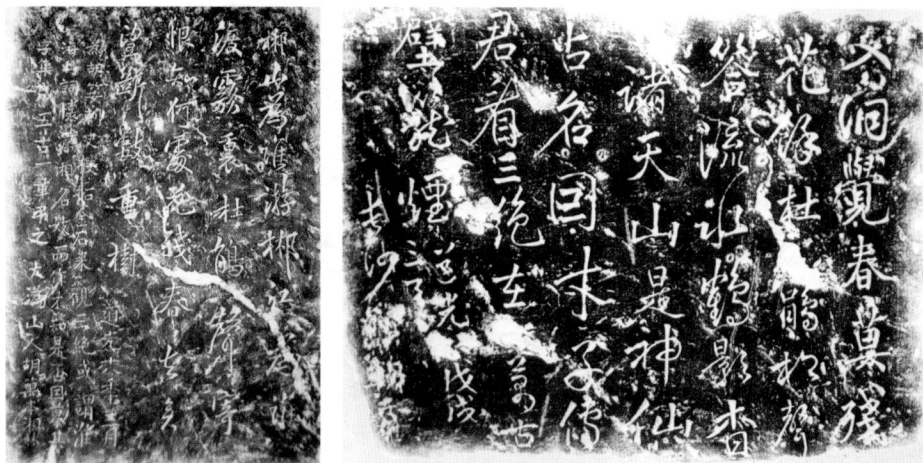

注：右为清道光戊戌年（1838）3月书法篆刻家胡湘林，应郴州知州胡钧请，"搜拓金石，来观三绝；或谓淮海此词怀潇湘名妓而作，不知是否？因慕其字，集成五古一章吊之"。诗句全采用米芾所书的秦观词、苏轼语等字，摹写组合"郴山为谁游，郴江为谁渡？雾里杜鹃声，寄恨知何处？花残春去矣，望断数重树"。如此再创作，亦堪称一绝。左为长沙文士、《默庵赋稿》作者邹轹与夫人、女诗人劳文桂来游，邹轹也吟五律云："入洞觉春暮，残花余杜鹃。松声答流水，鹤影杳诸天。山是神仙占，名因才子传。君看三绝在，万古壁笼烟。"将苏仙传说、秦词苏语米书和郴山郴水，自然和谐融为一体，又呈一绝。

现代陶铸填词碑

1965年3月27日，国务院副总理兼中南局第一书记陶铸，在湖南省委第一书记张平化陪同下，轻车简从到郴州检查农业工作。地委书记陈洪新汇报完工作，顺便向陶铸讲了1960年3月"毛泽东背诵《踏莎行》"之事，邀请他同各位领导去苏仙岭看看。翌日上午，陶铸一行前往建设中的苏仙岭公园，游览果木园、桃花居、三绝碑，他嘱咐地方领导要把古代的仙山建成今日的人民乐园。登上岭顶，俯瞰返绿的大地田园，联想到国民经济困难时期已经度过，"饿魔"远遁、稻香复归，当晚诗兴勃发，步秦观原韵填写《踏莎行》一首。秦观《踏莎行》：

> 翠滴田畴，绿漫溪渡，桃源何似人间处。不须惆怅怨春寒，万人欢唱朝阳树。
>
> 桥跃飞虹，渠飘练素，英雄此际无重数。郴江虽仍绕郴山，流

160

向稻香长不去。

他将填词修改完善，并写序说明：

> 一九六五年三月，检查农业工作至郴州，游苏仙岭公园新栽果树林，只见千枝吐艳，景象欣欣。然于三绝碑上览秦少游词，感其遭遇之不幸，因益知生于社会主义时之有幸。乃反其意而作一阕，以资读该词者作今昔之对比，而更努力于社会主义革命与社会主义建设。

> 翠滴田畴，绿漫溪渡，桃源今在寻常处。英雄便是活神仙，高歌唱出花千树。
> 桥跃飞虹，渠飘束素，山川新意无重数。郴江北向莫辞劳，风光载得京华去。

词句清新，气韵刚健，讴歌人民为"活神仙"。《羊城晚报》《湖南日报》《诗刊》知道后拿去发表，于是张平化、陈洪新酝酿将陶词刻碑立在三绝碑护碑亭中，让游人作今昔对比。1966年春陶词碑上墙。后陶铸被"四人帮"迫害致死，其填词碑也被砸碎。"文革"结束后，郴州市人民政府请省书法家协会顾问、原湖南艺术学院副院长周达书写陶词，刻碑上墙。1988年春中顾委委员、中组部原副部长曾志，归乡参加"纪念湘南起义"活动，专门到苏仙岭参观三绝碑。回京后函告郴州党史征集委：夫君陶铸当年亲笔书写的《踏莎行》填词稿尚存，建议采用本人手迹。时任郴州地委书记龚杰指示相关部门，尊重曾志同志意见，于是陶铸手书的填词《踏莎行》刻碑上墙。

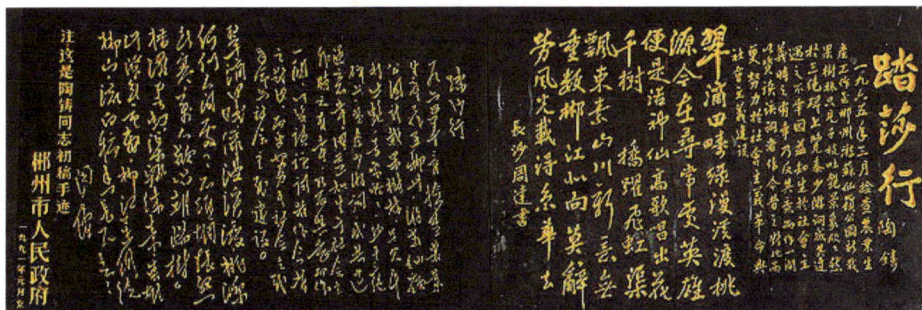

注：左碑即陶铸亲书《踏莎行》填词初稿。

4. 白鹿洞摩崖石刻群

山麓白鹿洞摩崖石刻群，以南宋"祷雨碑"最显眼，与民族英雄岳飞副将张宪友善的名家宋仲温书丹，张宪对其书法评价甚高，《赠宋仲温》曰："江南羽化张天雨，海上神交宋仲温。楷法钟繇称独步，草临皇象已专门。"淳熙壬寅年（1182）老书法家宋仲温（温州人），与开封、苏州、太原三友祷雨苏仙岭并小憩白鹿洞，书、刻"祷雨碑"。苏仙岭为祈雨苏旱之灵山，白鹿洞内悬石、石壁原有唐代郴籍宰相刘瞻题"白鹿洞"大字，以及明代湖广巡抚秦金、南赣巡抚王守仁征剿瑶汉起义等各代诗文石刻，"文革"挖防空洞毁。尚存洞外石壁南宋"祷雨碑""祈晴碑"、明代"白鹿洞"名、清"祈雨碑""得仙桃石碑"等。

南宋祷雨碑

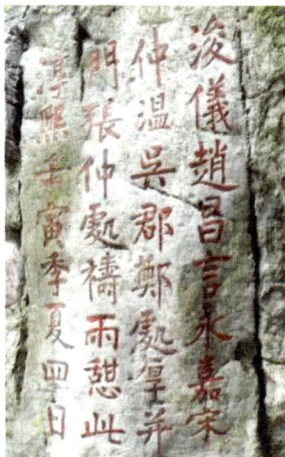

注：1182年岳飞副将张宪好友、名书法家宋仲温（永嘉即温州），与三位隐士"浚仪（开封）赵昌言、吴郡（苏州）郑厚、并门（太原）张仲处，祷雨至此"，宋仲温楷书碑文，字17厘米×15厘米，大笔如椽，颜筋柳骨，银钩铁画，神韵洒脱。

南宋祈晴记碑

注：经考证，南宋《祈晴记》为隆兴元年（1163）福建进士商佾撰。商佾，字元佐，绍熙甲寅年（1194）郴州知州；遇久雨祈晴成功，撰文刻碑"随应既晴复阴……天色澄霁，氛不为疹，日扬其光"，惜字迹漫漶。商佾有诗联"地俯梅溪新栋宇，源通橘井近烟霞"。

唐宰相刘瞻题字、明湖广巡抚秦金和南赣巡抚王阳明征剿瑶汉起义碑

注：两碑原在白鹿洞内，唐代郴籍宰相刘瞻题"白鹿洞"名刻于洞中悬石；明代湖广巡抚、南赣巡抚征剿瑶汉起义文刻于石壁，记述明正德十二年（1517）事，郴州宜章县瑶族首领龚福全等，率莽山、西山、笠头洞瑶汉农民起义，联合粤赣边民义军，四路出击，攻克湘粤赣边际州县。朝廷派右副都御史秦金任湖广巡抚，调集湘、赣、粤三省官军和地方武装，南赣巡抚、大哲学家王阳明配合，围剿之。1969年，响应"深挖洞、广积粮、不称霸"的号召，全国掀起大挖防空洞狂潮。苏仙岭白鹿洞也陷入其间，洞中悬石刘瞻题刻"白鹿洞"名，"湖广巡抚秦金、南赣巡抚王守仁征剿瑶汉聚义"碑，均在挖防空洞的简单粗暴施工中横遭毁灭。

明代白鹿洞名崖刻

注：白鹿洞现遗存洞口洞名由明正德戊辰（1508）山东莱州进士、湖广监察副使滕谧题写，残留小字为"乾明寺小憩"，其他刻字在"白鹿洞"名恢复过程中，被简单处理掉。

明代音韵学家袁子让《苏山十二景诗》碑

注：明代音韵学家、《字学元元》作者、兵部郎中、奉直大夫、郴州进士袁子让，读书苏仙岭时撰《苏山十二景诗》。他任四川嘉州知州，重视文物古迹，重修尔雅台、维修乐山大佛、开发峨眉山旅游，光宗皇帝旌表其功绩"共峨岭俱崇"。家乡便将其《苏山十二景诗》刻于白鹿洞外壁，惜字迹剥蚀莫辨；流传有"凿开顽石方成洞，跳出尘埃便是仙"等句。

清康熙年祈雨碑

注：清康熙丁卯年（1687）辽宁奉天（沈阳）进士、知州陈邦器等8人祈雨记事碑。

清道光年获仙桃石碑

注：道光十八年，金石篆刻家"大沩山人胡万本由仙岭题名至此，得仙桃十二枚"。

清康熙年祈雨碑

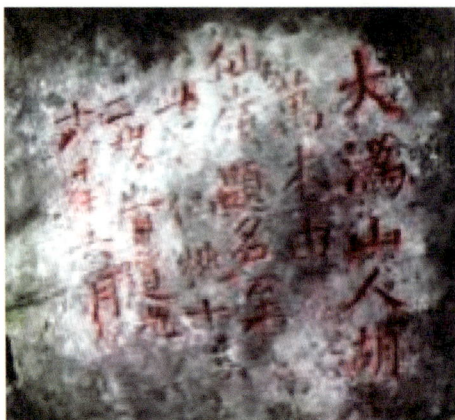

清道光年获仙桃石碑

5. 其他

飞升亭及苏耽石刻像

注：升仙石上方飞升亭，内竖"苏耽跨鹤"石刻像。1933年民国湖南省议员、省教育厅政教股长、郴州书法家张愈昱，与同人捐款，联系上海香祖画社创办人、郴籍画家王兰，请清末民国文化名家王震1934年绘，在长沙刻碑，拉回郴州运上山，竖于飞升亭（见后文）。

登山石阶道

注：苏仙岭虽只526米高，却突兀于郴江畔，十分陡峻。规模修建登山道路，始于唐朝，宋元明形成长宽不一数条。遗存主要有两条，主道，明清两代重修，青石、麻石条铺砌，较陡峻，原有1800级，合于"十八福地"之名（现代数次修筑公路、旅游车道，保存1680级使用）；辅道，基本由红砂砾石铺砌，由白鹿洞右方山脊达岭顶，徐霞客当年即走此道。

"重修苏仙山砌路碑"记

注：山腰第一座道亭旁砌路碑，记明代隆庆二年（1568）砌路及捐资人名，崇祯十年（1637）徐霞客上下苏仙岭走的是辅道，说明当时主道重修尚未贯通，故难度大、费资多、历时久。辅道旁林间清代碑，刻"禁止采伐"四字，左见"仙境"一词，说明古人生态环保意识强。

古凉亭

注：登顶石阶道上有两座古凉亭，供朝拜苏仙观者和登山游人途中休憩，市级文物。一座名"初登仙境"亭，拱门上方嵌汉白玉"初登仙境"碑，后门上嵌"共步云梯"碑；一座名"蓬莱在望"亭，拱门上方嵌汉白玉"蓬莱在望"碑，后门上嵌"仙厥可攀"碑。

"禁止采伐"碑

古凉亭

6. 景星观——郴州市道教协会目前驻地

景星观，即苏仙中观，供苏耽塑像，立韩愈序碑；郴州市道教协会所辖主观。

注：景星观系唐代名道廖法正住持，经管马岭山。其懂医药，交游时贤。咸通六年（865）

165

应召入京，为懿宗演示道医之术，赐号"元妙真人"，封官重馈皆不受，返乡。之前永贞元年（805），贬任阳山县令的韩愈获赦、居郴待命时，专程登马岭访廖法正，后遇于南岳衡山，撰《送廖道士序》"郴之为州在岭之上……橘柚之苞、竹箭之美、千寻之名材"，盛赞郴州地理之特、物产之丰、景观之美、人才之难得。"橘柚"，指苏耽橘井传说的药橘及制作橘红的柚柑。韩序刻碑，景星观扬名。北宋诗人阮阅吟《景星观》："圣世休祥见景星，曾闻瑞日庆云生。羽人中夜来朝斗，透过松梢一点明。"两宋理学家、文学家吕本中有《谒景星观》诗；南宋奉直大夫万俟倡出任郴州知州，步秦观《踏莎行》韵填词《景星观》："洞接桃源，桥横柳渡，苏仙旧日经行处。翩翩骑鹤几时还，空余怪石参天树。独依亭栏，谁论心素，乱山堆垒青无数。试从西北望长安，断云争逐飞鸿去。"

注：观内竖"唐宋八大家"之首韩愈《送廖道士序》碑，汉白玉，1.5×0.8 米。

注：景星观停车坪文化墙塑"苏仙传说"浮雕，12 个故事画面为吞萍成孕、鹤覆鹿哺、取名苏耽、仙翁授医、远遁取食、七颗仙桃、受诏得宝、群鹤迎仙、橘井泉香、苏仙望母、掷经成桥、仙泪化泉。

"天下第十八福地"穹碑

北宋苏仙岭列为道教"天下第十八福地"后，造高大石碑竖于入山口处，方座圆柱葫芦顶耸为穹碑。明代《徐霞客游记》载："入山即有穹碑，书

'天下第十八福地'。"清代《郴州直隶州乡土志》记橘井观"门悬'天下第十八福地'匾额，相传为苏东坡书"。惜洪秀全太平天国军打郴州，将此碑、匾连同苏仙观、义帝祠、濂溪祠、学宫、武庙均破坏。

二、郴州一中、橘井观遗址

> 灵橘无根井有泉，世间如梦又千年。

——元　结

橘井、橘井观遗址及重建橘井观的三通碑刻，在省级重点中学郴州一中校园教师宿舍区，为市级文物。苏母墓在教学区。该校始建于清光绪三十二年（1906），《湖南郴州市一中校史·概况》记述：

湖南省郴州市一中，是省、地、市重点中学。位于郴州市东门口，北望苏仙岭，东邻郴江河，溪傍京广铁路；校园宽阔，设备完善，环境优雅。在这里，园丁心血化春雨，满园桃李竞芳菲。

学校南端原为橘井观，唐代诗人杜甫曾咏叹："郴州颇凉冷，橘井尚凄清。"

注：1986 年橘井、橘井观所在郴州一中编《校史》，副校长古庆、"苏仙传说"传承人之一的张传谦老师撰"概况"，摘录之。

橘　井

橘井，即橘泉、苏耽井、苏家井、苏仙井，"苏仙传说"核心载体，具有国际影响力。受橘井文化熏陶，百年名校（清末郴州中学堂、湖南第七联中、郴郡联中）郴州一中，走出众多优秀人才。如：毛泽东的老师湖南一师、湘雅医专董事李大梁，留学美国的湖湘教育家、省教育厅厅长、湖南大学创办者之一校长黄士衡；五四运动先驱群体——中共党建及工运领袖邓中夏、北平临时学生大会主席廖书仓、学联干事黄耀华及邓飞黄、潘宗翰、范体仁等北大学子；开创郴州图书馆、运动场之教育局长张愈昱；湘南起义第三师师长胡少海、参谋长谭新、资兴独立团团长李奇中（国务院参事），中共军事家曾中生、上将李涛、将军李基中、何善福，中国远征军团长李荩萱；地质学家朱森，中科院传感专家李楚；北京中医学院副院长潘开沛，湖南师院副院长何大群，广州中医学院副院长朱善猷，湘潭大学校长杨向群，历史小说家杨书案，清华大学副校长、教育部副部长、高等教育学会会长周远清，习近平主席就读清华大学时的班主任、校党委委员谢新佑教授，中国科技大学博导唐策善，哈佛大学教授谷继成，省文史馆馆员、作家、八股文专家龚笃清；

郴州乒乓球运动带头人何晓惠（女）、王昉（书法家），剧作家陈岳，全国人大代表王抗援、远大科技集团董事长张跃、远大住工集团董事长张剑，中国科学院院士周向宇，中国空间环境预报中心首席预报员刘四清（女），全国残运会旗手萧海鹰（女），国家疾控中心检验专家刘颖（女），中央电视台春节晚会、中国诗词大会节目主持人龙洋（女）等。

注：橘井为市级文物，在省级重点中学郴州一中教师宿舍区橘井观遗址处，井圈原为红石。橘井观古建群原同苏仙岭一样，悬挂苏轼题"天下第十八福地"牌匾，后在苏耽宅、橘井观改建宿舍时不知所踪；"文革"期间橘井遭封闭。

1995 年地改市后市政协委员张式成等数次提案，市委宣传部督促校方，橘井与苏母墓恢复，2012 年公布橘井为市级文物。

《重建橘井观记》碑

注：原有五碑，现存三通，在一中教师宿舍区橘井观遗址橘井旁。《重建橘井观记》碑系明代嘉靖三十年（1551）竖，碑文由郴州举人、虔州通判喻正中撰（见图左矮碑），叙述重建之事；感慨竣工后"橘益茂，泉益清，真足以慰苏君华表之思，而益覆夫重庇乡间之泽也"。忆述"幼尝诵《列仙传》，至橘井一事，未尝不叹苏君虽羽化仙去，而养母之心弥切；虽遗世独立，而济物之念孔殷。即其所为，正与吾儒仁爱之道昭合"。清康熙四十九年（1710），北宋文正公范仲淹第 19 代孙范廷谋任郴州知州时，与各县官员、州城、郴县士绅、道教再次重建，镌《重建苏仙殿记》《重建三清殿记》两碑，叙述"历年以来，凡逢瘟疫，祷无不应"。对此善举，"众皆踊跃响应，捐资购材"，橘井观"为郴城增色"。清《郴州直隶州乡土志》记："门悬'天下第十八福地'匾额，相传为苏东坡书。"

"汉苏仙母潘氏元君墓" 碑

　　苏母潘氏，北宋获封女仙号"潘元君"，明彭大翼《山堂肆考·女仙》指出："男性高仙称为真人，女性称为元君。""潘元君"因养育了苏耽真人并同儿子预防瘟疫、熬药救民，功著千秋德配天地；与"金母元君"西王母、泰山"碧霞元君"、麻姑山"真寂冲应仁佑妙济元君"，同属女性高仙。清康熙《钦定古今图书集成·职方典·郴州部·古迹考》记："苏仙母潘氏墓　在州橘井观之左，宋时石刻'汉苏仙母潘氏元君墓'八字。"指北宋元符三年（1100）哲宗敕赐苏耽"冲素真人"仙号，母以子贵，获封仙君号，制汉白玉墓碑。现代挖防空洞时，将此文物碑作为披护石材砌入防空洞壁。

三、天飞山摩崖石刻群

　　天飞山摩崖石刻群属省级文物，在许家洞镇郴江畔喻家寨，丹霞孤峰宛若天降，崖刻50余方。天飞山又因"有仙坛为苏仙修炼处"，叫仙台山，传说苏耽在此修炼、植荷白莲池。丹壁镌明代福建、贵州、桂林官员题"天飞山""太华峰""白莲池""南国奇游""灵岩霞蔚""胜境"等大字石刻，明代州学训导诗刻，山后天生大石桥"天生巨眼，大地津梁"题刻。清康熙郴州知州陈邦器书"仁者寿"大字及祝寿文刻，系赠山主喻国人。喻国人乃明末郴州举人、湖南宿儒、著作家，号春山，其父梦见苏耽骑鹿进门，便给他取小字：鹿寿生。徐霞客游郴，面对天飞山一带丹霞山水，叹曰："寸土绝丽。"

注：国家地质公园、丹霞景区喻家寨即仙台山，天生大石桥上有村庄、祠堂、白莲池。

注：明嘉靖年郴州训导曾廷珂刻于天飞山喻家寨石壁的五律"胜境闻名旧，邀朋始一游。莲从仙子种，池本化工修""濂溪独钟爱，续后孰相俦"等。

四、各县市

永兴县：
城边问仙洞

桂阳县：

仁义镇苏仙庙《苏仙碑》

注：桂阳县仁义镇苏仙庙，1960年代兴建欧阳海灌区及欧阳海水库，高福头村人在春陵江河岸，挖掘出一方清乾隆二十四年（1759）的《苏仙碑》，知道村后山原名"福地山"有苏仙庙，碑文述"苏仙者，郴邑桂阳人也，乘云升去，橘井流芳，化鹤归来，城楼作字句，名高青兰而望重丹丘者也。今迁善里七甲，地名福里，山下原建苏子庙"。

资兴市：

云荫仙庙及《重建云荫仙碑》

注：云荫仙庙在资兴市汤市乡，汤市温泉是神农炎帝茶汤沐地，有祭祀炎帝的古汤庙。而距离炎帝陵仅40公里的青林村云荫仙庙，供奉苏耽母亲潘氏，清嘉庆四年（1799）《重建云荫仙碑》云："自苏潘地母飞镇以来，在昔前辈先已创建辉煌，香火兴盛，而一时士农工商胥祷祀而应福泽焉。"古人把消灾保民的潘氏，尊为母德仁厚"地母"崇祀，雕刻石像。

第三节　道教建筑

城郭依然尘界易，苏君何日再言还。

——陈振琳

苏仙区（包括郴州一中）：

唐代以降，道教建筑规模很大，曾拥有：苏耽宅、苏母宅、集灵观·橘井观、天下第十八福地门匾、苏母墓、来鹤楼、来鹤亭、苏仙桥、鹿角亭、苏仙岭建筑群、白露塘镇鹿仙观、许家洞镇仙台山兴元观、白莲池等。现存苏仙岭建筑群、橘井、苏母墓、鹿仙庵、许家洞镇潘婆庵、卜里坪街道遇娘庵遗址等纪念苏母潘氏的道教建筑。庵在古代指的是圆形草屋，《广韵》记："庵，小草舍。晋代葛洪在《神仙传》介绍焦先'居河之湄，结草为庵'"，属早期道家"修道、祀神的净地"；庵也通用于其他宗教庙宇的俗称。道教建筑是该传说的权威载体。

苏仙岭：

现存苏仙观、景星观、苏岭云梯、登山道亭、乳仙宫遗址（桃花居）等。

苏仙岭前"天下第十八福地"牌楼被拆毁

白鹿洞街道卜里坪街道寻母冲、遇娘庵遗址附近

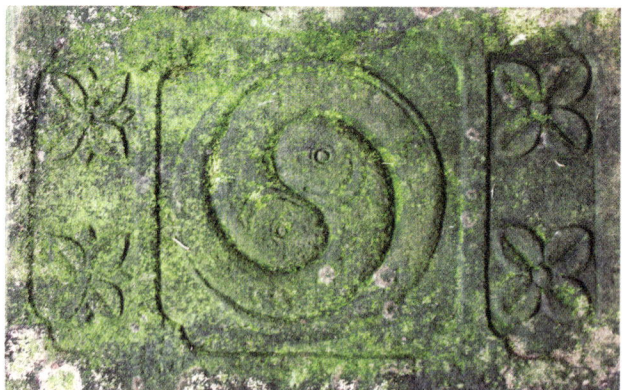

许家洞镇温泉村山上发现祭祀苏母潘婆庵遗址，石刻道家阴阳鱼太极图

郴州一中：

橘井观遗址：苏耽潘氏宅，唐代改观，北宋名集灵观，明清叫橘井观，供奉苏耽、潘氏塑像；二进殿门联赞颂潘氏"热肠救民流芳百世，苦心育儿屈辱一生"。1950 年代列为文物，"破四旧"时受损，现仅存明清三块重修碑。

苏母墓遗址：苏耽母亲潘氏之墓，在一中教学区，1950 年代列为保护文物。

注：汉代遗留，历代重修。原有宋—清汉白玉、青石碑数通，20 世纪六七十年代全国"深挖洞"，墓坡下开挖防空洞，破坏文物平墓取碑、石等，做防空洞建筑材料。2004 年墓恢复，只墓前香炉为旧物。

永兴县：

潘家园遗址

汝城县：

苏仙祠遗址：南宋嘉定年间建（民国《汝城县志·舆地志》：苏仙山）

资兴市：

昭德观遗址（县志：我宁之昭德观，盖自苏仙真人云游标异，故因徽号以名之。）

第四节　医药事物

苏耽橘井桐君篆，从古良医尽逸民。

——张　昱

　　医药事物是该传说的正宗，也主要集中在苏仙区、苏仙岭、郴州一中。

　　药橘树、橘井泉、橘枝、橘井药铺、仙桃、仙桃石、橘桃碑、复苏柏等。

　　桃石：唐《酉阳杂俎》记"出郴州苏仙坛。有人至，心祈之，辄落坛上，形似石块，赤黄色，破之如有核三重。研食之，愈众疾，尤治邪气"。宋《太平御览》叙"马岭山亦马岭山峤多虺蛇，毒杀人，有冷石可以解之，屑著疮内即活"。《大明一统志》"马岭山……小石曰仙桃，仙桃色赤黄有核，研饮之可以愈疾"。清《古今图书集成·郴州部记事》载"仙桃在郴州仙桃山，苏耽仙坛内，有人至心祈之，辄落坛上，或至五六颗，形似石块赤黄色，破之如有核三重，研饮之愈众疾，尤治邪气"。乾隆《郴州直隶州总志》述"仙岭有桃石，剖之绠核如生，世传仙桃；多虫蛇杀人，服之可解"。《竹叶亭杂记》言"苏仙公土桃出湖南郴州。苏仙公祠即汉时苏耽也。祠旁往往掘得土球，状如桃核，大如橄榄而扁。其质似土之结成，而又似沙之凝固，文亦若桃核之文，摇之空，其中有物作响。亦有伪者，惟以摇之作响若空青者为真矣。星伯云：可以治目"。俱言此石可治多种病症甚至目疾、蛇毒，实则它是一种结核化石，具备一些医药作用。《徐霞客游记》写苏仙岭乳仙宫住持"以仙桃石馈余"，即他获得一枚。

　　注：国家级风景名胜区苏仙岭管理处所藏桃石，即传说苏耽孝敬母亲的"仙桃石"。

　　橘枝：《嘉庆郴州总志·人物志·孝行》记明末"邓存忠，郴州人。幼侍父，耕即出，稚力相助。甫就外传，不数日必归省。父病，徒跣走粤求医，不以星夜为瘁。母遘疫疾，尝粪甜苦；祷于郴之九仙，得集灵观之橘枝以愈……入《通志》（《湖南通志》）。雍正十年，旌"。集灵观橘枝，即橘井观橘井旁药橘树枝。1732年，邓孝子获清廷旌表。

第四章　仙真亦由帝王荐

（褒祀封赐）

杏林佳实留心种，橘井甘泉透胆香。

——赵　恒

道教典籍中，先天得道称之为神圣，后天得道称之为仙真。仙真即"真人"，指洞悉宇宙和人生本原，真正觉醒觉悟的人，也就是存养本性或修真得道者，泛称真人即成仙之人。唐王朝将列子、庄子等封为真人，道家将战国鬼谷子、东汉张道陵、唐代吕洞宾、五代刘海蟾、宋代王重阳、宋末元代张三丰等，皆视作得道真人。民间俗话"神仙也要皇帝封"，封建王朝要维持大统、稳固政权、安定民心，强调君权神授，采取封神制是一贯做法，即在宗教方面敕封赐号、褒荣祭祀。现查明，从"开元之治"的盛唐到南宋，公元741年至1264年长达523载，抗疫先贤苏耽受到唐宋帝王6次褒荣封赐。两宋皇帝推崇道教（尤其道教纳入的医家），对男性神仙初封"真人"，最高封四字，每次加二字至八字为止。故苏耽成为湖湘较早获得帝王封赐仙号者，也是超越董奉等获得封号较多者，仙灵文化通过朝政程序化壮大。（宋代帝王画像藏台北故宫博物院）

唐玄宗诏令"发挥声华，严饰祠宅"

巨唐开元二十九年也，特有明诏："追论矫迹，俾发挥声华，严饰祠宅。"

注：唐代苏仙观，建于高宗朝，玄宗李隆基诏令重修。其时《苏仙碑铭》云："巨唐开元二十九年也，特有明诏：'追论矫迹，俾发挥声华，严饰祠宅。'"741年，好道的唐玄宗特下英明诏示，令回溯讨论苏耽母子高卓行迹，并严整隆重地装潢祠观故居，使其内含精义和美好声誉充分宣扬。郴州刺史孙会奉旨大兴土木，于郴城东门外苏氏故居（今郴州一中），盖祭祀祠，

重饰华表；于马岭山顶重修苏仙观，绘制苏耽画像。州城长老感荷"皇恩远及，祀典克明"，请郴州刺史孙会制碑纪念，孙会遂撰《苏仙碑铭》，碑文收入《全唐文》。

宋真宗敕赐"集灵观"名

"敕赐第为集灵观"。

注：北宋大中祥符元年（1008），宋真宗诏令赐予郴州苏耽、苏母宅第名号"集灵观"，是宋代帝王首次对苏耽母子治瘟救民纪念建筑的赐名，即聚集神灵之观。州县官署同道家、民众在橘井旁盖起集灵观，如此，郴州拥有祭祀苏耽的苏仙岭苏仙观和祭祀苏耽苏母的东城门外集灵观（后称橘井观）两观。同时"汉苏仙母潘氏元君墓"（今郴州一中校园内），竖碑于是次。史料见于明正德年工部侍郎、郴州进士崔岩著，嘉靖朝代吏部尚书、郴州进士何孟春修的《九仙二佛传》记载"宋大中祥符元年，敕赐第为集灵观"。（国家图书馆藏）

宋哲宗赐号"冲素真人"

敕令"郴州苏仙山苏耽赐号'冲素真人'制，元符三年五月戊寅"，"敕：维尔生于遐裔，世传为仙，历千余年犹能惠泽一邦，有请辄应。州上其事，朕用叹嘉，因民之心，锡以显号，尚其敷祐，永庇斯人可"。

注：北宋元符三年（1100），郴州官署应士民请求上书朝廷，陈述苏仙观祀主苏耽荫护地方的功德（《万历郴州志》"宋元符三年郡境旱，请雨辄应，州上其事"），请求皇帝赐封。哲宗按前代帝王的祀法，敕令赐予苏仙岭苏仙观祀主苏耽"冲素真人"号，苏耽首获医仙封号。敕赐令在《宋大诏令集》卷第 136 典礼 21 天神下册（中华书局 1962 年版，国图藏书）。"遐裔"指边远之地，"惠泽一邦"指施惠爱于民、恩泽地方，"锡以显号"即赐予显贵封号；"冲素真人"，即冲淡淳朴、存养本性、大义救民达到天人合一境界之得道者。

宋高宗加封"冲素普应真人"

《宋会要辑稿》记："《宋会要》：冲素真人祠，在郴州苏仙观。高宗三十二年十月加封：冲素普应真人。"

《文忠集》："郴州苏仙观冲素真人祷雨灵应，加号'冲素普应真人'（壬午九月十日）敕：朕闻之仙以忠孝仁义为本，然则驭风骑气，虽已游乎八极之外，而所以眷顾旧邦者，宜未忘也。具封阴功宿植，妙道早成，白马飘然，千有余岁，屡丰之应，于今赖之是用。按天宝之祠，衍元符之号，至人莫测于强名，顾何有哉。亦俯从众志而已。可。"（国家图书馆收藏）

注：南宋绍兴三十二年（1162），宋高宗敕令，加封苏耽仙号两字"普应"，成"冲素普应真人"。"普应"即祈祷普遍灵应。敕令一在南宋名相周必大的《文忠集》中，卷九十六《掖垣类稿》三，记下宋高宗赐封苏耽仙号的敕令全文；一在徐松辑《宋会要辑稿·诸祠庙》中（中华书局1957年版），时间与《文忠集》略有不同。笔者考，此因九月高宗敕令拟好后病故，孝宗十月即位，追认九月前令，乃惯常做法。"按天宝之祠"即按照唐代天宝年间对苏仙祠的诏令，"衍元符之号"即依据北宋元符年间的封号，予以加封。敕令中，褒扬苏耽"以忠孝仁义为本"，并说加封苏耽仙号是听从百姓的意志愿望。

宋宁宗加封"冲素普应静惠真人"

"嘉定壬午因苏旱息盗，再加封'冲素普应静惠真人'。"

注：苏耽第三次获得封赐在南宋嘉定十五年，明代郴州《九仙二佛传》《万历郴州志》记，嘉定壬午年（1222），宋宁宗加封苏耽仙号两字"静惠"。缘由是"嘉定壬午因苏旱息盗，再加封'冲素普应静惠真人'"。"静惠"指苏耽精神贯注专一、惠爱救民、安定郡内国中。"苏旱息盗"，说明祭祀苏仙后旱情缓解、盗乱平息、社会安宁。志书还特记"是岁三月二十八日，忽有一鹤飞于苏仙绕仙观，后诰到郴，乃知于是日命下，其灵验昭响如是"。说朝廷诰命制日当天，一只白鹤突然飞临苏仙岭上空绕苏仙观飞行。人们将此现象与宁宗加封苏耽和苏仙灵验相联系。

宋理宗加封"冲素普应静惠昭德真君"

"景定甲子加封'冲素普应静惠昭德真君'。"

注：苏耽第四次获得封赐仙号，在南宋理宗景定五年（1264），明代《九仙二佛传》《万历郴州志》记，"至景定甲子，加封'冲素普应静惠昭德真君'"。宋理宗加封两字"昭德"，即值得宣扬的美德。因此苏仙岭苏仙观门额嵌砌的御赐蟠龙大理石碑，镌刻的皇帝赐号为"敕封苏仙昭德真君"。至此，苏耽所获两宋皇帝赐予的封号，达到八字，后世因规制不再加封。而苏耽也由"真人"升格为"真君"，即主宰一方的道君，且是值得昭示宣扬美德的"昭德真君"。如是，郴州、桂阳军各县也相应建起昭德观，永远感恩抗瘟救民郎中。

第五章　道家福地云水间

（宗教推崇）

马岭古福地，苏仙此为宫。

——何孟春

早期道家将自身与上古神农、轩辕等三皇五帝联系，借圣贤立学说。这被东汉时的道教借鉴，与天国地祇都联系上，建立整套神仙谱系。解说其神奇空间与居处，称十洲三岛、洞天福地。十洲三岛在四海之内（虚幻），洞天福地在陆地之上（实有），俱神仙栖憩的阆苑美景。洞天，即山中的洞室贯穿诸山、通达上天，系天帝遣群仙统治之所；福地，系个体真人修道成地仙，受福并主治之地。"福地"一词，早在东晋出现，道教上清派著作《道迹经》引有《福地志》和《孔丘福地》；"七十二福地"一说，则见于南北朝道书《敷斋威仪经》。

唐高祖定"道大佛小"，颁《先老后释诏》"老先、次孔、末后释宗"；太宗重申"朕之本系，起自柱下"，加上高宗、玄宗等爱重推崇，道教成国教，全社会的崇道风气达致鼎盛。玄宗尊为道教首座的上清派茅山宗第 12 代宗师司马承祯撰洞天福地学说之《天地宫府图》，排序洞天与福地，均人间仙境。其中唯一与驱瘟抗疫先贤联系的马岭山即苏仙岭，凭借宗教化跻身福地前列，开启了底蕴深厚、样式丰富的南岭、郴州福文化与仙灵文化。

随着历史长河的奔流，洞天福地也自然变化，道教经典适时调整更替。然而，后世一些写家往往沿袭前人文章，只引《云笈七签》收入的《天地宫府图》，不察《正统道藏》所收《洞渊集》，未免偏颇，贻误后人。应以最后经宋仁宗御览排定地点的道教经典为准，才规范科学。

天地宫府图经

司马承祯

夫道本虚无，因恍惚而有物气，元冲始，乘运化而分形。精象玄著，列宫阙于清景；幽质潜凝，开洞府于名山。元皇先乎象帝，独化卓然，真宰湛尔，冥寂感而通焉，故得琼简紫文，方传代学；琅函丹诀，下济浮生。诚志攸勤，则神仙应而可接；修炼克著，则龙鹤升而有期。至于天洞区畛，高卑乃异；真灵班级，上下不同。又日月星斗，各有诸帝，并悬景位，式辨奔翔，所以披纂经文，据立图象，方知兆朕，庶觐希夷，则临目内思，驰心有诣，端形外谒，望景无差。乃名曰《天地宫府图》。其天元重叠，气象参差，山洞崇幽，风烟迅远，以兹缣素，难具丹青，各书之于文，撰《图经》二卷。真经所载者，此之略备；仙官不言者，盖阙而未详。

十大洞天

太上曰：十大洞天者，处大地名山之间，是上天遣群仙统治之所。
（略）

三十六小洞天

太上曰：其次三十六小洞天。在诸名山之中，亦上仙所统治之处也。
（略）

七十二福地

太上曰：其次七十二福地，在大地名山之间。上帝命真人治之，其间多得道之所。

第一　地肺山　在江宁府句容县界，昔陶隐居幽栖之处，真人谢允治之。

第二　盖竹山　在衢州仙都县，真人施存治之。（注：唐代衢州未有此县）

第三　仙磕山　在温州梁城县十五里，近白溪草市，真人张重华治之。

第四　东仙源　在台州黄岩县，属地仙刘奉林治之。

第五　西仙源　亦在台州黄岩县峤岭一百二十里，属地仙张兆期治之。

第六　南田山　在东海东，舟船往来可到，属刘真人治之。

第七　玉溜山　在东海近蓬莱岛上，多真仙居之，属地仙许迈治之。

第八　清屿山　在东海之西，与扶桑相接，真人刘子光治之。

第九　郁木洞　在玉笥山南，是萧子云侍郎隐处。至今阴雨犹闻丝竹之音，往往樵人遇之，属地仙赤鲁班主之。

第十　丹霞洞　在麻姑山，是蔡经真人得道之处。至今雨夜多闻钟磬之声。属蔡真人治之。

第十一　君山　在洞庭青草湖中，属地仙侯生所治。

第十二　大若岩　在温州永嘉县东一百二十里，属地仙李方回治之。

第十三　焦源　在建州建阳县北，是尹真人隐处。

第十四　灵墟　在台州唐兴县北，是白云先生隐处。

第十五　沃州　在越州剡县南，属真人方明所治之。

第十六　天姥岑　在剡县南，属真人魏显仁治之。

第十七　若耶溪　在越州会稽县南，属真人山世远所治之。

第十八　金庭山　在庐州巢县，别名紫微山，属马仙人治之。

第十九　清远山　在广州清远县，属阴真人治之。

第二十　安山　在交州北，安期先生隐处，属先生治之。

第二十一　马岭山　在郴州郭内水东，苏耽隐处，属真人力牧主之。

第二十二　鹅羊山　在潭州长沙县，娄驾先生所隐处。

第二十三　洞真墟　在潭州长沙县，西岳真人韩终所治之处。

第二十四　青玉坛　在南岳祝融峰，西青鸟公治之。

第二十五　光天坛　在衡岳西源头，凤真人所治之处。（注：衡岳即衡山、南岳）

第二十六　洞灵源　在南岳招仙观，观西邓先生所隐地也。

第二十七　洞宫山　在建州关隶镇五岭里，黄山公主之。

第二十八　陶山　在温州安国县，陶先生曾隐居此处。

第二十九　三皇井　在温州横阳县，真人鲍察所治处。

第三十　烂柯山　在衢州信安县，王质先生隐处。

第三十一　勒溪　在建州建阳县东，是孔子遗砚之所。

第三十二　龙虎山　在信州贵溪县，仙人张巨君主之。

第三十三　灵山　在信州上饶县北，墨真人治之。

第三十四　泉源　在罗浮山中，仙人华子期治之。

第三十五　金精山　在虔州虔化县，仇季子治之。

第三十六　阁皂山　在吉州新淦县，郭真人所治处。

第三十七　始丰山　在洪州丰城县，尹真人所治之地。

第三十八　逍遥山　在洪州南昌县，徐真人治之地。

第三十九　东白源　在洪州新吴县东，刘仙人所治之地。

第四十　钵池山　在楚州王乔得道之处。

第四十一　论山　在润州丹徒县，是终真人治之。

第四十二　毛公坛　在苏州长洲县，属庄仙人修道之所。

第四十三　鸡笼山　在和州历阳县，属郭真人治之。

第四十四　桐柏山　在唐州桐柏县，属李仙君所治之处。

第四十五　平都山　在忠州，是阴真君上升之处。

第四十六　绿萝山　在朗州武陵县，接桃源界。

第四十七　虎溪山　在江州南彭泽县，是五柳先生隐处。

第四十八　彰龙山　在潭州澧陵县北，属臧先生治之。

第四十九　抱福山　在连州连山县，属范真人所治处。（注：一说廖真人）

第五十　大面山　在益州成都县，属仙人柏成子治之。

第五十一　元晨山　在江州都昌县，真人安期生治之。（注：元辰山）

第五十二　马蹄山　在饶州鄱阳县，孙真人子州所治之处。

第五十三　德山　在朗州武陵县，仙人张巨君治之。

第五十四　高溪山　在雍州蓝田县，并太上所游处。

第五十五　蓝水山　在西都蓝田县，属地仙张兆期所治之处。

第五十六　玉峰　在西都京兆县，属仙人柏户治之。

第五十七　天柱山　在杭州于潜县，属地仙王伯元治之。

第五十八　商谷山　在商州，是四皓仙人隐处。

第五十九　张公洞　在常州宜兴县，真人康桑治之。

第六十　司马悔山　在台州天台山北，是李明仙人所治处。

第六十一　长在山　在齐州长山县，是毛真人治之。

第六十二　中条山　在河中府虞乡县管，是赵仙人治处。

第六十三　茭湖鱼澄洞　在西古姚州，始皇先生曾隐此处。

第六十四　绵竹山　在汉州绵竹县，是琼华夫人治之。

第六十五　沪水　在西梁州，是仙人安公治之。

第六十六　甘山　在黔南，是宁真人治处。

第六十七　晃山　在汉州，是赤须先生治之。

第六十八　金城山　在古限戍，又云石戍，是石真人所治之处。

第六十九　云山　在邵州武冈县，属仙人卢生治之。

第七十　北邙山　在东都洛阳县，属魏真人治之。

第七十一　卢山　在福州连江县，属谢真人治之。

第七十二　东海山　在海州东二十五里，属王真人治之。

注：司马承祯（639—735），道教上清派茅山宗第 12 代宗师。河内郡（河南）温县人，司马懿侄儿司马权后裔。博艺多才，遍访南北精研道教，曾居南岳衡山。崇佛的武则天诏令其进京，司马承祯为道教生存发展，不顾安危，向女皇阐明陶弘景"佛道双修"学说，叙"儒释道本为一家，殊途同归"之意。此后，睿宗、玄宗崇尚道教，数次邀其入朝，以帝王师相待。玄宗受其符箓，成著名的信道皇帝。而他安贫乐道请求还山。他逝后，玄宗封"银青光禄大夫"。其《天地官府图经》即《洞天福地记》，总结东晋以来成果，阐述洞天福地的性质、由来，正式列出十大洞天、三十六小洞天、七十

二福地。他将草药郎中苏耽采药、藏身修炼传说升仙的郴州马岭山，排为第二十一福地，认定是伏羲养子、黄帝大臣力牧掌管之地，如此，郴州马岭山成了道家洞天福地历史最悠久者。"郭内水东"即外城之内郴江东面。

洞天福地岳渎名山记·序

杜光庭

乾坤既辟，清浊肇分，融为江河，结为山岳。或上配辰宿，或下藏洞天，皆大圣上真，主宰其事，则有灵宫阆府，玉宇金台，或结气所成，凝云虚构。或瑶池翠沼，流注于四隅。或珠树琼林，扶疏于其土。神凤飞此之所产，天鳞泽马之所栖。或日驭所经，或星缠所属，含藏风雨，蕴畜云雷，为天地之关枢，为阴阳之机轴。乍标华于海上，或回疏于天中，或弱水之所萦，或洪涛之所隔！或日景所不照，人迹所不及，皆真经秘册，叙而载焉。太史公云：大荒之内，名山五千，其间五岳作镇，十山为佐。又《龟山玉经》云：大天之内，有洞天三十六，别有日月星辰灵仙宫阙，主御罪福，典录死生。有高真所居，仙王所理。又有海外五岳、三岛、十洲、三十六靖庐、七十二福地、二十四化、四镇诸山。今总一卷，用传好事之士。其有官城处所、得道姓名、洞府主张、仙曹品秩，事条繁广，不可备书，聊纪所管郡县及仙坛宫观大数而已。

天复辛酉八月四日癸未，华顶羽人杜光庭于成都玉局编录

七十二福地

（1）地肺山，在茅山，有紫阳观，乃许长史宅。

（2）石磕源，在台州黄岩县娇岭。

（3）东仙源，在温州白溪。

（4）南田，在处州青田。

（5）玉琯山，在温州海中。

（6）青屿山，在东海口。

（7）崆峒山，在夏州，黄帝所到。

（8）郁木坑，在吉州玉笋山玉梁观，乃萧子云宅。

（9）武当山，在均州，七十一洞。

（10）君山，在岳州青草湖中。

（11）桂源，在连州抱福山，廖先生宅。（注：桂源，汉代桂阳郡桂阳县即连州流出的桂水，乃珠江北源北江西源）

（12）灵墟，在台州天台山，司马天师居处。

（13）沃州，在越州刻县。

（14）天姥岑，在台州天台南，刘阮迷路处。

（15）若耶溪，在越州南樵风径。

（16）巫山，在夔州大仙坛。

（17）清远山，在委州浦阳县东白山。

（18）安山，在交州，安期先生居处。

（19）马岭，在郴州，苏耽上升处。

（20）鹅羊山，在长沙县，许君斩蜃处。

（21）洞真坛，在长沙，南岳祝融峰。

（22）洞宫，在长沙北。

（23）玉清坛，在长沙北。

（24）洞灵源，在衡州南岳招仙观上峰。

（25）陶山，在温州安固县，贞白先生修药处。

（26）烂柯山，在衢州信安县。

（27）龙虎山，在信州贵溪县，天师宅。

（28）勒溪，在建州建阳县。

（29）灵应山，在饶州北，施真人宅。

（30）白水源，在龙州。

（31）金精山，在虔州虔化县，张女真修道处。

（32）阁皂山，在吉州新淦县，天师行化。

（33）始丰山，在洪州丰城县。

（34）逍遥山，在洪州连西山，许真君修道处。

（35）东白源，在洪州新昊县，钟真人宅。

（36）钵池，在楚州，北王真人修道处。

（37）论山，在丹徒县户毛公坛，在苏州洞庭湖中。

（38）包州山，七十二坛，刘根先生修道处。

（39）九华山，在池州青阳县，窦真人上升处。

（40）桐梧山，在唐州桐梧县淮水上镖。

（41）平都斗山，在忠州邓都县，阴君上升处。

（42）绿萝山，在常德武陵北。

（43）章观山，在澧州礼阳县。

（44）抱犊山，在腾州上党，庄周所居。

（45）大面山，在蜀州青城山，罗真人所居。

（46）虎溪，在涤州安吉县，方真人修道处。

（47）元晨山，在江州都昌县。

（48）马迹山，在舒州，王先生修洞渊法处。

（49）德山，在朗州武陵县，善卷先生居，古名枉山。

（50）鸡笼山，在和州历阳县。

（51）王峰，在蓝田县。

（52）商谷，在商州上洛县，四皓所隐处。

（53）肠羡山，在常州义兴县张公洞。

（54）长白山，在衰州。

（55）中条山，在河中永乐县，侯真人上升。

（56）霍由，在寿州。

（57）云山，在朗州武陵县。

（58）四明山，在梨州，魏道微上升处。

（59）猴氏山，在洛州。

（60）叩山，在叩州临叩县，白伟出，相如所居。

（61）少室山，在河南拱州府，连中岳。

（62）翠微山，在西安府终南太一观。

（63）大腻山，在明州慈溪县天宝观。

（64）白鹿山，在杭州天柱山，昊天师所隐。

（65）大若岩，在温州永嘉县，贞白先生修《真诰》处。

（66）嗓山，在莱州崂嗓山，仙公会真处。

（67）西白也，一在越州刻县，赵广信上升处。

（68）天印山，在升州上元县洞玄观，仙公行化处。

（69）金城山，在云中郡。

（70）三皇井，在温州仙岩山。

（71）沃壤，在海州束海县，二疏修道处。

（72）（注：原篇遗漏）

注：杜光庭，唐末高道、户部侍郎，其《洞天福地岳渎名山记》，编录于天复辛酉年（901）。福地部分与盛唐《天地官府图经》区别不小，名称、所在州县及序号改变大，有的名称一致而地址不同，有的地点相同却名称不一。这是因为从盛唐至唐末将近二百年，道教传播地不可能铁板一块，有的落有的起，所以按规制及影响力，剔除衰落地，增进兴起地，如盖竹山、西仙源等删去，补入崆峒山、武当山等。顺序也变更了，如将郴州马岭山由第二十

一，提升到第十九的位置。后人刊刻时，其版本"郴"字错成"郴"，现予匡正。此外《洞天福地岳渎名山记》历经千年，传播过程中字词窜换，致使原篇七十二福地漏掉一处，何地不明。盛唐时的第五十一福地元辰山进位第四十七，但尚未与苏耽有瓜葛，到北宋《洞渊集》才联系上。

<h1 style="text-align:center">云笈七签</h1>

张君房

卷二十七·洞天福地部

司马紫微（注：司马承祯字紫微）《天地宫府图》

十大洞天（略）、三十六小洞天（略）

七十二福地

第二十一　马岭山　在郴州郭内水东苏耽隐处，属真人力牧主之。

注：北宋著作佐郎张君房奉旨编道教《大宋天宫宝藏》，择其精要编此文集，1029 年成书，进献宋仁宗，其中采纳唐代司马紫微《天地宫府图》，长期左右"洞天福地说"，未参考杜光庭著作。后世学者多不问唐、五代、北宋的洞天福地变动状况，以惯性思维采用《云笈七签》的内容，贻误后学。

<h1 style="text-align:center">洞　渊　集</h1>

李思聪

天下名山七十二福地

第一福地　地肺山，在长安终南山心，四皓先生修炼处。

第二福地　盖竹山，在台州黄岩县。

第三福地　青远山，在南阳。

第四福地　安山，在交州。

第五福地　石磕山，在台州天台县。

第六福地　东仙源，在台州。

第七福地　青屿山，在东海，中接扶桑岛。

第八福地　郁木坑，在玉笋山心，系临江军新淦县。

第九福地　赤水山，在西番西梁府。

第十福地　麻姑山，在顶后建昌军。

第十一福地　君山，在洞庭湖心岳州。

第十二福地　桂源，尹真人得道处，在建州建阳县。

第十三福地　灵墟，在天台山顶，系台州天台县。

第十四福地　沃洲，在越州。

第十五福地　天姥岑，李先生修道处，在越州刻县。

第十六福地　若耶溪，在越州。

第十七福地　金庭山，在明州。

第十八福地　马岭山，在郴州。

第十九福地　鹅羊山，在潭州（注：长沙县）。

第二十福地　真墟，在长沙。

第二十一福地　清玉坛，在南岳顶。

第二十二福地　光天坛，在南岳衡州。

第二十三福地　洞宫，娄敬先生修道处，在长安。

第二十四福地　陶山，在琼州。

第二十五福地　洞灵源，在衡州。

第二十六福地　三皇井，在温州永嘉县。

第二十七福地　烂柯山，在衢州。

第二十八福地　勒溪，在建州。

第二十九福地　龙虎山，张天师在信州。

第三十福地　灵山，在信州。

第三十一福地　白水源，在罗浮山顶，郑思远真人炼丹处，在惠州博罗县。

第三十二福地　逍遥山，在西山心，许真君宅淬剑处，在洪州。

第三十三福地　阁皂山，张天师观宝黑浮天，发洞穴获玉像天尊，因立洞穴，在临江军新淦县。

第三十四福地　始丰山，在洪州丰城县。

第三十五福地　金精山，在虔州虔化县。

第三十六福地　东白源，在洪州。

第三十七福地　钵池山，乔真人修道处，在楚州。

第三十八福地　论山，在润州丹阳县。

第三十九福地　毛公坛，刘根先生修道处，在安昊县。

第四十福地　鹦笼山，在和州历阳县。

第四十一福地　桐梧山，在唐州。

第四十二福地　平都山阴，长生修道处，在忠州。

第四十三福地　绿罗山，在鼎州武陵县。

第四十四福地　彰观山，在鄹州丰陵县。

第四十五福地　抱福山，在南海交州。

第四十六福地　大面山，在青城山顶，系蜀州青城县。

第四十七福地　虎溪庐山心，五柳先生宅，在江州德安县。

第四十八福地　元辰山，苏真人上升处，在都昌县。（注：出现苏真人即苏耽又修炼于江西都昌一说）

第四十九福地　马迹山，老君下降，授青童君《相骨经》，马迹印于石坛上，因立祠宫，在润州丹徒县。

第五十福地　德山，尧时善卷先生修道处，在鼎州武陵县。

第五十一福地　蓝水，在长安蓝田县。

第五十二福地　玉峰山，在河中府。

第五十三福地　天目山，在和州历阳县。

第五十四福地　商谷山，四皓先生修道处，在商州。

第五十五福地　张公洞，在常州义兴县。

第五十六福地　鱼湖洞，秦始皇求道处，在四明山。

第五十七福地　中条山，在河中府。

第五十八福地　灵墟，在天台北天台县。

第五十九福地　绵竹山，在绵州绵江县。

第六十福地　甘山，在黔州。

第六十一福地　瑰山，在汉州。

第六十二福地　金城山，在云中郡。

第六十三福地　灵山，在武歪县。（注：应是上饶县）

第六十四福地　北郎山，在洛县。

第六十五福地　武当山，在均州武当县。

第六十六福地　女几山，在三峡口。

第六十七福地　少室山，在邓州南阳县。

第六十八福地　庐山，在江州德安县。

第六十九福地　西源山，在台州黄岩县。

第七十福地　南田山，在东海生州。

第七十一福地　玉溜山，在东海，接扶桑岛。

第七十二福地　抱犊山，在徐州。

注：李思聪，北宋道教理论家、天文学家、数学家，虔州赣县（江西赣州）人，虔州祥符宫道官。游历天下，撰多部道教著作合成《洞渊集》。提出

"立天无一"观点；用统一符号表示未知数，让它像已知量一样参与运算，乃古代数学思维新成果。《洞渊集》中七十二福地，因五代后140多年的变化，老的陨落，新的崛起，李思聪依据实情"探迹幽微，精究妙本"重排序列，如唐代列第二福地的盖竹山在五代衰落排除，北宋重兴，就恢复原"第二"位（行政区划改到台州黄岩县）。各福地名由考据更准，如马迹山原说"在舒州，王先生修洞渊法处"。他考证为"老君下降，授青童君《相骨经》，马迹印于石坛上，因立祠官"。郴州马岭山，则由第19位调升至第18位，并出现第四十八福地苏真人一说，则苏耽在洞天福地中唯一拥有两个福地之仙人。此书收入明《正统道藏》。

宋仁宗御览《洞渊集》

宋代帝王拊视文化，崇尚道教，推重医学。如第四位皇帝仁宗，他是真宗幼子，承续皇父作风，极重文化、教育、人才，景祐二年（1035）一次科考即选拔出苏轼、张载、程颢、程颐、曾布、吕惠卿、章惇、王韶等文学家、理学家、政治家、军事家。仁宗亲撰《尊道赋》，令造针灸铜人，推动了道教、中医大发展。皇祐元年（1049）道官李思聪进献《洞渊集》，重新排定福地，仁宗御览认可，并封其为"洞渊太师"，赐号"冲妙先生"。《洞渊集》中的洞天福地成为道教和各地风景名胜，排序作为规范。更因"七十二福地"前冠以"天下名山"一词，马岭山（苏仙岭，包括橘井）即成苏轼所题宝墨、徐霞客所亲睹及史志所记载之"天下第十八福地"。

记纂渊海

潘自牧

注：南宋文献学家潘自牧的大型类书《记纂渊海》，记十大洞天、三十六小洞天，采用李思聪《洞渊集》；七十二福地却只采用《云笈七签》中唐代司马承祯《天地官府图》。

事林广记

陈元靓

仙灵胜境
七十二福地

第十八马岭山　在郴州。

注：陈元靓，宋末元初福建建阳县人，隐居著作家，自号广寒仙裔，编著《事林广记》《岁时广记》《博闻录》等书。陈氏与朱熹之孙、湖广总领朱鉴友善，朱鉴为其著作撰序。《事林广记》属于生活类百科全书，什么知识都有一些，专门统计了道教的洞天福地、仙灵胜境。七十二福地中，第十八福地仍旧为郴州马岭山，说明自北宋仁宗御览《洞渊集》之后，七十二福地及第十八福地马岭山位置再未变动。

台湾收藏版《正统道藏》·洞天福地

二十五福地马岭山，一名苏仙山。在湖南郴州东北。晋苏耽入山修道，其母窥之，见乘白马飘然。

五十一福地苏山，一名元辰山。在江西南康府都昌县。西晋苏耽真人得道于此。或云第五十一福地元晨山，在江州都昌县。

注：明代《正统道藏》后人介入的福地版本（台湾新文丰公司出版），与前三版福地对照：第十八福地苏仙山成了第二十五福地；"晋苏耽"的"晋"字，应是依据晋代葛洪《神仙传·苏仙公》而言。第五十一福地、江西南康府（明代置，府治星子县即今庐山市）都昌县的元辰山，也叫成"苏山"，云"西晋苏耽真人"在此得道，可说明西汉桂阳郡郴县的苏耽传说，随着晋代桂阳郡曾属江州而流传过去（晋王朝以长江之名置江州，南昌、九江先后为治所；以湘水之名置湘州）。经数代传播，北宋《洞渊集》认为苏耽曾修炼于都昌县元辰山，属于苏仙传说影响东扩的产物。这使得苏耽一人拥有湘赣两处福地，为道教的特殊名人现象。

正统道藏·七十二福地

第一福地　地肺山，一名太乙山，在江苏江宁府句容县。汉四皓高士隐此不受高祖召。

第二福地　盖竹山，在浙江台州府临海县。施真人得道处。

第三福地　仙岩山，在浙江温州府瑞安县。宋陈傅良读书于此，朱子尝访之。

第四福地　大涤山，在浙江杭州府余杭县。大涤语何法仁曰汝居此可逃世成真。

第五福地　仇池山，在甘肃阶州成县。唐罗公远真人修道处。

第六福地　具茨山，在河南许州府临颍县。昔黄帝尝登此山。唐卢照邻隐于此。

第七福地　高盖山，在福建福州府侯官县西南。刘彝诸贤尝隐于此。

第八福地　青屿山，在山东沂州府东海中。姜一真真君隐于此。

第九福地　都水洞，一名玉笥山，在江西吉安府永宁县。南北朝萧子云侍郎栖隐处。

第十福地　丹霞洞，在江西建昌府南城县。蔡经真人成道处。

十一福地　君山，在湖南岳州府巴陵县西南洞庭湖中。湘君游憩之所。

十二福地　赤水岩，在浙江温州府永嘉县。地仙李方回先师栖隐处。

十三福地　姑射山，在山西平阳府临汾县西。庄子所谓藐姑射之山即此。

十四福地　灵墟山，在安徽太平府当涂县东三十里。白云先生栖隐处。

十五福地　沃州山，与天姥山对峙，在浙江绍兴府新昌县。晋支遁真人放鹤处。

十六福地　天姥山，在浙江绍兴府新昌县东。李凝姬修道处。

十七福地　若耶溪，在浙江绍兴府会稽县。越西施采莲于此。南北朝何允栖隐处。

十八福地　金庭山，一名紫微山，在浙江绍兴府嵊县。上有金庭洞，马仙翁栖隐处。

十九福地　峡山，一名中宿峡，在广东广州府清远县。相传黄帝二少子太焕、太英隐居于此。

二十福地　安山，一名白云山，在广东广州府城东北。汉安期生真人冲举于此。

二十一福地　焦源山，在福建建宁府建阳县北。真人霍童所居。

二十二福地　鹅羊山，在湖南长沙府长沙县。仪封人方回桀溺秦不虚隐于此。

二十三福地　阁皂山，在江西临江府清江县。晋许逊真君栖隐处。

二十四福地　青玉坛，在湖南衡州府衡山县。乃祝融君游憩之所。

二十五福地　马岭山，一名苏仙山，在湖南郴州东北。晋苏耽入山修道，其母窥之，见乘白马飘然。

二十六福地　洞灵源，在湖南衡州府衡山县招仙观西。唐李邺侯读书于此。

二十七福地　洞宫山，在福建建宁府浦城县。晋魏夫人华存以洞宫为栖

191

真之所。

二十八福地　陶公山，在广东琼州府城东南。陶安公真人栖隐处。

二十九福地　顶湖山，在广东肇庆府高要县东北四十里。明温倬臣仙人隐此。

三十福地　泃溪，在广东韶州府乐昌县。有仙人石室高三十余丈。

三十一福地　泉源洞，在广东惠州府博罗县与铁桥相接。唐轩辕集尝隐于此。

三十二福地　龙虎山，山上两石对峙如龙昂虎踞。在江西广信府贵溪县西南。汉张道陵得道于此。

三十三福地　灵山，在江西广信府上饶县西北。北宋辛幼安尝隐于此。

三十四福地　苏门山，在河南卫辉府辉县西北七里。孙登尝隐于此。

三十五福地　金精山，在江西宁都洲。汉女仙张丽英飞升之所。

三十六福地　马当山，在江西九江府彭泽县。晋王勃顺舟而下至洪州作《滕王阁序》。

三十七福地　始丰山，在江西南昌府丰城县。汉吴猛真人成道处。

三十八福地　逍遥山，在四川成都府简州。隋刘庆善仙人尝游于此。

三十九福地　砵池山，在江苏淮安府山阳县西北十五里。晋王乔真人成道处。

四十福地　鸡笼山，在安徽和州含山县西北三十五里。宋王中正成道之所。

四十一福地　毛公坛，在江苏苏州府吴县西南洞庭湖中。汉刘根真人得道处。

四十二福地　绿萝山，在湖南常德府桃源县南十五里。魏伯阳真人栖隐处。

四十三福地　防山，在山东兖州府曲阜县东二十里。先贤颜子有墓于此。

四十四福地　桐柏山，在浙江台州府天台县。桐柏真人张大顺修道于此。

四十五福地　平都山，在四川忠州酆都县东北。唐举真人得道于此。

四十六福地　金堂山，在四川成都府金堂县东南五十里。唐李八百仙人尝游于此。

四十七福地　虎溪山，在江西九江府德安县。晋慧远送五柳先生于此。

四十八福地　彰龙山，在湖南长沙府醴陵县。晋司马徽隐居于此。

四十九福地　抱犊山，在山西潞安府壶关县。王烈入山见石室有书归问嵇叔夜处。

五十福地　大面山，在四川成都府成都县。汉王褒真人隐于此。

五十一福地　苏山，一名元辰山，在江西南康府都昌县。西晋苏耽真人得道于此。

五十二福地　马迹山，在江西饶州府鄱阳县东北。董幼真人栖隐处。

五十三福地　德山，在湖南常德府武陵县。地仙张巨君成道处。

五十四福地　凉风原，在陕西西安府临潼县，距蓝田县五十里。

五十五福地　蓝水山，在陕西西安府蓝田县。仙人张兆期栖隐处。

五十六福地　玉峰山，在山西平阳府洪洞县东北。地仙柏户栖隐处。

五十七福地　天柱山，在浙江杭州府余杭县西南。邵康节先生卜居于此。

五十八福地　商山，在陕西商州洛南县。

五十九福地　张公洞，在江苏常州府宜兴县。汉张道陵尝修炼于此。

六十福地　缑氏山，在河南河南府偃师县。王子晋于七月七日升仙于此。

六十一福地　长白山，在山东济南府邹平县南二十里。宋范文正公尝居于此。

六十二福地　少室山，在河南河南府登封县。唐李渤筑室于此，自号少室山人。

六十三福地　中条山，在山西蒲州府永济县。汉张果隐于此，尝乘白马日行数万里。

六十四福地　绵竹山，在四川绵州绵竹县。唐李淳风真人修道于此。

六十五福地　武当山，一名太和山，又名元狱山，在湖北襄阳府均州。昔真武修炼于此。陈希夷诵经处。

六十六福地　女凡山，在河南河南府洛阳县。兰香神女上升遗几于此。

六十七福地　瑰山，在四川成都府汉州。张桓侯成道处。

六十八福地　金城山，在安徽池州府石埭县。石长生真人得道处。

六十九福地　云山，在湖南宝庆府武冈州。韩终真人修道处。

七十福地　北邙山，在河南河南府洛阳县。邓夸父真人栖隐处。

七十一福地　卢山，在山东青州府诸城县东南三十里。秦人卢敖隐于此。

七十二福地　东崂山，在山东青州府寿光县。孙紫阳真人修道于此。

注：此七十二福地版本，有说是唐《洞天福地岳渎名山记》，虽补齐脱掉之数，但并非唐末杜光庭所作。首先有好几位北宋甚至南宋人，如第三福地写陈傅良、朱子，陈傅良曾任南宋桂阳军知军，朱熹访问他，皆在南宋。如第六十一福地写北宋范仲淹。再，写马岭山·苏仙山"在湖南"，唐宋元明尚无湖南等省行政区划；唐代设江南西道、湖南观察使职，宋代为荆湖南路，元明为湖广行省，清康熙年才分置湖南省。此版本除郴州等 7 州，65 个福地

193

都在某府州县，而大量设府在明代。故此版本，应是明末清初加工塞入明《正统道藏》的。而明确第五十一福地元辰山为苏山，及因苏耽传说的影响将"苏山"置于"元辰山"之前，可能在元末或明初道教的福地排序活动中。

补白：

仙灵胜境奇异事

苏仙岭后山几十平方公里森林翁郁、人烟稀少，自古即郴人采药摘野果砍伐竹木的好去处。据湖南省文史馆资深馆员、湖南文艺出版社副总编辑、湖南音像出版社原社长、八股文专家、中国作协会员龚笃清回忆，1950 年代后期其父不幸被误划"右派"，他作为长子不得不在求学之余，承担部分养家责任，节假日经常爬到苏仙岭后山寻药打柴。有次他挑煤经过后山密林深处，歇息时，突闻群鸟轰鸣，于是从树后探头而望。只见林海上空，密密麻麻群鸟聚飞，簇拥一只体形硕长、羽毛斑斓的大鸟，大鸟盘旋，降落于一棵大树顶上……他在书上，在动物园，也没见过这么硕大而美丽的鸟王，正惊奇时，鸟王傲然腾起，昂首冲天，群鸟又是一阵喧哗，跟随飞去……以后再到后山，却再也见不到那种场景了。

第六章　诗情画意锦绣连

（艺文精粹）

花暖青牛卧，松高白鹤眠。

——李　白

文学艺术与人零距离。历代文学家、文艺家们，汲取口传文学精华，提升民间文学水平、地位，将苏仙、橘井传说艺术化，用为诗词典故、散文主题、小说对象、戏剧唱段、赋记铭联、美术书法素材等。如此不遗余力地传播中华民族传统优秀文化，形成史诗一般的专属人文生态美学，发挥了文学艺术的巨大社会功能、正面教化作用，实属功德无量的绵绵巨献。尤其是仕宦墨客、平民百姓、封建帝王、革命志士对这份遗产表现出的情感体验、生命体悟的一致性，以及共通的道德观、价值观的人性化认识，证实了它是民族化的文学、艺术代表作。

第一节　诗歌词曲

酒酣亭上来看舞，有客新名唤苏耽。

——苏　轼

诗词名家，包括医家、道家、社会贤达、将相帝王感慨于"苏仙传说"母本，心系橘井、白鹿洞、苏耽宅、东城楼、潘家园、药橘、白鹤白鹿等传说原生地点、植物、动物，钟情苏仙岭、郴江等郴山郴水，探游苏仙观、橘井观、乳仙宫等道教宫观，欣赏鹿洞降生、鹤羽御寒、鹿乳哺养、跨鹤升仙，喟叹松林望母、化鹤归乡、鹤爪画字、城郭在人民非等故事，创作了大量作品。包括葛洪《神仙传》所附、欧阳询搜集、赵道一所辑录的《苏耽歌》，每一首都引发后人无穷的感慨。苏仙岭的最终定名，即因杜甫的"仙山引舟航"

等诗句吟咏，催化而成。甚至久蓄厚积，形成郴州"福地""仙城"专题诗。

改革开放后，地方政协文史委、郴江诗社、市区县诗词协会等汇拢200余种史、志、书刊、诗词集包括族谱等，公开出版物中麇集160余首作品。

笔者长年发掘，荟萃数量达700首，名家甚众超300。南北朝见诗，唐代爆发，巨匠争吟。从李白、杜甫、王维到苏轼、秦观，从刘禹锡、柳宗元到黄庭坚、张栻，从元好问、倪瓒到何孟春（郴人）、董其昌。从汤显祖、王船山到蒲松龄、丘逢甲，乃至郭震、张九龄、宋真宗、朱胜非、周必大、明蜀王朱让栩、杨溥、李东阳、张居正、乾隆、林则徐等历代帝王将相。还有民国陈三立、章太炎、程潜、邓中夏（郴人）、南怀瑾等。诗圣杜甫有4首诗涉及，王昌龄、刘禹锡、元稹、皎然均2首；宋代张舜民、黄庭坚、刘克庄等3首，江湖诗人萧立之8首；元代书画家杨维桢等3首；明代首辅杨士奇3首，广西布政使邓云霄7首，两广总督韩雍6首，吏部尚书曹义5首，理学家湛若水4首；清代范廷谋6首，嘉兴《檇李谱》8首，岭南名流屈大钧竟15首。这等数据，在道教洞天福地中居于前茅，是谓陆游云"挥毫当得江山助，不到潇湘岂有诗"，也如南宋理学家、郴州知州吴镒咏"他年休歇处，诗里识郴州"。囿于篇幅，精选部分。

注：郴州一中校园教工住宅区橘井观遗址橘井旁药橘树，橘枝有所药效。

一、南北朝

《道士步虚词》之七

庾 信

道生乃太乙，守静即玄根。中和炼九气，甲子谢三元。
居心受善水，教学重香园。凫留报关吏，鹤去画城门。
更以忻无迹，还来寄绝言。

注：庾信（513—581），南北朝宫体诗代表之一，其文学风格与徐陵并称"徐庾体"。南阳新野人，北周骠骑大将军、开府仪同三司（同太师、太尉等

三公三师，正一品）。此诗"凫留报关吏，鹤去画城门"句，前句典故说东汉叶县令王乔上朝不见车骑，却野鸭飞来，关吏捕鸭只见木鞋；后句典故即指苏耽化鹤归乡，儿童不识，弹弓射之，鹤惆怅，以脚爪画《苏耽歌》。

二、唐代（均收入《全唐诗》）

出郴山口至叠石湾野人室中寄张十一

王昌龄

楮楠无冬春，柯叶连峰稠。阴壁下苍黑，烟含清江楼。
景开独沿曳，响答随兴酬。旦夕望吾友，如何迅孤舟。
叠沙积为岗，崩剥雨露幽。石脉尽横亘，潜潭何时流。
既见万古色，颇尽一物由。永与世人远，气还草木收。
盈缩理无余，今往何必忧。郴土群山高，耆老如中州。
孰云议舛降，岂是娱宦游。阴火昔所伏，丹砂将尔谋。
昨临苏耽井，复向衡阳求。同疢来相依，脱身当有筹。
数月乃离居，风湍成阻修。野人善竹器，童子能豁讴。
寒月波荡漾，羁鸿去悠悠。

注：王昌龄（698—757），唐朝著名边塞诗人。河东晋阳（山西太原）人，一说京都长安人。后世誉其"诗家天子""七绝圣手"，却命运不济，早年贫贱耽于农耕，年近而立方中进士。登第前赴西北边塞，后因罪贬岭南、谪龙标尉（湘西黔阳县尉），最后惨被亳州刺史所杀。其诗名早著，与李白、王维、孟浩然等均交谊深厚；李白写郴州桂阳郡一诗，标题即含其姓名《同王昌龄送族弟襄归桂阳》。王昌龄诗与苏耽传说相关的有2首，这首咏南岭郴州无冬春之分，丹霞地貌呈万古之象，想起盈缩消长的自然道理，专门探访苏耽故居和救人之井。长老们安慰他，你不是外放而是宦游，在苏耽故里还可获丹砂，应有办法解脱俗世之网。诗中说南岭郴州虽然高远，长老却同中原一样，"豁讴"指大方唱歌，"羁鸿"形容自己如羁旅之雁。

将至郴先入衡州，欲依崔舅于郴

杜 甫

兵革自久远，兴衰看帝王。汉仪甚照耀，胡马何猖狂。老将一失律，清边生战场。君臣忍瑕垢，河岳空金汤。重镇如割据，轻权绝纪纲。军州体不一，宽猛性所将。嗟彼苦节士，素于圆凿方。寡妻从为郡，兀者安堵墙。凋弊惜邦本，哀矜存事常。旌麾非其任，府库实过防。恕已独在此，多忧增内伤。偏裨限酒肉，卒伍单衣裳。元恶迷是似，聚谋泄康庄。竟流帐下血，大降湖南殃。烈火发中夜，高烟焦上苍。至今分粟帛，杀气吹沅湘。福善理颠倒，明征天莽茫。销魂避飞镝，累足穿豺狼。隐忍枳棘刺，迁延胝胼疮。远归儿侍侧，犹乳女在旁。久客幸脱免，暮年惭激昂。萧条向水陆，汩没随渔商。报主身已老，入朝病见妨。悠悠委薄俗，郁郁回刚肠。参错走洲渚，春容转林篁。片帆左郴岸，通郭前衡阳。华表云鸟埤，名园花草香。旗亭壮邑屋，烽橹蟠城隍。中有古刺史，盛才冠岩廊。扶颠待柱石，独坐飞风霜。昨者间琼树，高谈随羽觞。无论再缱绻，已是安苍黄。剧孟七国畏，马卿四赋良。门阑苏生在，勇锐白起强。问罪富形势，凯歌悬否臧。氛埃期必扫，蚊蚋焉能当？橘井旧地宅，仙山引舟航。此行厌暑雨，厥土闻清凉。诸舅剖符近，开缄书札光。频繁命屡及，磊落字百行。江总外家养，谢安乘兴长。下流匪珠玉，择木羞鸾凤。我师嵇叔夜，世贤张子房。柴荆寄乐土，鹏跃观翱翔。

注：诗圣杜甫此五言古体作于唐大历五年（770）赴郴投亲经衡州之时，《杜工部集》《全唐诗》及清《湖南通志》《郴州总志》《郴县志》均收入，命题不一，极为重要。开篇两句"兵革自久远，兴衰看帝王"，就将国家兴衰、藩镇割据与封建帝王联系，诗前半部分，描述中原烽火直至潭州兵乱，"大降湖南殃"造成百姓受灾、自家逃难的苦情。诗后半部分开头的"报主身已老，入朝病见妨"，表达了报国无门的心理。"华表云鸟埤，名园花草香""旗亭壮邑屋""厥土闻清凉"等句，说明郴、衡一带未受兵祸，保持着华表、城墙完好风貌，使人联想到苏耽化鹤传说。后半部分"片帆左郴岸""橘井旧地宅，仙山引舟航"等句，说明杜甫在赴郴途中想象郴江、橘井、苏山景观。"仙山引舟航"一句，使马岭山、牛脾山最后通称"苏仙山""苏仙岭"。后面说妻舅及部属、张良后裔张劝数次来信要他赴郴州，南朝文学家江总曾寄居南岭数年，故杜甫要学嵇康隐身不仕，视仙山所在南岭郴州为定居"乐土"。

和郴州杨侍郎玩郡斋紫薇花十四韵

刘禹锡

几年丹霄上，出入金华省。暂别万年枝，看花桂阳岭。

南方足奇树，公府成佳境。绿阴交广除，明艳透萧屏。
雨余人吏散，燕语帘栊静。懿此含晓芳，脩然忘簿领。
紫茸垂组缕，金缕攒锋颖。露溽暗传香，风轻徐就影。
苒弱多意思，从容占光景。得地在侯家，移根近仙井。
开尊好凝眸，倚瑟仍回颈。游蜂驻彩冠，舞鹤迷烟顶。
兴生红药后，爱与甘棠并。不学夭桃姿，浮荣在俄顷。

注：刘禹锡（772—842），文学家、哲学家，字梦得，洛阳人。有"诗豪"之称，与柳宗元并称"刘柳"。永贞年参与散骑常侍王伾、翰林院主管王叔文改革朝政活动，遭贬湖南观察使所辖岭南连州刺史，走湘粤古道翻越骑田岭即"桂阳岭"。途中染疟疾（俗称：打摆子），留郴治病，与郴州刺史杨于陵友好，撰诗数首。此诗借咏紫薇花抚慰兵部侍郎杨于陵，说他不过暂别门下省与高枝，屈任郴州；说接邻交广二州的南岭乃"佳境"。"得地在侯家"之"侯"，指龙亭侯蔡伦，见《后汉书·蔡伦传》"蔡伦字敬仲，桂阳人也"，即蔡伦籍贯桂阳郡治所郴县（隋唐郴州）；按郡、县同治一城，籍贯记大不记小，故蔡伦家居郡治郴城。因受"安帝以谗害大臣"致死，家人为避"株族"逃至平阳（今桂阳）、耒阳等地。"移根近仙井"之"井"即苏仙宅橘井。"烟顶"指烟云缭绕的苏仙岭峰顶。诗句体现刘禹锡"山不在高，有仙则名"，地不在远、有灵则兴的哲思。

奉和杨尚书郴州追和故李中书夏日登北楼十韵之作依本诗韵次用

柳宗元

郡楼有遗唱，新知敌南金。境以道情得，人期幽梦寻。
层轩隔炎暑，迥野恣窥临。凤去徽音续，芝焚芳意深。
游鳞出陷浦，唳鹤绕仙岑。风起三湘浪，云生万里阴。
宏规齐德宇，丽藻竞词林。静契分忧术，闲同迟客心。
骅骝当远步，鹗鸩莫相侵。今日登高处，还闻梁父吟。

注：柳宗元（773—819），文学家、哲学家，与韩愈并领古文运动，为"唐宋八大家"之一，与刘禹锡合称"刘柳"，官终柳州刺史，又称"柳柳州"。河东（山西）人，793年进士，曾任监察御史、礼部员外郎，同刘禹锡、陈谏（郴州蓝山县进士）、程异等，参与"永贞革新"。遭贬谪，刘谪郎州司马，陈谪台州司马，柳宗元谪邵州刺史，途中加贬永州司马，史称"二

王八司马"事件。政治打击、困羁南岭，柳子反撰出《永州八记》等诸多名篇，不乏郴州题材，如《童区寄传》写郴州莞牧儿区寄智勇自救。此诗"北楼"即郴州北湖北楼，"李中书"为原郴州刺史、宰相李吉甫；"游鳞出陷浦"记柳毅（《太平广记》载：柳毅，郴州人）为龙女传书传说，"陷浦"即龙女温泉；"唤鹤绕仙岑"记苏耽传说，"唤鹤"代苏耽，仙岑即苏仙岭。"骅骝"，良马；"鹎鸠"，杜鹃鸟；"梁父吟"本挽歌，此代指鸣不平之意。

松 鹤
元 稹

渚宫本坳下，佛庙有台阁。台下三四松，低昂势前却。
是时晴景丽，松梢残雪薄。日色相玲珑，纤云映罗幕。
逡巡九霄外，似振风中铎。渐见尺帛光，孤飞唤空鹤。
裴回耀霜雪，顾慕下寥廓。蹋动樛盘枝，龙蛇互跳跃。
俯瞰九江水，旁瞻万里壑。无心昐乌鸢，有字悲城郭。
清角已沉绝，虞韶亦冥寞。鶱翻勿重留，幸及钧天作。

注：元稹（779—831），大臣、文学家，字微之，河南洛阳人。北魏昭成帝拓跋什翼犍十九世孙，8岁父逝。少有才名，贞元九年（793）明经及第，历官刺史、节度使，一度拜相。与白居易同科及第，共倡新乐府运动，形成"元和体"，世称"元白"。他任监察御史时反腐，任地方官重视农业。传世有集，诗歌长篇大作，言浅意哀，扣人肺腑。如这首《松鹤》，正描青松白鹤景观图，实借苏耽化鹤传说抒发心绪。"孤飞唤空鹤"归乡，家园却已变迁，于是降落城楼以爪画歌辞，"有字悲城郭"；与好友柳宗元的"唤鹤绕仙岑"句有异曲同工之妙。"清角"，雅曲；"虞韶"，虞舜时的韶乐；"钧天"，指钧天广乐。

赠曹先生
吕 岩

鹤不西飞龙不行，露干云破洞箫清。少年仙子说闲事，遥隔彩云闻笑声。

注：吕岩（796—?），道家丹鼎派祖师，字洞宾，道号纯阳子，蒲州（山西芮城）人。宝历元年（825）进士，两调县令。值黄巢起义，归终南修道，放迹江湖，民间传为"八仙过海"的八仙之首。诗四卷收入《全唐诗》。曾南下湖湘郴州、粤北，有"朝游百越暮苍梧……朗吟飞过洞庭湖"等名句。

《与潭州智度寺慧觉诗》序，云"余游韶、郴，东下湘江"，故知苏仙传说。《赠曹先生》即以写少年仙子苏耽之七绝，赠苏耽同乡曹唐。

《小游仙诗》之三十

曹 唐

青锦缝裳绿玉珰，满身新带五云香。闲依碧海攀鸾驾，笑就苏君觅橘尝。

注：曹唐，晚唐著名游仙诗人，郴州人（后有说桂州人即桂林人），按《旧五代史》记"曹唐，郴州人。少好道，为大小游仙诗各百篇，又著紫府玄珠一卷，皆叙三清、十极纪胜之事"。其大游仙诗中专撰一首《送羽人王锡归罗浮》，医师王锡是郴州九仙之一，赠诗可证二人既同乡又同好。而其小游仙诗中有2首与苏仙传说相关，此选一，写法不与人同。

题苏仙山（郴州城东有山，为苏耽修真之所）

沈 彬

眼穿林罅见郴州，井里交连侧局楸。味道不来闲处坐，劳生更欲几时休。苏仙宅古烟霞老，义帝坟荒草木愁。千古是非无处问，夕阳西去水东流。

注：沈彬，唐末五代著名隐逸诗人，筠州高安（今江西高安县）人，字子文。唐末进士，浪迹湘赣，隐居茶陵县云阳山10余年。又好神仙事，游岭表，访洞天福地。出为南唐吴国秘书郎，南唐保大年中以吏部侍郎致仕。著有《闲居集》。《全唐诗》存其诗19首，评价是"诗格高逸""句法清美"。《唐才子传》有记。与贯休、齐己等诗僧和杜光庭等道教名流，交谊匪浅，《十国春秋》议论"楚地多诗人，其最著者有沈彬、廖凝、刘昭禹、尚颜、齐己、虚中之徒"。齐己有诗《寓居岳麓谢进士沈彬再访》。沈彬专游郴州、访苏仙岭，故在游仙诗《题苏仙山》的标题后注：郴州城东有山，为苏耽修真之所。而且他从岭顶观看郴城，街巷市井规整有如棋盘，喟叹自汉以后"苏仙宅古、义帝坟荒"。

三、宋代

离 郴

张舜民

家家别酒不能休，可是人情重久游。云恋故山犹欲住，鹤归华表信难留。

一天风雨催行色，万里江湖伴客舟。日暮更投村岸宿，依然魂梦在郴州。

注：张舜民，北宋大臣、文学家。邠州（陕西彬县）人，自号浮休居士，诗人陈师道的姐夫，与苏轼友善。英宗年间进士，历任监察御史、谏议大夫、知州、吏部侍郎。因随军征宁夏，写诗同情士兵牺牲、揭露官军破坏生态，遭小人劾奏，1082年贬监郴州茶酒税官。途中探望谪居黄州的苏轼，告知西征内幕，引起苏轼创作《念奴娇·赤壁怀古》《赤壁赋》，述用兵与功名之关系。张舜民借南行撰《郴行录》，为日记体游记承上启下名作，具文献文学双重价值。到郴后，著《郴江百韵》《游鱼降山记》等诗文，及"橘井苏仙宅，茶经陆羽泉"等名句。此首"云恋故山犹欲住，鹤归华表信难留"句，借苏耽化鹤归郴却华表难留的传闻，将自己与郴州结下不解之缘的况味写到极致，甚至说离郴当晚投宿后梦中仍流连郴州。

次韵高缙之·其二
陈　慥

小挹苏耽鹤，同歌宁戚牛。几时诗酒社，相属话天游。

注：陈慥，禅学家，字季常，号龙丘居士，四川眉州人。与同乡苏轼、郴州知州吴德仁为友，喜论佛，好客，宴宾以歌妓。但妻子柳氏醋劲大、性暴躁，陈慥畏惧。苏轼诗赠郴州吴知州及陈《寄吴德仁兼简陈季常》，笑陈慥惧内："谁似龙丘居士贤，谈空说法夜不眠；忽闻河东狮子吼，拄杖落手心茫然。"黄河以东为汉魏河东郡，系柳姓郡望所在，苏轼借"河东狮子"代柳氏。南宋洪迈《容斋随笔》以一则"陈季常"记下这段子，明代剧作家汪廷讷据此编出昆曲喜剧《狮吼记》；后人便称怕老婆为"季常之癖"，成语"河东狮吼"出此。好佛学、怕老婆的陈慥，也熟悉道教的苏耽，专有五绝咏"苏耽鹤"。"宁戚牛"，春秋卫国人宁戚无法向齐桓公求取禄位，驾车至齐国，喂牛时见桓公在郊外宴客，便望桓公悲戚地击牛角而歌，桓公听了叹奇，遂起用他为相。产生成语"宁戚饭牛"，恰与"苏耽化鹤"对上。

踏莎行·郴州旅舍
秦　观

雾失楼台，月迷津渡，桃源望断知何处？可堪孤馆闭春寒，杜鹃声里残阳树。

驿寄梅花，鱼传尺素，砌成此恨无重数。郴江本自绕郴山，为谁流下潇湘去?

注：秦观（1049—1100），字少游，号淮海居士。绍圣三年（1096）冬谪郴，翌年春撰婉约词代表作《踏莎行·郴州旅舍》。"楼台"指来鹤楼、苏仙观等，"津渡"在"仙桥古渡"处，"孤馆"即苏山下寓舍；"驿寄梅花"，云驿路邮差可寄送梅花；"鱼传尺素"，言鱼腹藏帛书能顺流远传。撰典意思，恨权贵无情打压，孤苦如囚。"郴江本自绕郴山，为谁流下潇湘去?"隐喻苏耽别母又云自己别亲离友，引发天下共鸣。秦观赦还病卒，苏轼大悲，米芾痛书秦词苏语"秦少游辞，东坡居士酷爱之，云'少游已矣，虽万人何赎!'"秦观女婿编《淮海集》恐犯英宗赵曙名讳，将"残阳树"改"斜阳暮"等。然赵曙逝后"树"字无碍，且与"曙"读音有别，故苏轼批评："此词高绝。但云'斜阳'又云'暮'，则重出也。"词家张孝祥、知州万俟佾等仰慕秦观，到郴步其韵字填《踏莎行》。知州邹恭将秦词、苏语、米书摹刻于苏仙岭石壁，三绝碑由是声名籍甚，历代游客至郴必瞻。

休致寓东山

朱 辂

宦海飘蓬几十霜，如今始得脱名缰。家邻汉室神仙宅，路入唐朝宰相乡。
万岁峰前秋色好，三贤祠畔菊花香。东山咫尺庭帏近，喜见云飞在北堂。

注：朱辂（1070—1128），字国器，北宋左中大夫，郴州桂阳县（汝城县）人。绍圣四年（1097）进士。历湘阴县尉、湘阴知县、善化（长沙）知县、开封长垣知县、邵州同知、秀州通判、广西机幕、柳州知州、邵州知州、桂阳监使等十任，捕盗平乱，为政宽厚。任长沙县令时，朝廷使者要将岳麓书院改建冶炼厂，他不办理；使者大怒施压，他硬顶："乡校不可毁!"终于保住名校地盘。做低一级的桂阳监使，是以母老请求就近安排尽孝为由，到任10月母满九秩，即挂冠辞归。住州城仙桥巷，北邻汉苏耽宅，南可入唐宰相刘瞻第的乌石矶，故云："家邻汉室神仙宅，路入唐朝宰相乡。""万岁峰"，即产灵寿杖的万岁山；"三贤祠"，祭祀汉桂阳郡太守卫飒、茨充、许荆之祠；"东山"，刘相读书堂所在东塔岭。

郴江百咏·苏仙祠

阮 阅

羽节云旌事已空，旧庵今在最高峰。拂坛不见当时竹，系马犹存旧日松。

注：阮阅，诗体学家、中奉大夫，安徽舒城人，进士榜名美成。宣和五年（1123）由朝散大夫出知郴州，在郴撰诗文体专著《诗话总龟》，以百首七绝集成《郴江百咏》，故外界衔称其"阮郴州"或"阮七绝"。《郴江百咏》写蔡伦、成武丁、蔡孝妇、刘瞻等郴州名人数位，与苏仙传说相关的多达11首。此诗简言洁语，"旧庵"即苏山最高峰的苏仙祠观，早有之，到北宋末自然旧了；庵，本系圆顶草屋，"修道、祀神的净地"，也通用于俗称其他宗教庙宇。"旧日松"，指苏耽升仙后思念母亲，违天庭规降于马岭，系马于峰顶松树，在树上凝望岭下母宅，哀哭三年。久之，云中的松树也受感化，枝柯齐齐伸向岭下西南方向。百姓感念其"大孝格天"，呼为"望母云松"，又名"苏岭云松"，即郴阳古八景第一景。

偶与苏仙作近邻

李　光

予谪海外久矣，蒙恩徙郴，所寓适与苏仙邻。暇日携儿徜徉，历览遗集，因阅本传不载，致仙之因特以事母尽孝行耳。自古仙真得道，如吴真人之流未有不由此而致者，世人不知出此，多弃遗父母入深山穷谷中，父母冻饿不恤也？以此求道去仙远矣。因成二小诗题之壁间，庶亦少警欲学道而忘其亲者。

打包行脚为寻真，偶与苏仙作近邻。万里移来今有伴，叩门时许访幽人。
不须辛苦学神仙，九转功成亦偶然。但向闱门躬孝行，会须白日上青天。

注：李光（1078—1159），两宋之际名臣，浙江上虞县人，北宋崇宁五年（1106）进士。因坚定抗金、捕叛贼，怒斥奸相秦桧，遭贬广西，流放海南。绍兴二十五年（1155）秦桧死后，安置郴州。二十八年（1158），复朝奉大夫。逝后，宋孝宗追赠其资政殿学士，谥号：庄简。李光在郴，寓居苏仙岭下，游览苏仙岭、橘井观，专撰七绝两首，序言以苏耽孝母为题，警示世间"欲学道而忘其亲者"。"吴真人"，像苏耽一样采药行医救人的泉州人吴本，被敬奉为"保生大帝"。诗中"寻真"，虚言寻求仙道，实为探求真理；"九转功成"，道家语指炼得九转金丹，后比喻艰苦不懈才能成功。

谒苏仙观

罗汝楫

绛节回白马，青书收赤龙。仙人在何计，烟霞锁晴峰。
荒祠冠其岭，千古凛灵踪。粉堵尘悬网，石凹苔钱重。

我来款遗像，再拜虔且恭。檀烟泄云白，茗粥浮新浓。
世事非所期，真游誓相从。云轺几时来，微风韵寒松。

注：罗汝楫（1089—1158），吏部尚书。安徽歙县人，北宋政和二年进士，郴州州学教授。入朝任御史中丞、侍读学士（陪皇帝读书论学）、尚书、龙图阁学士。能查冤情，对民上宽养之策，对金兵上严守长江之疏。政治上却依附对金主和派秦桧，让岳飞写信命张宪、岳云班师回朝，造成奸臣万俟卨诬陷岳飞企图谋反事件。罗在郴诗文俱失，清《湖南通志》《郴州总志》留此一首。"绛节"，使者所持红色符节；"白马"，传苏耽坐骑；"青书"即道家典籍；"荒祠"，古"苏仙观"；"凛灵踪"，灵奇踪迹使人敬畏；"款遗像"，诚挚瞻仰苏仙画像；"茗粥"，煮得像稀粥的茶叶水；"云轺"，云车。

桂　井
张元干

移根一户蟾光溢，分派银河地脉灵。定与苏仙双橘井，他年续入郦元经。

注：张元干（1091—1161），两宋间抗金名臣，与张孝祥同为南宋初"词坛双璧"，号真隐山人，芦川永福（福建永泰县）人，其父、参知政事张安道与苏轼兄弟友善。元干历府学教授、陈留县丞，北宋末为兵部侍郎、民族英雄李纲行营属官，随李纲指挥抗金，解围京都，赋《贺新郎》词赠李纲。入南宋任朝议大夫、将作少监、抚谕使。因坚决抗金，被秦桧除名削籍，仍风节凛然。此七绝所咏，"蟾光"即月光，古人传说蟾蜍代表月亮，道教文化则以"蟾光"代指慧光。桂花亦可入药，诗句联想，桂井的源头在月宫桂花树下，系天上银河分流移至地表的灵异风水，与苏仙橘井一样可拯救民疾，将来也能像橘井一样记入《水经注》。

《送杨子上赴郴守罗达甫之招二首》之一
周必大

使君为郡入苏天，六月清风更穆然。子到同吟仙井橘，公余趁赏北湖莲。

注：周必大（1126—1204），南宋初名相、文坛领袖，庐陵（江西吉安）人，进士及第。著述丰富，主持校订《文苑英华》。他年少时求学郴州东北安仁县，赣人与一山之隔的湘人互称"老表"，故老表周必大熟悉郴州，悠游山城，撰诗文数篇。1169年专程到郴观碑刻（秦观词《踏莎行·郴州旅舍》、

苏轼语、米芾书法），作跋道："借眼前之景，而含万里不尽之情；因古人之法，而得三昧自在之力，此词此字所以传世。"如是，"三绝碑"声名鹊起，知州邹恭 1266 年摹刻苏仙岭石壁。此七绝所提二人，第三句的"子"即学者杨子上，第四句"公"指郴州知州罗达甫，又云公务，二人皆朋辈（杨万里也有《送子上弟赴郴州使君罗达甫之招》诗）。诗的意思，即羡慕杨子上赴罗知州召唤到郴州，可比肩游橘井吟诵苏耽诗，还能趁公务之余观赏北湖盛开的荷花。

廉州何使君挽诗二首

张　栻

橘井登贤籍，槐宫并俊游。姓名题雁塔，文字上瀛洲。
青简穷千载，朱辐但一州。有怀终未试，眼看落山丘。

注：张栻（1133—1180），南宋理学儒宗，号南轩，历任袁州知州、静江知府、右文殿修撰、荆湖北路安抚使等职，与朱熹、吕祖谦合称"东南三贤"，谥曰：宣。原籍四川绵竹，其父乃抗金名臣、右相张浚。1137 年后张浚落职，谪居永州、连州，曾安置于郴。张栻随父入籍湖湘，数次经停郴州。他从理学家胡宏学于衡山，定居长沙，创城南书院。1165 年郴州李金农民起义，连破郴桂、连、韶、贺几州，朝廷震惊，从前线调兵会同湘粤赣黔官军清剿。湖南安抚使刘珙向张栻求破义军之策，张栻出谋将李金剿于郴州莽山。刘珙请其主持岳麓书院，朱熹到长沙与其论辩理学，史称"朱张会讲"，提振湘学大名。张栻咏郴诗数首，并赠友郴州灵寿杖。1168 年寓居郴州，造访橘井，弘扬理学，撰《郴州迁建学记》《桂阳军修学记》。此诗"橘井登贤籍"句，指何使君出身医家；"槐宫"指仙人居处，"瀛洲"指海上仙山。

水调歌头·三楚上游地

吴　镒

三楚上游地，五岭翠眉横。杜诗韩笔难尽，身到眼增明。最好流泉百道，虢虢绕城萦市，唯见洛阳城。化鹤三千岁，橘井尚凄清。
阆风客，紫贝阙，白玉京。不堪天上官府，时此驻霓旌。岁晚朔云边雪，压尽蛮烟瘴雨，过雁落寒汀。况有如泉酒，细与故人倾。

注：吴镒（1140—1197），南宋文学家，江西抚州人，字仲权。隆兴元年（1163）进士，先后任郴州教授、宜章知县、郴县知县，淳熙十六年（1189）

召为秘书省正字、郎中。绍熙三年（1192）出知郴州，庆元二年（1196）任湖南转运判官。在郴为官四任，修葺宜章学官，与知州薛彦博迁建州学于义帝陵前，请寓居郴州的理学大师张栻作《郴州迁建学记》，状元词人书法家、潭州知州张孝祥书丹。理学家陆九渊在《宜章修学记》中为其述功。吴镒在郴州、宜章撰诗词数首，有《送客香山寺》《野石岩》《水调歌头·郴州北湖》等。这首《水调歌头·三楚上游地》，上阕开头即强调郴州处三楚上游、五岭要冲的地理特点，结束时引用北宋词家黄庭坚吟苏耽名句"化鹤三千岁"，及唐代诗圣杜甫咏郴州名句"橘井尚凄清"。

沁园春·为潘郴州寿

黄　机

问讯仙翁，殷勤为底，来万山中。想橘边丹井，鹤寻旧约，松间碧洞，鹿养新茸。雾节亭亭，星旓曳曳，导以浮丘双玉童。嬉游处，尽祥烟瑞雨，霁月光风。

欢声已与天通。更日夜郴江流向东。定催归有谓，泥香芝检，留行无计，路熟花骢。入侍严凝，密陪清燕，吴水欢然相会逢。年年里，对春如酒好，酒似春浓。

注：黄机，南宋著名词人，婺州东阳（浙江东阳县）人，号竹斋。宋宁宗嘉定年间在世。州郡官员，与岳飞孙子岳珂、辛弃疾友善唱和。著《竹斋诗余》等。词风既婉丽，亦沉郁豪放，《四库全书》推其赠岳珂诸词"皆沉郁苍凉，不复作草媚花香之语"。此贺词述潘知州寿诞之日嬉游苏仙岭、橘井；"鹤寻旧约""鹿养新茸"，重复苏耽出生时白鹤羽寒、白鹿哺乳的祥和景象；"霁月光风"，本是黄庭坚比喻理学鼻祖、郴州知州周敦颐胸襟人品之语，这里仍作明静景象，认为潘在苏耽升仙故土、周子化神之地为官，十分有幸；他期待与潘欢会。"芝检"，书信美称；"花骢"，五花马；"清燕"，清逸饮宴。

题陈广文苏山小草

萧立之

学诗学仙将无同，昔闻此语求志翁。远孙青春文字工，九仙城里鞭游龙。
三年朗吟洞天白，湖光一区开醉墨。向来雪壁涴髯秦，未许斜阳今德色。
短韵急雨鸣瓦沟，大障沙场鼙鼓秋。苏君欲语道未得，山鬼叫啸江灵愁。
请君急与枣木刻，空明下有蚴蜒宅。升天倘要今朝词，夜半风雷留不得。

注：萧立之，宋末江湖派诗人，郴州近邻赣州人，号冰崖，淳祐十年（1250）进士，历知县、推官、通判，爱与道家往来，留有《萧冰崖诗集拾遗》。钱钟书评价"爽快峭利，自成风格"，将其作宋代最后一位诗人，编《宋诗选注》挑中其 5 首；国学大师程千帆认为其诗在宋元之际成就颇高。他1262 年任郴州通判，故四百首诗中与郴州相关的有 40 余首。1264 年宋理宗敕封苏耽仙号，系古代帝王对苏仙最后一次赐封。萧立之见证了，故其诗最早概括郴州为"九仙城""仙城""九仙一佛"地。此题州学教授诗第七、八句，代指三绝碑苏轼语、秦观词，"苏君"即苏耽；"空明"则是韩愈《祭郴州李使君》文所造新词，《辞海》列辞条。其作品涉及苏仙、橘井的多达 9首，分苏山、北湖组诗，信息量大，渲染仙灵文化。

四、金元

马 岭

元好问

仙人台高鹤飞度，锦绣堂倾去无路。人言马岭差可行，此似黄榆犹坦步。
石门木落风飕飕，仆夫衣单望南州。皋落东南三百里，鬓毛衰飒两年秋。

注：元好问（1190—1257），金末元初文坛盟主、史学家、诗人。号遗山，山西忻州人，系出鲜卑族，南移汉地，唐代诗人元结后裔。幼称神童，青少年时期在蒙金战乱中数次科考不顺，1221 年中进士，1224 年中宏词科，曾任国史院编修、县令、尚书省员外郎。金亡被俘，诗文名扬，元世祖接纳，他却返居故里，潜心撰述。此诗名《马岭》，苏仙岭最早因苏耽在山下放牛养母，百姓观其形称为牛脾山，也称苏耽山；传说其坐骑为白马，故称"马岭"；宋皇敕封仙号后改称苏仙岭。"仙人台"，即苏仙岭后仙居台，传说苏耽修炼处；也指代苏仙岭顶跨鹤台，即苏耽升仙石。"南州"，泛指南方。"皋落"，炎帝后裔赤狄的一支，而"神农炎帝作耒耜于郴州之耒山"，耒山在苏仙岭东南三百里，炎帝支裔可能居此农耕。

送陈渭叟还葛溪景德观

吾丘衍

葛溪去钱塘，一百三十里。仙人有遗迹，丹光玉泉水。
昔年左仙翁，九炼金色紫。服之上云汉，人仰空剑履。
橘亭一何幽，笑尔千树李。苏耽亦仙人，临水昔种此。

渭叟得真道，羞将钓璜比。摘芳咽金液，汲井漱晨齿。
遥追两仙趣，抚掌白云里。居山十二载，松雪自知已。
归去请勿迟，庞公厌城市。

注：吾丘衍（1272—1311），元代金石学家，印学奠基人，浙江开化县人，居杭州。左眼失明右脚跛，别署布衣道士，通经史百家，精篆隶，著《周秦石刻释音》《闲居录》《竹素山房诗集》等。《学古编》1300 年成书，卷一《三十五举》，系我国最早研究印学理论的著作，人称"印人柱石"，名齐赵孟頫。鲁迅《蜕龛印存》云"元吾丘子衍力主汉法"，"乃复见尔雅之风"。《新元史·文苑传》列其传。此诗所提葛溪，在浙江富阳县，传说葛洪炼丹于此，故名。"橘亭一何幽，笑尔千树李。苏耽亦仙人，临水昔种此"，这两句透露"苏仙传说"早已流播到了杭州一带，说苏耽曾在富阳县葛溪边种橘，后世建橘亭纪念。

《书怀二绝》之一

王都中

苏仙孝感动乡闾，橘井千年事若符。时上仙坛坛上望，白云飞处是姑苏。

注：王都中（1279—1341），元代政治家、诗人，福建霞浦人，史称"元时南人以政事之名闻天下，而位登省宪者，惟都中一人而已"，且于理学、书法颇见造诣。1285 年元世祖以荫录都中为少中大夫、平江路总管府治中，1309 年任郴州路总管。《万历郴州志》记他办儒学，编《郴州路志》，治理北湖、郴江驿站，整修韩公祠，以法治路。茶陵州一案株连 800 余人，越界移交他查处，他发现州吏受贿，诬陷者和受贿官吏均受惩办。后任两淮盐运使、户部尚书，病故获赠"大学士"，谥号"清献"。在郴时常与友人登苏岭、访橘井，所写诗文 10 多篇中，与苏耽相关的即 3 首。"苏仙孝感动乡闾"，自宋代帝王敕封起，苏耽被民间尊称"孝子神仙"；"事若符"，传说故事已经成为一种标志符号；"仙坛"，苏仙观外祭坛，故称。后两句写自己像苏耽那样，常遥望母亲所在的苏州方向。读来令人感佩。

苏 山

完颜东皋

图画天开马岭山，仙家白鹿洞中看。泠泠瑞露春生树，冉冉香云昼满坛。橘井有泉通玉液，桃源无路问金丹。他年拟卜烟霞计，只恐幽人笑解鞍。

注：完颜东皋，生卒年不详，元代女真族完颜部落人，《金史国语解》："完颜东皋，湖南廉访使。"元代的廉访使系"肃政廉访司"官员，女真族完颜部落建金朝后，灭辽国，打败宋王朝，其部落乃以完颜为姓。完颜东皋是湖南道肃政廉访司的佥司，相当于廉政监察御史。他著有《完颜廉访诗》集，《满族文学史》第六章金元时期的女真诗词第四节元代女真诗歌有"第四，完颜东皋及其诗"专门介绍。此七律通过马岭山、白鹿洞、苏耽坛、橘井、岭麓桃花居（乳仙宫所在）几个象征物，呈现较完整的苏仙传说，第五、六句"橘井有泉通玉液，桃源无路问金丹"，系写得规范漂亮的道家、医家楹联。

送陈辅贤侍母之郴州兴宁簿

钱惟善

十年学就何蓄舍，百里才淹楚子邦。桂岭风霜连橘井，洞庭烟浪接郴江。
维舟夜听啼猿独，入馔朝供跃鲤双。别后梦魂思旧业，富春山绕白云窗。

注：钱惟善，元末诗人、书法家，号曲江居士，钱塘人。生年不详，明洪武初卒。1335年江浙省试，试题《罗刹江赋》，三千多试子皆不知罗刹江出处，唯有钱惟善以唐人诗证实钱江之曲江即罗刹江，自此声名盈江南。至正元年（1341），被荐为儒学副提举。元末起义江浙日乱，他迁居退隐，到过南岭郴州。其与杨维桢、陆居仁并称"元末三高士"，《江月松风集》收入《四库全书》，人评"有唐人之流风"。此诗，因乡友为侍孝母亲到郴州做兴宁县（今资兴）管理文书档案的主簿，故赠。"桂岭风霜连橘井，洞庭烟浪接郴江"，"桂岭"即郴州产桂的桂阳岭（骑田岭）、香花岭，药桂香芬萦连橘井泉香；洞庭浪则水波接通郴江。"入馔朝供跃鲤双"，赞乡友像苏耽那样以兴宁鲤鱼孝养母亲（元代传说）。

题 松 涧

王 沂

亭亭石上松，下有潺湲水。清声杂远响，坐听醒心耳。
时逢苏耽鹤，或见琴高鲤。我欲往从之，苍苍烟雾起。

注：王沂，元代馆阁文臣、文学家、书籍画印鉴赏家，真定（河北正定）人，延祐二年（1315）进士，历任临淮县尹、嵩州同知、翰林院编修、国子学博士、朝散大夫，主持元统元年（1333）科举。至元六年（1340）尝为翰林待制并升首任宣文阁鉴书博士，后为翰林直学士、修史总裁官、礼部尚书，

编定辽、金、宋三朝史。此诗"时逢苏耽鹤，或见琴高鲤"，用《列仙传》两个典故，前句言苏耽抗疫救民升仙后化鹤归乡，后句言赵国人琴高乘鲤鱼入水仙去。清代安徽《泾川志》将两人都说成在泾县山上炼丹。

招 鹤 辞

袁　华

　　玉山顾君仲瑛哭母于吴兴之商溪，归葬绰墩先垄。念母九泉不可复作，乃筑亭于神道之左，遂仿苏仙耽故实，匾曰：招鹤。汝阳袁华为制《招鹤辞》三章，俾歌以招之。庶几化鹤一归，少慰终天之戚云。其辞曰：

　　　　胎仙翱翔兮蕊珠之宫，薄云汉兮溘埃风。
　　　　乘火精兮自养，抱贞素兮气内充。
　　　　朝扶摇兮丹丘，夕裴徊兮玄圃。
　　　　緊故国兮丘墟，冢累累兮下土。
　　　　蕊珠之宫兮胎仙翱翔，美婵媛兮玄衣缟裳。
　　　　迟夫君兮未来，揽青田兮璃芳。
　　　　长夜漫漫兮窅不见日，子哀鸣兮血化为碧。
　　　　蕙帐空兮猿惊，心旁皇兮反侧。
　　　　新亭兮桓桓郁郁，佳城兮松柏丸丸。
　　　　疏玉泉兮交流，树琅玕兮为樊。
　　　　山川绸缪兮道里阻脩，陆有虎豹兮江有潜虬。
　　　　胎仙翱翔兮归休，玄间窈冥兮不可以久留。

　　注：袁华（1316—?），元末明初诗人，字子英，昆曲原生地昆山（江苏苏州）人。系元末文坛领袖杨维桢的得意门生，与昆曲名家顾瑛、名道士张雨、大画家倪瓒等交好。明初为苏州府学训导，有《可传集》《耕学斋诗集》。《四库全书》馆臣言："明之初年，作者林立。华为诸家盛名所掩，故人与诗皆不甚著。实则衔华佩实"，"典雅有法"。顾瑛创设的玉山雅集，是继兰亭、西园雅集之后时间长、规模大、宾客众、作品丰的宴游集会，多人吟咏苏耽橘井，且产生昆曲曲牌。《招鹤辞》序言中的"绰墩"，即纪念唐代梨园名家黄幡绰之地。然元末战乱，喜爱昆曲的顾瑛母亲逝于商溪，顾瑛悲极，葬母于绰墩，所建亭子，则依照苏耽化鹤典故悬匾"招鹤亭"。袁华专作《招鹤辞》安抚，接连用典，三番唱叹。

五、明清

橘井为太医李思讷赋

杨 溥

甘谷泉香付流水，董林嘉树老秋风。苏耽赢得清名在，莫羡江南万户封。

注：杨溥（1372—1446），明前期英宗朝内阁首辅。湖广石首人，进士，授翰林院编修，永乐年中侍奉太子，后入内阁任礼部尚书，英宗朝为内阁首辅，进太子少保、武英殿大学士，系宣德、正统年间台阁重臣"三杨"之一，也是诗歌"台阁体"代表人物。卒后赠太师，谥号"文定"。"台阁体"歌功颂德，追求雍容典雅。杨溥这首赋李太医的七绝，竟无台阁之风，以通俗清新的语言赞扬古名医苏耽、董奉。尤其是"苏耽赢得清名在，莫羡江南万户封"，近似宣告式地指出只要有汉苏耽的清名，就不用羡慕封什么万户侯。两句诗犹如一道豁口，透露出这位首辅内心深处，赞同北宋范仲淹"不为良相便为良医"的思想。

题邵启南橘轩

郑文康

橘叶青青橘柚黄，药垆茶灶尽生光。宽衣大袖秋香里，一卷灵枢不下堂。
自古神仙事渺茫，郴州橘井渐遗忘。家传只用君臣药，不惯单行施疗方。

注：郑文康（1413—1465），明代诗人、医药家，苏州昆山人，名医郑壬长子。正统三年（1438）举人，正统十三年（1448）进士，授观政大理寺，尚未满月即乞归养亲，未抵家而父亡，四年后母又病卒。遂无意仕进，弃职家居，枕藉经史，文思敏捷。继承世传医术，撰女科《产宝百问》等医著，品研草木，药香长传户外。《四库全书总目》评："其诗意主劝惩，词旨质直……而质朴之中，自中绳墨，较其诗尤胜朱彝尊。"此七律"自古神仙事渺茫，郴州橘井渐遗忘"句，别出心裁道出一事物规律，再有名的典故也难敌岁月无情，提醒人们别忘记郴州橘井驱瘟救民的历史贡献。

庆张维学擢乡郡阴阳正术（儒医惠庵子也）

韩　雍

家世儒医四海闻，兼通造化独超群。公心荐剡资贤守，清职居乡感圣君。
步出杏林观地理，坐依橘井玩天文。惠庵庆泽传来久，济美行看振二勋。

注：韩雍（1422—1478），明中期名臣、诗人，字永熙，苏州吴县人。正统七年进士，历官监察御史、广东副检察使、江西巡抚、兵部右侍郎、浙江左参政、都察院副都御史、两广提督、右都御史、两广总督。文武全才重信义，讨平浙江、福建起义，在江西修滕王阁，刻文天祥文集，弹劾宁王。成化元年（1465）以右金都御史之职，讨平广西大藤峡起义，截断江上大藤，改地名为断藤峡。任两广总督，体恤民艰，抚蛮入籍，劝其农耕，团结各族，奏请分设广东、广西两巡抚，获朝廷准许。逝后谥号"襄毅"，两广百姓追念其功勋，立祠祭祀。其诗文高视阔步、气象迥殊，《襄毅文集》与苏耽橘井关联之诗多达 6 首。此诗标题中"乡郡阴阳正术"，是指姓张的儒医升为府（正术）天文学校的"阴阳学官"，用阴阳五行学说教医学知识。故诗中有"坐依橘井玩天文"句。

怀郴州，为何郎中孟春作

李东阳

郴州形胜天下稀，千岩万壑劳攀跻。山高地峻水清驶，此语吾信韩昌黎。
何郎少年美文藻，直以赏识随标题。偶逢燕人作楚语，某山某水皆不迷。
黄岑山深入云雾，楚粤藩篱此门户。五岭中分隔雨晴，诸峰忽变成朝暮。
苏仙恍惚无定所，何公流传岂其祖。有泉如燕复如潮，与月盈虚社来去。
编磬悬钟似有声，奇形怪状纷无数。吾祖昔闻生此州，吾家近住茶溪头。
扁舟三日不一到，空负平生作壮游。

注：李东阳（1447—1516），号西涯，明中期重臣，内阁首辅，文学家、政治家、理学家，"茶陵诗派"创始人，长沙府茶陵州（今湖南茶陵）人。天顺八年进士，授编修，累迁侍讲学士、东宫讲官、侍读学士，为皇帝和太子讲课；弘治八年以礼部侍郎兼文渊阁大学士，直内阁预机务，后成首辅大臣。立朝五十年，柄国十八载，清节不渝。文章典雅流丽，有《怀麓堂集》

《怀麓堂诗话》《燕对录》等。逝后赠太师，谥号"文正"。李东阳乃明中期文学盟主，门生众多，而最赏识代吏部尚书、郴州何孟春。此诗赞美郴州、骑田岭地理、人文，抒写神农炎帝作钟磬、西汉苏耽登仙、唐代韩愈咏郴、燕泉潮泉等瑰丽传说，还笑云何侯乃何孟春先祖。李东阳谙熟郴州，认为自家祖辈生于郴州，因为其家乡茶陵乃是古郴县"茶乡"，西汉前中期封"茶陵节侯"置县，由桂阳郡节制，茶陵侯无子嗣后，茶陵县移隶长沙。

题芳洲为袁御医作

湛若水

闻说芳洲好，芳洲吾爱之。芳洲有名橘，橘井有名医。
名医能医人，大医能医国。吾怀一寸针，不得起民瘼。

注：湛若水（1466—1560），明代理学家、文学家、教育家，号甘泉，广州府增城县（今增城区）人。弘治五年乡试中举，拜名儒陈献章为师，成为白沙学说的衣钵传人。弘治十八年（1505）中进士，授翰林院编修、侍读。嘉靖年升留都南京国子监祭酒，历南京礼、吏、兵三部尚书，逝赠太子少保。他创立理学"甘泉学派"，与王守仁的"阳明学"并称"王湛之学"；在全国办书院近40所，弟子数千人，遍布大江南北，促进理学心学的发展、繁荣。经常来回过南岭、郴州，其师陈白沙是郴州大儒、两广总督朱英的门生，故他与朱英后人深交，推崇郴州大儒何孟春，熟悉郴州、汝城、宜章、永兴、桂阳州、临武、武水、香花岭，撰《送少司空何燕泉谢病归》等诗30多首，写橘井即3首。通过咏橘井，提炼出"名医医人，大医医国"理念，"国医"一词或从此出，亦含"良医医人，良相医国"思想。

赠沈山人次李义河韵书为福严寺觉能上人补壁

张居正

苏耽控鹤归来日，李泌藏书不仕年。沧海独怜龙剑隐，碧霄空见客星悬。
此时结侣烟霞外，他日怀人紫翠颠。鼓棹湘江成远别，万峰回首一凄然。

注：张居正（1525—1582），明后期政治家、改革家，内阁首辅。湖广江陵（荆州）人，嘉靖年进士，历任翰林编修、侍讲学士、吏部侍郎，隆庆元年入阁。万历初期为首辅大臣，神宗年幼，吏治败坏、财政危机、赋役不均、军心涣散，张居正当国十年，大刀阔斧辅佐神宗改革，称"万历新政"，推行

农商财税"一条鞭法"，任用戚继光等将领巩固国防，以考勤治官吏。此诗系他从翰林编修退下养病，与同乡李义河（后任湖南按察使）同游湖湘，住衡山福严寺，遇沈方士测卦人生，撰书此七律以赠对方。首句"苏耽控鹤"，指汉医师苏耽得道骑鹤升仙；"李泌藏书"，写唐宰相李泌出仕前隐居衡山苦读万册藏书。南岳曾属西汉桂阳郡，与苏仙岭均为苏耽采药地，张居正以这个典故抒发自己的抱负。

歌行长短句题橘轩卷后

王世贞

昔有苏耽君，丹成不肯去。乞取巴中老龙唾余核，化作江陵紫霞树。
凿井苏君陂，下通长桑所食之上池。一杯复一叶，千人万人却杖归。
其后八百年，陆翁手种树，乃是翁家郁林太守之所怀。
聊采仙君名，用以颜其斋。翩然渡淮水，不忧此树化为枳。
卖药长安中，携壶汝南市。交州薏苡让功力，魏苑葡萄失颜色。
丹苞琼瓢崖蜜寒，坐令消渴蠲文园。何以报汝披琅玕，云舒锦粲龙虬蟠。
更后百余年，有孙髯参公。笑谓王子，腐史何庸。
木奴千头，以当素封。宁如宝此卷，洞庭秋霜筐笥中。

注：王世贞（1526—1590），留都刑部尚书，主持文坛 20 年。任湖广按察使，为李时珍《本草纲目》作序，撰苏耽橘井诗 5 首。此歌赠江陵橘轩主人陆参，将苏耽取川东龙唾、凿井江陵救民的传说，以及陆绩怀橘、韩康市药、马援载薏米、李衡种橘说了个遍，言："余作此歌题橘轩卷，因有一雅谑附上髯参公，昔苏仙翁作橘井，其裔孙长公学士草《陆绩传》似为陆氏张本；公家郁林太守怀后，乃复有橘轩继仙井之迹。然则苏陆二氏可称累世通家也，髯参公能无一笑粲否。"将苏轼比成汉代苏耽裔孙，将陆参比成三国陆绩后人，戏谑苏陆两姓世代交好。

《赠陈仲醇徵君东佘山居诗三十首》其一

董其昌

岿然耆旧表江南，东麓云泉恣所探。广大代推风雅主，萧闲时共佛僧龛。
空庭籁起闻吹万，月幌杯深对影三。辛苦山灵驱俗驾，肯容城市讶苏耽。

注：董其昌（1555—1636），明后期名臣，大书画家，松江府华亭县（今

上海闵行区）人。万历十七年（1589）进士，授翰林院编修，任皇太子侍讲，历官湖广提学副使、福建副使、河南参政。泰昌元年（1620），朱常洛继位，董其昌以帝师身份返朝廷，授太常少卿，掌国子司业，修《神宗实录》。光宗崩，受阉党迫害，后任留都南京礼部尚书。卒，赐谥"文敏"。其"以书画妙天下，如高丽琉球皆知宝之"，诗文也十分了得。此诗，为他赠"华亭画派"另一代表人物陈仲醇30首律诗第一首，表达对陈氏隐居不仕的欣赏。"吹万"，风吹万窍，声响种种。结束的"肯容城市讶苏耽"为倒装句，用苏耽化鹤归乡惊讶"城郭是，人民非"的传说，比喻陈仲醇的内心坚守，说明董其昌对"苏仙传说"的透彻了解。

来 鹤 楼

袁子让

乡关归鹤是何年，王粲登楼意怅然。水落尚环城郭外，碣残曾识汉唐前。
女墙明月藏仍见，芳草王孙去不还。人世是非今莫论，古祠凄冷有云烟。

注：袁子让，明代音韵学家，郴州人。万历年举人、进士，四川嘉州（今乐山）知州，兵部郎中。勤政爱民，维修乐山大佛，开发峨眉山旅游。朝廷诏封奉直大夫，制文襃扬其清操廉政"询瘼哀芃，恩波与夹江并润；祛奸剔蠹，勋猷共峨岭俱崇"。其著述有《字学元元》《峨眉青神志》等，《香海棠集》收入《四库全书》，《香国海棠赋》传诵一时。曾住苏仙岭攻读，撰《苏山十二景》诗刻于白鹿洞石壁，惜乎今已不见。与苏耽橘井相关的2首存，此写苏耽化鹤归乡，降东城门楼作歌，联想东汉王粲不得志，亦登楼而作赋，感慨世事变迁。"女墙"，即城门来鹤楼墙垛；"古祠"，指来鹤楼上可见之苏仙观。

橘井（柳毅井）

吴伟业

仙井辘轳音，原泉泻橘林。寒添玉女恨，清见柳郎心。
短便书难到，双鱼信岂沈。波澜长不起，千尺为情深。

注：吴伟业（1609—1672），明末清初名诗人，号梅村，江苏太仓人。明崇祯四年（1631）榜眼，翰林院编修、东宫讲读官、左庶子、少詹事。入清后，顺治十年被迫应诏北上，授秘书院侍讲、国子监祭酒（执掌最高学府）。

后以奉嗣母之丧为由乞假南归。他是娄东诗派开创者，后人称其诗作"梅村体"，与钱谦益、龚鼎孳并称"江左三大家"。此诗记唐代柳毅为龙女传书的传说，柳毅由橘井进入洞庭龙宫。这大义救民的橘井产生于南岭郴州后，向北扩展影响耒阳、衡阳、浏阳至岳阳洞庭湖君山，均出现济困救弱的橘井或苏仙井。而传说的柳毅实为郴州人，五代李昉与郴州邓洵美同榜进士，听邓洵美讲了唐代郴州试子柳毅救助落难湘北女子之事，遂在《太平广记·柳毅传》后记："柳毅，郴州人也。"清《洞庭湖志》亦载"柳毅，郴州人"。橘井，也随之出现在洞庭湖。吴梅村还有"橘井树千头"的句子。

遣兴诗·读甘蔗生遣兴诗次韵而和之

王夫之

反走无心怖季咸，还郴有客傲苏耽。排场队里供千笑，折脚铛前老一庵。
五百僧唯推北秀，三秦人旧狎章邯。潇湘春水如天上，百鸟高飞我自惭。

注：王夫之（1619—1692），明清之际思想家、文化大家，人称"船山先生"。湘中衡阳人，崇祯年中举。清军攻湘，他在衡山举兵抗击。失败后"乃决心隐遁。辗转湘西以及郴、永、涟、邵间，窜身瑶峒，伏处深山，而刻苦研究，勤恳著述者垂四十年"（《辞海》），与顾炎武、黄宗羲同称"明末清初三大思想家"，与德国黑格尔并称"东西方哲学双子星座"。明亡，随父到郴州进士、永兴好友李朴大家，于郴县、永兴、资兴界丹霞山、瑶山，撰哲学、经史、文学著作，览胜吟咏郴州山水。此诗"季咸"为战国巫师，与西汉药仙苏耽比较。"折脚铛"为断脚锅子，"老一庵"述藏身著述之苦。"北秀"即禅宗北宗创始人神秀，"章邯"即败于项羽的秦将，以典故励志。"潇湘春水如天上"，化用杜甫诗句"春水船如天上坐"和明末郴州儒宗喻国人"仔细思量起，郴州似天上"之意，极言潇湘上游郴地高，表达战斗精神。

《哭王用衿》其三

屈大均

蝉蜕人间早，苏耽遂不归。泪应留橘井，魂尚著莱衣。
药恨君臣失，瓜怜子母稀。几时方化鹤，来向北堂飞。

注：屈大均（1630—1696），文学家，清初诗词"岭南三大家"之首，字翁山，广东番禺县人。其与屈原同姓，本属巧合，却声称"予为三闾之子姓，

217

学其人，又学其文，以大均为名者，思光大其能兼风雅之辞与争光日月之志也"。龚自珍把他同屈原相提并论，朱彝尊直说"予友屈翁三闾大夫之裔"。明亡，屈大均翻南岭过郴州，到衡州参与吴三桂的反清。失败后隐居，写游仙诗，如"羊城自是仙灵窟"，广州别称"羊城"，主要出自其诗书。他北上南下常翻南岭，诗记郴州多，涉及苏耽、橘井、苏仙岭的达 14 首，为古今之最。如："有鸟名苏耽，千载蓬莱还。为亲植朱橘，离离成神丹。"这首五律《哭王用衿》，借楚老莱子、汉苏仙孝亲传说，句中含苏耽母子情、橘井救民、化鹤等元素，"药恨君臣失"句，道出其对晚明朝廷乱局的遗憾；"几时方化鹤，来向北堂飞"，暗示抗清复明的意志。

兰陵王·送二舅之沅州

曹贞吉

岭云白。湖草粘天弄碧。湘烟淡、沅水分流，弱柳丝丝胃行色。武陵南下驿。渐入枳榔瘴黑。鹃声里，铁骑连营，一发青山望京国。

依依感畴昔。记巷口乌衣，门边霜载。电光石火音尘寂。愁一肩行李，半林斜照，空祠榕暗啸木客。衡阳雁程隔。

难觅，谢公屐。问橘井遗踪，郢雪荒宅，参军蛮府工书檄。念东第凄冷，北堂晨夕。寒螿啼彻，听砌语、助太息。

注：曹贞吉（1634—1698），清前期著名词家。山东安丘人，出身书香世家，康熙二年乡试中解元，翌年（1664）中进士，代祁门知县，废除苛捐杂税；历中书舍人、户部员外郎、礼部郎中、湖广学政。其词在清初最为大雅，《四库全书总目》点赞"大抵风华掩映，寄托遥深，古调之中，伟以新意"。因任湖广学政，了解郴州文化。其二舅之官（"之官"，到任之意）沅州，他作词相送，从湘烟沅水、武陵瘴气联想到南岭苏耽橘井，故有"问橘井遗踪"一语。人虽远离舅父，难以跋涉前往尽孝，心却祈望长辈在湘西山区能仿效橘井养生。

赠医生卢鹤友

蒲松龄

斗室垂帘近酒垆，刀圭一下患全苏。苏仙故井犹存楚，秦国良医旧姓卢。

庑下何妨高寄迹，髯僮且喜近行沽。年年长抱维摩病，欲问仓公治得无？

注：蒲松龄（1640—1715），清代著名文学家、小说家。山东淄博人，号柳泉居士，世称"聊斋先生"。少逢张献忠、李自成起义及清军入关，动荡不安，虽早已是秀才，满腹学问却屡次乡试不中，46 岁才补为廪生，72 岁高龄方补为贡生。对社会现实的观察与思考，使他创作出古典短篇小说巅峰大著《聊斋志异》，借谈狐说鬼、搜罗奇闻逸事，演绎大千世界。其中改写郴州苏仙传说为《苏仙公》、柳毅龙女传说为《织成》。言犹未尽，在此赠送朋友卢姓医生的七律中，将战国名医卢扁（家居卢国的扁鹊，被秦国笼络）与汉名医苏耽相联系。"刀圭"，中药量器，代指药物与医术；"庑下"，高堂下的廊房；"高寄"，志怀高远，此后句意味不怕苦；"维摩病"，佛教修行者的病；"仓公"，汉初名医。

潘　母　墓
范廷谋

城东高阜是家园，五色浮苔天教吞。自古神仙原有种，试看简狄与姜源。

注：范廷谋，范仲淹第 19 代孙，诗人、楹联家，祖籍苏州，甬城（宁波）进士。康熙四十九年（1710）升郴州知州，居官十载，兴学劝农，保护文物，补修康熙《郴州总志》，撰《杜诗直解》等，《杜诗直解》被学界视为重要著作。后为台湾知府、两淮盐运使、中议大夫。其郴阳八景诗、郴阳怀古诗、苏仙橘井组诗留存 6 首。《潘母墓》系历代州主官首作，体现其对仙灵、孝文化的理解。"五色浮苔天教吞"，采用郴州名人崔岩、何孟春的苏耽身世传说；"自古神仙原有种"，系歌咏苏母潘氏，从民族文化传承言事。

郴　州
石韫玉

山城秋苍莽，鼓角夜清严。关对秦时月，船通粤海盐。
鹤楼仙子迹，鸡骨野人占。清浅郴江水，闲中饮自甜。

注：石韫玉（1756—1837），诗人、书画家、戏剧家。江苏吴县人，乾隆

五十五年（1790）状元，历任翰林院修撰、福建乡试正考官、湖南学政、重庆知府、山东按察使。清正廉洁，民族英雄林则徐赠他对联。石韫玉曾镇压白莲教起义；主讲苏州紫阳书院20余年，修《苏州府志》，著有《独学庐诗文集》《晚香楼集》《花韵庵诗余》及《花间九奏乐府》9个短剧，世所推重；曾到郴主持院试。此诗三四句说郴州曾为秦汉关隘，沿海产盐运过南岭，到此下船转输内地；"鹤楼仙子迹"，来鹤楼尚留汉苏仙遗迹；"鸡骨野人占"，古时乡野之人用鸡骨占卜，隐喻郴州古老；结束句质朴简单，却神来一笔，叙因处南岭之上，郴江水浅，却极清澈，劳作后闲下来的人，掬水一饮，甘甜自乐。

白 鹿 洞

张九镡

攀援不可尽，翩然忽已下。回头苍翠浓，秋阴堕深野。
孤洞锁岩根，飞泉滴檐瓦。登楼更凝望，岭色剩残赭。
城低饮落虹，桥横截奔马。遥骖鸾鹤群，逸兴共潇洒。

注：张九镡（约1719—1799），清代文学家，湘潭人，号蓉湖，"湘中诗老"张九钺之弟。乾隆中期任郴州兴宁县儒学训导，后升郴州学正。乾隆四十三年（1778）进士，任翰林院编修，《四库全书》缮书处分校官。馆中公推耆宿，居京城22年，闭门著书，有《清史列传》等，以诗歌跻身清名家行列。咏郴诗多首，其中与苏耽橘井、苏仙岭的留存7首，《郴州》7首第一首"汉朝灵橘井泉香"，巧妙写医林典故；"白鹤城东认故乡"，含蓄讲化鹤传说；"赚得少陵诗句好，仙山惆怅为清凉"，借赞美杜甫吟苏岭；其诗句之好可追诗圣。此五古同样出色，写传说苏耽出生的白鹿洞，"桥"即苏仙桥；"遥骖鸾鹤群"出成语"骖鸾驭鹤"，喻苏耽驾驭鸾凤仙鹤逍遥云游。

自永兴至郴州

欧阳厚均

径小平如砥，疏疏列堠亭。遥峦经饱看，浅濑足清听。
雨过沾苔润，风来送桂馨。井边多种橘，何处访仙灵。

注：欧阳厚均（1766—1846），清后期湖湘教育家，字福田，号坦斋，安仁县（今属郴州）人。乾隆年间中举，嘉庆四年（1799）由内阁中书登进士，历官户部贵州司主事、广西司员外郎、陕西司郎中。为官清正廉明，"有直声"。他写此诗时，任浙江道监察御史，却急流勇退，"年四十余，以母老告归"。嘉庆二十四年被聘为《安仁县志》总纂；嘉庆二十七年岳麓书院诚聘，在母亲催促下掌教27年，是岳麓书院历史上任山长时间最长的两人之一，另一人即其老师长沙罗典。欧阳厚均呕心沥血培养人才，保护和扩大书院规模，倍受朝廷嘉奖，著录在案的弟子达3000余。曾国藩、郭嵩焘、李元度等，都出其门下。著有《易鉴》《岳麓诗文抄》《岳麓课艺》《坦斋全集》等。此诗中"堠亭"，湘粤古道上燃火的土堡，五里一堠、十里一亭。"井边多种橘，何处访仙灵"句，以橘井旧事揭示郴州仙灵文化。

北湖怀古诗

程恩泽

松桂林中读书影，忽乘天风北度岭。居郴乃见三月榖，闻遭猰貐泪如鳗。
李伯康至呼以博，张公子束拥其颈。北湖空阔云破碎，十万秋荷覆春荇。
可怜壮齿三十八，照见平生已癯瘮。时时纵酒助谈谑，往往篇章出俄顷。
不知贬斥塞衢路，但觉叉鱼满筭箸。伾文委琐不足计，梦得将至连州境。
欲向同僚告目见，飓风掀屋盅聚皿。小人窃柄此当议，大贤被逐何其猛。
岂真刘柳语有泄，故遣伾文怒加瞢。是时朝宰半庸妄，谁谓先生骨独鲠。
刘颠柳仆愧公直，公以直遣公以幸。长怀柳侯赴资邵，讵实刘郎过苏井。
论宫市蜱论苛敛，当时外议殊不省。要知公心比赤日，千里坠地犹耿耿。
彼婉娈者奋箕口，使台中评不得逞。不独李实苦相厄，更遭史家抑不清。
赁愚大笑居士水，乞雨来瞻女郎靓。有山奇变水清泻，无乃天公界已静。
岂知他日更远适，瘴海昏昏一舟梗。只今湖水半枯涸，遗骹犹传在便屏。
惜无传祠踞湖上，我来眺古岁在丙。炎风吹人不可耐，快俯深涧酌秋冷。
曾侯指我已潴汇，并驾茆龙植桃杏。公神如水无不在，想见波澜与公永。
休谈九仙二佛地，恐公问之驾以骋。

注：程恩泽（1785—1837），晚清政治家、汉学家、宋诗派领袖、天文地理学者。字云芬，号春海，安徽人。四川、广东主考官，贵州、湖南学政，国子监祭酒，工部、户部侍郎，与广东阮元并为嘉道年间儒林之首，郑珍、

何绍基等师父，有《国策地名考》《程侍郎遗集》。此七古诗以大气魄借苏仙岭下的北湖写出浓缩历史，怀念韩愈、张署、刘禹锡、柳宗元南贬或经过郴州、或任职郴州、或在郴待命、或游郴山水等往事，为先贤鸣不平。忆韩愈在李刺史陪同下观叉鱼、祈雨女郎庙，同情其38岁就因遭小人陷害而患"瘭瘵"寒症瘦弱。"猱（náo）猱"，怪兽，与"婉娈者"均小人。提到纪念韩愈的侍郎寮在便屏（永兴县江畔，"昌黎经此"石刻群为国家文物），提及刘禹锡访苏耽宅写橘井诗。最后说自己与知州曾钰在"九仙二佛地"植桃、杏树，纪念韩愈等前贤与苏耽。

忆苏仙岭

陈起诗

郁郁苍苍汉代松，乳仙宫观碧苔封。烟霞啸傲今非昔，诗酒悲歌疏更慵。
流水桃花前洞月，衣香人影隔林钟。无端又作朱门客，回首苏山云万重。

注：陈起诗（1795—1842），清晚期学者、著作家。郴州人，嘉庆十五年15岁考取秀才，道光己丑年（1829）与龚自珍同科进士，历任吏部主事、员外郎、监察御史，人称"铁面御史"。博学闻名京师，订正《新疆志略》《天文分野图》，为两江总督陶澍策划"票盐法"大增国税，同姻亲、思想家魏源分析天下形势、国家利病，京城士大夫将其与魏源、汤鹏、左宗植（左宗棠兄）称作"湖南四杰"，著有《孔子年谱》《四书求是录》《补全唐诗选辑》《罗经图考》等。逝赠中议大夫。此诗系他在京都想念家乡之作，将苏仙岭主要景观一一道来：苏岭云松、乳仙宫、苏仙观、桃花溪、白鹿洞，令人倍感亲切。"林钟"，本六吕之一，此指农历六月，"林钟之月，草木盛满"。"朱门"，王公贵族的红漆宅门，说自己虽客居京城，心却越过万重云水回望苏仙岭。

游橘井观

杨恩寿

一井香泉碧，千年秋橘黄。神仙多孝子，药石起膏肓。
斯世苦疮痏，何人解秘方。愿将功德水，流泽遍遐荒。

注：杨恩寿（1835—1891），清末著名戏剧家、诗人。长沙人，号蓬道人，同治庚午年中举，曾在云南、贵州做幕宾，光绪年初授转运盐运使司使衔、湖北候补知府，1862—1864 年受聘郴州知州西席，教知州的两子读书，因此数次居郴。著有传奇戏《坦园六种曲》，汇刻《坦园丛书》14 种。《坦园日记》内有《郴游日记》两卷，中含大量咏郴诗词，与苏仙岭、橘井相关的 7 首。此首除颂唱千年橘井，明白把苏耽称为"孝子神仙"。讴歌苏耽母子运用药物，治好了人们的严重疾病。言及今世人们常苦于痈疽恶疮，谁能有解药秘方呢？表示自己愿意像苏耽那样，把橘井这样的功德泉水，传布天下的荒僻之处。

《将之南洋留别亲友》之二

丘逢甲

书生三十旧登坛，落拓防身剑气寒。异国谈瀛夸海客，中天列宿愧朝官。千年鹤爪书何苦？一卷虬髯传未残。独上柂楼看象纬，东南风急送青翰。

注：丘逢甲（1864—1912），清末爱国诗人，台湾苗栗县人。光绪年间进士，授工部主事。1894 年甲午战争爆发，他预见台湾前途危难，以"抗倭守土"为号召创办义军，变卖家产以充军费，动员亲属入伍，担任全台义军统领。李鸿章与日本签订割台《马关条约》，他悲愤交加，刺血上书抗议，率军与侵略军血战。日军占台后，他内渡参加孙中山先生领导的同盟会，任广东教育总会会长。辛亥革命成功，任中华民国广东政府教育部长，赴南京参加筹建临时中央政府，当选参议院议员。他内渡后的诗，以怀念台湾故园、感愤时事之作突出，在《庐山谣答刘生芷庭》中，有"感慨城郭人民非"和"洞天福地不在远"之吟。在《将之南洋留别亲友》之二，"千年鹤爪书何苦"句，也是借苏耽化鹤传说抒发苦念家乡台湾的心境。后两句说离台前，在青翰船舵舱室观星象，含有再起之意。

六、清末民国

寄题曹东寅南园图：南园在宝应，为曹移家躬耕之所

陈三立

曹翁寄我南园图，出映茅屋故人面。历沿胜迹脱窠臼，自状风物征题遍。

223

当时大盗据九鼎，怙恃凶威横宇县。巧煽力取附爪牙，衣冠匍匐媚受禅。
欲列秽史载歌咏，凭几眦裂举腕战。倏忽南戈起扫除，莽卓坐陨改谣谚。
翁之哀乐几过我，痴怀敢冀齐一变。嗟翁早计颠覆余，食力没世全微躯。
射阳淤壤利垦播，大男负耒为先驱。听雨有弟挈俱往，兼辟小圃躬芟锄。
萧然东南一臞儒，狎玩千劫雄眉须。瞻由过迈聚户闶，祇今看作耕田夫。
世难犹教怒生瘿，赢项蹶兴博酸哽。匡床知汝仍掉头，灌花好护苏耽井。
况邻二老托箕颍，岁时写句佐煮饼。环溪纵棹莫问渠，终古认此桃源影。

注：陈三立（1853—1937），近代同光体诗派重要代表人物，原籍江西义宁（今修水），生长于湖南。出身名门世家，系晚清维新派名臣、湖南巡抚陈宝箴长子，陈宝箴是唯一一个支持光绪皇帝维新变法的地方大员，遭慈禧太后暗害。陈三立1892年壬辰乡试中举，历任吏部行走、主事，主张维新变法，筹建南浔铁路；1898年戊戌政变后革职。他是国学大师、历史学家陈寅恪和名画家陈衡恪之父，与谭延闿、谭嗣同并称"湖湘三公子"；与谭嗣同、徐仁铸、陶菊存并称"维新四公子"。1937年"卢沟桥事变"后北平、天津沦陷，日军欲招陈三立，他为抗议日军入侵，绝食而死，享年85岁。陈氏祖孙三代均列入《辞海》。陈三立被誉"中国最后一位传统诗人"，其《散原精舍文集》有此诗，"灌花好护苏耽井"可窥见心迹。

抵天津闻大驾驻潼关三日

曾广钧

词客惊魂访旧畿，王良策马野鸿蜚。身兼雄剑无长物，心与龙旗共壮飞。
阅武宫前种杨柳，海光寺口盛蔷薇。今日并随城郭尽，苏仙何处更沾衣。

注：曾广钧（1866—1929），曾国藩长孙，诗人。曾国藩第三子曾纪鸿长子。光绪十五年（1889）考中进士，授翰林院编修，时年23岁，在翰林院中最年轻。甲午战争爆发，统领钢武马炮队5000人出境援助朝鲜。后参加戊戌维新变法。他继承祖父衣钵，才气横溢，王闿运称其圣童，梁启超誉其为诗界八贤。其以苏耽化鹤的典故的诗作有3首，如"苏仙化鹤必遭弹""城郭人民事事非""湘瑟流哀弹别鹤"。此诗写1900年义和团运动引发八国联军侵略战争，慈禧太后挟持光绪皇帝逃往西安之事，叹息津京失陷、朝廷被迫签订《辛丑条约》、列强驻兵多地美丽城郭，致使苏仙化鹤归乡泪湿衣衫，令人忧

伤而愤懑。

郴州自古出良医

程崇信

郴州自古出良医，苏仙橘井大名垂。仲景师传张伯祖，先生私淑姓同之。

注：程崇信，清末衡阳举人，名绅，书法家、经学家、监察御史、延安知府。程专撰此诗，殷谢湘南名医张驻尘。张驻尘（1882—1952），郴州人，字伯祖。治愈多种疑难杂症，平息长沙春瘟、郴衡疟疾，被誉为"中医圣手""神医"。白崇禧将军北伐在湘染疾，抗战时薛岳将军夫人重病，均请张治愈。1930 年衡阳中医界请张驻尘行诊雁城，时逢程崇信儿子患癫痫，遍请中西名医诊治无效，其姐夫、桂阳州榜眼夏寿田介绍，邀张至郊区家中坐诊，张知程捐助船山书院、救济堂等善事多多，悉心医治其子，两天后扭转沉疴，一周康复。程崇信老泪纵横，有感而赋七绝，将苏仙故乡的张驻尘喻为东汉坐堂的长沙太守张仲景之高徒。

春游苏仙岭

程 潜

九嶷之所孕，突兀春陵阳。云有羽化士，山上遗药房。
起居日在望，游览殊未遑。爰以清和节，登陟挹华芳。
绝顶启丹扉，高观耀朱光。鹤归空传语，仙迹已渺茫。
满堂惟像设，何处觅琼浆？习习风飘举，旋归赋短章。

注：程潜（1882—1968），民主革命家、政治家、抗日将领，醴陵人。清末生，16 岁中秀才，后留学日本；追随孙中山，参加同盟会及辛亥革命武昌首义；任湘护法军司令、非常大总统府陆军次长等。参加北伐，任国民革命军军长；抗战时任第一战区司令长官、国民革命军陆军一级上将。抗战胜利后，任湖南绥靖公署主任兼省政府主席；与陈明仁将军在长沙和平起义。共和国成立后，任中央人民政府委员、湖南省省长、民革中央副主席、国防委员会副主席、全国人大常委会副委员长。他民国八年（1919）驻军郴州，写《郴州杂诗》。此诗说九嶷山孕育苏仙岭，"羽化士"指苏耽化鹤为仙；"高

观"即苏山绝顶苏仙观；"满堂惟像设，何处觅琼浆"，指和尚对道观鸠占鹊巢塑满佛像，却不供游人"仙水"（此即茶水）。

游苏仙岭

邓中夏

苏仙胜景甲郴州，百卉芬芳岩岫幽。仰视碧空红日接，俯观橘井白云留。青峦磅礴来拱状，紫气氤氲帐火悠。为爱清淑老跋涉，何时有暇再同游？

注：邓中夏（1894—1933），中共北方党组织创始人之一，工运领袖，郴州宜章县人。民国初入湖南第七联中（郴郡联中、今郴州一中）、湖南高师，1917年入北京大学国文系，1919年3月与法科学长、第七联中校友廖书仓、黄耀华及张国焘、许德珩成立平民教育讲演团宣传爱国思想，参与发起"五四运动"，任北大学生会总务干事（永兴县廖书仓任北平学生大会临时主席）。其父邓典谟，与谭延闿同榜举人，为浙江盐使、温州台州学务佐治员，郴郡联中校长、衡山县知事、《宜章县志》总纂。邓中夏幼承家学，爱好诗词，此诗作于读书郴郡联中期间。首句赞苏仙岭，"俯观橘井白云留"，从岭顶远观橘井所在园林。"氤氲"，弥漫；"清淑"，清和，系引用韩愈赞美郴州山水之语。

民国中国医学院院歌

秦伯未

春风暖，桃李开，吾院何多才。启迪炎黄绝学，灿烂散光辉，如琢如磨更栽培。前程期千里，独步国医坛。

讲课散，歌声扬，橘井长流芳。阐发轩岐岳训，富丽复堂皇。如切如磋费商量，前程期无限，永峙春申江。

注：秦伯未（1901—1970），近代中医学家、诗书画家，宋贤秦观后裔，上海人。1919年就学上海中医学校，善治内科杂病。1927年与同人共创第一所国立中国医学院（首任院长章太炎，现复旦大学上海医学院），初掌教务，后为名誉校长。致力于古籍整理，与人主持上海中医书局，出版多种教材，著《秦伯未医学全书》《内经内证》等；任《中医世界》《现代国医》等杂志

社长、主编。1931 年中央国医馆成立任名誉理事。1955 年任卫生部顾问兼北京中医学院顾问、中华医学会副会长。1933 年为中国医学院撰院歌，告诫师生"启迪炎黄绝学"，促使"橘井长流芳"。"轩岐"，轩辕帝与臣岐伯，中医视为医药始祖。

和沧波居士四律之一

南怀瑾

沧波居士近耽诗趣，复以甲辰岁暮书感索和，步原韵即成四律，文字游戏，诚著诗魔：

寒到梅边几树花，凭谁拈与法王家。秦灰孔壁搜残简，楚赋蒙园比爱嗟。

饵术养生思橘井，栖神抱朴长芦芽。传闻腊鼓催春峭，画影儿曹又换纱。

注：南怀瑾（1918—2012），近现代文化传播者、佛学家、教育家，浙江温州人。历任台湾政治大学、台湾辅仁大学、台湾中国文化大学教授。曾旅居美国、中国香港等地，晚年定居苏州太湖大学堂。精通儒、释、道，致力于中国传统文化建设与传播，代表作颇多，30 多种著作翻译成 8 种语言流行世界各地。此诗"饵术养生思橘井"句，把橘井与养生相联系。

七、"福地诗""仙城诗"

北宋以降，在诸多诗歌中涌现出专题作品，即高赞崇论郴州别称为"福地""仙城""九仙城"。囿于篇幅，择例而言。如两宋之际诗人、南宋初派赴金国的通问副使朱弁（理学大儒朱熹的叔祖父），其《苏子翼送黄精酒》诗，写"苏君真是神仙裔，橘井阴功贯穹昊"，"独知此物有奇效，福地名山为储宝"。抗金词人张孝忠出任郴州知州，在《杏花天·刘司法喜咏北湖次其韵》吟"致身福地何萧爽"，就将北湖也看作福地组成部分。明朝郴籍名臣、代吏部尚书何孟春的《马岭》诗，开宗明义言"马岭古福地，苏仙此为宫"。清朝翰林院编修、《四库全书》分校官张九镡的《集灵观》云"清凉余福地"，亦将橘井观归入福地。郴县秀才何希江颂"福地由来夸十八"，宜章县秀才蒋光湘咏"势接黄岑排列障，谁将福地补图经"，竟将骑田岭（黄岑岭）区域全当成福地。

又如宋太宗八世孙、郴州知州赵汝鐩，出席《郴州鹿鸣宴》，即有"郴州飞升效九仙"句，鼓励试子效仿九仙大有作为。南宋江湖诗人萧立之任职郴州，在《云心遣示雨凉古句用旧韵》中，写"九仙拍手一佛笑，橘花多处开笄筐"；在《题陈广文〈苏山小草〉》诗，写"九仙城里鞭游龙"。明代湖广金宪、陕西兵备道邓云霄镇守郴桂时，在《郴阳署中》"静坐焚香候九仙"，在《送别黎美周归羊城步留别韵》中言"白云西去仙城远"。湖广参政黄公辅在《归初寄怀石藏孙》诗，感慨"闻道仙城多橘树"。南明隆武朝兵部职方司主事黎遂球在《和上人至郴州》一诗，感叹"一锡至仙城，知君有道情"。

附：评论

《李白与杜甫》·橘井尚高褰

郭沫若

杜甫的宗教信仰

……杜甫在同一诗的煞尾处还把自己对佛道二教的信仰做了一番比较。两者他都是信仰的，但他认为求佛近而求仙远，成佛易而成仙难，因而他有意于舍远求近、避难就易。这也就是说，他是更倾向于信仰佛教了。这是他的晚年定论，我们不能加以忽视。为了把问题彻底阐述清楚，不妨把《秋日夔府咏怀》的结尾几句，仔细地做一番解释。

> 本自依迦叶，何曾籍偓佺？炉峰生转盼，橘井尚高褰。
> 东走穷归鹤，南征尽跕鸢。晚闻多妙教，卒践塞前愆……

用典太多，诗意十分晦涩，但大体上是可以了解的。杜甫承认他自己是真正的佛教信徒（"本自依迦叶"——迦叶是佛教三十五祖之首）；虽然也信仰道教，但并没有入道籍（"何曾籍偓佺"——偓佺是能飞行的仙人，代表道家）。"炉峰"即指庐山香炉峰，晋代名僧惠远居东林寺，所藏南北翻译的佛经最多，白居易《东林寺经藏西廊记》云："一切经典，尽在于是。"故"炉峰生转盼"喻言佛教的净土近在咫尺。"橘井"则切道教而言，《神仙传》：苏耽将仙游，辞其母，谓"明年天下将大疫，庭边井水、檐边橘树，可以代养"。届时患者饮井水，食橘叶而愈。故"橘井尚高褰"喻言道教的修积，还高不可攀。

228

注：郭沫若（1892—1978），文学家、历史学家、考古学家，四川乐山市人。留学日本学医，抗战时任国民政府军委会政治部三厅厅长。1949—1970年代历任全国文联主席、全国政协副主席、政务院副总理、中国科学院院长、全国人大常委会副委员长等。《李白与杜甫》是其封笔大著，亦非常奇特之书，出版于1971年。《李白与杜甫》"杜甫的宗教信仰"一节，对杜诗"橘井尚高褰"句的释读，轻车熟路、言简意赅，对苏耽橘井传说如数家珍。

第二节　赋铭记传

游鳞出陷浦，唳鹤绕仙岑。

——柳宗元

涉及苏耽橘井的赋铭记传，找到很多，有朝廷名相、东林党魁，有各地贤达、守土官员，有郴籍大儒、文学才子，说明其文化符号性强大稳固。此节选取部分。

大藏经·佛祖统纪

志　磐

卷第三十五（下）　昭帝（弗武帝子）

始元元年，郴人苏耽感神仙，授以道术。一日忽扫洒庭除曰：仙侣至矣。俄紫气氤氲，白鹤数十来集化为人，天服粲丽。耽入白母曰："耽当为神仙，不得终养。"因留柜曰："有所乏可叩之。"又云："明年郡有疾疫，可取庭前井水橘叶以救人，少资甘旨。"言毕升天。明年果大疫，百姓竞诣母，母依法救之，皆愈。常有乏叩柜，其物立致。后三年母疑，开钥视之，双鹤飞去，叩之无复应。后有一鹤来止郡城楼，少年弹之，乃以爪攫楼板成字云："风淅淅兮雨凄凄，城郭是兮人民非。三百甲子令来归，我是苏耽，弹我何为？"

注：志磐，南宋和尚，"四明（宁波鄞州）东湖沙门"，咸淳年间撰《大藏经·佛祖统纪》。在卷第三十五抄改文学、道教的苏耽传，将苏耽生活年代由西汉初期放到佛教兴盛的南北朝北齐昭帝时，但明确苏耽得道术为仙。括号内"弗武帝子"，即其徒弟解释说昭帝非汉武帝之子。但北齐朝混乱，此文"始元元年"不知指何年。"令"字错，应为"今"。

植芳堂记

杨维桢

余友生沈君复吉，授经余门，又究习岐黄氏之学，于世之名能者，治其所居之堂匾曰：植芳。请记于余，欲大其说。余谓夫取诸身者，莫若喻诸物；取诸物者，莫若验诸身；故志洁矣。其称于物也，必芳学博矣；其游于艺也，必芳行成矣；其发于言也，必芳言达矣；其流于后也，必芳遗世矣。今欲以植木之术，而为此身之喻，植得其地而生，生则芳且荣矣。然则此身之主宰者，在吾方寸之地，培之养之蓁秽净，尽其所得于取物之效者，近之事又推之及人，何莫而非学也，岂世之所云小道者哉？昔之语植芳者，曰董仙氏，曰苏仙氏。董氏治人疫疾，止俾人植一树杏，计实易粟以济诸贫。苏氏将仙去，语家人植橘凿井，曰：后此必有疫疠，吾人者与人橘一叶水一器，即愈，后果验。彼二人者以仙术寓医，然迹其心亦可谓博施矣。故后之善植者必称董苏，云今生之植将不在乎此而在乎彼。生起谢曰：名言也。书以为记。

会稽铁史杨维桢廉夫撰

注：杨维桢（1296—1370），元末明初书画大家、文学家，字廉夫，号铁崖，亦号铁笛道人，会稽（绍兴府诸暨州）人。元朝进士，天台县尹（元代县令）、江西儒学提举。入明不仕，戴铁叶冠、穿褐衣、持铁笛，游江湖山水间。自著《铁笛道人传》，善诗曲，著《琼台曲洞庭集吟》《丽则遗音》等20种书。其友沈复吉研究中医，栽种药草，将厅堂匾名为"植芳"，芳即香草、药材，请杨维桢作记。杨维桢言往昔记述栽种芳草者，都指董奉、苏耽，董奉治病只求愈者种一棵杏，苏耽母子种橘凿井以药剂无偿供人抵抗瘟疫，传说他们仙术高明，实则博施爱心。今沈君种药，也将是不在乎栽植形式，而重在济世之心。数人作《植芳堂记》与相关箴言、诗歌，明代刑科给事中王璞指出"复吉之植芳亦如苏耽之橘井"。

重修阿井记

徐 彬

予昔掌太常，每岁四时分祭五祀，岁暮又合祭之。五祭者，门、行、井、灶、中溜也。井之利济于民，载于祀典尚矣。况其清洌溶液，有裨国用者哉？究之东阿、阳谷界古阿城内旧井一泓，阔围如车轮，名曰"阿井"。厥味甘美，邻境涉及熬胶，岁供国事弗歇。今岁秋，常监奉命亲临是井，涉及熬胶，果微殊常。嗟其井亭倾圮，泉源涸涩，甚非珍重妙化者。遂命兖州守郭鉴，使司副理问吴琛，率和州潘洪、知县阳谷王昌裔、东阿徐思孝、寿张张翔鸠材僦工，石及泉，覆亭其上。其北创建官亭三间，以为官僚往来栖息之所。缭以周垣，辟以门户。经始于九月之望，落成于十月之，官僚隶属，群目环视，莫不颂公爱国之诚恳而庆斯井之遭遇也。工既告成，守具其事速，宁阳典史许廷兰持以授予，嘱为之记。考之古，若苏耽之橘井，陆羽之茶井，葛洪之周井，固皆泉之清洁，山之精气所发者也。《尔雅》"改邑不改井"，井以不变为德。李白云："石瓷冷苍台，寒泉湛孤月。"杜甫云："月峡瞿塘云作顶，乱石峥嵘俗无井。"盖井之见重于世而致词之咏歌也如是，况兹井始有甚焉者耶？自古及今，清洁不移，为良剂以益寿、以回生。上利国家，下利生民，坐移造化于不知不识，其为世重有如是哉？宜记之以告于鲁人，俾勿亵焉。

注：徐彬，明洪武十八年（1385）进士，英宗朝任太常寺卿，天顺朝任礼部右侍郎兼翰林学士。此文系他任太常寺卿，奉朝廷令派常监巡视贡品阿胶产地山东聊城东阿县，见"阿井"倾圮，常监命当地官府修葺，他本人应同乡、宁阳县文职官员之请撰记。文中列古代三处名井，首个即苏耽橘井。提到"《尔雅》：改邑不改井"的说法，言明水质对制药的重要性。

橘 井 记

刘 球

有能拯人于危阨之中而不有其功者，皆足为有德善人也。吾与橘井而信其然。夫棘其柯而包其实森然偏江南者，皆橘也。掘深出泉窟焉，遍天下者，皆井也。橘井之名，何独擅于苏氏哉？世谓昔者耽隐郴之高秀峰，逆知其境之人将病疫，于是凿井植橘而神之以其法，其后病者取井泉橘叶而服之，累累皆兴然，未尝归功于耽，耽亦不自收以为己功。耽之能仙，吾不得而知也。然以橘井活人，使不殀阏。于瘥札，又不有其功，其德善之高于人也远矣。诸暨医学官马勖仕勉，慕耽之橘井能去人病，因取以为号。每至京师辄僦舍通衢置百药物，其中人以疾病求之，理即欣然从而诊其脉以察其病。所自始与其攻所，宜先而授之药，服其药者疾无不愈。由是京师之人求药者，日填其门。公卿贵人之家，仆马迎送之者络绎于道。虽大内亦尝召而用之，其道不为不行矣。然，于人未曾有德色，及察其退居故土，出游外方，所施愽而所或约，皆若在京。然仕勉之能耽吾，亦不得而知也。然其以药之活人也，庶几乎橘井焉，其诚有慕耽之德善者欤？不然何以有橘井之号也。大抵士患不古慕耳。慕乎古者，必有以超乎今，而志与古人相追逐矣。是故颜氏慕舜而仁与舜期，孟氏慕孔而圣与孔亚，司马氏慕蔺而召与蔺齐仕。勉之橘井，所以慕乎耽也。慕耽不已，将日累善蓄德以冀及之，德善冀乎，耽安知他日不耽耶。故特记橘井，以为其力德善之助焉。马氏山阴人，父祖而上皆名能医，故郡邑医学之官多出其家云。

注：刘球（1392—1443），明英宗文学侍从官，江西安福县人。永乐年进士，礼部仪制主事，翰林侍讲。有《两溪文集》《两溪诗集》及《隶韵》等著作传世。正统十四年（1449），蒙古瓦剌部不愿朝贡，进攻中原，大太监王振怂恿英宗出征，郴籍兵部尚书邝埜等大臣认为遣战将即可，谏阻英宗离京。但英宗让不懂军事的王振指挥，于河北土木堡大败，英宗竟被瓦剌军俘虏，邝埜牺牲，酿成"土木堡事变"。刘球也反对王振专权，被关押当年杀死。名臣于谦称刘球是"铁石肝肠，冰玉精神，超然物表，不染一尘"的君子。江西邻湖南，两地互影响，故刘球在生时熟悉苏耽橘井。此文揭示，古代凡医官都崇仰橘井"取以为号"。医学官马仕勉以"橘井"为号，刘球作《橘井记》，既颂苏耽，又赞马医官德善。

橘 斋 记

邱 濬

植物见取于骚经，如兰蕙菌桂离芷杜蘅之类，固亦多矣。

然往往因事及之，杂见于篇章之间，以寓其比兴之义，未有专以名篇而特为称述者也。惟橘也，则有颂焉。颂者美盛德之形容先王，以告成功于神明者也，有非他篇章可比。灵均之于橘，其推重之也，如此则橘之为物可知也已。予亡友刘文羽之弟曰传，字文辅，世其家学医者也，以橘名其所居之斋。两京公卿大夫士咸为赋诗，今又求记于予。予观文辅所以名其斋，及诸公讽咏之意，不过取苏耽橘井之事焉耳。今夫绿叶素荣刿棘抟果，今之橘即古之橘也。有人于此摘其叶，汲井水以饮。夫遘疾之人果能取效乎哉？吾知

232

其决不能也，不能取效而后之人犹且效之，何也？虽然古方有之，其肤之青者可以消食破积，肤之红者可以益气利肺。然亦千八十二种中之一二耳果足以尽药之用乎哉？吾知其决不能也，不能尽药之用而后之人舍其伙而取其独，又何也予？故愿文辅近舍苏仙之缪悠，而上进于灵均之高古可乎。是故守其恒心如橘之深固壹志可也，专其世业如橘之受命不迁可也，自慎不失其吾谨疾之心欤！廓其无求其吾嗜义之志欤，不宁惟是又必精色内白以任夫道，青黄杂糅以著其文，及其至也，则虽行可师长如伯夷秉德无私参天地，亦可以驯而至矣。予也无似愿岁并谢，与之长友，而不敢贰焉。夫然则医而造于儒不徒技矣，文辅念之哉，是为记。

注：邱濬（1421—1495），明中期清廉名相，在政治、理学、史学、文学、剧作、经济等方面均为大家，与唐张九龄及宋余靖、崔与之并称"岭南四杰"。景泰间进士，历国子祭酒、礼部尚书、户部尚书、文渊阁及武英殿大学士，海南人历史上高居相位者唯有邱濬。他的《大学衍义补》是经济治国思想集大成之作，首次提出劳动价值论，指出凡"资于人力"的"世界之物"即劳动产品，其价值都由生产所耗费的劳动决定；"其功力有深浅，其价有多少"，说明劳动价值和劳动耗费的多少成正比。再版时明神宗亲为作序。列宁评价他为"人类中世纪最伟大经济思想家"。邱濬的祖父做过医官，因此邱濬也懂医。此文述植物中，橘早在战国被楚大夫屈原专篇赞颂；他友人家学医术，以苏耽橘井之事物取居所名为"橘斋"，北京南京的公卿大夫都吟诗作赋，故他应友人弟弟之请撰《橘斋记》。

重修苏仙桥记

崔 岩

郴江绕郴山而下，去城东北五里许，曰马岭者，汉苏耽修炼之所。耽因羽化，江与山遂以苏仙名。郡城东郭濒江，江外为永丰乡，延袤几百里。近而属邑兴宁（注：资兴）、桂阳（注：汝城）、桂东，远而江西吉、赣，往来必经之地。商旅辐辏，担负络绎，实孔道也。江源发自秀才乡黄岑岭（注：南岭山脉五岭之骑田岭），逶迤五十余里，诸溪合流，至是始大。淋涨则潢潦灭顶，沍寒则坚冰侵骨，涉者病焉。前代桥梁，志不可考，入我朝来有司琢石甃磴，上跨以木，雨淋日炙，旋复腐败。迄今百五十年，未有经营为恒远图者。

正德庚午冬，予奔大淑人（注：母亲）丧还，已而谢政家居。民瘼满目，无可与语。癸酉春，湖臬宪副祁门程公时昭，奉命督理湖南兵备分司于郴下车，矻矻训兵恤民，日事保障。是秋九日，天朗气清，禾黍蔽野。予约为登高之游，于以探仙迹而涤尘襟，览疆域而询民隐，无非事也。肩舆涉水，颇觉巍陒（注：动摇不安）。因请于公曰："是桥废圮，多历年所，今公驻临此地，数非有待乎？"公唯唯。薄暮言旋，郴人百余遮道，曰：此水溢涸无恒，素乏渡艇，桥木久腐，涉者孔艰，间有蹉跌，遽至沦溺。系民利病，是莫大焉。乞易木以石，庶克坚久，则不刊之迹，远到之福也。公首肯之，将召匠料理。适边境骚然，戎事旁午，且无良有司以胜厥任，故沉吟者久之。

甲戌八月，咸宁庐君锐（字时进）以进士来守是邦。才行迥出伦辈，视篆半载，政通人和。于时，乡宦黄署正（字温如）、杨知县汝和辈，相与过予，曰："苏仙桥废坠已久，吾人往来病涉；兹幸方岳重臣、贤能太守，相踵而至，且年谷颇登，边境亦谧，诚千载一时也，修举之役复何俟哉。"予往谋程公，公曰："可。"即以众意谕时进、温如辈，复率众诣州以请。时进慨然以为己任，遂择日祭告、鸠工集石，且以事体重大、工费不赀，州中则遴委谨愿，属邑则移文令佐俾，各劝募以助不给（注：不够）。闻者踊跃，莫敢龃龉。曾未旬月，遽有鲁藩佐长史之擢。势不可留，事难中寝，乃与予议，各捐俸金规助白粲（注：白米）若干，以为众倡而去。于是百凡仰藉程公处，分居无何，亦以行边远，出人遂懈驰，事亦因循。乡人阗然踵予曰："兹者桥磴既坠，木无所施，公不怂恿成之，是无益而有害也，吾人复何望焉？"拒之弗护，因叮咛典术曹均礼遍谕郴人，暨肆市商贾，复折简二三有司，用申前议。幸钱谷继续，工役不辍，均礼辈惟日督视，予亦时往调度。匠卒趋事惟谨，桥得以渐就绪。适时进昭右迁（注：提调）江西大参。丙子冬，上命太谷陈公德（字如来）代。先期金宪濮阳高公德章，既而京口王公汝楫，相继分巡此土，兼摄戎务诸公，莅事精敏，发奸摘伏，且以是桥为济人首务。尤拳拳匡其所不逮，益其所未周。维时同知余姚鲁君圮心，切民隐共图成事，规助为多，遂臻完美。

桥峙而为磴者六，拱而为门者五，崇二十余尺，亘二百五十余尺，广十六尺有奇。东西立石以纪创建，构亭以蔽风雨，高甍绵亘，望之隐若长虹，亦吾郴之胜概也。用石以块计者七千六百五十，材木以根计者八百六十，石灰以担计者一百三十，工费以两计者四百五十，饩廪（注：粮类物资，糯米混沙浆）以斛计者三百七十，各有奇。其他供役之人不与焉。经始于乙亥正月初九日，讫工于丁丑五月十有二日。募缘（注：募捐化缘），则典史周冕、阴阳典术曹均礼、义官唐渊、高崇文、唐仕源、张淳，耆民张文端，道士吴元阳，僧人明浩董（注：管理）；工役，则曹均礼、唐渊、唐仕源、张淳、高崇文、王球；往来提督（注：提调监督），则千户胡勋、王福；续至而综理落成，则知州嘉定沈君照（字文明）也。

吁戏！徒杠与梁时成，先贤以为王政；修葺桥梁道路，国典具载，刑书是固，藉众人财力以成，抑所以利乎众也。兴废之责，则有司存。凡宦兹土者，遇一木一石之敝，即思有以葺之，勿坐视日圮。此桥脱或山川相为悠久，实郴人无穷之利，亦有司惠民之心。予与二三子究心殚力相与成事者，亦得以托名不朽也。予不文，备述巅末以告。若夫施财多寡，名第先后，则具别石，兹不复赘云。

注：崔岩（1456—1522），明代大臣，郴州人，字民瞻。成化十七年（1481）进士，历官户部主事、员外郎、督运郎中，任山东左参议，疏浚黄河故道，分守海右练兵防倭寇；升布政使等职，主持工部，黄河决口，他筑堤、疏通。因节省宫廷用度，遭大太监刘瑾迫害，两次入狱。借"大淑人"（三品官之母封赠号）丧事，辞官还乡。1513年游苏仙岭见郴江苏仙木桥被大水冲坏，遂说服同游的按察副使兼驻郴湖南兵备分守道，支持地方重建此沟通江西吉安、赣州的津梁。《重修苏仙桥记》翔实记述始末，由探仙迹而不忍见仙桥废圮，他本人捐资，并运用影响力动员州县官员和州民劝募，得到先后驻郴及巡视的兵备分守道和州官的物资支助，费时2年多，建起250多尺长、省内称巨的苏仙石桥。文中提醒到苏仙家乡任职的官员，爱护当地的"一木一石"，学苏耽多做惠民爱民之举。

重修苏仙观记（略）

曾　全

注：曾全，郴州永兴县人，成化二十三年（1487）进士，户部主事。永兴县系苏耽母亲潘氏家乡，城边仙母山下建有苏仙观，弘治年重修。曾全撰诗"鹿傍竹根眠独隐，鹤巢松顶梦应闲"；并作记，叙苏耽母子传说，在日本藏《嘉靖湖广图经志书》，惜页码前部模糊。

仙 桃 铭

何孟春

太玄之种，至孝之精。毓兹仙石，惠我世人。圆形类果，虚窍含仁。
清烦愈痛，益气宁神。信受捧服，允可长生。灵源圣景，正一苏峰。

出世于白鹿洞天，炼丹于马岭福地，九仙之首，二佛之先，驾鹤白日飞
升，跨鹿碧云端内，空垂玉手，半现金容，叩之即灵，祷之即应。汉孝感得
道苏仙冲素普应静惠昭德真君，普济弘化天尊。凡遇有疾，先捧水一碗，默
念语铭，次将桃磨水服之即效。

　　注：明郴籍大儒何孟春这篇铭文，在崔岩初撰、他本人续写的《九仙二
佛传》（又名《郴阳仙传》）中，附于《苏耽传》后。强调了苏耽的"孝感得
道"，苏仙岭苏仙观属于道教正一教派，苏耽乃是"九仙之首，二佛之先"。
何孟春懂医，著有小儿医科书，故铭文喻示苏耽炼丹、以仙桃孝母的传说，
及服用仙桃石之法。

嘉泉井铭

杨 慎

彭祖观井，久视长年。门孙绍德，堙井复泉。银床玉甃，水碧山玄。
夕餐源沉，朝汲精涟。汤液著沦，华池漱仙。苏耽种橘，太华生莲。
己身就泰，人疴亦瘳。

　　注：杨慎（1488—1559），明代文学家、三才子之首，成都新都县人，号
升庵，东阁大学士杨廷和之子。正德六年（1511）状元及第，任翰林院修撰、
经筵讲官（嘉靖帝的教师），《三国演义》中《临江仙·滚滚长江》即其大
作。他与郴州籍代吏部尚书何孟春，皆是大学士李东阳门生，因响应何孟春
倡议，在"大礼议"事件中触怒嘉靖皇帝，遭廷杖，谪戍云南。逝后平反赠
光禄寺少卿，谥号"文宪"。他为家乡四川泸州嘉泉撰井铭，因与郴州大儒何
孟春友善，铭文联系何孟春家乡写"苏耽种橘，太华生莲"句。此铭传开后，
传说西汉草药郎中苏耽修道的郴州天飞山遂别名"太华峰"，凿白莲池。

重修苏仙桥记

庄壬春

嘉靖十九年夏六月，余谪郴州，其至之五日避暑出城东桥，登苏仙观。相传汉苏耽冲升于此，人因名其桥为苏仙桥云……（叙述乡贤崔岩修桥及重修经过，略）州人咸言于余曰：岁有水灾，意者无以祀河伯为崇乎，愿徙祀鱼降神于此为民御水患。于是从民请，立庙于桥之东，余因得记其事云。

注：庄壬春，福建晋江进士，郴州同知。此文末"鱼降神"，传说为龙女传书洞庭的唐代郴州秀才柳毅，龙王封其"鱼降侯"，封地鱼降山在城西。北宋名人张舜民贬郴，拜谒过鱼降神庙。明嘉靖年，庄壬春为抗水患，重修苏仙桥，按民愿迁柳毅像到桥头，建庙镇灾。

重建橘井观记

喻正中

郡城东橘井观，汉苏仙故宅也，其颠末载郡乘及侍郎燕泉何公补传为悉。顾历岁既久，栋宇顷圮，不足以妥灵而昭，欲撤而新之久矣。嘉靖丁未，奉化横山王公来倅吾郴，道士李元春始以经营之计，白之于公，且欲输所有以助。公深嘉之，遂集乡耆王君銮、王君锡贵、方君孔高等，命以其意遍告郡中士民。维时正中通判虔州，诸君亦以书来告。中即归俸金以赞其役。于是鸠工抡材，恢宏旧制，不逾年而工告成。橘益茂，泉益清，真足以慰苏君华表之思，而益覆夫重庇乡间之泽也。第竣工落成，尚未有记。越辛亥，中致政家居，督事诸君诣予言曰："兹役之成，翁实助之，不可无记也。"中延为之言曰："仙与吾儒，异道也。羽盖霓旌，霞衣凤驭，吸沆瀣，飡朝露，羽化而蝉蜕，皆茫昧不可诘。致予深病世之人惑于其说，至有穷极土木以申崇。事若是举，则大有不然者。幼尝诵《列仙传》，至橘井一事，未尝不叹苏君虽羽化仙去，而养母之心弥切；虽遗世独立，而济物之念孔殷。即其所为，正与吾儒仁爱之道昭合。则今日之役，正嘉其孝，足以风泽，足以流以，溥仁孝之劝于无穷焉耳，又区区香火崇奉之私己哉！"工讫，前后为殿者二，中门为架者六，为间者五，廊庑仍旧，事兹不书。其地自东抵西，深若干寻，亘南北阔若干步；南有路抵大街，广若干尺，长若干丈；临街南向偏。兵宪滕公所书"天下第十八福地"者，则观之山门也。旧有田，前千户戴斌所施载税一十亩，今道士李元春增置十亩，俱在永丰乡，地名苗竹山。统记于兹，以防兼并云。

大明嘉靖三十年岁在辛亥夏六月之吉
承直郎江西赣州府通判郡人四浦喻正中撰

注：喻正中，郴州人，曾任承直郎、赣州府通判。平生慷慨有气节，笃于友爱；居官俸余，常赈宗族乡邻。嘉靖二十六年（1547）浙江奉化进士、郴州知州王心，接受道士和年高德劭的乡老提议，宋代橘井观将倾，急需重建。在赣州通判任上的喻正中，捐寄俸金支助。1551年竣工，他刚好卸政归家，州民认为他襄助力大，请其作记。他欣然挥毫，言此举"足以慰苏君华表之思"，回忆"幼尝诵《列仙传》，至橘井一事，未尝不叹苏君虽羽化仙去，而养母之心弥切"这一句，印证了西汉刘向《列仙传》已为苏耽立传，喻正中此碑文也早于王世贞《列仙全传》成书的万历年间。并记述明初兵部、户部尚书滕德懋，继苏轼之后（苏轼题字用在苏耽故居院门），题写"天下第十八福地"于橘井观山门。

上寿母太夫人九十序

屠 隆

吾母太夫人，今年春秋九十高矣。世称身都将相，家累乌石，纡朱拖紫，吹笙击钟，在在不乏，而诘其堂上有九十寿母乎？未必有也。即某虽布衣穷巷，负米潆瀇，于人子心有大愉快焉。且也某之母，侃母也。陶侃少孤贫，宾客过之，母截发为具，锉荐以秣马，士行赖以廷誉功伐茂，明令千秋而下为母子者，凄恻感动。某髫时授书，归自塾，舍太夫人亲剪葵苋作糜饲某。及某起家，为令廉而勤。每退食朝，太夫人必问曰：儿子今日，所平反冤狱几何？所赈恤无告几何？所为黔首兴利剔蠹几何？有之，则色喜加餐，不然，则愀然不怿。当在由拳（注：嘉兴），某好道，禀教昙阳仙师南北。大祸叵测，太夫人为弗闻也者。官成败有数，世之足以败官者，宁独耽元好道邪？诚以此绁吏议去所，欣欣焉。比某入为兰省郎，郎俸薄贫甚，腰下仅一银带，销以佐朝夕。而某游道日广，四方客常满座，太夫人与妇拮据为供帐。意良劬时时不给，则叹曰：吾儿为吏廉贫，贫以廉故，夫复何忧！后某为怨家谣诼事起，诬罔缙绅交唁，搤擘攘臂，车塞巷履盈户，而太夫人第嘻笑自若。及削籍去国，交游祖道，风雪黯淡，仆马憔悴，太夫人则曰：儿子毋以去国芥蒂哉。若负此官，虽荣犹腼，如其无罪，即去何伤。吾老矣，行辞朔野，冰雹辄瘥。而就江以南，风日骀宕，竹坪桃坞，瓜畦豆棚，胡不乐哉。某之归就宅西，辟园半亩，杂植芍药、辛夷、决明，凿一池若研，以畜文鱼。池畔栽芙蓉，而跨池架，小楼其上。某日与妇杨奉太夫人，板舆婆娑斋阁，供大士昙师诸仙佛像，日夕焚香顶礼罢，各就蒲团，跏趺瞑息，臧获化之，倏然庞居士家风。云：盖某东归之五年，为太夫人九十。先是太夫人病肺颇顿，某延师理药外，日向如来、天帝前抟颡乞哀。方五鼓，跽中庭，母梦天人以五色华盖覆体，少选家设斋醮，太祝口累祷华盖星君。某心异之，而太夫人病遂起，强饭矣。嘉平月三之日，为太夫人生朝，诸子姓聚族而谋，称觞堂下。而以某忝窃能言之科，属某为一言，奉以上寿。某惟仙言长生，佛言无生，夫长生犹有生，无生则无灭，均之跳出阴阳，不受陶铸者矣。太夫人数十年来，念珠不去手，菩提不去心，清净莲台，近在眉睫。而某则雅慕元修，皈心禅悦，泥洹羽化，咸所服膺。诚使摩尼现光，黄舆结鼎，如来圣师愍吾母子之久在沦转，而下筏引手焉。昔为侃母，其究也。为苏耽之母，何幸如之。某蹇拙不能谐俗，取世资所为身都将相，家累乌石，纡朱拖紫，吹笙击钟者，上报母恩。而第令他日，得采云霞为母裳，撷沆瀣为母粮，饰胜鬘为母妆。为母御飙轮骖鹤，乘礼释迦，拜大士，朝金母，谒元君，逍遥玉京，游戏珠林。诚若是，即今日虽布衣穷巷，负米瀹藿何恨。于是，诸子姓跃然起曰：大哉，吾子之寿其母也！人徒欲得世间之花诰、紫泥光荣其亲，而子乃欲得龙藏金言、太霄琅书，以为亲寿也。虽其语阆廓迂诞，亦有致哉。即未至之，聆其言萧萧泠泠，排空骑气，固似与人世，凡母子自有别矣。某应曰：然。遂备书之，以为吾母寿。

注：屠隆（1543—1605），明代著名文学家、戏曲家、书画家。号赤水，浙江鄞县人，"晚明五子"之一。万历五年（1577）进士，颍上、青浦知县，礼部主事、郎中，居官清正，心系民瘼。著作丰富，戏曲《昙花记》《修文记》《彩毫记》，风头直追汤显祖。1584年受诬陷罢官，纵情诗酒声色，豪放不羁，复旦大学黄霖教授考证，认为《金瓶梅》系他撰著，因书中出现与其相关的《哀头巾诗》《祭头巾文》等。《上寿母太夫人九十序》撰于1589年12月（别称嘉平月），详述母亲对他的培育及敦促居官廉政，慰其罢官而归，

随其开园种药，容其好道及可能惹祸的疾言。将母亲比拟"四大贤母"之东晋教子有方的陶侃母（另三位为孟子之母、欧阳修之母、岳飞之母），"为侃母，其究也"。又与汉苏耽之母比照，"为苏耽之母，何幸如之"。苏母行义施爱以橘泉煎药救民，故百岁无疾而终，屠隆祈望高堂能像深明大义的苏母那样享寿百岁。

白莲池记

谢邦信

　　郴州北行三十里许，有石山枕江，势峭拔，多奇观。当面数峰，峇峇若三四老翁相对语。群山自远献秀，倏然骤见以为飞舞与游人偕至者。山巅有池种莲，山故以白莲池名云，旧亦名仙台。祀苏仙有观，曰：兴元，毁于火。道士罗明性复之。夫仙道茫昧，不可诘致。予尝恶夫不经惑民，兹堂构又若不可少者，否则无以供游观佳山水。且吾闻东有岩曰：紫霄；西岩曰：洞关。悬崖不可至，梯而下，中可容百人。山上花卉果菰之属，往往可人意。凌千户德威觞余，于池上又为所谓碧筒饮者。时蜀葵花正开，余既醉赋诗云："竹篱疏雨日辉辉，淑气催人画漏迟。好与仙台成故事，碧筒沉醉白莲池。"呜呼，苏仙以其方外之教，积诚而行之卒能有闻，使其徒至今祀之不衰。天下之读儒书通经术学圣人者不少矣，其平生持论攘斥佛老，死后往往湮灭不称。视此反不愧耶？悲夫，此无他故矣，庄子有云：昔予为耕而鲁莽兮，其实亦鲁莽而报予；芸而灭裂兮，其实亦灭裂而报予。呜呼，不积诚行之，其能有闻者鲜矣。故因仙台之游著之，将以自鉴焉。

　　注：谢邦信，明代广东东莞进士，郴州通判。白莲池，在州北郊许家洞镇丹霞孤峰天飞山，苏耽修炼处。此文收于清《古今图书集成》，编入《中国游记散文大系·湖南卷》。

耒阳县石臼仙碑阴记

陶志皋

　　石臼仙，世传为郴阳苏仙之舅，名无可考。一日求修炼处于耽，耽以一矢遗之曰："视失所至，即为汝驻足地。"随寻之，则在牌楼下。周氏因以石

240

臼山名焉。失著处有小孔出泉，泠泠溜溜，清冽可人，堪供一僧。后以披剃者众，觅石工凿大之，泉竟不出。乡人疑为仙迹显灵之所。自宋迄今几百年，碑文磨灭。省相周君仲隆建枫亭，立石亭，塑苏仙石臼母子三像于其上，及茶、酒二仙咸备列焉。且植松数十株于道旁，令行者有庇荫之所。复砌石数十丈于山，令朝且谒者无崎险之艰。无奈风雨震凌，仙亭后圮。仲隆子万年偕庠生男讳时纠周姓，并仙旁附近一重修之。事竣，丐余为记。余从粤西归来，喟叹曰："神所凭依将在人矣！"周公父子仗义捐赀，祖耳濡目染积德此亭，得此君而再创此仙，得此亭而重光。行将与九仙二佛并称不朽，岂徒为无益之靡费哉？时族人居民相与共成厥事，输财助力焉，义得备述以为将来劝。

万历戊子仲秋月望日

注：此为流传在古桂阳郡耒阳县的奇葩传说，苏仙传说中提及舅舅，但舅舅在郴州和母、舅家乡永兴下落如何，不得而知，却在与永兴接壤的耒阳流传，舅舅向外甥讨一处修炼宝地，苏耽射出一箭云落地即其修炼处。这箭从郴州射到了120里外的耒阳县牌楼下西山石，形成一个石臼且有清泉淌出，其舅便至"石臼山"修炼，后世称"石臼仙"。宋代立碑刻，明代湖南观察使（省相）耒阳周仲隆，在此造亭，塑苏耽、苏母、舅舅像并茶、酒二仙。后来风雨侵凌破损，其子周万年又兴义举，与周姓秀才倡导族人、县民捐资重修。周万年请朋友、浙江绍兴举人陶志皋作记，1588年陶从广西至耒阳，盛赞周氏父子（后孙子又修，历三代）等行为非浪费，而有益民众耳目，此积德义举可与湘南郴州九仙二佛媲美。

乳仙宫记

袁子训

苏仙之麓有白鹿洞者，为真人发身处，鹤覆鹿乳，奇若后稷平林、羊迹鲤踪灿焉。文简《传》志为天下十八福地，实苏岭第一仙阙，故祠创于洞前，仙灵妥于岩下，势虽依乎巇窟，制颇局于观瞻。嗣既僧道迭兴，祠亦栋宇载辟，闻鹿鸣而鸣鹿峙馆，适鹤来而来鹤蕙亭。总之倚洞为基抑，且面山为主势，趣胚乎再创机实，待于后人往者。予兄弟买履登山，杖藤探胜，偶因觅秦少游踏莎之调，遂尔得苏真人扫级之规。气聚而藏，势伟而壮，洞即在左其掖，气直受顶之余。议欲再始卜丰工，拟即为营洛，乃问主画于家君，更请证盟于郡主。上下咸与，远迩同心，开楼阁于空中，集斧斤于云外。功成一日，胜甲千年。中奉真君，征奇纵之自始；后临潘母，稽异迹之从来。梁栋倚天排，仿佛凌霄碍日；钟磬随风舞，依稀奏羽流商。云来往而无心，花开落而自主；一声嘹唳定知仙鹤归巢，几处呦鸣疑是神鹿来苑。永奉千秋香火，别是一样乾坤；俯仰古今，缔思堂构。汉以后屡经诏旨，祇崇马岭之新峰；宋以前代有茸修未及牛脾之旧趾，何如兹举大胜前因。溯水木源本之恩，则真人孝养之心得兹创而远慰；阐牛羊腓字之始，则真人变化之妙得兹构而益彰。信为不世之奇功，可作开天之创果。阇利维摩之室，不至独擅西方；紫阳桐柏之乡，行且逊方兹境。予兄弟铺砖之念，藉是以完苏真君济橘之灵。从今再始祠事，既成宜有纪述；乃次向者指画之语，及今日勤绩之功。用属诸四友之中山氏，以遍告万世之同心者。

时万历三十二年冬立

注：袁子训，明万历郴州人，济南府通判、广东雷州府同知，音韵学家、兵部郎中袁子让之弟。此文叙述与兄游苏仙岭，议论何孟春的《郴阳仙传》记载苏仙岭为天下第十八福地，追本溯源，苏岭第一仙宫就应在苏耽出生的白鹿洞，可故祠旧而局促。又寻北宋秦词、苏语、米书构成的三绝碑，咀嚼《踏莎行·郴州旅舍》词调，觉得岭麓山势伟壮藏聚真气。想到汉至宋都重视峰顶的祭祀祠观，二人商谈要重建山麓乳仙宫加鸣鹿馆、来鹤亭，提升白鹿洞孝道文化景致。他们跟父亲、知州一说，官民踊跃回应，纷纷参与。于是顺利兴工，宫观新峙，梁栋绮丽；像后稷出生牛羊怜爱一样，哺乳庇护苏耽的白鹿白鹤，也受供奉。1604年袁子训撰此记，行文流畅飞扬大气，再次铭刻苏耽母子橘井抗疫、大孝苍生的功德。

苏仙岭赋

何　禅

郁郁苏岭，苍苍混天，神同岳降，羽化登仙，松虬逼古，历世永年。城郭虽是人民非，前路龙蟠而通，汉宫丹霞而映。川镫残庭院，旅鸿悲笳声。津渡月白，楼台雾遮，匦鹤舞而入洞，橘井香而归家。重庇归来，乡间无恙，万里云程，瞬息在望。东楼弹加，便县鲊祝，水长山高，锦江绣嶂。尔乃仰止高山，谊重梓里，故九仙之一，非五岭之比。石出核响之桃，韭登仙园之几。儒林见之而增重，大人闻之而心喜，谓是山高以仙，水深以龙。晴开光霁，风启云封，俯故城兮十里，仰阊阖乎九重。五代沈彬《题苏仙山》诗，明何孟春《马岭》诗，刘汝楠《苏仙岭》诗，罗明《苏仙岭》诗（注：均略）。

注：何禅，明清学者。此文在光绪《湖南通志》中，精锻彩炼，包罗全面，除回顾苏耽孝母、买鲊摘桃、橘井救民、化鹤归乡、潘园仙韭等传说，还将刘禹锡在北湖畔著《陋室铭》、秦观在苏仙岭下撰《踏莎行》与之相联系，化用成"津渡月白，楼台雾遮""山高以仙，水深以龙"的四六句，体现出崇乡贤爱家山的情怀。可谓"何涓一夜赋潇湘"而"何禅一口赋苏山"。

醴 泉 颂
陈维崧

夫橘井鲍姑，徒夸谚诞；球栏绮干，祗益奢靡。

注：陈维崧（1625—1682），清初骈文家、名词人，号迦陵，江苏宜兴人。康熙十八年（1679）举博学鸿词科，授翰林院检讨，54 岁时参与修纂《明史》。与朱彝尊并列清初词坛领袖，"阳羡词派"创始人。《醴泉颂》较长，摘录"橘井鲍姑"句。鲍姑乃葛洪之妻，首个以艾灸治病的女名医，"鲍姑艾井"即鲍姑清洗艾草之井，类比"苏母橘井"。

牒苏仙山祈雨文
陈邦器

为仙以福世，为心吏以亢阳引咎，虔祷雨泽浩济万灵事。本州知州陈邦器，照得天人有感应之理，河岳具泽物之功，惟诚祷克勤，斯灵雨时沛。郴之为州，在岭之上，万顷田畴既乏江湖之灌溉，六城禾稻实籍霖澍以耕耘。不谓岁在癸亥时当闰序，赤日行天门，三旬而不雨，火云插汉遍，四野以如焚。禾苗失色，坠西成之望；川原竭泽，民抱倒悬之忧。官斯土者，既未能进百姓于春台，旱即甚矣，讵听吾民于忧！日静思司牧之多愆，遂令贻士庶，以凡疚夫抚莅失职则咎。在为政曾何与于胼胝之农夫，若催科孔悬，宜殃彼贪婪，亦难累于作息之妇子。盖知本州有罪，莫遣因循之戾嗟，此小民何辜，增以旱魃之灾？今虽引匿于肮躬，尚冀邀恩于天地。前月晦日曾谒本州城隍，希沛甘霖于下土。阅祷七晨，虽抒隶属私诚，杳乏同云之瑞应。

兹以闰月七日谨亲跋苏山之巅，用牒告苏仙之灵，窃谓大仙早曾标名于汉室，当必显迹于今兹。念涤涤之山川，久厘忧时之虑；顾炎炎之原隰，讵靳泽物之思。敢叩神通大展济时育物之功，转吁穹苍弘沛滂沱霖沐之赐，庶使百谷回春。知仙人之造福者，大若蒙四农得岁；在俗吏之载德殊深预至牒者。

注：陈邦器，辽东盖州监生，康熙二十一年（1682）至二十四年（1685）奉派郴州知州。此文揭示郴州地处南岭，常患旱灾，1683年大旱，他到城隍庙祈雨七日无果，遂登攀苏仙岭，以木片书祈雨文，祷于苏仙观，述百姓无辜，引咎为自身罪过，借苏仙灵气求降雨。

募修苏仙岭庙疏

瞿　潜

余职居佐牧，治民事神，固余之职。举凡能为民御灾捍患之神之庙貌，敝者新之，隘者扩之，亦余职也。舍是而外，曰佛曰仙创琼宫建梵宇，自有缁侣黄冠任之，而非余之所宜。与闻者兹，适有士民向余而请曰：“东郊苏仙岭古庙倾圮，将图修葺而所费不赀，欲告济于大众，敢乞一文以倡之。”余思，自紫气西来，著五千言之奥旨，而仙教始显。夫仙家立教，大率独善其身而亦无求于世。尝读青莲诗云：“海凌三山，陆憩五岳。”仙之行藏又大率类是，岂爱此一隅拳石、数椽陋室乎？则亦何取乎？葺其庙也，然考苏仙在世夙以孝闻，及遴举之日贻一柜以奉母，使有所需扣之即得。又示井泉橘叶，预备疗疫，活人无算。此记载久传，洵不诬者。至若明季时，又冥施神力，用殄寇氛，迄今父老犹能述之。是不特素行可风而且有御灾捍患之功，绝非独善其身者，则经之营之俾丹腰再新，非媚也宜也。况斯岭为苏仙故里，嶙峋秀枚清淑之气，恒萃于东方，应是仙灵依恋之域。推其当年利济之心，焉知于今不有以默佑郴人哉？似可以无俟余言，而庶民子来者也，是为序。

康熙甲午小春郴江别驾瞿潜撰

注：瞿潜，康熙年画家，江苏华亭（今上海松江区）人，派任郴州同知。清《国朝画徵录》评价其水墨画"望之若具五彩"，花鸟画"风神韶亮"。康熙五十三年（1714），他听从民意，劝捐大众修葺苏仙观，并撰写向上司汇报文书。开篇两次强调管理民事及"为民御灾捍患之神之庙"事，属于自身职责。并推崇苏耽非独善其身者而是预防瘟疫、活人无算的先贤。"佐牧"，牧为统、管之意，指代郡州主官；佐牧，即辅佐刺史知州的副职。"青莲"，即青莲居士李白。"别驾"同佐牧，因别乘驿车故名。"明季"，明末。文记修观且颂苏仙。

重修苏仙岭上观记

范廷谋

再言人杰则地灵，其人为千古不世出之人，斯其地为一郡不易有之地。其地之景既臻乎绝胜，而其人之过化存神，亦栖灵乎是焉。而景以地传地以人传，地为览胜者必登之地，人为酬德者所必及之人。此苏仙岭上观之所为重修也。

州城之东有岭焉，益积而高，其绝顶有苏仙飞升遗迹。岭之麓有洞，即仙始生时母置于此鹤覆鹿乳处也。后人以仙始、终居之，遂名其岭曰：苏仙，而于岭之上中下各建一观以崇祀。自下观至中观，夹道皆乔松插天，望之如云。然路犹稍平，乘骑者或可上，且岭不高，所见亦不远。由中观至上观，则路益峻岭益高，非拽足不能升焉。余尝至其顶，知岭之发脉始于黄岑，而折岭亘其南桂门耸其北，五盖诸山或高或下蜿蜒飞舞，拱列环绕应接不暇。俯视州城，若棋局之位置，郴江之水盘曲如线，远望五城亦若隐若见，仿佛可以指数。噫，不可谓非景之最胜、地之最灵者乎？宜乎仙之升天，由乎此也。夫自此而升者，亦可自此而下，则安知白云一片如鹤高飞。仙不尝往来于此耶，仙既钟爱于是，则上观之祀仙为益宜。然破瓦颓垣，几不蔽风雨，仙得母对之而恝然乎？

余则以雨旸时，若仙之荫庇六城者甚大，而于其灵气式凭之所不为，修整殊非酬报之所宜，遂捐俸以为之倡。而士民萧甲联、王天球筹率，先后劝捐以襄厥成。当经营伊始，民之负砖瓦而上者累累，然相继于道，曾不惮转运之艰。以故历时六年而不以为久，费赀千金而不以为奢，亦可知仙之德泽久人之深矣。今殿宇落成，山门修整，丹艧维新，辉煌掩映，又增岭上之胜观矣！元鹤白鹿或者犹留半面以示人耶，是为记。

康熙五十八年己亥季夏月奉直大夫知湖广直隶郴州事范廷谋钦加三级

注：范廷谋，康熙四十九年至五十八年任郴州知州，共 10 年，继承其先祖宋贤范仲淹"先天下之忧而忧，后天下之乐而乐"的抱负与襟怀，以人为本，做了大量好事，如：兴农兴学，为民祈雨，依法治州，补修《康熙郴州总志》。尤其在保护物质文化遗产和非物质文化遗产方面，呕心沥血，如：捐俸修整苏仙观、题匾撰联、重修苏母墓，淘浚橘井，重修橘井观，重建来鹤楼等。此文专记古迹苏仙观的来由以及重修名胜的意义和情形，体现其爱护地方自然、人文资源，更可贵的是赞扬了普通民众历时六年背负砖瓦攀登陡峻山道的精神，足以垂范后世。

重建橘井观正殿记

范廷谋

德不足以矜式，泽不及于桑梓，而徒托神仙羽化之迹，虚无不可知之，谈以迷惑闾里。为刺史者犹将辞，而辟之以卫正道，而何庸崇奉为哉。若汉苏仙事母以孝闻，当飞升时，谆谆以橘叶井水救一时之疫；及化鹤来归，有重庇乡间之句。知其依恋于郴未已也。以故历代以来，水旱疾疫，祷无不应。余莅任之岁，诣观求雨，方下拜而雨立注。去年秋霖潦告灾，复诣观祈晴，亦捷如响应。其他凡有祷求，无不灵验，是岂余之邀福于仙者多哉？正仙之施泽于郴者深也。仙之旧宅在州城东，宋大中祥符元年赐名集灵观，后人因之屡修屡坏制三层，以中殿祀仙，狭小低下，窥之洞黑，梁柱蠹朽，日就倾颓，且山门下泻羽流。不能安其身，无以崇奉香火。余集州士刘瑗等谋之，皆踊跃惟命，遂捐赀购材，卜吉兴工。阅三月正殿告成，轩敞明爽，斯飞斯革，非复旧时之卑暗矣，真可以妥仙灵而伸酬报矣。夫崇奉有功德之仙，以为春祈秋报之地，刺史之责也。方将举前后殿山门廊房次第改观，以终其事。适余奉旨内升，不克毕吾愿。夫其始不立其卒固不能成，而有其先之不可无以继之，是在后之守斯土者，考仙之灵濯，思仙之遗泽，踵其事而成之。将见巍焕之观，为六城增色，而仙之大沛泽于郴者，益未有艾矣。是为记。

康熙五十八年己亥季夏月奉直大夫知湖广直隶郴州事范廷谋钦加三级

注：此文记述重建橘井观系统工程之一"重建正殿"，因范廷谋"奉旨内升"只能亲手完成正殿修复。而在叙述苏耽"事母以孝"、"橘叶井水救一时之疫"、爱家情节的同时，透露其数次为地方祈雨祈晴。强调"守斯土者"要学习苏仙"重庇乡间"的精神，继任者要接踵完成余下工程。"春祈秋报"，

春季祈祷风调雨顺，秋季报答仙人灵佑之功德。

牒苏仙祈雨文

范廷谋

为大仙之惠泽久敷，下吏之夙缘可恃，虔求雨泽弘济苍生事。照得郴居楚尾地当岭头，四野田畴难致江河之灌溉，六乡禾黍只凭霖澍之沾濡。每遇亢赐，必申祈祷。兹者岁在己亥，春源既未沾敷，时届朱明火云，又复烁布旱魃。为崇空想，望于云霓，石燕无飞，尽焦伤夫禾稼，民将缺食，吏独何心！窃惟大仙，著名汉代，显迹今时，化鹤来归，原欲施恩于故里，求雨必应，屡经赐号于前朝。即本州莅任之初，展拜便临膏雨；及去秋霪潦之际，叩求果赐晴明。虽云感应事之常要，亦报施者仙之德。三生石上定其因缘，一点诚忠频劳昭格，日前未曾谢事。曾经祈晴于山巅，今兹将欲离郴，岂敢坐观于署内？是用益深斋成倍凛虔诚，躬诣斋坛，敢申牒告。便伏：仙灵之显，变化无方，惟求滂沛之仁，城乡皆足。倘以去官而不应，则下吏之薄面何存？若因屡渎而不灵，亦上仙之为德不卒须至牒者。

注：康熙五十八年范廷谋任职郴州已10年，在接到调令离郴之前，仍像先祖范仲淹那样以天下忧乐为己任，见南岭郴州"居楚尾地当岭头"，旱情"伤夫禾稼，民将缺食"，毅然亲制并撰写祈雨牒片，徒步攀登苏仙岭祈祷雨于苏仙观苏耽像前。这虽属迷信心理促动的无奈行为，但在生产力及科学水平低下的古代，却体现了一种为民生竭诚服务的职责意识。

范公祈雨碑记

邓治青

己亥仲夏旱魃为虐，民诣州祈雨者日以千计，轰轰震天，地弗应也。

我范夫子自省旋州，即斋沐祷于苏山之巅。甫下山，而霖雨随车，民赖苏息。及届季夏，炎日更酷，禾稼复槁，四野殷忧。以公方奉旨内升，安得再为民请命而捷于奏效焉者？乃公不以既谢事而漠视吾民，亟亲制文，于二十七日昧爽步祷观中。明与仙约曰：牒发于晨，雨定于午。其时，奏者肃然，闻者辣然；瞻仰昊天，则赤轮当空，毫无纤翳。少焉，苏岭云生雾起叆作，俄顷之间大雨如注，郊原悉徧，沟浍皆盈，定是方中不逾午刻。郴人士咸曰："异哉！何响应若斯之神也？若崩厥涌！"稽首以归功于公。公曰："此仙灵泽也，亦偶然惠也，余何有焉？"众咸曰：自公莅吾郴也，四祈雨而不爽，两祈晴而弗愆，是固向之明效大验，勉然未夺。若兹之感神速而惠民深也。夫公将去郴，而于民瘼益切，宜其神不逾盟，雨不违时矣。则非公之精诚夙契，何以致此。遂相与踊跃欢呼，作颂以纪灵异，曰：

> 维郴之州，介于岭头，依山傍谷，以为田畴。
> 一月不雨，苗将就芜，万姓嗷叱，呼天何补？
> 自范公来，农鲜告灾，田不汗莱，野无焦土。
> 暑雨其咨，有仙佑之，感而遂通，人莫能知。
> 今岁徂夏，暵乾伤稼，公祈灵雨，随车而下。
> 天意莫违，旱魃肆威，泉涸土裂，渴望云霓。
> 公方内擢，将归京国，痛念民瘼，殷勤祷祝。
> 入观告虔，签订于仙，午时不雨，唯吏之愆。
> 仙夙鉴公，蓄极而□，顷刻雷电，骤雨微风。
> 郊原沾足，盈沟溢渎，果不逾时，应之何速。
> 非公精诚，仙不立显，非公夙缘，仙不见怜。
> 一雨得食，伊谁之力？唯仙与公，相为始终。
> 郴山郴水，永垂无穷，勒之琐珉，以戴丰功。

注：邓治青，康熙年郴州恩贡生。贡生系明清地方选拔秀才贡举入国子监的太学生，恩贡是逢国家庆典选拔、经皇帝恩准进入最高学府的监生。其碑文记载范知州祈雨事。1719年农历五月，范廷谋赴湖广行省领旨（调离），回郴见大旱，立即攀登苏仙岭祈雨成功。农历六月他准备动身赴京之际，旱情复发，于是他以民瘼为痛，放下行李，亲制牒片撰祈雨文，27日破晓时奋力攀爬一千八百级峻峭山道，祷于苏仙观，向苏仙塑像约定正午降雨，如不灵愿自身领罪。结果正午时分大雨如注。百姓跪拜感激，范廷谋辞谢，指出：此属偶然，非我之功，乃苏仙灵泽。然民众眼睛雪亮，回顾说范在郴祈雨祈晴6次，每次苏仙均未爽约，若非范公精诚，哪来苏仙与你的如此交情！邓治青感佩五内，遂作208字颂词。

重建三清殿三官祠苏母祠记

瞿 潜

郴之东郊橘井观，创始于汉。前为三清殿，中供苏仙。而后仅斗室，以祠仙母。由来旧矣，阅世已久，殿宇日颓。康熙五十八年，州守范公倡首重建前殿，移供苏仙，盖以此观即苏仙旧宅。仙井现在阶下，古柏尚存，则移仙像于前最为得宜。而三清为元始以来之天尊，移像中殿则深一层。而如在苏仙之上，是必仙灵所喜慰者，然未及改建而范公升去。予奉中丞命署理州事，因思既摄州符，若此未竟之工，舍予而谁属耶？仍命董其事之士及县民凌子仙、陈祥瑞、礼房典吏李世任等，估计所需十倍之，而州之人士共助之，且有桂阳县尉孔谦、巡检马绍祖，分劝其邑中之乐善者，随力捐金。因得以构造中殿，历四月而告成。一殿分作三间，以壁间之，三清居中，左奉三官，右祠仙母。默想神灵往来于虚空，缥缈中各就其位而凭依得所，庶几神灵既妥，则御灾降祥，感应之理自然而然。非邀福淫祠黩祀者之比也。爰勒诸石，以纪成功之岁月，其输金姓氏则跋在碑阴云。

康熙五十八年己亥嘉平 郴州别驾云间瞿潜 京商范枚、丘道贞、刘世泰、桂阳（注：汝城）知县董正、永兴知县周天相、兴宁知县颜天球、宜章知县卫际可、桂东知县贾伦城乡募首（注：数位）学正、训导、教谕（注：10多位）督建生员刘瑗里老凌子仙、陈祥瑞工房典吏黄庆、礼房典吏李世任

注：范廷谋重建橘井观正殿、移供苏耽像后离职，同知瞿潜奉命代理州事，继续工程，经4个月于1719年最后一月完成。"三清"即道教三位至高神，元始天尊、灵宝天尊、道德天尊；"三官"亦道教所奉天官、地官、水官，传说天官赐福，地官赦罪，水官解厄。"嘉平"，腊月别称，即腊祭之月十二月。"云间"，华亭（今上海松江区）雅称。外乡籍州官带领各县知县、学官、县尉、巡检、吏员，以及募捐头领、里长乡老、秀才，甚至京都在郴商人，共30多位劳心尽力，修成橘井观三清殿、三官祠、苏母祠，充分体现了官民对养育苏耽、驱瘟救民的郴州老祖母的世代尊崇，亦包含了对本土道教、仙灵文化的虔诚敬畏。

苏仙岭祷雨记

谢仲坑

巍然于郴者皆岭，而城东苏仙岭为独有名。苏仙之名著于汉，橘井愈疫，天下莫不闻。知岭盖其生长地，都人于此香火奉之。唐饰祠宇，宋赐封号，仙之显应由来旧矣。予摄篆郴州。乾隆戊子，春雨失时，泉涸土干，终三月种不能播。舆情惶惶，惧稼事之始基将废，主伯顿足而吁，或环庭投状以诉。予为遍祷诸神，每祷无不应，而未获滂沱。爰诹吉致斋，乘夜陟岭，祷告仙

坛。维时二三僚佐亦先后不谋而集。礼成。俄闻林叶淅沥有声，骤雨随风而降，黑云四布，出山犹未大明。嗣是诘朝分乡洒润，不浃辰大沛甘霖，则初夏之四日也。亩浍流膏，锄耰并作，曩之焦卷黄落，忽睹葱蒨盈畴，农夫动色，岁幸有秋。仙之庇，乃桑梓辅翼官司，施其补救，不啻挹注从之，为灵昭昭固若是欤。夫阴阳之气蒸郁成雨，神则气之良能，仙又人之凝其精气等，于神之莫测而祷者，以心之诚相感召焉。是仙与神之为人致雨，本一气之鼓荡于其间，理殆切实而非诞。故祷雨之礼，肇自先王，其验并彰于史策。而我朝之雩祀，以逮水旱，祈报载之会典，超百代而加隆今是役也。予省愆涤虑，忘寝断荤，隐忧如病者，更晦朔未尝稍懈。虽不敢谓诚能感神，然神既鉴之，仙复佑之，值此禾稼登场，盈宁胥庆，祭法所称有功德于民，功德孰大？于是，予思为民，仰答仙灵，牲牲非仙所御，惟即其功德显应，胪而镌诸石。使与兹岭同其久长，仙直亿万斯年，翱翔岭上，烟云飘渺，弥望巍然，普济苍黎，其益无穷于变化哉。从予祷者：署州判试用知县熊显、吏目牛澄、良田巡检司沈美中，备勒碑阴，共甲厥敬，是为记。

喻国人传（略）

谢惟盛

书院设馆讲学，撰理学等书籍35种，被理学家、武英殿大学士熊赐履及湖广学政潘宗洛称为"湖南宿儒"，"复古图书之功，功在万世，为当世第一人"。

来鹤楼赋

首永清

若夫仙好楼居开龙光之壮丽，鹤随云去负羊角而翻飞。缅昔画栋雕甍怅予怀之渺渺，迄今丹楹刻桷仰巨观之巍巍。胡楼千秋其永峙，仙一去而不归？方其修铅炼汞洗髓刷胎，呵吒云雨役使风雷也。便当穷碧落以为居，任尔超脱，干青云而直上；恁地徘徊，朝驰骋乎瀛海，暮徜徉乎蓬莱。珠阙迢遥，既时行而时止。碧城飘渺，更独往而独来。又何有于尘世华屋人间安宅，为吾仙梦魂所萦扰情怀所爱惜者乎？乃云程万里甲子三百，回首故乡之依群瞻羽衣之客。仙乍临兮，偶憩乎东门之东；鹤于飞兮，第见其白羽之白。业跨白鹤以来归，旋游苍梧以自适；楼记遗踪，里沾余泽。檐牙高啄，堪媲美乎金龙；廊腰缦回，实并峙乎铜雀。登斯楼者，于以信仙难攀跻，谁能履平地而登仙？鹤当归来，无烦望西山而放鹤也。其或春风微扇，和气朝升，危栏可倚，悚楝乍凭，宛如凌虚而步广寒，晤绰约之仙子；腾空而问兜率，访清静之友朋。则有知会心之不远，耻登临之未曾者乎。其或露白风清涸冰冻，登危楼以纵观，引玉笛而成弄，似清歌之满城，觉余音之绕栋，缅羽客之飘飘，何神容之洞洞夫。奚为人在云端，楼压城瓮则有思，槌碎黄鹤擅千古之骚情，序就滕王快一朝之风送者矣。至于鹤第，见其仿佛楼日焕其规模。仙驭遥临，苟情殷于故土；香草瑞霭，尚重庇护乡间；则愿得露盘金掌，玉液鹿脯。俾吾仙于斯楼，流连而信宿，惆怅而踟蹰。庶几乎，慈云密布，甘露全濡；而困者以起，郁者以苏。则且为之歌曰：维斯楼之耸峙兮，实控制乎东南；朝晴岚之所卧兮，暮野马之所含。鹤兮归来兮，无一去而不返，吾爱吾楼中人兮，思一见乎苏耽！

注：首永清，清江西吉安府通判，郴县首姓人。系宋初"王小波、李顺起义"的李顺后裔，传李顺本是五代西蜀后主孟昶之子，孟昶称帝，作首副春联，但其兄弟认为他僭越礼制大逆不道，遂因"孟乃居首"，而改姓《百家姓》所没有的首姓。李顺系孟昶贵妃之儿，因起义改母姓"李"，失败后藏南岭郴州郊外天飞山，复姓首。其后裔又从天飞山屋场移居白露塘镇首家峒村（今属苏仙区），为全国首姓认祖归宗之地。乾隆庚寅年（1770）首永清中举，历任江西德兴县丞、进贤县知县、吉安府通判，其诗词歌赋全能，惜存

世稀少。此赋在《嘉庆郴州总志》，文采飞扬，咏苏仙庇护乡间，化鹤归游苍梧家乡，赞来鹤楼壮丽美观。

竹叶亭杂记

姚元之

苏仙公土桃出湖南郴州。苏仙公祠即汉时苏耽也。祠旁往往掘得土球，状如桃核，大如橄榄而扁。其质似土之结成，而又似沙之凝固，文亦若桃核之文，摇之空，其中有物作响。亦有伪者，惟以摇之作响若空青者为真矣。星伯云：可以治目。

注：姚元之（1773—1852），清朝书画家、教育家，号竹叶亭生，安徽桐城人。进士，历陕西乡试正考官、南书房行走、侍讲、会试同考官、咸安宫（高等官学）总裁、侍读、侍读学士、顺天及江西乡试正考官、浙江学政，道光十二年升内阁学士兼礼部，后继兵部、工部、刑部、户部侍郎，至左都御史。归乡见竹叶亭，吟诗作画，著《竹叶亭诗稿》《竹叶亭杂记》等书。此文中"星伯"，系乾嘉学派后期中坚、地理学家、绍兴人徐松的字号。徐松中进士后，授翰林编修，入直南书房。《全唐文》总纂官，辑录《宋会要辑稿》等唐宋重要典籍；而立之年升湖南学政。流放伊犁不气馁，撰地理学名著《西域水道记》《新疆赋》等；所修订《西陲总统事略》通志，受道光帝赏识，赐名《新疆识略》且撰序，使"新疆"作为省级政区的专用名称首次启用。徐松在湖南时到过郴州，用苏仙桃石治疗眼疾。

重修苏仙记

范孟琪

距县治东三里许，有苏山，大官抱左，君子拥右，盖吾邑一巨观也。相传郴郡苏耽驾鹤飞升，惠此一方，置仙其上，因以名山。仙之广丈不盈数，最灵显。每当春秋力田或数旬不雨，农人载酒携豚祷祝其上，即甘霖立沛，年庆顺成。阖邑之食其德者，不知几何年矣。乾隆丁酉，诸善士见庙貌就圮，捐金整饰，鼎新规模，丹青像相。乾隆辛丑以隆冬亢阳，神像庙宇突遭回禄，焚烧殆尽。吁！其神之灾与人之过也。人非神，无以庇生；神非人，无以报德。况苏仙固吾郡之神也，以吾郡之人祀吾郡之神，非等于非类之不歆，淫祀之无福者。爰是鸠工庀材，略增旧制，经始于辛丑仲冬，不越月而告成。择今季冬之吉，安神像相，庙貌煌煌，交相碧映。今而后，其荐馨香于无穷，食旧德于勿替乎，是神人所共庆也。至谓境之清嘉，庙之新焕，足壮观瞻而资登临，犹后焉者矣。是为记。

注：范孟珙，汝城县举人，浏阳县训导。《重修苏仙记》"仙"字，代"观、庙"。记述 1777 年汝城县善男信女见苏仙观快倒塌，捐钱修好。不料仅仅 4 年因冬旱干燥，1781 年突遭火灾，"回禄"为火神名，后引申为火灾；这样连苏耽画像也成灰烬。然而，汝城民众无比崇敬给本郡带来神食福气的先贤，决计克昌厥后，再次聚工备材，于当年底重建一新。

橘 井 赋

何达宪

粤稽炎汉，郴毓孝仙；吞华苔而祥钟灵孕，乳白鹿而别辟洞天。诞降当惠帝之五载，飞升在文皇之三年。尔乃子随仙侣，霓旌杂沓，母尸瓮爨，甀甋虚悬；爰留匮柜，包藏万千，恁饥渴之所欲，叩大小而随传。复插橘树，倏生井边。绿叶向荣，实驾甘谷之菊，清淳泚洁，无殊醴香之泉。数片拈来，俨类丹丸在手，一饼给与，顿洗脏腑烦苑。解州人之疠疫，资阿弥之甘鲜。此不匮孝思仙泽源源本本，而至诚感格母寿绵绵延延。盖有之矣，诚亶其然。迄今追逾元风，遐思往古。眺望牛脾之冈，讴吟鹤爪之语。仙桃的乐，灵钟观前之山。仙韭纷披，秀毓苏氏之圃树。传疑信橘，说枯而再荣，泉任浊清，仍旧而规抚。城郭风湴，甲当三百而来归，洞天志成，地列十八而可数。井养苏患，奉亲兼以济人；橘颂扬徽，异杏何须守虎。允矣，福地嘉植，长存仙坛之树。若夫玉槛金床，徒夸藻饰；白花赤实，只作菹馐。岂似此一树菁葱，能解闾阎之厄，半瓯冷冽，可消症结之忧。孝比王灵而更著，事宁陆绩所可侔。道术灵奇幻不同乎奕䏢，功施浩荡则诚配乎江流。受福叶用汲之庆，素荣庚徕服之讴。倘遇范云，铭垂志美，如逢子建，赋更扬休。斯则仙风已杳，旧德长留尔。其时当道泰运际，光昌嘉惠。孚自北厥化淳，恰于南方。草木若时，不啻家栽灵橘，泉源甘美，居然户饮琼浆。斯橘斯井，若存若亡。然而玉局名存，犹表谈经之处，冰桃实渺，尚传道箓之芳。矧兹甃砖，于今宛在；回溯踪迹，迥异荒唐。允宜与丛桂虬松、金杵玉液同增洞天福地之光矣。乱曰：

道冠九仙首，孝行更可亲。井泉多菽水，橘叶胜绮葱。
利泽江湖大，安康老少同。一朝骑白鹤，三锡享皇封。
地脉通灵久，陈根早化龙。

又歌曰：

仙观何崇隆，冲素表仙风，仙去泽长在，灵应屡奏功。
半面难再见，千年梦已空。惟留仙母冢，观后青濛濛。

注：何达宪，清云南大理府知事，郴州宿儒、明代理学家、茶陵诗派领军者、云南巡抚、赠礼部尚书何孟春的后裔，茶陵州训导、大理府知事。赋记苏耽生于西汉惠帝五年（前190），外出寻药不归于文帝三年（前177），这就是民众认为好人有好报而产生苏耽升仙传说的缘由。全篇讴歌苏耽苏母，小孝留柜包藏万千而添母寿，大孝种药橘井畔驱除瘟疫解民忧，故是"孝仙"，"孝比王灵而更著"，为家乡争得第十八福地之光彩。赋后"乱曰"，系总括全篇而言、总之的意思。"范云"，南朝文学家；"子建"，曹植。赋后歌中"三锡"，系古代帝王尊礼大臣所赐的三种器物，代指宋朝帝王数次敕封苏耽仙号。"冲素"，即苏耽首次受封医仙号"冲素真人"。橘井观、仙母冢在今郴州一中校园。

草堂杂论·兰亭序

牟愿相

王逸少传诗不多，其《兰亭》一篇，如苏仙高屋，翘视群儿。

注：牟愿相（1760—1811），清中期古文学家，号铁李。山东烟台栖霞县诸生，诗文数百篇。体弱多病，52岁逝，其《小澥草堂诗文集》由婿李珏刊行。在《草堂杂论诗》中，牟愿相竟以苏耽化鹤事，评议书法巨匠王羲之（字逸少）的诗作，说明苏仙传说影响之隽永。

拟募修元辰山寺疏

胡雪抱

盖闻先朝四百八寺，江南本法界之天；福地七十二山，蠡左有真仙之宅。

岩犹睡鹿，潭亦藏龙。缘绝壑以寻幽；酌清泉而觉爽。门通众妙，殆元圣所游化欤？掌列维摩，信诸佛之秘藏也。

原夫苏山，著于禹迹。居大江之右，亘都邑之西。迥独秀兮无俦，奇争大酉；实群峰所自祖，号锡元辰。元者善之长也，故其民日迁于善；辰者律之生也，本乎天大德曰生。穹谷巉岩，此中大有佳处；茂林修竹，足以畅叙幽情。古翠遥攒，双姑淡雅；飞岚可掬，五老庄严。终四十八折之嵌奇，蕴二千余年之灵秘。仙曾乐此，佛亦居之。伏惟冲素真人，旧有飞升韵事。听空中之丝竹，籁引鸾声；扪画里之烟霞，痕留马迹。蓉城如梦，橘井不暂。颇闻羽客归来，形看化鹤；矧乃真君并祀，绩著降螭。所以蛮乡也而瘴毒全消，泽国也而水妖不作。嗣因仙界，更结善缘。于玉清宫，建宝王刹。珠林入定，纷披怀素之经；玉版参禅，踊现伽蓝之相。座上之婆罗一叶；瓶中之舍利千年。策藤杖于诸天，应贞影幻；洒杨枝之滴露，自在心慈。诚空有兼遗之宗，清心释累之府已。

释某，踪寄昙标，心虔般若。始从庐阜，礼忏诵经；继住皂湖，致敬慕法。罪加轻垢，为翻《本草》之书；禅慕上乘，闲检《陀华》之字。爰求习静，时访名山；不觉移情，遂留胜地。持清斋而浥露，得妙悟于观云。独是元辰山者，精郁龙蛇；窟生云雾。故梵王宫之侧，有白帝子之忧。廿有八年，岁在辛丑。时维六月，浣度三辰。妖气披猖，动轰天之霹雳；阿香奋厉，驱平地之波涛。斯时也，佛法神功，毕至并奏。寰宇簸荡，陵谷崩湃。彼舔谈蜿蜒之物，既伏其辜；而喧豗震骇之余，并毁其庙矣。莲台既倾，菌阁亦坏。石僵自立，瓦碎欲飞。禅房则花木空深，丹灶则尘埃不断。固神灵栖托之所，坐视何安？亦民社望祀之区，攸关更重。安得吴刚玉斧？并力装修；颇宜梁武金钱，随赀创建。所冀博施君子，乐善名流，自大人先生，及士农工贾，善男子，善女人，或近隶名区，托此身于福宇；或远宏雅量，寄遥慕于灵山。或皈依三宝座前，或慨想双仙坛下。勿狃异同之见，无存迍迍之心。永手笔于千秋，解腰缠而一掷。尤愿现身说法，庶集腋以成裘；依口代传，贵当头而喝棒。多福多寿，救苦救难；求子得子，有恩报恩。俾释刻日鸠工，遂甲华严之界；临风鹄俟，聊申膜拜之仪。行见竹石林泉，并足以投簪退老；桥门璧水，更无妨养性读书。统三教于孔门，懋百世之鸿业。于诸公实有光矣，在贫僧何所取焉。　谨疏。

注：胡雪抱（1881—1927），清末民初江西诗人，九江都昌人。光绪年间优贡，授从七品广东盐运官不就；与汪辟疆等江西名家交往，执教景德镇珠

255

山书馆。此疏文，是代人所撰。"疏"，系下向上分条陈述事务的文字。元辰山，在都昌县苏山乡，传说湖湘郴邑冲素真人苏耽晋代到这里，故此山又名苏山，也凿了橘井，忝列道教第四十八或五十一福地。然而，天下名山僧占多，清代元辰山祭祀苏耽的道观改作了佛寺，光绪二十七年（1901）元辰山寺和尚想维修寺庙，而整修宗教建筑的社会募捐需经官府批准，故要写申报疏文。但原本道家福地，被鸠占鹊巢变了佛家寺庙，"释某"不知如何写，也不好意思留名，于是请胡雪抱帮忙，借庙宇奉祀"元圣"即苏耽的大圣贤名头，上疏官府以向社会募集工费。胡诗人颇费心思，以骈文、散文加四六工对，将仙、佛、儒混为一谈。前段叙江南、鄱阳湖一带既是佛教法界又有道教福地，故元辰山为苏仙游化之处，可与湖南大酉山、江西双孤山、庐山五老峰争奇，所以仙、佛都乐于居此；而橘井不止在苏耽飞升的郴州，成都、都昌也有；况且救民化鹤的冲素真人与斩蛟治水的许逊真君共祭，荒蛮僻乡瘴毒水患俱消。后段述和尚先后在庐山、皂湖，翻译《本草纲目》，修唐弘忍禅师《最上乘论》，包括学华佗医术，最后心留元辰山 28 年之久。不料光绪二十七年六月，地震使寺庙受损，令住持十分不安，盼望官府能像南朝梁武帝那样崇信佛教，期待各界捐款，聚工修复。胡雪抱绞尽脑汁，舌灿莲花，修饰文字，虽有依道教福地谋佛寺利益、不伦不类之嫌，但从中能感受救民郎中苏耽穿越时空的影响。

第三节　散文游记

人间化鹤三千岁，海上牧羊十九年。

——黄庭坚

相关散文游记，最早发现于南北朝，游而著文则始于唐宋。亦选取部分。

东阳双林寺傅大士碑

徐　陵

夫至人无己，屈体申教，圣人无名，显用藏迹。故维摩诘降同长者之仪，文殊师利或现儒生之像。提河献供之旅，王城列众之端。抑号居士，时为善宿，大经所说，当转法轮。大品之言，皆绍尊位，斯则神通应化，不可思议者乎！

东阳郡乌伤县双林寺傅大士者，即其县人也。昔岩□蕴德，渭浦呈祥；天赐殷宗，诞兴元相；景侯佐命，樊媵是埒；介子扬名，甘陈为伍；东京世载，西晋重光；惟是良家，降神攸托。若如本生本行，或示缘起，子长子云，自叙元系，则云补处菩萨，仰嗣释迦，法王真子，是号弥勒。虽三会济济，华林之道未孚，千尺岩岩，穰佉之化犹远。但分身世界，济度群生，机有殊源，应无恒质，自叙因缘，大宗如此。案停水经云，"观世音菩萨，有五百身，在此阎浮提地，示同凡品，教化众生"，弥勒菩萨，亦有五百身，在阎浮提种种示现，利益众生，故其本迹，难得而详言者也。尔其蒸蒸大孝，肃肃惟恭，厥行以礼教为宗，其言以忠信为本，加以风神爽朗，气调清高，流化亲朋，善和纷诤，岂惟更盈毁壁，宜僚下丸而已哉。至于王戎吏部，邓禹司徒，同此时年，有怀栖遁，仍隐居松山双林寺，弃舍恩爱，非梁鸿之并游，拜辞亲老，如苏耽之永别，自修禅远壑……

注：徐陵（507—583），南北朝著名文学家，东海郡郯县（山东郯城县）人。梁武帝朝东宫学士，与庾信并称"徐庾"，入陈朝为尚书左仆射，逝赠光禄大夫、建昌县侯，谥号"章"。此文在《魏晋南北朝散文·全陈文》中，述东汉三国时佛教情状、吴国东阳郡乌伤县（浙江义乌、金华处）僧人傅大士，与双林寺建造过程等。全文篇幅过大，只能引至写傅大士隐居如苏耽止。"苏耽之永别，自修禅远壑"，指苏耽辞别母亲远走修行；但偏于佛教"修禅"一说属误解，苏耽辞别母亲外出，非隐居修佛，而是抗疫之后继续求道学医。

予大观初过郴，橘井犹存

何颉

苏耽，郴人，汉时得道仙去。母谓：汝去，吾何以养？耽曰：明年此郡大疫，吾家井傍有橘树，人摘一叶，并汲水一瓯，与之服食。至明年果疫，由是患者皆愈，而母获利甚丰。老杜诗云：郴州颇凉冷，橘井尚凄清。予大观初过郴州，橘井犹存，汲之清甘，但橘疑旧者已枯，今在者，后人植之尔。按苏耽事，《水经·耒水注》引《列仙传》，《洞仙传》《神仙传》《郴江集》等均有记载。

注：何颉，北宋诗人，一名颉之，一名颃之，字斯举，自号樗叟，黄冈

257

（湖北黄冈）人。笃学善文，曾从苏轼、黄庭坚游。他大观元年（1107）去岭南，来回过往郴州，遂游览橘井，取橘井水饮之，云"汲之清甘"，记于《樗叟诗社拾遗》。可见那时生态环境之好。而且橘树老枯后，人们马上补植，皆因崇敬苏耽母子驱瘟、敬畏生命，绿化环保意识、责任感强。

云谷杂记·化鹤

张　渼

　　前辈诗文中多用化鹤事。其事有二，虽若相类，其实不同。《神仙传》：苏仙公者，桂阳人（原注：《洞仙传》云苏公名耽），汉文帝时得道，有白鹤数十降于门，乃跪白母"曰某当仙被召有期"，即便拜辞，遂升云汉而去。后白鹤来止郡城东北楼上，人或挟弹弹之，鹤以爪攫楼板，似漆书云："城郭是，人民非，三百甲子一来归，吾是苏君弹何为？"此一事也。《续搜神记》：辽东城门华表柱，忽有白鹤来集，人或欲射之，于空中歌曰："有鸟有鸟丁令威，去家千岁今来归，城郭犹是人民非。"（原注：又《洞仙传》云：令威，辽东人，少随师学的仙道，分身任意所欲，尝暂归，化为白鹤，集郡门上。余同上，但"城郭犹是"作"城郭如旧"）此又一事也。山谷《戏书秦少游壁》云："化作辽东白鹤归，朱颜未改故人非。"此用令威事。《次韵宋懋宗观东城出游》云："人间化鹤三千岁，海上看羊十九年。"此用苏耽事也。化鹤、看羊皆苏氏事，其工的如此。

　　注：张渼，南宋著作家，婺州（浙江金华）武义县人，字清源，号云谷。宁宗庆元年间，以荫补官，授迪功郎，监潭州（今长沙）永丰仓，累迁主吏部架阁文字、奉议郎，及主管社稷坛祭祀的太社令。著有《会稽续志》《艮岳记》《云谷杂记》等。《云谷杂记》收在《永乐大典》中，是记叙、考证史事、人物、艺文之笔记，识断精辟，对研究历史、文学颇具价值。由于在长沙做过监守仓官，故熟悉郴州苏仙传说。此一节专考诗文用"化鹤"典故，按故事、文字出现的时间考辨，得出《神仙传》"苏耽化鹤"及歌谣早于《续搜神记》"丁令威化鹤"及歌谣的结论。因《神仙传》撰于东晋前期，《续搜神记》撰于东晋中期。张渼并引黄庭坚两诗佐助，"化鹤""牧羊"（苏武，前140—前60）的典故，均出于苏氏，时间最早，意思是正确的。

梦粱录·景灵宫

吴自牧

景灵宫在新庄桥，投北坐西，乃韩蕲王世忠元赐宅基，其子献于朝，改为宫。向中兴初，高庙銮舆幸此，四孟朝献，俱于禁中行礼。绍兴年间，臣僚奏景灵宫以奉祖宗衣冠之所，即汉享庙也，今就便殿设位以飨，未副广孝之意，遂诏临安府同修内司相度，以蕲王宅基，修盖宫庙。殿门匾曰"思成"，前为圣祖庙，宣祖至徽宗殿居中，东西廊俱图配飨功臣像于壁，元天圣后与昭宪太后而下诸后，殿居于后。朝家欲再广殿庑，刘氏余地，其子孙复献，遂增建前殿五楹，中殿七楹，后殿十七楹，自是斋殿、进膳、更衣、寝殿，次第俱备焉。咸淳年间，再命帅臣重修各殿，度庙亲洒匾目，自圣祖、宣祖、太祖至理庙十六殿，曰天兴、天元、宣武、大定、熙文、美成、治隆、大明、重光、承元、瑞庆、皇德、系隆、美明、垂光、章熙之匾。自元天圣后至杨太后十五殿，曰保宁、太始、俪极、辉德、衍庆、继仁、徽音、坤元、柔仪、顺承、缵德、顺嗣、徽光、顺天、体德之匾。宫后有堂，自东斋殿西循庑而右，为大堂三；临池上，左右为明楼，旁有蟠桃亭，堂南为西斋殿，遇郊恭谢，设宴赐花于此；西有流杯堂、跨水堂、梅亭；北为四并堂，又有橘井修竹，四时花果亭宇，不能备载……

注：吴自牧，南宋临安府（杭州）钱塘县人，生平不详。《梦粱录》是介绍南宋都城临安城市风貌的散文集，共 20 卷。该书成书年代，据自序有"时异事殊""缅怀往事，殆犹梦也"之语，当在元军攻陷临安之后。该书仿效《东京梦华录》体例，记载临安的郊庙、宫殿、山川、人物、市肆、物产、户口、风俗、百工、杂戏和寺观、学校等，为了解南宋城市经济活动，手工业、商业发展情况，市民的经济文化生活，特别是都城的面貌，提供了较丰富的史料。书中妓乐、百戏伎艺、角抵、小说讲经史诸节，为宋代文艺的珍贵资料。景灵宫后的四并堂"又有橘井"，说明宋代苏耽橘井影响之大，直达京都。

游鸡公岩记

庄壬春

辛酉重九日，余与安子旋吉、刘子六符客安陵（永兴），动登高之兴。因扁舟载酒，溯流而上，寻问仙洞、六如庵、苏仙观诸胜境，大都经烽火之余，残垣败榭，触目荆榛，不堪凭眺；而瞻顾隔江，岩石突屹，状形如鸡，俗呼为：鸡公岩。岩上有神庙，巍然独存。遂渡江而南登其巅，见庙状湫隘，中祀真武帝焉。

注：庄壬春，明代官员，福建晋江（泉州晋江县）人。嘉靖八年与同族二人同中进士，誉为"一榜三龙"；历官户部员外郎、郴州同知、严州知府，比他晚些的闻人海瑞曾向其家庙赠香炉。嘉靖十九年（1540）庄壬春贬任郴州同知，重修苏仙桥、建吏隐堂等；嘉靖四十年（1561）游览永兴县问仙洞、苏仙观、金宝山等处作记，此《游鸡公岩记》收于清初《古今图书集成》，编入《中国游记散文大系湖南卷》，此录第一段。

二仙留胜图题辞

顾宪成

郴州盖有苏、成二仙，其事颇异。吾儒摈不语，非直不语，亦不解也。曰：是固幻耳？然，予闻：苏仙事母，致养勤甚，人莫之及，又能为德于其里。成仙始尝为县小吏，及署为文学主簿，并以举其职闻。凡此，皆人伦日用之常，非有震于物也。至于吾儒，自稍通章句以上，靡不称尧舜，述周孔斯已卓矣。夷考其行，率谬不然，甚者投弃规矩，恣睢以逞，仰惭日月，俯惭人群，不亦大可怪乎？顾恬然安之，曾莫以动于意予。诚不知孰为常，孰为异也。

予又闻，苏仙道既成，有群鹤来集其庭，形色声音皆人也，姿貌秀整如十七八少年，云冠霞衣服饰壮丽，与语款密如故，因随之迤逦升天而去。成仙即卒，有友人遇诸武昌岗，谓曰：吾来时匆匆，遗一舄于鸡栖上，遗一剑于户侧，为令家人收之。友人至其家语之，众大惊，因发棺视之，不复见尸，但一青竹杖长七尺，并一舄而已。然则，苏氏之所以仙，惟其真能有也；成氏之所以仙，惟其真能无也。迄于今，犹可按而考焉。即有艳慕欣道竭蹇而趋之者，苟其明效显验不臻，于是终莫得而假也。

至如吾儒，不然其说，曰：吾心即仙也，吾心之变化，云为上际下蟠，先万物而非有，后万物而非无，即所以为仙也。岂不大哉？已而察其心，固与庸俗等耳，徒以其善匿而难窥也。往往托而文焉，以内欺己而外欺人，予又不知孰为真而孰为幻也。

予过郴，郴侯卢尧卿示予"二仙图"。予惕然有感，因缀数语志其端，非故薄吾儒而有羡于彼也。庶几览者于是乎，谛思孰绎皮而求其所，繇以晰于常异真幻之辨，而不敢徒以区区之空名，为足恃也。即二仙之于吾儒，厥有隐功哉，其又何摈焉。

注：顾宪成（1550—1612），明代思想家，东林党领袖。江苏无锡人，世称"东林先生"。青年时撰名联"风声雨声读书声，声声入耳；家事国事天下事，事事关心"。进士，吏部员外郎，万历十五年（1587），因上疏触怒当政者，贬为桂阳州判官，后升吏部文选司郎中。创办东林书院，聚成主张一致的政治集团。官员们仰慕风范，致朝廷封其南京光禄寺少卿，逝后赠太常卿。东林党争爆发，被专断国政的太监魏忠贤削去封号。崇祯初平反，赠吏部右侍郎，谥号：端文。清代学者陈鼎著《东林列传·顾宪成》，指出他"谪桂阳州判，至则日与诸生讲学"。他游历郴州、临武等地，郴州知州将前人绘制的苏耽、成武丁图画出示，请其观赏。他熟知郴州汉代二仙，遂撰《二仙留胜图题辞》，对苏耽、成武丁的仙真传说讲述个人看法，联系老子《道德经》"有"与"无"的造化学说，提出"吾心即仙也"的观点。

游 山 说

董传策

夫昔人之游山，有三乐焉。拂袂市廛，振衣山间，企赤松、王乔之羽化，慕倮佺、苏耽之逍遥。清飙乍来，仿佛子列子御风而泠然。浩露傺降，又似汉武帝抗金茎而屑玙璠。歙六合之新，吐五内之故。浊骨为之清，尘魂为之醒。飘飘然，翛翛然。神乎？仙乎？至人邪？化人邪？此一乐也。掉臂汗雨之外，抗首青云之表。万物森来觌目，群动靡无逃形。可以枕藉怪石，摩挲造物之灵躅。可以盥漱清流，涤浣世间之蠥扰。生灭之迹，寸眸可阅。兴亡之几，衷心可悟。人生能着几两屐，秉烛夜游良有以。此二乐也。仁者乐静，文士情满，登高能赋，各言尔志。或以欹崟岪峍，峻极摧嶉，竦身天半，俯眺世间。一则以东鲁蕞尔，再则以天下蒂芥。忻宇宙之弘侈，广胸怀以象之。思有以副是腰腹，故博之以文，约之以礼，发愤忘食，乐以忘忧。或以其峭然屹然，壁削万仞，刚以则之，介以法之，思为危难之梁栋，倾颓之柱礩。伐性之斧不得动，腐肠之欲不得撼，确乎不拔，坚乎不扰，块然为可以寄可以托之伟岸丈夫。或以其缥缈窈袅，爽垲清廫，脱略世事，跌宕人寰。恍然悟名教者，贤人之大缰锁、圣人之大桎梏。逸乐者，自然之至宠渥、天地之至靳惜。于是泯物我是非有如脱屣，忘古今成败有如蝉蜕，逍遥于万仞之巅，独与造物者游。此三乐也。

注：董传策，明嘉靖年间刑部主事，被贬广西南宁，常游青秀山。撰此游记，向往古楚地神农助手赤松子、养生家王子乔，追慕采药仙人偓佺、驱瘟真君苏耽。不在乎神或仙，求骨清魂醒；愿忘却古今成败，而与造物者独游。此处摘录一段。

游天飞山记

袁嵩年

郴州奇秀甲南服，州北行一峰曰：白莲池，境称胜丽，游心浩渺，寄情逗阻者，推其地为清淑扶舆灵秀特钟。庚寅秋中访喻子大受于池上，因得纵观绝巘而馨欢焉。琼岫嶒崚，金岍欲峨，峻挺岳谷，虚凌云溪，岑影绣错，峦翠巑垒，群岩竞巧，长泓环抱。古今闻人撰述称祥，予极目四望，冈陵拂郁，瑞蔼盘旋，远山靡迤。或见或隐，络绎缠绵，亭起峷止。有如奔驷，有如蹲虎，有如舞鹤，有如蟠龙。遥原萦属，迢嵘杰崍，复岚叠嶂，如万雉墉千仞屏，纵横联洽，渟蓄芳莲，衍溢橘池，耸蓓藻罍，蒸腾天际。临流拔芝，于以涤肠，浣浊有余，适也池前。两山拱峙，相传为仙弈台；方若棋局，圆如棋子。鳞爪森列，光芒亘烛；逍遥放浪，揖苏子于台末。折绿萍采紫蕨，芝兰环佩，薛荔集裳，酣意肆志，坐吟长啸，陶然乐甚！岩之南，嘉穗秀发清漪莹绕，翳林深境曲径危岩。突怒巉挐负土而出，莲叶层拥环翼前峰。郴水迤逦徊拱太华，烟光舄履岚蔼襟袖，引薰风凌灏气披，揽胜概游人忘倦。题记累累洵足，发珠玑之光，剖崆峒之液。纡折而东，崇台茂陵霞气入野，旷芜绿畴捧烟出俗，洞关雄踞，紫霄耸峙。春风草绿，嘤鸣求友；秋日林静，登高赋诗。山无俗具，石有别骨；北瞻洪崖苍莽蓊蔚，丰林岩蟠侧据横出。垂松扶疏，纤草繁茸；山空鸟静，鹤唳猿啼；既邃既僻，亦斜亦整。席石而坐，土床石枕，恣与泳游，另成一观。迨峰绕径，仄瞪盼西，阿摧嵝崛，崒途岧梯，绝游迹罕至。中有墺区，容受百人；俯仰辽貌，石干嶙峋。岩虫墅蝉，和鸣雍雍；阴晴朝暮，寒暄代谢。栖迟此中，杖灵寿而盟秋鸿，尚复知天壤间有乐地乎。周环东驰，坂瞪野望，则林荟隆集，修柯丛宥，石桥横渡，冰窟中开。玲珑星悬，磊砢鹏负，皓□皜曜，吐纳日月；鸿洞电烻，卷舒烟

262

雨。廓乎有容光，入无始谁与，点晴辟此天。目将呼山，灵探丽珠；圯下拾履，黄石授书。往事尤有存者。于戏，翼轸而踞湖岳，嵌空积石，盘屈百里，首尾变幻，不可殚诘。喻子殿邦大受，起而开拓慧悟，崭划荆碛，行洁趾踔屹然独立，结书室于池左，勿剪勿潆；以白云为盖，青岫为篱，友我松桂，餐我莲英；挹青露，濯甘泉，翱翔自得。哦山高水长之什，师友韩昌黎、周濂溪、杜少陵、张南轩、秦少游、米襄阳、沈云卿、王少伯诸先生。赓歌继响白莲池声，施为何如也。余自别燕台西山而来，次其道途所经，涉济、洛、望华、嵩，景仰泰岱，顾瞻大河，登眺钟阜，浏览匡庐，泛太湖，越沧海，游四明，从容天台雁荡间，迂徊武夷罗浮诸名胜；猱岭逾郴，极嵯峨崎岖，陵隰绵渺，鸟道云栈，饱习为日用家玩。今借大受兄若弟，据潜龙巅，游栖凤林，陟冈瞩岳，凭栏挹流。飘迥者如游蓬岛，滢洄者如领仙音，蹑云轩秀。山水怡我情，良友怡我性，特镌于石。所以志兹游之快，且与山中诸君子交砺不朽也。

注：袁嵩年，明末广东分岭西道左参政，湖北公安县人。1650年经郴，慕名专访湖南宿儒、举人喻国人；喻氏居郴城北郊喻家寨，村寨在独耸郴江边的丹霞山上，宛如天外飞来，大名天飞山，传说苏耽修炼于此，又名仙台山、白莲池。袁嵩年攀登陡峻丹崖，歇息于山顶池畔，立嗅莲荷馨香，俯瞰蜿蜒清江，感叹郴州奇秀居南方之首，于是撰大块文章《游天飞山记》颂之。将往来经游郴江或为官郴州或写过苏耽橘井的名家，一一列举：唐宋八大家领袖韩愈、诗圣杜甫、理学鼻祖兼郴州知州周敦颐、婉约词宗秦观、书画大师米芾、理学大师张栻以及初唐大诗人沈佺期、王昌龄。并将自己游南北名山大川与苏耽栖居山水，一同赞美。

筠廊二笔

宋荦

南昌徐巨源世溥《友评》云：久客他山，不复聆佳人謦欬。

今夏一入郭门，东西瞻盼，真如伧父，至于拱揖倔强，应对疏略，其所以异于田舍翁者几希。自笑比之苏耽，幸不为市儿弹击耳。

注：宋荦（1634—1714），清初诗人、画家、政治家，河南商丘人，历山东按察使、江苏布政使、江西巡抚、江苏巡抚。康熙皇帝三次南巡，皆由他

负责接待。为官正直，被康熙誉为"清廉为天下巡抚第一"。宋荦笃学博闻，能诗文工书画，尤以诗享誉清初文坛，与朱彝尊等同称"康熙年间十大才子"。《筠廊二笔》等，记社会见闻，间考据事理。"徐巨源"，晚明文人名士，拒清廷征召，严守气节被谋杀。宋荦"求徐巨源文翰甚渴"，设法寻找救济其孙；并搜集徐巨源作品如自比苏耽的言语，录于书稿。

广阳杂记（下）

刘献廷

郴州城东橘井观，为苏耽故里，道书中第十八福地也。宫观规模，稍存古意。庭前古柏二十围，滑泽无皱皮，夭矫三十余尺，赵宋以前物也。橘井在庭中，甃砌严整。古迹中之最有据者。

苏仙山上为静思宫，中为中观，下为白鹿洞。静思宫在山巅，亦颇高，中奉苏耽母子像。屋宇皆坚致，略无登眺之致。宫后有亭，亭中·石临崖，垂垂欲落，镌"沉香石"三字，云：苏耽跨鹤升仙处也。亭中有苏耽跨鹤像，鹤形肥胖如鹅，见之令人失笑。其上更有茶盘石。此地稍可，然苦无水。中观门临流水，绝胜静思，然屋宇颓败，僧亦不堪。上一层有小阁，可以眺远。观前地有仙桃，乃土中石子，掘得之，云磨服可治腰痛，又云能治百病。此物形如腰子，治腰肾痛，理或有之。白鹿洞石秀绝，洞宏敞，东南向，高丈余，深寻常，石乳所结，如华蕚下垂。东北一小洞，可佝偻而入，云极深远，可通永兴。瑰玮可游览。使在下江，不知装点何似矣！洞前一亭，乃州牧陈允臣所建，石壁上镌宋淳熙中诸人名氏，字亦可观。予为之徘徊流连而不能去云。

……在郴州时，门人辈游白鹿洞归，掘得仙桃数十枚。剖而视之，太乙余粮类也。

注：刘献廷（1648—1695），清初地理学家、语言学家，一字继庄，别号广阳子，先世江苏吴县人，父官太医，遂家居顺天府大兴（今北京大兴）。故刘献廷语言能力颇强，懂蒙古语，知梵语、拉丁语。梁启超在《中国近三百年学术史》一书，有其名。康熙二十六年（1687）应聘入明史馆，参与增订《明史》和《大清一统志》。他几次到湖南，1693年冬至1694年夏初，寄寓衡州与郴州。在郴四处游览，其《广阳杂记》一书，记载在郴观看村优演昆曲事，成为后人研究戏剧的宝贵史料。此段落描写游览橘井观、苏仙岭、白

鹿洞、苏仙观（明清之际曾因僧人进驻改名静思宫）。

游白鹿洞记

张九镡

黄溪之东有马岭山，高六百余丈，广圆四十许里。其下为白鹿洞，去郴江之湄里许，世所传苏仙鹤覆鹿乳处。郴郡踞岭上，山水横绝而古迹莫著于苏仙，故山水皆以仙得名。自城之东曰：来鹤楼，稍东为观，又东跨郴江为桥，再北东而为洞，有祠以祀仙。再上有云松夹道，石级盘空，为中观；又上为马岭绝顶。然游人之多，景物之奇，莫如白鹿洞者。以其下远城市之嚣，而上无登陟之劳也，神灵之迹所在多有。而苏仙生前以孝得名，仙后佑其母以寿，且以种橘凿井愈疾，庇其乡人。其立坛祠，食报于兹土也固宜。顾世传其母潘孕感五色浮苔而生，弃之牛脾山石洞中。后见鹤覆鹿乳，取之归，而以比于寒冰隘巷之事。余考《水经注》，引《桂阳列仙传》云："耽少孤，养母至孝。"以此证之，世所传非妄欤？是洞在城之东、岭之下，耽之栖游来往，踪迹显然。当其与众儿更直录牛时，牛方徘徊左右，不逐自还，云："非汝曹所知。"则鹤驯鹿覆于褓褓时，又岂他人所得知哉。余以为欲论苏仙之事者，当如此矣。

余自丙子闰秋，独游此山，赋诗五章。越二年，戊寅九月，偕泾川赵曦东、华亭杨鳝堂、句容王明与南陵刘玉咸暨三子世浣、世濂、世鸿同至其地，盘桓竟日。出寺门，复共憩山下石桥，古松流水间，红叶青山，夕阳掩映，如隔仙境。噫嘻，步虚声中，若有乘紫云，驾白马，偕鹤鹿以翱翔，而拱手以相谢者，世乃以余言为不然也耶？故为之记，以告来者。

注：张九镡，清代文学家，湘潭张氏文学世家。其兄九钺为诗人、戏曲家，九镒为翰林编修，弟九鑑掌国子监。张九镡1778年进士，授翰林院编修，馆中以耆宿推之，曾参与纂修《四库全书》。乾隆二十三年（1758）他以兴宁县（今资兴）儒学训导，升郴州学正，撰此游记。

楚庭稗珠录·郴州仙迹

檀萃

郴州北门外，即苏仙故宅，院门额云："第十八福地。"殿前庭当阶有井，甃以石，深丈许，即橘井也。水甚浑浊，妇女汲者，往来不绝。左有丛橘颇雅，土甕成台，台上有短碑，顺治丙申立。文不甚明，略言久成眢井，因浚而泉出。若然，则橘亦后人补植者矣。右有古柏，大数抱，三歧参天。

城楼题云："来鹤。"距城门里许，为苏仙桥，桥跨郴江之上，明崔侍郎岩建。桥之北为鱼降神祠……神为洞庭君柳毅。（注：柳毅，郴州人）

注：檀萃（1725—1801），清代史学家、诗人，祖籍安徽望江县，乾隆二十六年（1761）第18名进士，贵州青溪、云南禄劝（元谋）知县，政绩突出，督运滇铜进京时却不幸遭遇翻船，免职管制。得滇人善待，讲学五华书院，整理撰著云南州府县志，有《〈穆天子传〉注疏》《〈逸周书〉注》《大戴礼疏》，有写云南大部头《滇海虞衡志》、楚地《楚庭稗珠录》、农业《农部琐谈》，并《滇南诗话》等共30部。《楚庭稗珠录》，写早期属楚地的广东、贵州、湘南的地理、名胜、风俗、物产、人文掌故、文化等，有涉及昆曲、京腔的笔墨。其1777年由京城南下过郴州时专游橘井，目睹"院门匾额'第十八福地'"及"丛橘颇雅"，最具价值，使后人得知不仅山——苏仙岭，且水——橘井，都是第十八福地。

郴游录·游苏仙岭记

金蓉镜

马岭之名著于《水经》，仙灵诡秘，溢出传记，予尝疑。

光绪乙巳十一月，学官长沙周君渝泉招予往游。时值仲冬，暖若秋始，未有霁色。遂命筝将言尘外，出东郭门，经橘井观，逾苏仙桥折而北行，循郴水东岸古之黄溪也。约及里余，始入丛薄拂，而万树拥此颓崖，抹黛一瓣，皴以云气。穿蔸蒙而远出，菌阁层伏，撮絮留以粉披，天路可接。

时未至马岭也，又曲折东北行，越畦畛登坡陀杂卉万计。乔松百株离立道旁，有若迎距危埼，捷出幻作孤根。石屋旁支荫，此旅梳杉扶翠夹路。磴道拾级而上征，凡七里而跻其巅，至苏耽祠筋焉。

庙祝出仙桃石，分赠座客，粲粲黄色，扣之中虚，发土拳然，是疗痼疾。祠西有沉香石，上镂楸枰足迹，云是苏仙上升处。下即紫云峰，《神仙传》所谓紫云盖上有号哭声，是化后慕亲之事。俚俗以为上升非其实矣。紫云峰崖壁百尺，多镌宋元人题名，近世请雨必至，亦有刻词，苍藓损驳不辨龙蛇。

官履踵增同于岘，上束则僧寮一架穴壁，启牖弥望苍翠，直走章赣。南则悬崖杰立，都迷鸟道。俯瞰来径，转出云际，黄溪匹练走清泻于沙头，五盖竦奇蟠秀色于南野。城郭隐翳，划为方野。平畴立辿界以山洪，百道交流时见独艇；衡湘下注，此为上游。

俄而夕隼投林，寻径而返，转过山麓为白鹿洞，相距百步则秦少游临江仙祠在焉。折竹为炬，始见刻画，迫于暮色不能久留。云同游者为长沙曹广文、德齐、江夏君仲和、黔黄君哀卿、吴君耀南、歙方君卓文也。

注：金蓉镜（1855—1929），号殿臣、甸丞，晚号香严居士，浙江嘉兴人。清光绪十五年（1889）进士，历官湖南郴州、靖州直隶州知州等，与湖湘文化大家王闿运交谊深厚。1905年任郴州知州，创办官立郴州中学堂（今郴州一中）。辛亥革命爆发，在靖州知州任上，奉命杀害同盟会湖南分会会长禹之谟，激起民愤，即辞官回乡。创建嘉兴图书馆，吟诗作画，与沪上书画名家来往，喜画山水，简略荒率。吴湖帆以金蓉镜、陈曾寿、夏敬观、宣古愚为近代四大文人画代表。晚年客居上海"晨风庐"，归嘉兴建高士祠，祀宋元以来乡贤王衷、陶菊隐等30人。他著有《郴游录》，1905年11月11日经橘井观、苏仙桥登游苏仙岭、苏仙观。"临江仙"词牌名记错，应是"踏莎行"，临江仙祠即今恢复的郴州旅舍。

登苏仙岭览苏仙观

谭延闿

七月三十一日　晴阴　寒暖八十六度（注：华氏86度相当于摄氏30度）

五时醒，坐三十分起。舆至苏仙岭，石级甚峻，舆人三憩乃上。余下步行，亦觉困顿，云高八里也。至巅，特生居一小庙，云苏仙飞升石也。留食菜饭，谈六小时，乃至苏仙庙一览。易知事来，少坐，下山，赤日当空矣。苏仙相传为苏耽，不知信否矣。山俯视城中，则殊有一览群山小之慨。归饭。咏安来，浴凡来，夷午来，柏笙来。晚请粤军官饭，以湘军官陪之，凡五席，甚欢而散。夜与张毓昆计事，并写英文日记，及作英文信复岳、陈、曹三人，至一时乃睡。

八月三十一日　阴　寒暖八十度（游苏仙岭，吕归）

四时醒，坐顷之，五时乃天明也。起，读英文二小时。早食饭。与渭卿、德卿、仲祖、毓昆、宏群、苕棠舆往苏仙岭，行三十分钟，至岭足又三十分，至第二亭已半山矣，乃步上十五分钟，至沉香石、飞升亭畔，看足迹隐约可辨。入庙小憩，和尚备素面饷客。山下微阴，山上云瀊瀊，不辨远近，无可眺望。出，周看庙中，仍返。近午云开，乃能远眺。十二时半步下山，至第一亭转而左，寻三绝碑，米元章书淮海词，尚未知三绝何意也。又至白鹿洞，则殊浅陋矣。舆至家，浴。夷午来，将哺，与张、岳至天主堂狄学礼神父处赴饮。其人能华语习华风，微嫌礼数。谢知事、王瑞生同坐，傍晚归。吕满自衡还，闻种种事，湛莹亦来谈。至十一时睡。

（1920）一月十九日　阴　温度五十二度（游苏仙岭，试马）

六时醒，稍坐数十分钟起。舆吕满久谈。读英文。舆至子武处，遇定安、李健，遂邀子武、岸棱、定安骑。至着鞭亭，宋、陈、李、康伢先在。试走马久之，乃至苏仙岭。下马，张、罗、宋、康伢登山，吾及岸棱与定安骑，余皆步。既至庙中，周览一过。

一月二十一日　晴　温度五十二度（武行。至来鹤楼）

六时起，坐五十分钟起。读英文。粥后，同陈三、安甫、康伢至马场骑马。

郭步高来，有腊马颇驶，吾骑数周下，归浴。午饭后，为人作书。见袁国柱、李铁民诸人。今日归途登来鹤楼，城东门楼也，额为蝯叟（注：清代大书法家何绍基晚号）同治五年（注：1866）所撰篆，天柱杨昌江（注：贵州天柱县进士、郴州知州）重修，其人丙辰年伯也。

三月三十一日　阴　温度六十度（至平石大道迎子武，子武来）

六时醒，坐三十分钟起，读英文。食粥后，与岳、李、陈、宋、康步行出东门，欲往看橘井。而马已来，遂骑，循苏仙东山至平石大道，道宽八尺，布以大石，荦确殊甚，十步九蹶，马苦人疲，行甚缓，凡十里许，遇子武来，憩民家。

五月二十三日　阴雨　温度八十二度（岳行，林到）

……醉六拟题苏仙岭四十八字：

自由、平等、博爱、互助，以此精神普化俚俗，伟大悠久，远胜仙人。为我人类，为我乡亲，登此山者，倘明此理，断念修仙，专念修己。

注：谭延闿（1880—1930），政治家、书法家、美食家、学者，湖南茶陵县人。清末科考会元，授翰林院编修，返乡办学，与陈三立、谭嗣同并称"湖湘三公子"。民国元年任湖南督军、省长，后随孙中山，反对袁世凯称帝；任国民党中常委、国民政府主席、首任行政院院长。1919—1920年与北洋军对峙湘中，率省府、督军行辕、湘军总部驻郴两个年头。《谭延闿日记》叙录临时省会郴州万象、桂粤滇赣黔各方来往。他与郴桂贤达交际，常泡温泉，

清晨到橘井所在校场坪（今郴州一中英东体育场）或沿苏仙岭下马路练马术。留有题词书法，下湄桥温泉的“洗心”“郴县公共温泉”等。还数次游苏仙岭、北湖、义帝陵、文庙、万华岩、陷池塘龙女温泉、王仙岭瀑布，登来鹤楼，探究苏耽传说。“舆”即肩舆、竹轿。“滃滃”，云起状。“康伢”即其儿。“醉六”，邵阳秀才、辛亥革命骨干、护国军少将、蔡锷亲家石陶钧，时在省府，拟题苏仙岭48字，以新思想超越宗教意识。

第四节　小说节选

苏仙恍惚无定所，何公流传岂其祖？

——李东阳

在挖掘文史资料的过程中，笔者发现历代小说也扯上苏仙传说的名物，如唐代志怪小说《酉阳杂俎》《神仙感遇传》、宋代《夷坚志》、明代《拍案惊奇》《历代神仙演义》、清代《续金瓶梅》《聊斋志异》《子不语》等都有。

神仙感遇传卷之三李公佐

杜光庭

李公佐，举进士后，为钟陵从事，有仆夫，自布衣执役，勤瘁昼夕，恭谨迨三十年，公佐不知其异人也。一旦告去，留诗一章。其辞曰：我有衣中珠，不嫌衣上尘，我有长生理，不厌有生身，江南神仙窟，吾当混其真。不嫌市井谊，来救人间人，苏子迹已往（云苏耽是也），颛蒙事可亲（公佐字颛蒙），莫言东海变，天地有长春。自是而去，出门不知所之，邻里见其距跃，凌空而去。

注：此篇收在北宋道书《云笈七签》中，李公佐为唐传奇小说家，陇西（甘肃）人，进士，元和间为江南西道观察使判官。成语“南柯一梦”即出自其《南柯太守传》，还有《谢小娥传》《庐江冯传》《古岳渎经》等，《古岳渎经》又名《李汤》，李汤曾任郴州刺史。李公佐游历过湘南、郴州，听人讲李汤见过大禹治水传说中的水神无支祁，无支祁像猿猴，被锁在长江里。这传奇影响了《西游记》创作。而杜光庭写《神仙感遇传》，记李公佐传闻，李的仆人离奇告别他，留诗一首扯上苏耽，凌空而去。小说由著作佐郎张君房作注。

青琐高议·留柜付母

刘　斧

苏耽将飞升，母曰："吾恃尔也，尔去，吾何依。"仙曰："儿今虽去，母之动息皆可知也。"乃留柜付母，封钥甚固，曰："愿母不拆，若有所需告之，如所言也。"后，母凡有所乏，祷其柜，皆如所求。一日，母思仙，以为在其中，乃发柜，了不见物，惟二鹤凌空而去。

注：刘斧，北宋小说家，著有笔记小说集《翰府名谈》《青琐高议》等，仅存《青琐高议》，另有明《永乐大典》残卷保留的 10 余篇。韩愈经郴州赴岭南驿道上悲悼杜甫的诗《题耒阳杜工部祠》，就发现于刘斧著作。《青琐高议》内容体例庞杂，神道志怪、传奇、诗话、异闻，描叙精美，文学价值较高。南宋目录学家、吏部侍郎晁公武的《郡斋读书志》和《宋史·艺文志》及元代《文献通考》记录此书。其影响明代小说，一些故事被后人编演为话本、戏曲。鲁迅校录《唐宋传奇集》，收录宋人传奇 9 篇，5 篇选自《青琐高议》。刘斧因父亲做郴州监狱官，他探亲至南岭郴城，登游"山不在高，有仙则名"的苏仙岭，泛舟"水不在深，有龙则灵"的北湖，听闻多个传说，遂作《梦龙传》《陷池龙》《化猿记》等传奇小说。《留柜付母》，系其《青琐高议》改写佚文，收入《永乐大典》10813 卷，占据一席。

夷　坚　志

洪　迈

丁志卷十九　郴卒唐颠

南城邓某、宣和五年，为郴州户曹掾，时牢卒唐胜，出处诡异，语默不常，若病风狂者，人目之为唐颠，有母无妻子，尝以过逃去，久乃从苏仙山白鹿洞中出，言洞中大有佳境，山川邑屋，别一人间也。或问尔何不遂留？曰："老母在，安可不归？"异时去未为晚，细扣之，则不答。喜饮酒，常以马通及蛇置于怀，诣人索酒，若呼与之酒，虽副以粪秽，亦不拒。尝携毒虺来掾厅，掾呼至庭下，酌大白饮之。唐欣然一吸而尽，取虺啮食，留其半。曰："姑藏之以俟晚饮。"每醉后，辄坦其腹，使人以铁椎撞之，如击木石，颜色略不变。后不知所终……

注：洪迈（1123—1202），南宋著名文学家、政治家，饶州鄱阳（江西上饶市鄱阳县）人，字景卢，号容斋。父亲洪皓为出使金国使节，坚贞不屈的"忠宣"公，洪迈乃其第三子。绍兴十五年（1145）进士，历翰林院学士、资政大夫、端明殿学士、魏郡开国公、光禄大夫。卒后谥"文敏"。《容斋随笔》即其名著。志怪小说集《夷坚志》流传甚广，影响后人续写。丁志卷十九中有"郴卒唐颠"，描写郴州掌民户、杂徭的户曹掾邓某亲眼见监狱差役唐胜之离奇事，其犯过错逃离，很久才从传说苏耽诞生的苏仙岭麓白鹿洞里出来，唬人说洞中别有天地，足见苏仙岭白鹿洞名气够大。日本静嘉堂文库藏有《夷坚志》刻本。

苏山石像

元好问、无名氏

湖南有仙，姓苏，名耽。山号苏，乃其飞升之所。山中多石，人取以水淋锯界破，其像有桃，有观音、弥勒、寒山、拾得像。甚至有"天下苏山"四字，不知造化何为而融结哉！

注：元好问（1190—1257），金朝文坛领袖，号遗山，太原秀容（今山西忻州）人。他继洪迈《夷坚志》之后创作了《续夷坚志》，与无名氏的《湖海新闻夷坚志续》合编为志怪小说集《续夷坚志·湖海新闻夷坚志续》。但非一味写神怪异物，如苏仙岭的小石头里，显现观音、弥勒、寒山、拾得的像。前两位，众人皆知。寒山和拾得是唐代佛教史上两个诗僧，行迹怪诞，言语非常，相传是文殊菩萨与普贤菩萨的化身。贫家子弟寒山放弃读书，隐居浙江天台山国清寺旁寒岩，自号"寒山"（苏州枫桥旁有寒山寺）；在草丛中捡到一个弃婴，取名"拾得"。二人情同手足，后来都成为高僧，民间称"和合二仙"（清雍正皇帝封为"和圣、合圣"）。《苏山石像》的写法，寄寓了元好问和无名氏某种写作意图。

许仙铁树记

邓志谟

第四回　许琰许肃布阴德　许逊应泰运降生
却说汉灵帝时……水旱相仍，可怜那一时的百姓，吃早膳，先愁晚膳。

271

缝夏衣，便作冬衣。这里去闻得有父母的，恓恓惶惶号寒。那里去闻得有妻子的，悲悲切切啼饥。正是朝有奸臣野有贼，地无荒草树无皮。壮者皆散于四方，老者尽死于沟渠。

时许都有一人姓许名琰，字汝玉，乃颍阳许由之后，为人豁达大度，仁民爱物，深明医道，擢太医院医官。你看这个医官，名播着天门冬，性涵却薏苡仁。怀厚朴之才，无邪无曲；典苁蓉之职，医国医人。当时有好事者赠以对联，联曰：

种董氏杏林，出心上化工敷春色；浚苏仙橘井，流性中恩泽沛泉源。

时许琰感饥荒之岁，死者莫计其数，乃罄其家赀，置丸药数百斛，名曰救饥丹，散与四方食之。

注：邓志谟（约1559—1625），明后期通俗小说家、戏剧家、民间文学家，字景南，号百拙生，饶州府安仁县（今江西余江县）人。《县志》载其"好学沉思，不求闻达。……其人弱不胜衣，而胸藏万卷，众称'两脚书橱'；临川汤显祖尝以异才称之"。他靠写作生活，30余种通俗小说、戏剧收入《四库全书》。道教小说《铁树记》，全名《新镌晋代许纯阳得道擒妖仙铁树记》，写道教净明派祖师许逊出生、学道、斩妖除怪的传说。中国台湾地区、日本内阁文库、美国国会图书馆收藏有明代版，国图、北大、哈佛大学图书馆藏有清代版。《铁树记》第四回写许逊前辈、东汉太医许琰以医救民，人们赠对联，将其比拟苏耽凿橘井孝母救民。

拍案惊奇

凌濛初

转运汉遇巧洞庭红　波斯胡指破鼍龙壳

话说国朝成化年间，苏州府长洲县阊门外，有一人，姓文，名实，字若虚，生来心思慧巧，做着便能，学着便会，琴棋书画，吹弹歌舞，件件粗通。幼年间，曾有人相他有巨万之富。他亦自恃才能，不十分去营求生产，坐吃山空，将祖上遗下千金家事，看看消下来。以后晓得家业有限，看见别人经商图利的，时常获利几倍，便也思量做些生意，却又百做百不着。

一日，有几个走海泛货的邻近，他晓得了，自家思忖道："一身落魄，生计皆无，便附了他们航海，看看海外风光，也不枉人生一世。况且他们定是不却我的，省得在家忧柴忧米，也是快活。"正计较间，恰好张大踱将来。原

272

来这个张大，名唤张乘运，专一做海外生意，眼里认得奇珍异宝，又且秉性爽慨，肯扶持好人，所以乡里起他一个混名，叫"张识货"。文若虚见了，便把此意一一与他说了。张大道："好！"……只见张大气忿忿走来，说道："说着钱，便无缘。这些人好笑！说道你去，无不喜欢；说到助银，没一个则声。今我同两个好的弟兄，鞋凑得一两银子在此，也办不成甚货，凭你买些果子船里吃罢。口食之类，是在我们身上。"若虚称谢不尽，接了银子。张大先行道："快些收拾，就要开船了！"若虚道："我没甚收拾，随后就来。"手中拿了银子，看了又笑，笑了又看，道："置得甚货么！"信步走去，只见满街上筐篮内盛着卖的：（橘子名"洞庭红"）红如喷火，巨若悬星。皮未皱，尚有余酸；霜未降，不可多得。元殊苏井诸家树，亦非李氏千头奴。较广似曰难兄，比福亦云具体。

注：凌濛初（1580—1644），明末小说家、戏曲家及套版印书家，乌程县（浙江湖州市吴兴区）人。60岁才以副贡资格授上海县丞，代县令，63岁任徐州通判。文学才华漫溢，小说、传奇、诗歌、戏曲、文艺评论、史传等无不涉及，与汤显祖、袁中道、曹学佺等交往。汤显祖阅其剧本，赞："缓隐浓淡，大合家门。至于才情，烂漫陆离，叹时道古，可笑可悲，定时名手。"他编著的《初刻拍案惊奇》，系中国第一部文人独立创作的拟话本小说，内容贴近普通百姓，反映了近古中国崛起的市民阶层的生活愿望及情感；与《二刻拍案惊奇》合称"二拍"。与冯梦龙的短篇小说集《喻世明言》《警世通言》《醒世恒言》，合称"三言二拍"。《拍案惊奇》卷一的第一个故事，即"转运汉遇巧洞庭红　波斯胡指破鼍龙壳"，里面就写到"苏井诸家树"，后注"据《神仙传》载，汉朝苏耽凿井种橘，用此井水服一片橘叶即可医病"。法国国家图书馆等处藏有《拍案惊奇》。

历代神仙演义

徐道、程毓奇

卷七　第九节　孝文帝问道河滨　苏仙公炼丹峰顶

叙河上公授孝文帝《老子》章句，清净道德之义，常用其言以为政。都尉卫平、博士公孙臣相与逸去。卫平自号清平吉，道遇沈文泰、山图，结伴采药，同入孤山拜见苏仙公。苏耽得子章之传，得药物上独秀峰炼红泉神丹而成道，复携丹度沈文泰等三人及舜乐正夔于万王城。

273

卷九　第六节　奉敕命施法降魔　寓长安说价卖药

叙张道陵奉老君敕命于青城山施法降魔，以杀戮过多，迟证仙班，复使修炼，始得召游阆苑朝见，使世世宣布为人间天师。韩康隐名姓卖药于长安，口不二价，一女子疑其神效，指名说价，康遂避至桂阳马岭山求见苏仙公。

卷十一　第二节　植杏林董奉行医　占天象尹思授羽

叙太素真人周亮保举管城代佐西岳，黄卢子葛越往代宋君。董奉居庐山咒水治病，病愈者使栽杏，森然成林，以杏易谷济贫，太乙聘其为仙医大监，授碧虚真人，与澄虚真人苏耽为左右院长。少傅张华遣少子趚从尹思学占星象。赵王伦勒兵入宫废贾后，奏劾张华等，诛夷其族。尹思遵耆域师嘱，以隐真鸟羽授趚得免于难。

历代神仙通鉴摘要辑录五·苏耽孝母

清平吉教山图丹方，盖土符不去，服药行道无效。苏耽仙翁乃清平吉、山图之友，即溪父也。喜种瓜，种瓜叟盛暑以瓜济人之渴。苏仙公至孝，炼成丹与母食，母素不好道，所以闻丹发呕，强服即吐。仙公自服二丸，觉身轻如翼，神智通明。后仙女数十，各奏异乐，称奉万王命，来迎仙公。问何王？女低声言："舜时乐正夔也。"人死为鬼，如鬼得太阴炼形法，亦成仙道，如苏仙公之母、山图之母。以后仙公与图于西王母处，乞得太阴炼形法，度母入瑶池升仙。阴生，图叩其根由，生曰："晋卿智伯之谋士郗疵也，入秦遇赤须先生，传返老之方。"图曰："欲东去访友，子能偕行否？"阴生愿从，遂相与投东。

注：《历代神仙演义》原名《历代神仙通鉴》，明初滇池侯徐英之子徐人瑞和理学家程翔之子程瑶写道教人物故事；清初徐人瑞六世孙徐道和程瑶五世孙程毓奇，接续改编成长篇章回体传奇小说。写历史上多个神仙，郴州苏耽、成武丁、桂阳郡太守周昕、宰相刘瞻及兄长，居于桂东县万王城的舜帝乐正夔，均在列。给苏耽安一顶"澄虚真人"头冠，神通广大，炼红泉神丹。让他与《列仙传》中汉高祖刘邦的卫士清平吉、采药道人山图为友，加上长安渭桥下乞仙阴生，联系在一起，创作一个新苏仙传说：溪父（居山谷间老者）苏耽怀有仙术，种瓜利人，炼丹孝母，但他母亲却不好道，闻呕服吐。于是苏耽自食，引来舜帝的乐舞机构长官夔，派仙女接其上天。苏耽和山图拜西王母学得仙道，将苏耽母亲、山图母亲超度到天宫瑶池，也成仙母。传

说表达道家"欲求仙者，当以忠孝和顺仁信为本"的思想，"返老之方"说法，反映道教不信天命的意识。辽宁、南京、北大图书馆藏有此书。

续金瓶梅

丁耀亢

第十七回　给孤寺残米收贫　兀术营盐船酬药

只有蒋竹山又没银子，使刀背打得鼻口里流血，打到晚没有一分银。绑出去杀，才剥衣裳，只见沉甸甸响亮一声，一本书、一个包裹掉在地下。只道是银子，细看了一看，甚么东西，但见：圆陀陀一条生铁，似天王手里的钢圈；响哨哨一个铜舌，比老人肩摇的木则；董药师造来杏林伏虎，孙真人执定橘井医龙。包裹里，陈皮、半夏、白术，黄芪，数包破纸卷柴胡，破书上，寒热、温凉、虚实、阴阳，百样单方记本草。才知是岐黄教下悬壶客，扁鹊炉边卖药人，你道是甚么奇物？原来医家游方卖药，又没个铺面，不定个行踪，只将个铁圈摇起，响动了村巷中，有病的出来取药，说是过路的郎中来了，一名曰"响传"，一名曰"病皆知"。也有投着病好了的，也有投不着病无用的，还有错用药死了的……

注：丁耀亢（1599—1669），明末清初文学艺术家，山东诸城人，号野鹤，自称紫阳道人。明末秀才，游江南随大画家董其昌学习。入清后由拔贡充教习、教谕，升惠安知县。但不乐仕途，以母老告归，写诗、小说、传奇剧，晚游京师，有《丁野鹤诗钞》、传奇剧《西湖扇》《赤松游》《蚺蛇胆》等。长篇小说《续金瓶梅》最风光，写《金瓶梅》中的人物转世，善恶各得报应，影射明清之际世态。惹怒清廷，将其下狱，小说被付之一炬。此一节写游方卖药的草头医师蒋竹山，装着"孙真人执定橘井医龙"而被抓，窘状可笑。实则，丁耀亢借古讽今当时社会。

歧 路 灯

李绿园

第十一回　盲医生乱投药剂　王妗奶劝请巫婆

却说本城新任医官董橘泉，听说谭孝移患病，又有声望，又有钱财；若治好，又有名，又有利，只是无路可进。猛然想起旧年两学老师曾与谭宅送过届，便来央陈乔龄一荐。这陈乔龄即差胡门斗，拿一个名帖儿，一来候病，二来荐医。王中拿帖儿说了，孝移吩咐致谢，即请所荐董先生来。这也是胃脘痛得急了，恨不得一时就要好的意思。不多一时，董橘泉到了，客厅一茶，便来楼下看脉。

橘泉见楼厅嵯峨，屏帐鲜明，心下暗揣：这必是平日多畜姬妾，今日年纪，不用说，是个命门火衰的症候……

橘泉拿起笔来，要一个红帖儿，落笔如飞，写了一个八味汤官方。王中执方取药，橘泉便向阎楷说道："我立方不比别人，一定要有个汤头，不敢妄作聪明。即如适才立那个方，乃是张仲景治汉武帝成方。六味者阴也，桂附者阳也，一阳陷于二阴之中，乃是一个坎卦。老先生命门火衰，以致龙门之火，上痞冲于心胃。只用这桂附补起命门真火，那痞满之气自消，何能作疼？所谓益火之源，以消阴翳是也。且是王叔和脉诀上——"说犹未完，王中已到对门铺子取回药来。董橘泉展开药包把肉桂嚼了一嚼，说道："还不是顶好的交趾桂。这茯苓片子也不是真云苓。拿到后边，权且煎吃罢。"

注：李绿园（1707—1790），清代文学家，河南平顶山人。乾隆元年（1736）举人，官江浙漕运、贵州印江知县，博学善思，著有《绿园文集》《绿园诗抄》等，以108回白话小说《歧路灯》名世。写开封谭孝移儿子谭绍闻由富家子到败家子再浪子回头的过程，劝诫世人：教子要严，延师要正，交友要慎。书中谭孝移的临终遗言"用心读书，亲近正人"，乃小说主旨，堪称封建社会教育子弟的指路明灯；与《红楼梦》《儒林外史》等同为清代现实主义佳作。其中，塑造了两个盲医形象，均附庸风雅，一个医官取"橘井"意名董橘泉，一个游方医生取"杏林"意名姚杏庵，开药—峻补—洞泻，将小疾治成大病；作品从反向角度揭露社会以假乱真现象。董橘泉所嚼"肉桂"，与苏耽所在汉代桂阳郡相关，以郴县为治所的战国楚苍梧郡到西汉，因"桂生桂阳"而改设桂阳郡，出了郎中苏耽。

子不语·苏耽老饮疫神

袁 枚

杭州苏耽老，性滑稽，善嘲人。人恶之，元旦，画疫神一纸压其门。耽老晨出开门，见而大笑，迎疫神归，延之上座，与共饮酒而烧化之。是年大疫，四邻病者为祀疫神。其病人辄作神语曰："我元旦受苏耽老礼敬，愧无以报。欲禳我者，必请苏君陪我，我方去。"于是祀疫神者争先请苏，苏逐日奔忙，困于酒食。其家大小十余口，无一病者。

注：袁枚（1716—1798），清代散文家、诗人、文学批评家、美食家，字子才，号仓山居士，晚年自号随园主人、随园老人。钱塘（杭州）人，祖籍浙江慈溪。乾隆四年（1739）进士，历官翰林院庶吉士、江宁等县知县。诗歌与赵翼、蒋士铨合称"乾嘉三大家"。传世著作有《小仓山房文集》《随园诗话》《子不语》等。《子不语》乃志怪小说集，批判社会现实，一度被称为和《聊斋志异》《阅微草堂笔记》齐名的"清代三大文言小说"。卷二有《苏耽老饮疫神》一则，将郴州苏耽的名字加一字，变成杭州苏耽老。疫神，即疫鬼瘟神，汉蔡邕《独断》解释："疫神，帝颛顼有三子，生而亡去为鬼。其一者居江水，是为瘟鬼。"苏耽老对付疫鬼瘟神的故事，想象丰富，诙谐逗趣，令人忍俊不禁。

第五节　杂剧昆曲

似有青牛随李叟，久无白鹤到苏耽。

——汤显祖

搜索范围扩展至戏曲方面，发现元曲、明昆曲里，竟能欣赏到含有"橘井"及"鹤归"的唱段。元曲包括杂剧、散曲，形成于宋末北方，繁盛于元代杭州，流传国中；用若干曲牌组成套曲演唱，文学价值堪比唐诗宋词。有关汉卿、马致远、王实甫等名家，《窦娥冤》《汉宫秋》《西厢记》等名剧。

元杂剧套曲《双调新水令·乐道》

范　康

沉醉东风：
从教师诗书颇习，参释道性命根基。杏林中作生涯，橘井内为活计。
炼玄元象帝幽微。有一日三岛十洲将名姓题，抵多少一官半职。

注：范康，元杂剧家，约1294年前后在世，杭州人。其传一佳话：涿州戏剧家王伯成编出《李太白贬夜郎》，范康闻知即编《杜子美游曲江》，与之

媲美。又写《竹叶舟》,《太和正音谱》评价为"竹里鸣泉"。此作,为散曲小令套数之一"沉醉东风"曲牌,按音乐谱式作词。将"橘井"入曲进戏,令人倍感亲切;亦折射出橘井在宋元时期的社会影响力。

元杂剧《江州司马青衫泪》

马致远

一煞:兴奴也,你早则不满梳绀发挑灯剪,一炷心香对月燃。我心下情绝,上船恩断;怎舍他临去时舌奸,至死也心坚。到如今鹤归华表,人老长沙,海变桑田。别无些挂恋,须索何红蓼岸绿杨川……

注:马致远(约1250—1321),大都人,元代戏曲作家、散曲家、散文家,与关汉卿、郑光祖、白朴并称"元曲四大家"。年少时勤学六艺,年轻时追求功名,曾献诗于太子孛儿只斤·真金,任江浙行省省务官。后专门从事戏曲、散曲创作,并产生道家归隐思想。主要作品如散曲《天净沙·秋思》、杂剧《汉宫秋》《吕洞宾三醉岳阳楼》《江州司马青衫泪》等。此作唱词"鹤归华表,人老长沙",前一典指西汉桂阳郡郎中苏耽预测瘟疫救民,升仙后化鹤归栖东城楼华表,儿童不识弹射;后一典指三国东吴老将黄忠大战长沙郡不惮其老,后却归降西蜀;感慨物是人非。

套曲《南吕·一枝花·赠儒医任先生归隐》

汤舜民

暮景桑榆,杏林好春无数,橘泉甘乐有余。

注:汤舜民,浙江象山县或宁波人,元末补本县官吏,元亡流寓北方,明成祖朱棣纳为文学侍从。作杂剧《风月瑞仙亭》《娇红记》,惜失传。散曲极多,《太和正音谱》大赞。

昆曲《龙膏记》

杨 珽

第七出 闺病
山桃红:丹无橘井,医无杏林。投饵全无效也。

〔旦〕母亲，我神思撩乱得紧。〔小旦〕老爷，忍见他神魂乱，掩面对沾巾。〔净老旦叹介小旦〕老爷夫人省愁烦些，小姐病体沉重，见一家慌张，反增他忧愁了。

〔老旦〕我待要暂宽心。怎当他闭哀弦、尘青镜，不耐春寒横也。宝帐玉炉残麝冷，生死无凭准，沉沉转深，难道残红送了春。

注：杨珽，明代戏曲作家，字夷白，钱塘（今杭州）人。善为曲，著有昆曲传奇剧《龙膏记》及《锦带记》各一本，《曲录》并传于世。《龙膏记》写宰相之女湘英病重，既找不到橘井芳丹，又无医林名医敢进相府治疗，青年张无颇寻道姑得起死回生药，用玉龙膏救湘英的命，二人由此产生爱情，宰相却生疑心将青年下狱，最后道姑助二人终成眷属。"山桃红"系昆曲曲牌。

六十种曲·西楼记
袁于令

秋蕊香：〔外上〕怪我孩儿愁病，只应为害着风情。〔小净〕药饵投来尽不应，可愧我杏林橘井。

注：袁于令（1592—1672），明末清初戏曲家、小说家，吴县（江苏苏州）人。明末廪岁贡，入国子监，倾向东林党，写有抨击魏忠贤及其党羽的《瑞玉记》。清军入关后降，顺治五年升荆州知府，后罢官。其传奇戏剧、小说，有《金锁记》《珍珠衫》《鹔鹩裘》《长生乐》等。以《西楼记》成就较高，被藏书家毛晋（1599—1659）编入崇祯年间的《六十种曲》。《六十种曲》系汲古阁刻书，底本精善、校勘审慎，是现存剧本最早且最好的版本；除元代《琵琶记》《北西厢记》等3部，均为明代剧本，有汤显祖、屠隆、梁辰鱼、高濂等名家作品。《西楼记》系第36出，由宋代教坊曲转为南戏词牌的《秋蕊香》，唱词中出"橘井"大名。

第六节　对句楹联

城头鹤立处，驿树凤栖来。

——刘禹锡

对句（包括四六句）、楹联系古典文学轻骑兵，浓缩社会万象，简洁明快、精绝隽妙。搜索中惊喜不断，历代关于苏仙传说、橘井泉香、鹿鹤呈祥、竹杖成龙、苏耽化鹤、城郭在人民非等内容的楹联、对句甚多，帝王将相、诗圣、医圣、民族英雄都有，医界尤盛，甚至远涉日本古人，字词精美，珠玑炫目。按写于郴、题予苏岭橘井、医界、名流等顺序，作一汇选。

一、历代名人、名联

赠道士诗联

骆宾王

蘋风入驭来应易，
竹杖成龙去不难。

注：骆宾王（约626—687），"初唐四杰"之一，婺州（浙江义乌）人，7岁撰《咏鹅》诗。曾任长安主簿、侍御史，随英国公徐敬业起兵讨伐武则天，撰《讨武曌檄》。到过郴州，五律《北眺春陵》即过南岭回望春陵江。春陵江流域郴州桂阳县大溪村骆姓，传为其后裔；古民居區、壁画、楹联多与骆宾王有关，建骆宾王广场塑骆宾王像。骆宾王此联在《代女道士王灵妃赠道士李荣》七言长篇，"竹杖成龙去不难"，葛洪《神仙传·苏仙公》写"先生曾持一竹杖，时人谓曰：'苏生竹杖，固是龙也'"。骆宾王将之提炼为"竹杖成龙"典故作联。

题苏耽山

郭 震

人世几番更面目，
仙山依旧锁烟霞。

注：郭震（656—713），唐睿宗时宰相，魏州贵乡（今河北大名县）人。18岁举进士，参与平息皇室内乱有功，封代国公，兼御史大夫，后任朔方道大总管。善诗，"春风满目还惆怅"即其佳句。此诗写于流放新州（广东云浮新兴县）过郴时，仅在南宋名著《舆地纪胜·郴州卷》存一句，平仄对仗工

整，音节抑扬顿挫，既含道家思维，又显游仙诗味。后人刻于苏仙岭入山处"天下第十八福地"穹碑前，用作山门对联。至清晚期太平天国军攻进郴城，尽数捣毁文庙道观佛寺，此对联与穹碑、苏仙观、景星观、乳仙宫、乳仙亭等一并遭劫难。

《奉送二十三舅录事之摄郴州》诗联

杜 甫

郴州颇凉冷，
橘井尚凄清。

注：769 年杜甫因"军声动至今""战血流依旧"的世局，离开夔州（今重庆），投奔在湖湘做官的几位亲戚朋友。知悉夫人杨氏之舅崔伟任郴州录事参军，时郴州未有刺史，崔伟"摄郴"即代理刺史职权。杜甫遂生投亲崔舅之意，撰此五古诗奉送。惜诗圣将抵郴口时，病故于上堡；遗留"郴州颇凉冷，橘井尚凄清"句，成古人咏郴州最著名诗句，亦为最佳对联。

《橘井》诗联

元 结

乡园不见重归鹤，
姓字今为第几仙。

注：元结的七律，是古人首次以《橘井》为题专咏橘井和苏仙的诗，这两句亦为佳联。"重归鹤"，述苏耽化鹤归乡传说。人化鹤传说，起自汉桂阳郡郴县苏耽，揭示"城郭依旧人民非"的沧桑。道家因之十分推崇，因为可表现凡人得道升仙、逍遥自在的理想境界。

陷浦仙岭联

柳宗元

游鳞出陷浦，
唳鹤绕仙岑。

注：柳宗元此联，在五言排律《奉和杨尚书郴州追和故李中书夏日登北楼十韵之作依本诗韵次用》中，前句写郴州"柳毅龙女传说"，北宋《太平广记》注李朝威《柳毅传》"柳毅，郴州人"。"游鳞"即龙女，"陷浦"（浦，水滨）指柳毅救助龙女的池塘，在郴城北郊。后句写"苏耽化鹤传说"，"唳鹤"即化鹤后的苏耽不舍离去，"仙岑"即苏仙岭。

义帝陵华表联

沈　彬

楼头有伴应归鹤，
原上无人更牧羊。

注：此联刻于郴州义帝陵华表杆上，因年久剥蚀，民国谭延闿重书。义帝陵拥有楚义帝熊心墓、祠，为国家级文物保护单位。存留汉碑，刻北宋诗人张俞撰文。华表对联上联，指苏仙做善事得道后，有白鹤降于门庭，迎其升仙而去又化鹤归来；下联，述战国末秦灭六国，楚怀王孙子熊心藏于民间牧羊，后被拥戴为起义军首领，指挥推翻不义不信的秦王，胜利后坚持大义"如约"而遭项羽逼迫迁都长沙，他选择郴县建都而遭项羽派英布暗弑。故沈彬感叹苏耽有鹤为伴可化鹤还乡，而原野再无义帝那样的牧羊人了。此联收入《中华名胜对联·湖南卷》。

荼橘诗联

张舜民

尝茶甘似蘖，
皱橘软如棉。

注：此联系北宋文学家、苏轼好友张舜民长篇五言诗《郴江百韵》第64韵句，"尝茶甘似蘖"说郴州茶如酒曲一样甜，"皱橘软如棉"指苏仙传说"橘井"之橘，郴方言"皱皮柑"又称"丑橘"，属芸香科植物药橘，可保存到来年春，故皱皮包裹的果瓣绵软。西汉文帝年间暴发瘟疫，苏耽和母亲以此橘叶片配伍草药，用井泉熬药汤救民。十字短句，平白入妙。

苍梧橘井联

吕延嗣

拟向苍梧叫虞舜，
更于橘井访苏仙。

注：吕延嗣（1061—1126），女真人，辽道宗时考中进士；辽亡后，仕于金，曾高中金朝状元，因此官至殿中侍御史、太常少卿。作为金朝使节南下江南，南宋初被宰相朱胜非起用为宝州通判，绍兴二年（1132）擢升桂阳监知监，监管矿冶铸币。故他撰此联。"苍梧"，原本即汉桂阳郡前身战国楚苍梧郡，治所郴县；"虞舜"，舜帝原为有虞氏首领，故称虞舜，曾巡狩南岭方林（神农炎帝的助手郴夭创立的方国），"崩于苍梧之野"。连远在东北黑龙江、松花江流域的少数民族学者，都写出如此佳句，可见橘井、苏仙盛名远扬。

寻访橘井苏仙联

朱胜非

始意钟陵参马祖，
却寻橘井访苏仙。

注：朱胜非（1082—1144），南宋初宰相，至郴巡查坑冶，撰此联。"钟陵"，古南昌；"马祖"，佛教禅宗南岳怀让大师高徒马道，后成一代禅师。朱胜非此联，系和吕延嗣联。

留题寓居

折彦质

石桥步月公居后，
橘井烹茶我在先。

注：折彦质（1080—1160），两宋之际抗金名将。河西府州（陕西府谷）人，折家名将之一。老戏《杨门女将》佘太君原型，即嫁与名将杨业的折家第二代名将折德扆之女。折彦质乃折家将第八代，文武兼备，靖康元年金兵入侵，他率兵勤王，领十几万大军在南关、黄河等地血战。受佞臣诬陷谪永州、海南

安置。复出任湖南安抚使兼知潭州，与岳飞、韩世忠等协力抗敌；任工部侍郎、兵部尚书兼参知政事，受奸相秦桧等迫害，贬郴州安置十年。撰此联。"石桥步月公居后"对抗金宰相张浚语，"橘井烹茶我在先"言自己。

《送蔡迫赴桂阳令》诗联

周必大

县古荒祠怜义帝，
地灵胜椠忆苏耽。

注：此联在南宋名相周必大赠友人赴桂阳（汝城）县令的诗中，前句概括：秦末被楚人推出领导灭秦的义帝熊心，被项羽逼迁长沙，而熊心选择湘江上游的苍梧郴县建都，后被项羽密令英布弑害。后句说义帝祠虽年久荒凉，但郴州地灵景美，汉代就出了人杰苏耽。

四六对句

杨万里

橘暗苏仙之井，
苔荒义帝之碑。

注：杨万里（1127—1206），南宋"中兴四大诗人"之一，江西吉州进士，号诚斋。曾做太子侍读，居官知县、知州、广东提点刑狱、吏部侍郎、宝谟阁学士，封光禄大夫、庐陵郡开国侯，谥"文节"。因宋光宗为其书"诚斋"二字，故后世称其"诚斋先生"。他曾任零陵县丞，往来经郴。这条六字对句联，在《诚斋集》和朱熹侄儿祝穆著地理总志《方舆胜览·郴州》篇末，系杨万里写给好友、郴州知州丁逢的《回郴州丁端叔直阁到任启》语句。

四六对句

祝 穆

桂林池近，虽当五岭之冲；
橘井凄清，幸据三湘之上。

注：这条四字、六字相对而成的联语，在宋代大儒朱熹的侄儿祝穆编撰

的南宋地理总志《方舆胜览·郴州》篇末。属祝穆化用的集句联，下联用杜甫诗句"橘井尚凄清"。

题苏仙岭乳仙亭

丁　逢

鹿走旧随云底去，
鹤翻时带雨飞来。

注：丁逢（1140—?），南宋郴州知州，晋陵（江苏常州）人。乾道二年（1166）进士，上书乞斩金使；有政绩，升郴州知州。后升湖北提刑，"改授川秦茶马司，凡供账公费悉屏去，人服其廉"。其《郴江集》有苏耽传说，此联专为苏山白鹿洞乳仙宫撰，题于乳仙亭，述苏耽出生时"鹿乳鹤覆"的传说，动感明快，富于仙味。

苏　山

完颜东皋

橘井有泉通玉液，
桃源无路问金丹。

注：完颜东皋，元代女真族完颜部落人，湖南廉访使。此联在七律《苏山》中，颂苏耽橘井可与仙液相通而救民，叹秦观向往桃源却找不到脱胎成仙的方子。

永兴县仙母山联

曾　全

鹿傍竹根眠独稳，
鹤巢松顶梦应闲。

注：曾全，明中期永兴县人，成化二十三年（1487）进士，户部主事。此联在写永兴县仙母山及苏仙观的《仙母山》七律中，言苏耽出生时白鹿为

他哺乳、白鹤为他御寒的故事。

苏仙岭联

欧 礼

云雾岩巉下，
乾坤指点间。

注：欧礼，郴州人，明嘉靖四年乡试中举，授江西龙泉县知县，擢云南佥事，剿贼有功，擢云南左参议。此联出其五绝《苏仙岭》："云雾岩巉下，乾坤指点间。钟声怀藻句，屐齿破苔斑。"原刻于苏仙观前观景台，现刻于苏仙观外山门石牌坊。

苏仙岭义帝陵联

刘汝楠

苏仙洞里云将宿，
义帝祠前日欲昏。

注：刘汝楠，明代诗人，厦门同安县人，福建乡试第一名。嘉靖十一年（1532）进士，刑部主事、员外郎；升湖广提学，巡视郴州，存诗9首，此联在《晚度桂门岭》诗中。

题白鹿洞

袁子让

凿开顽石方成洞，
跳出尘埃便是仙。

注：袁子让，明代音韵学家，郴州人，字孜肩。万历十三年（1585）举人，二十九年（1601）进士，四川嘉州知州，兵部郎中；勤政爱民除奸邪，维修乐山大佛，开发峨眉山旅游。朝廷封奉直大夫，制文褒扬其清操廉政"询瘼哀芘，恩波与夹江并润；祛奸剔蠹，勋猷共峨岭俱崇"。评价其功勋与峨眉山一样崇高。袁子让诗文佳，著《字学元元》一书，诗文《香海棠集》收入《四库全书》，《香国海棠赋》传诵一时；修订乡贤崔岩、何孟春的《郴

阳仙传》。年轻时住苏仙岭攻读，《苏山十二景》诗刻于白鹿洞石壁，惜欠保护，漫漶不辨。

题苏仙岭顶石壁

顾　超

龙旭霄霁，
鹤云朝塞。

注：顾超，书画家，明末苏州府震泽（今吴江区震泽镇）人。文武双修，史载"能跃马握槊"，诗入选《明诗综》，左宗棠收藏其《秋山无尽图》。顾超参加南明朝抗清过郴州，游览苏仙岭、义帝陵、北湖，此联注明"隆武丙戌"（1646）即南明唐王年号；"龙旭""鹤云"，形容苏仙岭顶日光云彩祥和变幻，含借此地仙气恢复大明气象之理想。

汝城县独秀峰

盛名誉

苏耽化鹤亭犹在，
谢朓惊人诗未携。

注：盛名誉，清康熙初浙江嘉兴进士，1671 年任汝城县令。此联在七律《登独秀峰》中，独秀峰建化鹤亭；下联"谢朓"为南朝诗人，吟"端坐闻鹤引"句。曾国藩联亦写谢朓。

题苏仙观

范廷谋

碧苔踏破游人履，
清磬敲残仙子宫。

注：范廷谋，范仲淹第 19 代孙，清朝诗人、楹联家。祖籍苏州，浙江甬城（宁波）进士。康熙四十九年（1710）升郴州知州，劬劳十载。宁波保存的最大明代古建即"范宅"。范廷谋撰郴州八景诗联列入《清代名联鉴赏》集，如《相山瀑布》的"凌空卷雪天边落，历乱奔雷涧底归"。专为苏仙观

题"江山同一览，风景并千秋"，10字囊括苏山郴江的历史、风光，匾额亦高迈，曰"去天不远"。又专联"碧苔踏破游人履，清磬敲残仙子宫"，下联趣说苏、王两仙斗棋传说，"敲残"尤传神，苏仙观外棋盘石有棋子大小之洞。

白鹿洞来鹤楼联

陈振琳

鹿乳山中余洞古，
鹤飞华表此楼悬。

注：陈振琳，清嘉庆年郴州拔贡，郴县人，教谕。此联在七律《来鹤楼》中。

兴宁县望仙桥联

王国琇

鹤衔松蕊去，
鹿傍草茵眠。

注：王国琇，清代郴州兴宁（今资兴）县庠生。"鹤""鹿"均苏仙传说中的吉祥动物。

题跨鹤台石壁

李宗莲

大孝格天得东方生气，
官司守土应景行高山。

注：李宗莲，浙江归安县（今吴兴市）进士，光绪二十二年（1896）郴州知州，带头捐养廉花银，重修濂溪祠纪念理学鼻祖周敦颐。又撰此联刻于苏仙岭顶跨鹤台旁石壁，宽对。"大孝"指代孝仙苏耽；"格天"颂其孝道感天；"生气"，即道家所言吉位东方紫气，更指超凡气度。下联"景行"言崇高德行，鞭策地方官学苏耽，做到"高山仰止，景行行止"。

288

桂阳州药铺联

杏林三月景，
橘井四时春。

注：清代衡永郴桂道桂阳州，城内一药铺门联如斯。

郴州橘井诊所联

佚　名

橘井香流，散作惠家甘雨；
鼎炉火暖，烧成济世金丹。

注：清末民国郴州橘井诊所由名医张驻尘经管。衡阳经其治愈者送联：
"先后双仲景，今古两驻尘。"将其比作东汉坐堂诊病的长沙太守张仲景。北
伐时白崇禧将军染疾，长沙名医不能治，转请张即康复。抗战时第九战区长
官兼湘省政府主席薛岳之妻患病，遍访国内名医无效，省政府教育厅长、湖
南大学校长、郴人黄士衡介绍乡谊张驻尘应诊，药到病除，薛岳于戎马倥偬
之时亲笔写信让夫人乘车至郴拜谢。张驻尘著有《伤寒论》《金匮要略浅释》
等，此橘井诊所楹联是否薛岳或白崇禧两将军敬赠，尚未得知。

张学良苏仙岭联

仗剑登仙峰，极目河山，太息版图呈异色；
展棋伤国事，无边风月，敢望铁血救同胞。

注：张学良（1901—2001），原东北军总司令、国民革命军副总司令。此
联民国时发现于苏仙观张学良居室，1960 年代初住观老者向郴州地区人民医
院苏医生忆述，认为是张学良作。1937 年夏抗日战争全面爆发，国民政府军
事委员会委员长蒋介石指令：江浙一带易遭倭寇军机轰炸，张学良宜转移湖
南僻静山区。军统局便将张转移至郴，幽居苏仙岭，蒋请精通国学的步先生，
为张讲文学、诗词楹联。"仗剑"，传说苏仙磨剑元辰山，而张学良属佩剑将
军；"仙峰"即苏仙岭顶峰；这里喻将军幽居苏岭复杂心理。"太息"即叹

289

息。"展棋",他喜爱琴棋书画,此借苏岭顶峰苏仙弈棋之棋盘石喻棋局如国势,结束语表示要像苏耽救民。

二、医界专用联

中华医林名典联

杏林春暖,
橘井泉香。

注:此医林专属名联,由杜甫"郴州颇凉冷,橘井尚凄清"句和元结《橘井》诗奠基;最早出宋真宗七律《赐丁和还乡》"橘井甘泉透胆香"句之"橘、井、泉、香"排序,秦观贬郴,曾吟"杏林橘井"句,将二者并列;元代,原湖南道元帅府都事黄常,在七律《植芳堂》写成"杏林春暖绕庭除",现"杏、林、春、暖"排序;明代前期礼部尚书兼大学士金幼孜直抒"杏林花重红云晓,橘井泉香玉露秋"。这样,文学、医学界有心人将前贤的诗句,精练为"橘井泉香""杏林春暖"。因"暖"字仄声、"香"字平声,故按联律调整,将源自汉代桂阳郡"苏耽橘井"传说的"橘井泉香"置为下联,源自三国庐山"董奉杏林"传说的"杏林春暖"置为上联。如是,"杏林春暖"与"橘井泉香",珠联璧合成两大典故,相映生辉于中医药史、民族文化史、中华文化史。

杨慎名联

虎守董奉之林,犹酬杏价;
鹤巢苏耽之井,远嗣橘芳。

注:杨慎(1488—1559),明代文学家、理学家,"三大才子"之首。号升庵,四川新都(成都新都区)人。首辅杨廷和之子,正德六年(1511)状元,翰林院修撰、经筵讲官(给嘉靖讲课)。嘉靖三年(1524),卷入"大礼议"事件,受廷杖,谪戍云南,卒于戍所。明穆宗时追赠光禄寺少卿,熹宗追谥"文宪"。其才高八斗,《临江仙·滚滚长江东逝水》即他词作,其《药市赋》中,含有此联。

李时珍名联

橘井泉里龙问病，
杏林山下虎求丹。

注：李时珍（1518—1593），明代医圣、药学家，湖北蕲州（黄冈市蕲春县）人。出身医药世家，中秀才后放弃科考，全身心用于医学。被荐入太医院后，只一年便辞职返乡，刻苦钻研本草学。1578年完成药学巨著《本草纲目》，世界著名科学家达尔文称赞它是"中国古代的百科全书"。他这副专联记于《蕲春文史》，"橘井泉里龙问病"写传说又讲医药学。

明清抄本春联·药店联

龙蟠橘井，虎守杏林；
杏林虎啸，橘井龙蟠。

注：此两联系医林传统用联，又衍生出"虎守杏林春意暖，龙蟠橘井水泉香"。"龙蟠橘井"指瘟疫降临时，苏家用井泉熬橘叶防治，瘟疫消除后，人们看到一条龙从井口腾起，认为乃苏耽所化以救民众。"虎守杏林"说三国董奉治病不收钱，只要愈者种杏树，杏熟时拿米换，故成杏林；他发现一只虎有伤也予以治疗，老虎愈后便为他守护杏林，不允人多拿。

江苏淮安道宁堂联

李宗舫

深情如印桃潭水，
妙手能生橘井春。

注：江苏淮安道宁堂，系乾隆五十四年榜眼、礼部尚书、道光帝师汪廷珍出生处，礼部尚书李宗舫借李白"桃花潭水深千尺，不及汪伦送我情"句，书门联。

辽宁奉天天益堂门联

龙蟠橘井，虎守杏林；
鹿鸣蓬岛，鹤舞芝田。

注：清代奉天（今沈阳）天益堂始建于道光四年（1824），在留都盛京皇城后街，楷书此集句联。龙、虎、鹿、鹤，皆苏仙传说及药铺中的祥瑞动物；"蓬岛""芝田"，皆仙人居住种药之处；北宋诗人、郴州知州阮阅《郴江百咏·飞仙桥》咏"芝田依旧在桥边"。

上海大场枸橘篱沈氏女科联

橘井甘泉分来申浦，
杏林春雨出自山庄。

注：上海大场枸橘篱沈氏女科，始于明太祖初洪武年间，传承至今，有21代之久，已逾600年。一世沈庶崇尚"不为良相便为良医"的信条，在浙江东阳悬壶业医，善治女科诸疾，通晓内科，著有《女科抉微》《内科证治》等医籍，成为上海沈氏女科的开山鼻祖。嗣后，上海沈氏女科世代相传，延绵不断。清光绪年间十四世孙率沈氏族支迁居申浦（上海前身），在西郊大场镇置地筑宅，名"春雨山庄"，周边植枸橘（枳）爬藤为篱墙，并效先哲，治愈一人，不收财礼，只在庄内植杏树一株，以示济世。堂前悬金字楹联，上联书"橘井甘泉分来申浦"，下联写"杏林春雨出自山庄"。医德疗效显著，患者络绎不绝，春雨山庄杏树成林，遂有"上海大场枸橘篱沈氏女科"美名。

燕京老药铺门联

杏林橘井，
玉札丹砂。

浙江宁波沈宝山药店联

杏林春暖铺里多妙药，
橘井泉香壶中有神丹。

注：浙江宁波人沈宝山于光绪六年（1880），在黄岩县开设草行巷"沈宝山药店"，门两边悬挂贴金瓦联："杏林春暖铺里多妙药，橘井泉香壶中有神丹。"

北京延严医馆门联

杏林春暖人登寿，
橘井宗稣道有神。

注：北京菜市口北大吉巷胡同延严医馆，系清代皇宫五品御医樊宝公儿子所开，隶书门联"杏林春暖人登寿，橘井宗稣道有神"。

山东沂州府莒县润生堂门联

虎守杏林春日暖，
龙蟠橘井泉水香。

注：清末沂州府莒州庠生刘瀛洲，系《文心雕龙》作者刘勰一族后裔，目睹百姓染病求医之难，立志学医，创办润生堂；门联用"虎守杏林春日暖，龙蟠橘井泉水香"。猪鼠年之交，"新冠"肺炎疫情肆虐，国家卫健委将中医纳入诊疗方案，润生堂即献解毒药方。

浙江宁波寿全斋药店联

杏林济世千秋寿，
橘井流芳百草全。

注：宁波百年老店寿全斋中药店大门联。

安徽铜陵查广大药房门联

广种福贵田香流橘井，
大施仁石灵彩上云山。

注：查广大药房，百年老药店，在安徽铜陵千年古镇、中国历史文化名镇大通老街上。

清云堂药局等联

倪星垣

清泉涌出苏仙井，云气长依董奉林。
橘井泉香源活泼，杏林春暖气和融。

注：倪星垣（1867—1952），清末民国楹联大家，河北沧州献县人，光绪乙丑年（1889）举人，授徒燕京。宣统元年（1909）考入保定陆军师范，毕业任陕西陆军第二中学堂国文教习，曾应聘河北陆军第一预备学校国文教习。后任教天津，1925年当选天津国民会议议员。工诗文，擅书法，精楹联，四方登门求书。《联语粹编》影响甚广，此为其中两联。

题山东日照县仁术堂联

郑煜卿

仁育苍生，杏林春满；
术精黄帝，橘井流香。

注：郑煜卿（1873—1939），清末湖南宝庆府（今邵阳市）秀才，邵东县人，晚号求实斋老人。天资聪颖，少怀大志；从家训，从名师，探学经史，穷极国故。任塾师，成名师，教人善诱，驰誉社会。遗著汇为《求实斋文集》《求实斋诗联集》。此联题日照县仁术堂。

民国医界联

吕云彪

橘井杏林，大有活人妙术；
玉函金匮，无非济世良才。

注：民国初期教材编辑家吕云彪著《楹联作法》，上海广文书局民国十五年（1926）出版，台湾广文书局重刊，结入《楹联丛编》；收明、清、民国

重要联书 25 种之多，称"历史上规模最大的一套楹联丛书"。

温州华盖山麓吴瑞明医室联

池仲霖

泉香橘井源流远，
座枕华山佳气多。

注：1918 年浙江温州华盖山麓永嘉吴瑞明医室，浙南儒医池仲霖题联。

台湾药厂、医院诊所联

秋研桂露金成液，
香浅橘泉玉作丸。

杏林春意广，
橘井活人多。

医药界常用联

橘井泉香点点滴开阴骘路，
杏林春暖枝枝透出活人心。

橘井龙吟喜雨，
杏林虎啸和风。

韩康利薄，
橘井泉甜。

注：韩康，东汉霸陵人，名医，低廉卖药于长安 30 载，口不二价。有的古书将他与苏耽联系。

三、全国名流、各地楹联选粹

宋真宗诗联

杏林佳实留心种，
橘井甘泉透胆香。

注：此联于改革开放后发现，在宋真宗赵恒亲撰、赏给江西万年县罗湖乡济生堂医师的《赐丁和还乡》诗中。宋真宗诗歌在历代帝王中水平为最，其《砺学篇》乃古典名作，"富家不用买良田，书中自有千钟粟。安居不用架高楼，书中自有黄金屋。娶妻莫恨无良媒，书中自有颜如玉。出门莫恨无人随，书中车马多如簇。男儿欲遂平生志，五经勤向窗前读"。对历代中华儿女励志作用显著。同时他也是联句高手，此联出自七律《赐丁和还乡》，在所有涉及苏耽橘井的作品中，首次显示"橘、井、泉、香"排序，名典之名遂出。

化 鹤 联
黄庭坚

人间化鹤三千岁，
海上看羊十九年。

注：此联在北宋文学家、书法家黄庭坚七律《次韵宋懋宗三月十四日到西池都人盛观翰林公出遨》中。"人间化鹤三千岁"指苏耽，"海上看羊十九年"指汉代出使北海匈奴的苏武，接下来"还作遨头惊俗眼，风流文物属苏仙"，意思是加上苏轼，苏姓名人俱可称仙。

《青牛白鹤》联
文天祥

青牛过去关山动，
白鹤归来城郭荒。

注：文天祥（1236—1283），南宋政治家、文学家，抗元名臣，吉州庐陵（江西吉安）人。宋代君臣百姓好道，他也自号浮休道人。宝祐四年（1256）

考取进士榜首。1275 年元军南犯，他倾家财为军资起兵 5 万抗击，转战赣、闽、南岭等地。兵败被俘，撰诗《过零丁洋》以明志；元世祖亲自劝降，许以中书宰相位，他坚贞不屈而就义。其诗词后期多见气节风骨，有《正气歌》等。转战南岭过郴，撰《游集灵观（橘井观）》；七律《苍然亭》有"青牛过去关山动，白鹤归来城郭荒"，用老子骑牛出关、苏耽化鹤归城两个典故，比喻南宋末的变局。

《秀上人饮绿轩》联句

宋　无

不向苏耽寻橘酒，
却从陆羽校茶经。

注：宋无（1260—1340），宋末元初诗人，字子虚，苏州人，自称吴逸士。举秀才，以奉亲辞，终身不仕，视富贵如浮云。"游方遐览""谷隐岩栖"，交往名僧，与赵孟頫友善。著《翠寒集》《霭乃集》及《寒斋冷语》等，潜心于诗作，其风格雅淡，句新意长，浓丽缜密而不艳，含郁静婉而不怨。这一副对联，系引南宋诗人郑洪的诗句，亦佳联。

《元夜独坐》联

张　翥

苏耽仙后还为鹤，
房琯生前本是僧。

注：张翥（1287—1368），元代著名诗词家，晋宁（山西临汾）人，历任国史院编修、侍讲学士、侍读兼祭酒、翰林学士、荣禄大夫，有《蜕庵诗》《蜕岩词》集。此联在七绝中，前句写苏耽化鹤还乡，因上世为仙；后句写唐肃宗朝宰相房琯，不会打仗，因前世即僧。

《丹徒何彦澄皆春堂》联

杨士奇

泉香橘畔苏耽井，
花满云边董奉林。

注：杨士奇（1365—1444），明初政治家、学者，江西泰和县人。历经五朝，任内阁辅臣40余年，任首辅21年，谥号"文贞"。与杨荣、杨溥并称"三杨"，为台阁重臣，故其诗被称作"台阁体"，"江右诗派……迨杨士奇嗣起，复变为台阁博大之体"。

乾隆钦定《热河志》联

门带杏林而霏雪，
宅留橘井而浮香。

注：此联在清乾隆皇帝钦定《热河志》中。热河（今承德一带）系清皇家休闲、狩猎、避暑办公之地，故编有专志，由乾隆朝御前大臣领侍卫内大臣兼户部尚书和珅、经筵讲官兼户部尚书梁国治进呈乾隆帝御览，收入《四库全书》，称"钦定热河志"。其中记录了近侍、文学、介胄、医术之臣，及佛、道、耆老向皇帝的献言。医术之臣进言民族医药史、名医、医书、名方、名典、用药、疗疾、养生等内容，如"自古炎农，始宣药品"，而名典即"门带杏林而霏雪，宅留橘井而浮香"，凸显了橘井杏林文化的地位。

林则徐联

橘井活人真寿客，
斡山编集老诗豪。

注：林则徐（1785—1850），清代民族英雄，福建人。出身贫寒，嘉庆十六年（1811）进士。任湖广总督时，严厉主张禁止鸦片烟；1838年以钦差大臣赴广东，虎门销烟震惊世界。"鸦片战争"后受贬。他是近代中国"睁眼看世界的第一人"，英国杜莎夫人蜡像馆特为林则徐夫妇制像，第42届联合国大会把虎门销烟完成的翌日6月26日定为"国际禁毒日"。林则徐也是文学家、楹联家，世人皆知"海纳百川，有容乃大；壁立千仞，无欲则刚"。他数次经郴州。此联写于江苏巡抚任上，时突患软脚病，夫人亦患肝病，经江苏青浦县儒医何书田悉心治愈。何著《救迷良方》，研制戒鸦片烟丸，林按方治烟民，人称"林文忠公戒烟方"。故林赠联谢何，因何家居北斡山下，遂以"斡山"对"橘井"。

曾国藩代弟作挽联

湘妃白眼随愁长，有德配远道相从，一曲鸾飞，不得见夫婿声音笑貌；
谢朓青山带病看，叹使君到官遽逝，千年鹤返，应眷恋宣州城郭人民。

注：曾国藩（1811—1872），晚清重臣，思想家、军事家、经济学家、文学家，湘军创立者。宗圣曾子第70世孙，号涤生，祖籍衡阳，长沙府湘乡县荷叶塘（今娄底市双峰县）人。道光十八年（1838）进士。太平军起义，其在衡阳组建湘军，苦斗多年肃灭太平天国；与左宗棠、张之洞、李鸿章并称"中兴四大名臣"。官至两江总督、直隶总督、武英殿大学士，封一等毅勇侯，谥号"文正"。他修身律己，以德求官，勤俭廉劳，著《治学论道之经》《冰鉴》《曾国藩家书》等，发起学习西方先进科技的洋务运动，开拓中国近代化建设。其"代沅甫挽黎寿民太守"联，替九弟国荃哀挽湘潭进士黎寿民，黎升安徽宣州知州即病故，曾国藩以"湘妃"宽慰黎妻，以南朝宣城太守谢朓喻黎寿民；运用苏耽化鹤、归来城郭的传说，叹人世规律，述人伦情感。

左宗棠自挽联

慨此日骑鲸西去，七尺躯委残芳草，满腔血洒向空林。问谁来歌蒿歌薤，鼓琵琶冢畔，挂宝剑枝头，凭吊松楸魂魄，奋激千秋。纵教黄土埋予，应呼雄鬼。

倘他年化鹤东归，一瓣香祝成本性，十分月现出金身。愿从此为樵为渔，访鹿友山中，订鸥盟水上，消磨锦绣心肠，逍遥半世。惟恐苍天负我，再作劳人。

注：左宗棠（1812—1885），晚清政治家、军事家、民族英雄，湘军首领，洋务派代表人物，长沙府湘阴县人。20岁中举，后得陶澍、胡林翼、林则徐、曾国藩看重。入湘军，镇压太平天国，平定陕甘，收复新疆，办洋务于东南，筹设福州船政局，乃"中国海军萌芽之始"。历陕甘、两江、闽浙总督，东阁大学士、军机大臣，封二等恪靖侯，谥号"文襄"。沙俄及附庸浩罕汗国侵占新疆，他反对李鸿章妥协，主张"海防塞防并重"，率大军抬棺西征、植柳千里，壮吟"湖湘子弟满天山"。收复新疆及督师抗法后，奏请新疆、台湾建省。27岁患病，思人生苦短，作此联坦然自励。上联以李白诗典起势，无悲伤颓唐；下联以苏耽化鹤归于东城楼典故，正话反说，愿做樵夫

渔民，尾句却道天意已定其如苏耽为劳碌之人。

杨守敬名联

橘井杏林活人妙术，
玉函金匮济世良方。

注：杨守敬（1839—1915），清末国学大师，号邻苏老人，湖北宜都（枝城）人。同治年举人，在历史地理、金石文字、目录版本、泉币学、书法艺术、藏书诸界，均有大造诣。国史馆誊录，驻日本国大使馆大使随员。负责馆内文化事务，与日本汉学家、书道界论碑、书法，掀起"崇杨风"。归国后，任两湖书院教习、礼部顾问官、湖北通志局纂修、参政院参政、清史馆纂修；代表作有《水经注疏》《历代舆地沿革图》《日本金石志》《日本访书志》《楷法溯源》等。此名联写橘井杏林济世良方，为清末民初各地诊所药铺悬挂。

湖北武当山蜂王庙联

清·佚 名

岩前遗仙汞，济世活人，不啻香流橘井；
雷电喝令敕，发聋振聩，宛然说法莲台。

浙江大山头道院吕祖殿联

指迷特辟髻山路，
寿世长备橘井香。

注：此联在浙江玉环县大山头道院，清道光年建的吕祖殿门庭。

广州黄大仙祠抱柱联

卢维庆

洞中别有乾坤，四围烟雨云山，尤增胜概；
祠里自成天地，两岸杏花橘井，永著仙踪。

注：中国有两个黄大仙祠，一在广州一在香港，均系道教名胜。广州黄大仙祠在芳村，对珠江三角洲、港澳有较大影响。光绪甲辰年（1904）重修，书法家卢维庆书写此对联，刻于二殿石柱（现刻于大门）。卢维庆，疍家出身，番禺县瑞宝乡（今属广州海珠区）人。光绪二年（1876）中举，十八年壬辰科二甲第 23 名进士，授翰林院庶吉士；二十年散馆，授翰林院编修。他与另一番禺籍翰林编修、布政使、宣统帝师、近代教育家梁鼎芬，倡议编纂《番禺县续志》。此联下联"两岸杏花橘井"，即重修祠堂时有一仿郴州橘井的"药仙井"。此黄大仙祠外景老照片，系清末外国人来广州时拍摄。

四、外国名人联

日本古人禅杰禅师联

橘井一勺，甘泉延无疆寿；
杏林五株，春色联不尽芳。

注：日本禅杰禅师（1418—1506），号特芳，日本佛教临济宗灵云派开山祖，尾州热田县人。禅杰少年学佛，才华日展，成年授徒，禅客争相投其门下。地方高官、世袭贵族都聘请他传经，支持他建西源禅院。永正三年（1506）特芳禅师坐化，寿高 88，著作有《西源录》。承应二年（1653），天皇赐他谥号"大寂常照禅师"。禅杰禅师心仪中华文明，熟知中国古典文学、医学精华，其著作中有文明十一年（1479，我国明代成化十五年）对门生的机悟之语，其中"橘井一勺，甘泉延无疆寿；杏林五株，春色联不尽芳"为佳联。

第七节　词语典故

苏耽控鹤归来日，李沁藏书不仕年。

——张居正

301

因流传史长、撰编者众，围绕"苏仙传说、橘井泉香"产生的词语、典故、成语，量大重叠：苏耽宅、苏耽井、仁孝著闻、苏耽橘井、橘井泉香、橘井流芳、龙蟠橘井、仙桃、鹿乳鹤覆、苏耽鹤、跨鹤飞升、鹤仙、苏耽控鹤、化鹤城郭、鹤画城门、鹤书鹤爪书、鹤归华表等。苏耽、苏仙，成为良医的代名词；苏耽井、橘井，成为良药的同义词；橘井泉香、橘井流芳成为仁心医德的颂扬语；化鹤归城、鹤爪书、苏耽歌，成为思亲乡愁、魂返故里的借代语。

这些熟词、成语、典故及构建的民族医学文化符号、文学意象，告知人们，中国是最早利用植物、水果治病、养生的医学古国，最先开凿使用深井形成卫生饮水、保健习惯，利用含矿物元素的清泉熬制药剂的文明宗邦；是母慈子爱、孝悌治国的智慧民族，是先贤涌现、仙自人间的东方社稷。略举几例：

1. 典故：苏耽橘井

出处：汉刘向《列仙传》"苏耽，桂阳人也，汉文帝时得道"，"云间仪卫降宅"，"语母曰：'明年天下疾疫，庭中井水橘树能疗。患疫者，与井水一升，橘叶一枚，饮之立愈。'后果然，求水叶者，远至千里，应手而愈"。

释义：西汉初期桂阳郡人苏耽习医治病，传说因行善加修行，在文帝时达到非凡境界，列入仙牒，天庭仪仗队接他升仙。辞别母亲时，他首先说看情形来年将暴发瘟病，用他种的药橘和挖的井泉可作疗方，橘叶一片为引、井水一升熬药，给予患者染者，喝下很快就能治愈。翌年果然如他预测，连千里之外的人也到桂阳郡来讨要药剂，手接苏母熬的药汤即得救治。

提要：药橘井泉制剂驱瘟救民，反映了中华民族以人为本、珍爱生命，此典多以南岭郴州地望入诗，与悬壶济世同义，列为蒙学读本《龙文鞭影》条目。

2. 词语：苏耽仁孝

出处：汉刘向《列仙传》"公早丧所怙，乡里以仁孝著闻，宅在郡城东北，距县治百余里。公与母共食，母曰：'无鲊。'公即辍箸，起身取钱而去。须臾以鲊至"；三国《桂阳先贤传》"人招耽去，已种药在后园……"；晋葛洪《神仙传·苏仙公》"洒扫门庭，修饰墙宇……'兼封一柜留之，有所阙之，可以扣柜言之，所须当至'"；北魏郦道元《水经注》"少孤，养母至孝……常与众儿共牧牛"；唐代孙会《全唐文·苏仙碑铭》"潘氏怛化之后，仙公全以孝行，栖于东山烟雾之中，号哭不绝，啼猿为之酸切，流水为之鸣咽。至若系白马于树，执慈母三年之丧，所以竭哀戚之情也"。

释义：苏耽幼年失父家贫，以仁义孝道闻名。他给人牧牛，种药后园，孝养慈母；吃饭时听母亲说"没有腌鱼"，放下筷子就出门去找。辞母外出前修理住宅，留下宝柜。母逝，仙凡有别，他不能下人间，哀哭于山巅松树林执丧三年。

提要：苏耽仁孝著闻，反映了西汉以孝悌治国的社会文化特点；因"耽至孝"，纪念他的"仙人祠"列入唐代《初学记》。

3. 典故：橘井泉香

出处：汉刘向《列仙传》"苏耽，桂阳人也……语母曰：'明年天下疾疫，庭中井水橘树能疗。患疫者，与井水一升，橘叶一枚，饮之立愈'"；晋葛洪《神仙传·苏仙公》"先生曰：明年天下疾疫，庭中井水，檐边橘树，可以代养，井水一升，橘叶一枚，可疗一人"；唐《苏仙碑铭》"橘井愈疾，为取给之资；药苗蔬畦，为调膳之费"；杜甫诗句"郴州颇凉冷，橘井尚凄清"；宋真宗诗句"橘井甘泉透胆香"。

释义：苏耽种药橘、凿井泉，孝养母亲，方便乡邻。出门云游前预测瘟疫，告母用橘叶做药引熬井泉制剂，义救民众，遂生中华医林名典。

提要：此典集中体现了不信天命，力抗灾难，利用生态资源抗疫、组织群防群治战而胜之的史实，表现了良医的仁义高尚、良药的科学作用。

4. 典故：化鹤归城

出处：晋葛洪《神仙传·苏仙公》"紫云氤氲，有数十白鹤，飞翔其中，翩翩然降于苏氏之门，皆化为少年，仪形端美，如十八九岁人，怡然轻举。先生敛容逢迎，乃跪白母曰：'某受命当仙，被召有期，仪卫已至，当违色养，即便拜辞。'……耸身入云，紫云捧足，众鹤翱翔，遂升云汉而去……自后有白鹤来止郡城东北楼上，人或挟弹弹之，鹤以爪攫楼板，似漆书云：城郭是，人民非，三百甲子一来归，吾是苏君弹何为?"南北朝祖珽《修文殿御览》"《桂阳列仙传》曰：苏耽去仙之后，忽有白鹄十数头，夜集郡东门上，作书字言曰：城郭是，人民非，三百年当复遇。咸谓耽乎"；隋唐欧阳询《艺文类聚》"《列仙传》曰：苏耽去后，忽有白鹤十数只，夜集郡东门楼上，一只爪画作书字，言曰：'城郭是，人民非，三百甲子当复归。'咸谓是耽"。

释义：苏耽得道升仙，又化为鹤返故里城楼，留下鹤爪书。鹤为仙禽、义鸟，又是君子化身、得道成仙者的座驾；苏耽化鹤，既表达了古人对长生的向往，又指远游者思亲怀乡而归，还引申为人仙逝后，灵魂依然不舍家山故地。

提要：苏耽化鹤归城、儿童不识弹射的传说，揭示了"城郭依旧人民非"的时光流逝的沧桑感，包含了含思母爱家的乡愁、物是人非的惆怅，寄寓了家国情怀。

用典形式、作品：

【鹤去画城门】北周·庾信："凫留报关吏，鹤去画城门。"

【迎白鹤送苏耽】唐·王维："借问迎来双白鹤，已曾衡岳送苏耽。"

【鹤书征】唐·张九龄："圣朝岩穴选，应待鹤书征。"

【化鹤群】唐·李商隐："紫府丹成化鹤群，青松手植变龙文。"

【苏耽鹤】宋·黄庭坚："但恐苏耽鹤，归时或姓丁。"

【苏仙乘云】宋·陈与义："稽首苏耽仙，乘云去无迹。"

【城郭千年鹤爪题】元·黄镇成："斗牛三尺龙光照，城郭千年鹤爪题。"

【化鹤纵归华表上】明·蓝智："化鹤纵归华表上，人民城郭更堪言。"

【鹤爪书】清·丘逢甲："千年鹤爪书何苦，一卷虬髯传未残。"

第八节　美术书法

焦山瘗铭，桂阳避弹……不胜留影之难。

——徐　渭

为名人名事绘画，是一种怀想式、推崇性的艺术表达，寻求文化认同。为苏耽绘画，始于三国画赞，后有唐道观真人图、明代造像、二仙留胜图、清代聊斋志异母子像等。以书法描述名人名事，是一种凝练精简的汉字艺术颂扬，别蕴情趣。苏轼题"天下第十八福地"，米芾书"三绝碑"，涵盖苏仙岭、橘井。但申报国家级非物质文化遗产前，仅存"三绝碑"、王震碑像两种。笔者数年用功，发掘出苏轼、文天祥、赵孟頫、倪瓒、文征明、董其昌、丁云鹏、祁豸佳、曹寅、乾隆皇帝、钱沣、何绍基、曾国藩、任渭长、李鸿章、杨守敬、章太炎、谭延闿等名家作品，包括石刻木雕，雅集成洋洋伟观。

十二真人图

道观通用

注：唐代道观曾通用《十二真人图》，为道士祝寿挂出。这 12 位仙是容成子、董仲舒、严君平、李阿、马自然、葛元长、寿仙（福、禄、寿三吉中之寿仙）、黄初平、葛永璚、窦子明、左慈、苏耽。《十二真人图》记在北宋初江夏人黄休复撰《益州名画录》中，黄休复住成都，好道术，精画学文学，撷百家之说，1005 年成书。奈何年岁久远，苏耽图湮沉。

北宋·苏轼题"天下第十八福地"

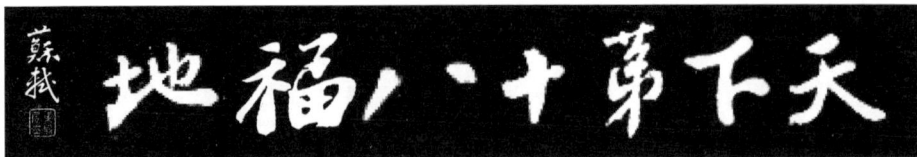

注：清《郴州直隶州乡土志》载，橘井观悬"天下第十八福地"匾，

"相传为苏东坡书";明代徐霞客 1637 年游苏仙岭，述"入山即见'天下第十八福地'穹碑";清代史学家檀萃 1777 年过郴，睹"苏仙故居院门匾额：第十八福地"，均可证。因道教《洞渊集》1046 年经宋仁宗御览，定苏仙岭为"天下第十八福地";元祐七年（1092）苏轼任掌文化、教育、外交的礼部尚书，具题字文化事物之格;后贬岭南惠州及海南，"徽宗立……移永州"，故他往来南岭经郴撰数首咏郴诗，如"追配郴之莼"，《来鹤亭》"有客新名唤作耽"，《寄吴德仁兼简陈季常》（吴德仁，郴州知州吴瑛）。《宋史·吴瑛传》记"瑛，字德仁……知郴州"。吴瑛与理学鼻祖、前郴州知州周敦颐同列嘉庆《郴州总志·名宦》，"吴瑛字德仁，蕲州人，性乐易高洁，率真旷达，为郴州太守"，做过利郴善事，王安石赠诗吴瑛"遗爱郴人想共歌"。吴瑛乃苏轼知交，当是他请苏轼题赠同姓先贤苏耽故乡，遗爱郴人。然太平天国军攻郴州、焚祠庙捣文物，"天下第十八福地"碑、匾均遭毁灭。现集书法"宋四家"之首苏轼的行书帖字，予以恢复。

北宋·三绝碑（米芾书秦观词苏轼语）

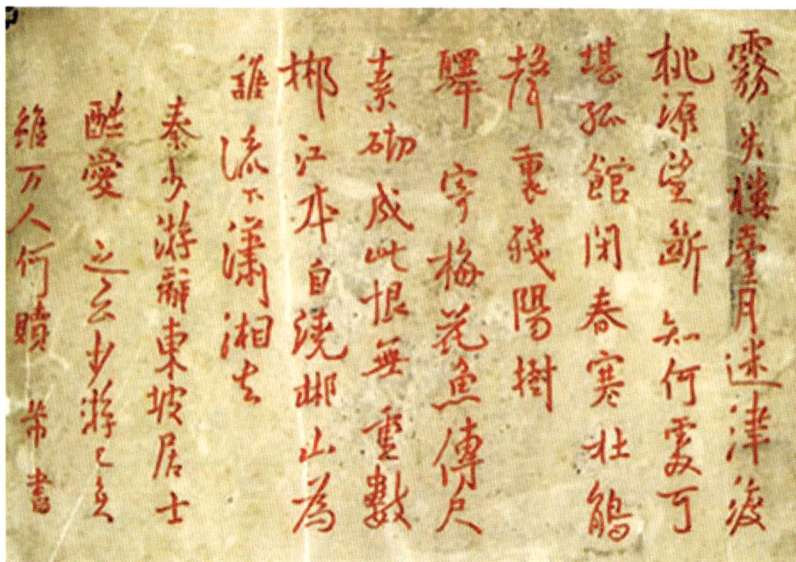

注：北宋婉约词派正宗秦观贬谪郴州后，撰《踏莎行·郴州旅舍》，"郴江本自绕郴山"，郴江即郴州母亲河，绕苏仙岭而去。秦观逝后，苏轼痛哀"少游已矣，虽万人何赎!"大书家米芾遂痛书秦词苏语。南宋郴州知州邹恭将之摹刻于苏仙岭石壁，铸成千秋"三绝碑"。

历代书法名家书录陋室铭

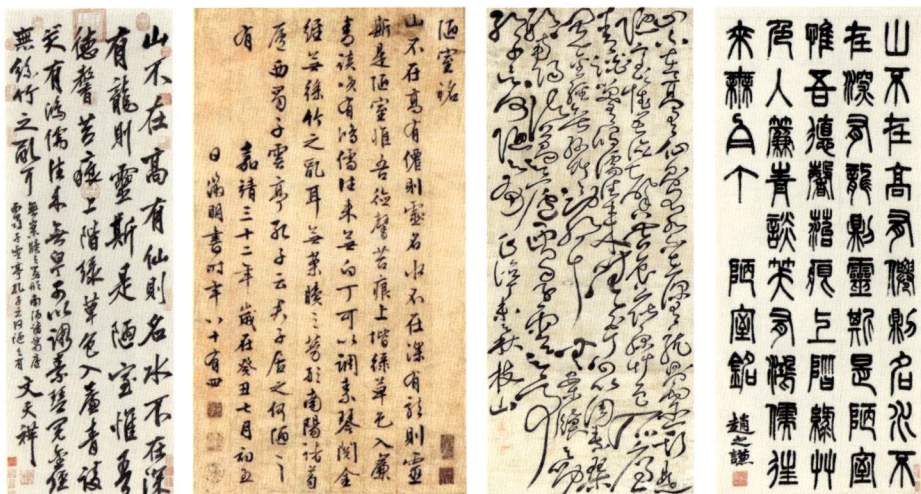

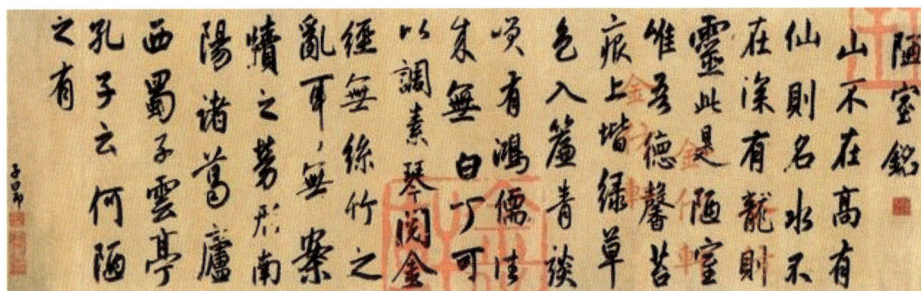

注：唐代诗豪刘禹锡任湖南观察使辖下连州刺史，过郴染疾，好友郴州刺史杨于陵安置驿站小屋治疗，陪其观山览水，讲述苏耽救民得道升仙遂有苏仙山之名、义士曹代飞降蟠龙平洪灾故北湖水有灵。刘禹锡受启发，撰《陋室铭》，云"山不在高，有仙则名；水不在深，有龙则灵"之哲理。宋末民族英雄、文学家文天祥，元代赵孟頫，明代文征明、祝枝山、董其昌，清代赵之谦，民国于右任等多位书法大家，恭录《陋室铭》。

为张来仪之命赋匡山读书处

台北故宫博物院藏倪瓒书法

注：倪瓒（1301—1374），元末明初画家、诗人、书法家，号云林子，江苏无锡人。绘画与黄公望、王蒙、吴镇合称"元四家"，书法从隶书入而有晋人风度，且擅长诗文。朱元璋召其进京供职，坚辞不就。此帧书法即其五言诗："庐山郁岩峣，上有香炉峰。影落碧天外，翠玉琢芙蓉。牵萝读书处，云灯无行踪。犹遗石岩苔，花开紫丰茸。愁心飞春雪，宝剑沈双龙。应化苏耽鹤，归栖千岁松。仙岩采芝叟，久别倘相逢。"用苏耽化鹤归，言忠贞之志。

明中期苏仙画像

国家图书馆古籍部藏

注：苏耽仙人画像，国家图书馆古籍部藏，在明正德年主持工部的侍郎崔岩（郴籍）著、嘉靖年间代吏部尚书何孟春（郴籍）修订的《九仙二佛传》又名《郴阳仙传》一书中。

苏耽鹤图书法

徐 渭

注：明代大画家徐渭"貌修伟肥白，音朗然如鹤唳"，自比病鹤。其七律《闻有赋坏翅鹤者》，存"旧日苏耽避弹归，棱棱一臂堕何依"句，书法存标题语；《画鹤赋》的"桂阳避弹"句，述苏耽化鹤归来，绘图惜佚失。

有像列仙全传·苏耽

明代画作，国家图书馆、日本收藏

注：明代文学家王世贞所编《列仙全传》，给各传主绘像；万历二十八年（1600）玩虎轩书坊主人汪云鹏辑补刻印画本《有像列仙全传》，并有绣工刺绣的一种，被日本人搜藏。流传至今，画像已不能全。其中郴州仙人传说4则，有苏耽和唐代廖法正廖师、刘僭与刘瞻兄弟、唐居士。画像仅留存2幅，苏耽因地位重要，万幸保存；另一位是刘仙三兄弟的小弟刘助。而名声最著的清廉宰相刘瞻像散佚，甚为遗憾。苏耽像中画有橘井、药橘树，造型、风格与宫廷画师丁云鹏所绘《程氏墨苑·苏耽像》一致，尤为珍贵。此书国家图书馆藏。

诗歌书法 "肯容城市讶苏耽"

董其昌

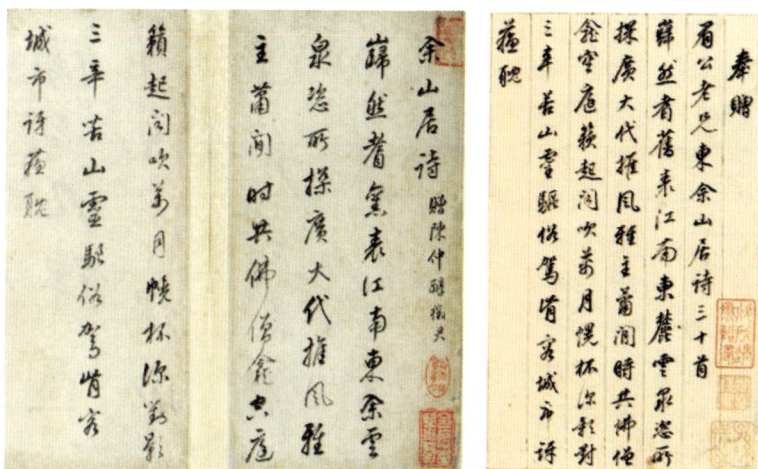

注：董其昌（1555—1636），明代大书画家、留都礼部尚书，书写《佘山居诗赠陈仲醇征君》30首，且版本两种，均神韵超逸，使人称奇。组诗第一句结束句"肯容城市讶苏耽"，以橘井主人苏耽比喻华亭（今上海闵行区）名家陈继儒。陈继儒字仲醇，号眉公，书画诗文齐名于董其昌，却像苏耽一样隐世不出，徐霞客曾三访陈继儒。

明代《程氏墨苑》苏耽像

丁云鹏

注：明代徽州制墨大师程君房请宫廷画家丁云鹏绘画、木刻名匠黄氏兄弟镌刻，编撰《程氏墨苑》一书，请董其昌、申时行和意大利传教士利玛窦等人作序。录名墨图案520式，彩色插图50幅，还有利玛窦的西洋铜版画，被誉为中国古代水平最高的墨谱图集。万历三十三年（1605）彩印本，这幅"苏耽"画像有橘无井，突出红墨印鉴。此书国家图书馆与日本收藏。

书法《画鹤赋》

祁豸佳

注：祁豸佳（1595—1670），明末书画家，号雪瓢，山阴（浙江绍兴）人，天启七年（1627）中举，吏部司务，诗书画、歌吹弹弈、戏曲俱佳。明亡拒清廷礼聘，隐居云门寺，与董玚、王雨谦、陈老莲等结"云门十子"社。云门山、寺，原为《兰亭序》失落处，王献之建寺后历代文人荟萃，成文化、书法、佛教圣地，王阳明、徐渭、张岱曾寓居创作。祁豸佳"录徐文长先生作"，横见侧出，如斜风细雨般摇落群英。

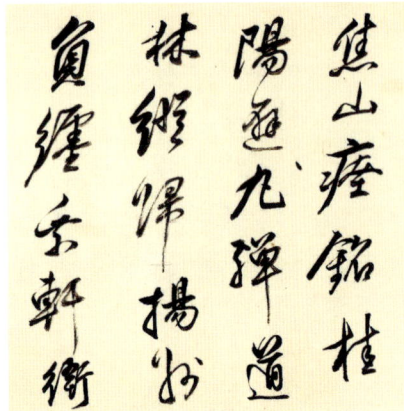

《画鹤赋》"桂阳避弹"，指桂阳郡郎中苏耽，驱瘟救民而升仙，化鹤归乡时儿童不知，弹弓击射；苏耽避弹，爪书乡愁歌谣，令人动颜。祁豸佳书写时多一字"桂阳避丸弹"，日本书法爱好者栗山石坂等收藏此墨宝。

木雕·苏仙圣像

注：郴州临武县遗存明清苏耽像，木板雕，戴道冠，坐木椅，仙鹤白鹿左右相偎；板额阳刻四字"苏仙圣像"，两侧刻对联"道著飞升无求不应，性全仁孝有感辄通"。临武乃有色金属之乡，木牌涂饰矿物颜料，别具风采。像下刻说明词，合于何孟春铭、国家级非遗临武油湾村傩戏"祭苏仙王"文：灵源圣景，正一苏峰，出世在白鹿洞天，炼丹于马岭福地；为九仙之首，二佛之先。驾鹤白日飞升，跨鹿碧云端内，空垂玉手，半现金容，叩之即灵，祷之即应。汉封孝感得道苏仙，冲素普应静惠昭德真君，普济宏化天尊。（陈建华收藏）

木雕·苏仙圣像

曹寅书《画鹤赋》

注：曹寅（1658—1712），清初名臣，《红楼梦》作者曹雪芹祖父，字子清，生于燕京。曹寅父为顺治侍卫，母为康熙保姆，曹寅16岁伴读康熙，成年为苏州织造、江宁（南京）织造、两淮盐运使，精诗词、昆曲、书法，奉旨刊刻《全唐诗》《佩文韵府》等。清太祖曾孙、辅国将军博尔都（字问亭）要他在二人之友石涛《众爵齐鸣图》上，书写徐渭的《画鹤赋》。第6行由"桂阳避弹"写起，曹寅收笔言"问亭先生命书此赋以壮观其卷轴也"。本帧藏日本编《支那南画大成》。一说"桂阳避弹"后由曹寅加7句，而前祁豸佳已书，遂为悬案。

乾隆皇帝书写"苏耽"

注：乾隆皇帝（1711—1799），清高宗爱新觉罗·弘历，清军入关之后的第四位皇帝，年号乾隆。他继承祖父康熙、父亲雍正功业，进一步完成了多民族国家的统一，开发边疆，重视农商，达成"康乾盛世"。其诗文风流，数量直追《全唐诗》。爱重文物典籍，最突出的成就即下令编纂巨帙《四库全书》。且酷爱书

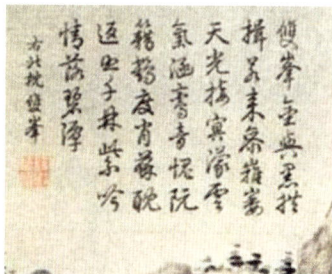

法，这一帧，系书写他本人五言诗"避暑山庄三十六景之十北枕双峰"；第6句为"鹤度肖苏耽"，御笔圆熟，笔画显露雍容之姿。

书法韩愈《送廖道士序》

钱　沣

注：钱沣（1740—1795），清代名臣、书画家，昆明人。乾隆三十六年（1771）进士，江南道监察使、吏部尚书、协理大学士。刚直不阿，揭发巨贪和珅。著《南园》诗文系列。任湖南学政主持郴州院试，特书韩愈赠苏仙岭名道廖法正之《送廖道士序》。言南岭郴州"意必有魁奇忠信材德之民生其间"，即指苏耽和蔡伦等。

全本《聊斋志异·苏仙》

广百宋斋配名家插图

注：清代《二十四卷抄本聊斋志异》，收蒲松龄小说474篇，由上海广百宋斋（画社）配插图、补遗27篇，成绘图《全本聊斋志异》，数量超过此前各种《聊斋志异》版本。全书配插图近400幅，均出自当时的名画家，并于每幅图题款处题写七绝一首，以凝练含蓄的诗句点明故事的题旨、意味，图文并茂，古色古香。卷五"苏仙"插图出人意料，不见传说的潘氏孤苦育儿场景，却是书香室中一少妇与一髫龄儿童，似苏母将苏耽身世说与他听，又似平民家庭母亲对儿讲述苏仙传说，反呈天伦之趣。画师笔墨精湛，室内榻上现画轴书本，桌面柜上置铜镜花瓶。未见画家署名，题七绝《苏仙》，吟："仙人消息近如何？桃实年年墓上多；空剩浣衣河畔石，绿苔一缕漾春波。"

何绍基书来鹤楼联

注：何绍基（1799—1873），清代书法家、经史学家、诗人，郴州近邻道州人，字子贞，号东洲，晚号蝯叟。出身书香门第，父何凌汉乃探花大臣、书法家，历工、吏、户三部尚书。何绍基

（此集其楷书字）

为阮元、程恩泽门生，道光年间进士。辞官后主持山东、长沙书院，苏州、扬州书局，主讲浙江孝廉堂。书法成就极高，曾国藩云："其字必千古无疑。"何游郴时，应请为东城门楼题书篆字额"来鹤楼"。又见元代礼部尚书、枢密副使马祖常七律《追和许浑游溪夜回韵》，"鹤来近屋童看熟，鹭下长松客对闲"句，与苏耽化鹤归来、儿童弹射的传说相似，遂用作书联，悬于来鹤楼（亦书赠友）。1936年粤汉铁路施工，来鹤楼因碍于线路走向拆除，翌年因抗战、日军机轰炸，惜匾、联佚失。

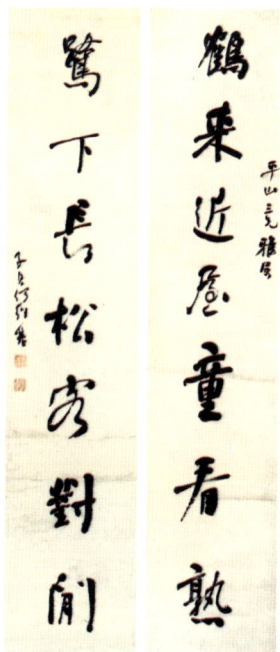
何绍基书来鹤楼联

曾国藩书联

313

曾国藩书联

注：此联巧集苏轼两句诗，书为对联。"千头橘"典故，含西汉苏耽种橘养母疗民无数之义，述三国东吴将军李衡在沅水氾洲（湖南汉寿县）种橘维持家计之事。"万岁山"典故，《水经注》《隋书·地理志》《艺文类聚》均载郴县有"万岁山""山上悉生灵寿木"，《衡湘稽古》考郴地"其国久长，故境内有千秋水、万岁山之目焉"。郴州苏耽等贤良积德久长，故万岁山出灵寿杖，汉平帝用作赐品。曾国藩祖籍衡阳，曾祖迁双峰县，曾祖兄弟迁郴州永兴县，他走访郴州曾氏亲戚，撰佳联相赠。

画坛怪杰苏仁山绘苏耽、苏母图

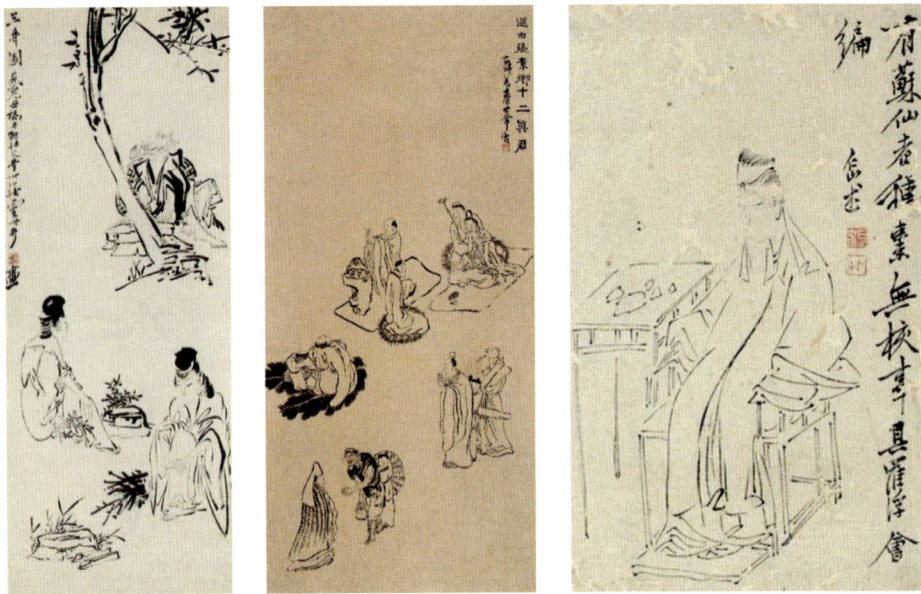

注：苏仁山（1814—1850），清晚期岭南画坛罕见怪杰，广东顺德人，字静甫、仁山，号长春，又自署岭南道人等。绘画天分极高，13岁正式入行，不受传统束缚，画风畸变，诡异冷寂，经十年成线条造型大家，区区数笔神韵显现。因桀骜不驯常态癫狂，竟被其父斥为"忤逆狂悖之子"，送进监狱致逝。他24岁离家云游，途经郴州观橘井登苏岭，缘结"苏"姓且感动于苏耽母子驱瘟救民，冥思而发，笔下连出三图。首为"三井图"，第一井即汉代桂阳郡郎中抗疫的"苏耽母橘井"，二是晋代炼丹家葛洪之妻、首个用艾灸治病

314

的"鲍姑艾井"，三乃唐代广州食云母粉疗百姓疾的"何仙姑云母井"。第二图摹仿唐代画家张素卿所绘道观"十二真人图"，苏耽年龄最小，置第五组、背斗笠。第三图绘他听闻的"苏仙种枣无核"传说（苏姓女食之，不五谷，年五十，颜如处子）。

任熊《苏仙公放牛》图

注：任熊（1823—1857），清晚期海上画派中心人物，字渭长，浙江萧山人。以人物画闻世，34岁早逝，留存作品少。木刻画谱《任渭长四种》乃晚清精品，仅存《列仙酒牌》，系行酒令纸牌，绘仙人48位，历史、传说、美术融合酒文化，十分珍罕。手稿藏香港大学美术博物馆，翻刻版片流入日本。其中第30幅《苏仙公·驱犊放牛于公何求》图，描绘汉代救民升仙的苏耽幼年放牛情景；那牛正是湘南水牛，描得毛若琉璃丝，画面冲淡隽永。

李鸿章题字书法

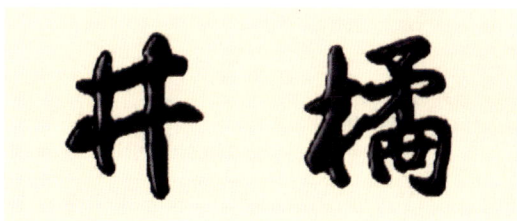

注：李鸿章任直隶总督时，给保定"万宝堂"药号题写"橘井""杏林"标牌，说明熟知中医。

杨守敬书联

注：杨守敬（1839—1915），清末民初文化名人。在史地、金石文字、目录版本、书法、泉币、藏书诸界，均有造诣。日本汉学、书道界曾掀起"崇杨风"。归国后，任两湖书院教习、礼部顾问官、清史馆纂修。代表作有《水经注疏》《历代舆地沿革图》《日本金石志》《日本访书志》《楷法溯源》等。此名联写橘井杏林济世良方，书赠知音医师南二寿秩。

扫叶山房《绘图历代神仙传》

卷六苏仙公，成仙公；卷十六薛玄真与郑余庆；卷十九刘僚与刘瞻（略）。

注：扫叶山房创于明万历年苏州，常熟席氏产业，清代以出版古籍为主的最著名民间出版机构之一，石印经史子集、大型类书、文化文学、中医药古籍，坊名取"校书如扫落叶"之意。1697 年康熙皇帝南巡，店主席鉴献新雕《全唐诗》，康熙大喜，奖赐兰花。席氏遂于 1880 年设分店于上海，继为总店成最大的民间刻书坊。宣统元年（1909）刻印《绘图历代神仙传》，其中有 4 个郴州仙人传说的绘图，西汉苏仙公、东汉成仙公、唐代薛玄真与贬谪郴州的郑余庆、刘仙三兄弟之宰相刘瞻与兄长刘僚。内容采用葛洪《神仙传》和王世贞《列仙全传》所载，此处不重复。绘图画面是苏仙洒扫庭院，空中一队白鹤来迎，母亲唏嘘于门。

何维朴书法作品

注：何维朴（1844—1922），清末民初著名书画家，郴州近邻道县人。祖父系大书法家、诗人、学政、国史馆总纂何绍基，曾祖系书法家、户部尚书何凌汉。何维朴同治六年（1867）乡试中副贡，历官江南道员、内阁中书、协办侍读、江苏候补知府。因任上海浚浦局总办，晚年寓居沪上卖文鬻画自给。书法得祖辈神韵，醇厚骏发、清远高妙。这幅作品，一说出南宋诗人郑洪七律《秀上人饮绿轩》，一说出南宋末元初诗人书画家宋无。而何维朴视"苏耽橘井""陆羽泉"（郴州八景之圆泉）为家乡事物，续选此诗句精心书写。如此历三家，更显茶酒诗书联之神工天巧。

苏耽跨鹤图

王 震

注：王震（1867—1938），同盟会干将、海派大画家、社会活动家王一亭，以资金支持孙中山、辛亥革命，上海光复后任军政府交通部长、商务总长；募集赈灾救民款上亿元；接待爱因斯坦。九一八事变，捐助抗日义勇军；日军侵华，坚拒敌伪。1933年湖南省议员、教育厅政教股长、郴州诗书家张愈昱，知其乃与苏仙传说相关的湖州人，尤擅孝道人物画，遂托上海香祖画社创办者、郴人王兰礼请其为苏耽造像。王震翌年春命笔，以五鹤喻五岭，附诗"流芳橘井诵苏仙，未肯飘然绝俗缘；闻说当年应召去，一天白鹤舞翩翩"，落款"吴兴王震敬绘"。画浪漫雄健浑厚，诗圆熟朗朗上口，加书法别构一炉，逸趣横生。张愈昱在长沙请工匠刻碑，找烧炭蒸汽汽车（粤汉铁路在建）运回郴州，竖于苏仙岭顶"飞升亭"，轰动沪、长、郴，八方游客登岭必观。在运动中毁失，改革开放幸得省文物局黄果翔原存拓片，1984年重刻恢复。

317

《防疫》诗书法横轴

章炳麟

注：章炳麟（1869—1936），清末民主革命家、思想家、教育家，浙江余杭人。反清意识浓厚，慕顾炎武而号太炎，世人称"太炎先生"。幼年偶知雍正年间"曾静案"（郴州永兴县秀才曾静反清，形成"文字狱"），与外祖父议论王船山、顾炎武对历代亡国的看法，"余之革命思想伏根于此"。成人后经"甲午战争"民族危亡之刺激，参加"维新"，流亡中国台湾、日本，入同盟会，主编《民报》，投身辛亥革命；任孙中山总统府枢密顾问。晚年曾赞助抗日救亡运动。具"医国"思想，自诩中医学家，著《章太炎医论》，熟悉苏耽橘井，专撰《防疫诗》，"济生无橘井，隐背尚藜床"，是说对瘟疫要像橘井防治那样。

"白鹤苍松" 书法联

谭延闿

注：谭延闿（1880—1930），清末郴州近邻茶陵县进士，政治家、学者、美食家、书法家。跟随孙中山反袁世凯称帝，第一任北伐军总司令，后为国民政府主席、行政院首任院长。多次经郴州往来广州，1919—1920 年任湖南督军、省长时设临时省会于郴州，与北洋军对峙湘南。督军署所在清代考棚接近城东门来鹤楼、橘井观，他常登苏仙岭、苏仙观，游橘井，在橘井观坡下练骑术；曾书写唐末诗人沈彬诗句"楼头有伴应归鹤，原上无人更牧羊"（前指苏耽，后指义帝），刻于义帝陵华表，惜毁于"文革"。此书联语，记传说：白鹤迎苏耽飞升，苏耽思母降于马岭顶峰松林，苍松枝柯伸向岭下苏母宅。

318

"橘井延年"图

唐　云

注：唐云（1910—1993），海派四大画家之一，杭州人，别号药翁。中国美术家协会理事，上海美协副主席，上海中国画院名誉院长，西泠印社理事，上海市文物保管委员会委员，上海博物馆鉴定委员。83 岁绘"橘井延年"图（室外树下）赠医师朋友。

"陈李济"联

启　功

注：启功（1912—2005），国学大师、教育家、书画家、文物学家、语言文字学家、红学家，北京人，清雍正皇帝第 9 代孙。中国书协原主席，北京师范大学教授，西泠印社社长，中国文联荣誉委员，故宫博物院、国家博物馆、中国佛协顾问，国家文物鉴定委员会主任，中央文史研究馆副馆长，全国政协常委。著作等身，名满天下。2000 年中华老字号药业"陈李济"四百年庆典，广东楹联学会会长关振东撰联"万千劫橘井清泠老号名驰寰宇，四百年杏林秀茂新花香遍南天"，礼请米寿之年的启功先生赐书墨宝，章荣医界。

万千劫橘井清泠老号名驰寰宇

百年杏林秀茂新花香遍南天

广州神农草堂中医药博物馆"橘井泉香"石刻画

第七章　东南西北橘井现

（辐射作用）

橘井有名医，名医能医人，大医能医国。

——湛若水

郴州橘井自唐代驰名天下，宋元明清影响无以复加，以至于国中不少州县民众也将清洌洁净可熬药剂的泉井呼为橘井，希冀本地水井能产生苏耽橘井一样的防疫养生功效。笔者研究、查寻，全国有13省区包括南宋京城临安府，出现"橘井"传说流布后发酵催生的多口橘井，包括湖湘在内的8省市的州县古八景含有橘井一景，此为杏林等医卫载体所不及。辐射角度广，声名影响大。外国名流认为，西方人记中国的事物，医药方面记橘井、杏林就行了；橘井文化已然国际化，诠释了越是民族的就越是世界的道理。

第一节　中华大地涌橘井

闻道久种阴功，杏林橘井，此辈都休说。

——秦　观

郴州橘井文化长期辐射影响国中，东西南北的浙、苏、闽、赣、川、黔、桂、湘、粤、琼、鄂、冀、豫等13省区，有诸多橘井、橘泉、苏井、苏仙井之名。

一、东西南北凿橘井

1. 南宋都城临安府（杭州）景灵宫后的四井堂"又有橘井"。
2. 浙江台州玉环县大头山道院吕祖殿前，有一眼古井称"橘井仙泉"。
3. 江苏镇江名医张云鹏故居水井取名橘井，竖"橘井流香"石碑。
4. 福建福州药王庙（三皇庙）"前有井曰：橘井"。

5. 江西九江都昌县苏山元辰山顶东南端岩下罅泉，旧刻"橘井"二字。

6. 成都明朝两代蜀王王府中有"橘井"。

7. 四川保宁府南部县（今属南充）大佛岩有"佛岩橘井"。

8. 贵州遵义郡署有"橘井"。

9. 广西贵港有"橘井名区"。

10. 湖广衡州府清泉县（今衡南县）有"苏仙井"（清末圈入衡阳城内）。

11. 湘南耒阳县（原属郴州今属衡阳）鹿岐峰山半腰有"苏仙井"。

12. 湘北岳阳洞庭湖君山有"柳毅井（橘井）"。

13. 广州黄大仙祠有"药仙井"，石刻对联写"橘井"。

14. 广东云浮县（今云浮市）泷东（今罗定市）有"橘井"。

15. 海南三亚南山"上有万仞泉出石穴，清冷可掬。下有'橘井'，可疗病"。

16. 湖北荆州市江陵县"苏井"（传"昔有苏耽君……凿井苏君陂"）。

17. 湖北宜昌兴山县橘林中有"苏井"。

18. 热河（今河北北部）有"橘井"（《热河志》"宅留橘井而浮香"）。

19. 河南信阳商城县有"橘井"。

广西贵港、河南商城"橘井"辨识

三国时吴王孙权任命博学清廉的吴郡（今苏州）人陆绩为郁林郡（广西大部区域）太守，带去内陆文化，在布山县（后郁林县、贵县，今贵港市）凿井，以卫生饮水减少疾疫。陆绩6岁见大将军袁术即以"怀橘遗母"闻名，应有西汉苏耽凿井种橘孝敬母亲的影响。因三国时桂阳郡为吴国所辖，吴国左中郎张胜撰写了《桂阳先贤传》《桂阳列仙传》，有苏耽"穿井""橘叶"养母救人故事。所以吴国"怀橘遗母"的陆绩凿井郁林后，当地先称其井为"陆公井"；至五代刺史刘博古在井旁植橘一棵纪念陆绩，于是人们称之为"橘井"。至清末，贵县知县蒋航将此老城区题为"橘井名区"。

2000年后，河南商城县苏仙石乡冒出该乡"龙井"系"橘井"一说，事起今《河南省商城县地名志》（河南人民出版社1983年版）的"苏仙石的传说"。书中说西汉末有姓苏名耽者，从桂阳迁居商城子安镇大苏山，栽桔（"桔"本为汲水之桔槔）凿井，告母：两年后此地将再次发生瘟疫，让乡亲用井水煮桔叶喝，即可治愈。来年果然瘟疫盛行，乡民染病。苏母将桂叶分发乡亲井水煎煮，喝后皆愈。人们为纪念苏耽之德，将苏耽升天所踏大石，取名"苏仙石"，子安遂易今名。商城这个传说虽与原生的郴州桂阳郡"苏仙传说"挂上了钩，但"西汉末"与原传说"西汉初"，"橘（药橘）"与

"桔"，"桔叶"与"桂叶"，"两年"与"来年"矛盾。商城原是唐代殷城县，宋改商城县后成镇，明成化十一年（1475）从固始县析出复置县。明嘉靖年编修《商城县志》，才记述："汉苏耽，字子训，商城人，……尝种橘、凿井，一日告母曰：后二年州大疫，食橘叶，饮井泉，当自愈。有鹤数十至其门，遂乘鹤而去。去后二年，州果罢疫，母如其言，竟免。"清代《河南通志》也采纳这一说："汉苏耽，字子训，商城人。"将苏子训与苏耽混为一谈，就此窜乱，因《神仙传》早有记载"蓟达，字子训，齐国临淄人"，并非豫人或郴人。因此清代《商城县志》采取谨慎说法："苏仙石，县东南五十里在大苏山之巅，谓苏耽飞升之处，石上足迹犹存。"又写，"按耽乃桂阳郴人，《列仙传》载其种橘凿井……云云。皆系郴州事，与此地无与。固始士响藏云：固始苏仙寺与商之九公津接壤，淮南王及八公丹鼍遗迹尚在，八公中有苏飞名苏仙，疑是苏飞斯言近之。"就是实话实说，固

当代商城县仿古刻"苏仙石"名，把繁体"蘇"字错成简体

323

始县文士指出，固始县苏仙寺祭祀淮南王刘安八宾客之一的方士苏飞，由于苏仙寺与商城县接壤，商城县便有人将苏耽代苏飞，争说苏仙石不是苏飞所站而是鼎鼎大名的苏耽升仙所踏。如是，现代急功近利者，将"龙井"写成"橘井"，四处投稿，自言发明"南北橘井之定论"。故，此说存疑。

"苏仙传说"在河南的流传，曾于襄城一带（今许昌），唐代郴州刺史孙会奉唐玄宗令对苏耽旧迹"严饰祠宅"，并撰《苏仙碑铭》，文中写有"襄城之野，仙公牧马"，即说苏耽在南岭郴州牧牛，后外出云游，传回他曾牧马襄城（今许昌）郊外。宋代以降，河南光州固始县、光山县流传苏轼传说，与苏飞传说重叠，明清又与苏耽传说窜乱，混为一谈。

二、八景十景吟橘井

橘井列为郴州古八景之一，母本橘井有景诗。各地随之命名的八景十景之橘井、苏仙井或其他井泉，也同样产生相关内容的景诗景词。计有湖南、四川、重庆、江西、湖北、贵州、广东、广西8省市12处。

郴州八景之橘井灵源

袁钧哲

橘树团团覆井栏，井栏原日近仙坛。枝头结实黄金嫩，水底涵天白壁寒。片叶济人同妙药，一杯愈疾胜灵丹。自从仙子传流后，四海苍生总赖安。

注：袁钧哲，明初音乐家、诗人，江西南昌人。进士，编著《太音大全集》，辑录60多首琴曲，中含20多首道家琴曲。宣德年间任临武县令；正统年间任郴州知州，极具才干，勤走各县，百废俱兴，剖讼明诀，纂修州志，升琼州知府，祀郴州名宦祠。在郴期间，撰郴州八景诗，均七律，涉及苏耽的2首，此为八景诗第5首。

耒阳八景之鹿歧晚障

注：相传中原逐鹿至此，遇歧路，苏仙引鹿入峰，相伴修道成仙，故得名鹿歧峰。顶有仙亭，传为苏耽栖息处。四望山形如掌，掌中有刹，侧有井，传为苏仙点出，故名苏仙井，井水冽而香。后传诸葛亮至此，投药井中解士卒急病，又名八卦井。但苏仙井诗词散失。

浏阳八景之浪淘沙·药桥泉石

周忠信

涧曲水云连，恍惚桃源，杏林橘井宛如前，九转丹成龙虎伏，香泽犹传。羽化已千年，销尽护烟，蓬莱何处问神仙？惟有溪桥泉石在，灵气悠然。

注：相传唐代药王孙思邈，不愿为官，云游天下，抵湖湘浏阳，为此地山水动心，隐居于一小山，山遂名孙隐山。山临浏阳河，山麓有桥、井、溪洞、炼丹台等。药王采了草药，便在这些地方洗净加工，后世就把桥称洗药桥，井称洗药井，并联系汉代的橘井、三国的杏林。明清洗药井列为浏阳八景，本土诗人周忠信撰词，吟"杏林橘井宛如前"。

成都锦城十景

朱让栩

古柏森森碧叶齐，春城日暮草堂西。岷山雪霁排银壁，浣水烟笼锁翠堤。橘井香浮金盏注，墨池色润彩毫题。济川舟送钟鸣远，官柳桥边匹马嘶。

注：朱让栩，明代蜀王。成都十景，杜甫草堂、诸葛祠等九景都在公众场所，唯"橘井"在蜀王宫内，崇祯十七年八月张献忠攻占成都，末代蜀王朱至澍携后妃自投于橘井，明藩蜀国遂成绝唱。

四川南部县八景之佛岩橘井

杨继生

路转峰回妙相开，灵根斫破下云台。崖高斧凿犹留迹，地近烟霞不染埃。顶上圆光争日月，天边法鼓吼风雷。为怜苦海饶身济，橘井清泉一窍来。

注：四川保宁府南部县大佛岩旁有橘井，谓之"橘井清泉一窍来"。

渝州南川县河图八景·神水永年

唐启蔚

橘井泉香事固奇，河图有水竟如斯。爻占九五符中正，世界三千化险巇。

短命都增仁者寿，沉疴反胜古名医。余波所及原深远，转恨不能治我痴。

注：渝州（重庆）南川县河图乡也评了八景，第二景神水井即联系橘井写诗。

江西都昌八景之四·苏仙剑池

邵遵首

磨剑仙翁去不回，犹传遗迹水西隈。春风丹灶苔空合，夜雨石坛花自开。
寒碧远涵汇泽润，龙光横射翻经台。胜游谁有飘然兴，布袜芒鞋约日来。

注：清代江西《都昌县志》记述："苏山，原名'元辰山'，西晋太康年间，柳（郴）州人苏耽遇异人授仙术，在山上止息炼丹，成仙道，宋元符中，赐丹号中（冲）素真人，'原辰山'遂改名'苏山'，在道界排第五十一福地，山上有丹灶、石杵臼、橘井、马蹄洞等名胜。"传说流变，又说苏仙在山中橘井磨剑，故改名"苏仙剑池"。

江西瑞昌八景之一·吕井联珠

吕井联珠绽，霞光串宝成。清甜煎雾绿，可口恰仙茗。
橘井遥思羡，探身化虹甄。霜寒溢水冷，暖慰老龙心。

注：清代九江瑞昌县八景之吕井，也有"橘井"之喻，故"橘井遥思羡"。

湖北兴山县八景之橘林驯鹿

刘耀堂

浓阴绿橘匝平畴，静听鹿声入耳呦。岂挂铜牌经汉苑，抑衔芝草出神楼。
寝讹有吕观同伏，元白分形识异修。更喜泉香苏井在，为询留客雨来不。

注：湖北兴山县八景有"橘林驯鹿"，橘林中的"泉香苏井"指兴山也有苏耽橘井。

贵州遵义郡署八景之橘井饮泉

郑 珍

古甃临高橘，清于晓露酣。祝之歌洞酌，流出当分甘。

注：贵州遵义府郡署八景有"橘井饮泉"，"西南巨儒"贵州举人郑珍撰诗，他曾随湖南学政、工部侍郎程恩泽到郴州，撰诗《五盖山砚石歌》《游北湖，怀昌黎公》，又游苏仙岭、橘井等。

广东云浮县泷东八景之二·绀岭层岚

庄大中

钦岑高与上清齐，云气浮浮盖岭低。金橘露垂寻古井，碧桃霞泛近灵溪。
岩边坐隐逢春早，林外归樵向晚迷。仙合丹砂如可觅，此来吾亦卜幽栖。

注：此诗原注："古井，此指橘井，故址在湖南郴州苏仙岭下……史载：东晋道士葛洪在广东罗浮山修道，炼'九转金丹'，谓服之可长生不老。"

广西贵港八景之五·橘井廉石

东湖荷燕，西凌落鹜，南山圣树，北岳仙池，
橘井廉石，龙岩珠影，酒瓶夜笛，三姐歌台。

注：广西玉林贵港市鉴于古八景多已消失，1989年依据历史底蕴评出新八景。

第二节　海外西方知橘井

苏仙恍惚无定所，何公流传岂其祖？

——李东阳

随着汉唐文化、汉医中医的影响扩展，唇齿相依的高丽国，一衣带水的日本国，交趾国及高棉王国，因地缘历史、处于汉文化圈、郑和下西洋等关系，知晓中华苏耽橘井，甚至出现与苏耽橘井相关的名物；远在欧洲的意大

利，著名传教士利玛窦的著作也写到橘井；北美基督教长老会甚至来华在橘井旁办起医院；英、法、俄、德、奥、日、韩等国家图书馆收藏的中国古代名著，自然也少不了苏仙传说与橘井。

高丽·完者炎题名"升仙石"

注：元代许多高丽人侨居中土，有的在中国科考做官。泰定年间高丽进士完者炎任郴州路总管，熟知苏仙传说，题名"升仙石"，刻于苏仙岭，落款为"郡守高丽完者炎"。

高丽·李齐贤撰"鹤仙"词

绝壁开嵌窦，长川挂半天。跳珠喷玉几千年，爽气白如烟。岂学燃犀客，谁期驻鹤仙。淋衣暑汗似流泉，到此欲装绵。

注：李齐贤（1288—1367），元代高丽王朝京城松都（今朝鲜开城）人，韩鲜半岛著名诗人、汉学家、民歌整理者、翻译家，历官高丽艺文春秋馆、西海道按兼使、进贤馆提学、政堂文学、右政丞。两次出使元王朝，居住元大都26年，游历中国名山大川，曾专到湖南湘南。其《巫山一段云》系列咏景词，有"潇湘八景"，也有高丽"松都八景"，为古高丽人写景词代表作。"朴渊瀑布"中的"鹤仙"，即苏耽化鹤传说的得道仙人身影，葛洪《神仙传·苏仙公》写苏耽化鹤后，李白作五言诗《客有鹤上仙》，柳宗元写郴州"唤鹤绕仙岑"，苏轼《送李孝博奉使岭表》吟"府有骑鹤仙"，张舜民谪郴州撰《元夕端居感事四绝句》咏"白鹤仙人"，郴州近邻衡州录事参军舒邦佐的《水调歌头》又有"句引到湘川""唤个鹤仙起舞"。作为高丽诗人，李齐贤深受中国文学及地理影响，如朝鲜半岛就有"湖南、岭南地区"，故他将"鹤仙"引入歌咏松都的词。

日本·特芳禅师机语

中文译文：

俊哉天下大医王，传得仙家不老方。九折臂端力多少，掀翻奈落与天堂。夫惟某名累朝美仕济世贤良，未暇宁居盘桓公侯之际，犹夸老健优游翰墨之场。橘井一勺，甘泉延无疆寿；杏林五株，春色联不尽芳。加之求别称于洋屿，禀衣盂于汾阳；倒跨济北瞎驴儿迅机浚发，靠倒维摩狮子座意气难当。到这里无明烦恼色色仍旧，真如解脱尘尘和光。万象森罗是个药局，山河大地靡非丹房，更有化育儿孙底活手段。山僧格外举扬去，海国乾坤阔，蓬莱日月长。

文明十一年己亥六月十八日住持禅杰

注：特芳禅师（1418—1506），名禅杰，号特芳，日本佛教临济宗灵云派开山祖，尾州热田县人。禅杰少年学佛，才华日张，成年授徒，禅客争相投其门下。地方高官、世袭贵族都聘请他传经，支持他建西源禅院。特芳禅师永正三年（1506）坐化，寿高88岁，著作有《西源录》。承应二年（1653），天皇赐他谥号"大寂常照禅师"。2004年中国佛教代表团访日，出席纪念灵云院开山祖大寂常照禅师圆寂500周年暨祈祷世界和平法会。特芳禅师心仪中华文明，熟知中国古典文学、医学精华，其著作中有文明十一年（1479，我国明代成化十五年）对门生的机悟之语，"橘井一勺，甘泉延无疆寿"，端的是四六佳句、精美散文。

意大利·利玛窦《西国记法》

记医，以橘井、以杏林。

注：利玛窦（1552—1610），中西文化交流使者，意大利著名传教士、学者玛提欧·利奇，利玛窦是其中文名字。明万历十年（1582）他被天主教耶稣会派来中国，在澳门、肇庆、南昌等地传教，明《利子碑记》说他"航海九万里，观光中国"。1589年到韶关建教堂，1595往南京、北京。韶关毗邻郴州，6年间，他越过南岭造访郴州，在告诉西方人记中国事物的《西国记法》一书，简明指出"记医，以橘井、以杏林""记农，以耟、以耒""记春以白""记谷种以嘉禾"，跟郴州之橘井、耒山耒水、春山春水、嘉禾县等事

329

物，都有紧密关联；对传播中华文化贡献甚大。全书藏于法国巴黎国家图书馆，上海、台湾有印片。

日本东京橘井堂医院

注：日本国重视医药卫生，也深受中华汉医文化影响，有社会、民间医院诊所、书刊等以"橘井"命名，如古代东京有"橘井堂医院"，现今有"橘井药业公司"等。

越南庯宪市温氏祖厝楹联

半月烟波，泛宅陶公宜小隐；宪南风物，寿人橘井久传家。

注：越南古称交趾，汉王朝设交趾郡，唐王朝设安南都护府，故历史上大陆不少民众迁居那里谋生。晋代道教理论、医学家葛洪曾到交趾一带传道，其《神仙传》中的"苏耽橘井"在中南半岛有所影响。后有潮州温姓移民安南庯宪（今兴安

越南宪南坊

市），行医售药，其供奉祖先的宪南坊祠堂门联下联"宪南风物，寿人橘井久传家"，渗透了中华传统医学文脉。

柬埔寨王国橘井省

注：高棉王国即柬埔寨，与中国交往密切。明代前期外交家、航海家、三保太监郑和下西洋，带医官医士、稳婆（接生婆）和药材医书，形成庞大的外输型中医药体系，医师以南方人居多，具备医、防瘟病经验，自然也将"橘井"文化传播到海外。《郑和下西洋资料汇编》，数处提到郑和经过东南亚国家时掘井。东南亚水资源丰富，饮水方便，但水源保护使用不当也易生病，因此郑和及医官向当地人传授凿井技术以利卫生饮水。柬埔寨除了建有纪念郑和的"三保公庙"，还命名了"橘井"省、市，就是受中国古人凿井种橘的影响。

美国基督教长老会在橘井旁办"惠爱"医院

注：清末，美国北美基督教长老会进入郴州，了解到这里是汉代苏耽母子抗疫救民、中医"橘井泉香"典故发生处，遂于光绪三十三年（1907）选择橘井观与苏仙桥之间，用北美基督教徒的捐款创办郴州第一所西医院（贫、残病人无偿救治）。名为郴县惠爱医院，取自两方面，一是宋代帝王敕赐苏耽的医仙封号中"静惠"，即安心静气、全神贯注地施爱惠民；二是基督教学说的"爱"字，乃其主要道德原则，输出的是普惠之爱；二者合而为"惠爱"，体现出中美文化交流的特点。不止郴州，北美基督教长老会在中国各地也都开办惠爱医院。图为1942年，惠爱医院护士长萧良媛、医师徐培华结婚时，文美莉（美）等中美同事在宿舍前祝贺照片，右后方远处为惠爱

医院综合楼。承续橘井泉香，沐浴百年风雨，惠爱医院发展成郴州第一人民医院集团，综合实力在湖南地级市医院中首屈一指；2017年举办建院110周年纪念活动，出版《橘泉沁香》一书。

"橘井"文化现代对外的影响及其传播

在现代，"橘井"文化持续发挥作用。1999年6月17日《人民日报》报道：日本学者今井先生的青春妙龄的女儿患了红斑狼疮，父亲为她愁白了头发，母亲为她流干了眼泪，朋友为她请遍了名医，却仍不见好转。后来经日本汉方医生介绍，今井先生带女儿辗转到中国寻求中医治疗。慕名至石家庄同济研究所，用中药制剂"狼疮饮"调治了3个月，症状消失，检查结果完全正常，今井先生非常高兴，写下"杏林添新叶，橘井又一枝"的条幅，送给该所以资纪念。

多家中医药大学在与各国医院、医药学院展开合作时，也适时地宣扬"橘井杏林"文化。如2016年6月6日《中国中医药报》报道：美国乔治亚法院大学16位学生到北京中医药大学东直门医院国际部参观学习，就用了"中华医药热潮涌 橘井流香济民众"的措辞。2019年4月江苏省中医院举办"橘泉健康讲堂"，邀请国际远程医疗与教学合作机构——泰国报德善堂华侨中医院、加拿大多伦多华助中心、澳大利亚澳洲星集团、洛杉矶中医药大学等相关学科的专家共同参与探讨。2019年8月中国侨联举办的"中国寻根之旅"夏令营，瑞典中文学校、北美青少年联合会、美国北卡湖南同乡会的华裔青少年，接受了"杏林意浓永茴香，橘井泉香自当归"的对联。

第三节 医方药丸藏橘井

> 苏耽橘井桐君篆，从古良医尽逸民。
>
> ——张 昱

历史上一些医方药方、医书医刊、药丸及医师字号，取"橘井""橘泉""橘香"构名，如早在南朝的"橘香散"方、北宋太宗皇帝诏修的《圣惠方》"橘香散"，如《橘井流芳》《橘杏春秋》，如药丸"橘井流芳丹"。再如名医，元代关中刘橘泉，明代浙江四明祝橘泉、江西南昌余橘泉，清末民国王橘泉，以及江苏常熟吴橘泉等，均以此为崇为敬为荣。

"橘香散"方

王衮

注：南朝刘宋名医王衮，曾任大理寺少卿，因父遭庸医所误，母亦多病，遂研医学，广搜验方。《永乐大典》存其《博济方》残卷，列"橘香散"一方，以陈皮、白术等组成，调顺三焦、平和胃气、顺气，"如觉伤寒，（加）入荆芥煎服"。

《太平圣惠方》"橘香散"

宋太宗皇帝藏方，翰林医官院集方编书

医学在宋代帝王重视下，地位大幅提高。北宋，太宗赵光义搜藏要方千余，又命翰林医官院征集各种家传验方万余份，遂于太平兴国三年（978）诏令官修医方巨著，指派医官使王怀隐，副使王祐、郑奇，医官陈昭遇，以年号为名编成《太平圣惠方》，淳化三年（992）颁行天下。太宗亲撰序言："昔炎帝神农氏……尝味百草，区别药性，救夭伤之命，延老病之生，黔首日用而不知，圣人之至德也。夫医道之难，昔贤犹病。设使诵而未能解，解而未能别，别而未能明，明而未能尽，穷此之道者，其精勤明智之士欤！朕尊居亿兆之上，常以百姓为心……所以亲阅方书，俾令撰集，冀溥天之下，各保遐年，同我生民，跻于寿域。今编勒成一百卷，命曰《太平圣惠方》，仍令雕刻印版，遍施华夷。"宋代帝王专提"神农尝百草"，可谓传承有序；书中所列"橘香散"方，具散寒除湿、通络止痛等功效，承续汉唐橘井文学、香泉良药大名。

注：正因宋太宗赵光义诏修的《太平圣惠方》"橘香散"在前，其子赵恒继位后，才接力式撰写出"橘井甘泉透胆香"的名句，而真宗之子仁宗又诏令督造针灸铜人。明成祖朱棣认为宋代帝王都颇重医学，笑言："宋太祖以下虽是胡羊鼻，其气象清癯，若太医然。"

橘井真源医方

叶伯清

注：明嘉靖年间浙江台州天台县名医叶复旦，字伯清，号橘泉，专于疑

难杂症。某巡道官吐血疾大作，求他治愈，赠匾"橘井真源"，意得苏仙真传。著《橘井真源医方》8卷。

橘井元珠

王章祖

注：明代医师王章祖著有《橘井元珠》一书。

张氏外科十三方

张云航

注：张云航，乾隆时期名医，曾执掌太医院，国中盛传的《张氏外科十三方》即中医13种方药制作、用法、主治病症，系他首辑。据说他至江西，在道教圣地龙虎山遇吕道士，获赠一秘不外传之书，整理出此医籍。其考证这些奇方异药，是民间长期对付疑难杂症的智慧产物，一直传至明代。他叮嘱子孙以此"救济群生"，针对老少谨慎用药。在上编专写《总论歌》，咏："且看杏林多秀色，须知橘井有泉香。"

灵药秘方

师城子

橘井流芳丹

此丹专去瘀肉。水银、火硝、明矾、皂矾各二两，盐一两，右共为末，结胎，入银罐内，覆瓦钵中，绵纸固济，外用细干黄土打碎，盖寸许，露银罐，底加炭，烧三炷香，取起听用。有烂肉之功。

注：乾隆己亥年（1779），安徽歙县人方成培游扬州，在街市上偶然看到一本《灵药秘方》。爱好医药的他发现是一个清初方士师城子康熙初年撰成的，其自序：医、道同源，言之不谬。其幼习群书，长好仙道，云游四海，逮遇明师；遂放弃原先所学，专事中药金丹。师城子的奇方秘论世所未闻，其用隐语记录秘方，如一两写"奇（jī）两"，三钱写"仁浅"。方成培遂购下，分析破译，公之于世。这本《灵药秘方》卷下，有记秘方"橘井流芳丹"。

橘泉仙馆医案杂著、橘泉仙馆验方录存

苏立民

注：苏立民（1890—1969），清末秀才，广西合浦县人，民国元年（1912）毕业于两广陆军军医学堂。任广东独立旅少校军医处长，三年后返乡，潜心中医，承邑中名医陈冠峰、王孟材、潘梅斋等扶掖，医术大进。执业合浦、北海，善治伤寒、温病和危症，慕苏耽以"橘泉仙"命名医馆。著有《橘泉仙馆医案杂著》《橘泉仙馆验方录存》《医案医话集》等。

叶橘泉实用经效民间单方

叶橘泉

注：叶橘泉（1896—1989），中医药学家、医药教育家，浙江吴兴人。中科院院士。民国参与创办苏州国医研究院，其《近世内科国药处方集》出版传到日本等国，大受欢迎。共和国成立后参与筹建江苏中医院，先后任省卫生厅副厅长、中医研究所所长、中国医学科学院江苏分院副院长。后被批为"反动学术权威"，住牛棚干杂活，仍坚持写书、为药厂研制药。复出任南京药学院副院长、中国药科大学教授、农工民主党中央副主席、全国政协常委。著作、翻译著作颇多。青年以橘井励志，改名"橘泉"，国内外享有声望。

橘井一勺

胡翘武

注：胡翘武（1915—2002），安徽名老中医，于四时常见感症有方，集于《橘井一勺》。

《橘杏春秋》医刊

注：主编焦树德（1922—2008），中日友好医院专家室副主任、中国中医药学会顾问、《中国中医药学报》编委、《中医杂志》编委。被聘为日本中医学研究会名誉会长和美国中医药研究院、新加坡中医学院毕业医师协会学术顾问。

橘井流芳

注：蒋建《橘井流芳·上海曙光医院经典医案赏析》，上海科学技术出版社 1990 年版。

橘井流香·中药的发展与创新

注：中医药科普专家、农工民主党中委常敏毅，中国医药科技出版社 2007 年出版。

第四节　匾牌碑刻亦橘井

苏仙孝感动乡闾，橘井千年事若符。

——王都中

苏仙传说形成一大橘井文化，流布过程中繁殖嫁接出形形色色的社会景物，构成一大衍生文化，如店匾、铺牌、井碑、石碑、题字、石刻画等，不一而足，令人目不暇接。

"橘井"匾碑布国中
北京同和堂药店门额"泉香橘井"碑

注：北京三里河大街同和堂药店，门墙上嵌砌石碑"泉香橘井""春满杏林"。

陕西耀州药王山碑刻

《重修五台山太玄洞—天门记》："……立民物之命橘井之泉永馨，固所称功高百代，惠施万古……"

注：国家级重点文物陕西省铜川市耀县药王山石刻群，其中清初《重修五台山太玄洞—天门记》，有"立民物之命橘井之泉永馨，固所称功高百代，惠施万古"的话语。

河南洛阳匾额博物馆藏 "橘井泉香" 匾

注：河南洛阳匾额博物馆藏 "橘井泉香" 木匾，上款为 "恭颂大国手乡选曹先生医学"，下款为 "同治七年嘉平月中浣谷旦、乡眷仝立"。征集于河南孟津县。

浙江舟山定海县张士杰百忍堂 "橘井流芳" 匾

注：乾隆三十七年（1772），浙江定海知县庄纶渭母亲身患沉疴，家人遍访医生，闻百忍堂张士杰医师术精德高，急求。张公用心诊治，其母遂得痊愈，庄知县感激涕零题写 "橘井流芳" 匾以赠。嘉庆年杭州学者黄士珣有诗赞曰："峨峨一匾悬堂上，橘井流芳誉望崇。"

李鸿章题河北保定药号 "万宝堂" "橘井" 名牌

注：河北保定 "万宝堂" 药号创于光绪二年（1876），清王朝重臣李鸿章1885年在直隶总督任上大病，服万宝堂药剂痊愈，遂挥毫题匾 "万宝堂" 和 "橘井" "杏林" 名牌。

江苏扬州兴化市上池斋中药店"橘井流芳"匾

注：国家级文物保护单位江苏扬州兴化市上池斋中药店，清康熙六十年立号，是兴化第一家前店后厂的大药店。道光年间"兴化四子"之一的书法家宗德超为"上池斋"撰写了嵌字楹联"上苑风和芝草秀，池塘日暖杏花香"，店堂内有"橘井流芳""杏苑长春""采芝寿世""水饮上池"等竖匾。

中华打假第一碑始于橘井老字号

镇江老一正斋创于康熙初，早同仁堂 8 年。这家中华老字号的"一正膏"，由康熙年湘潭进士、江苏布政使、河道总督陈鹏年带到河南、山东治黄工地，疗效神奇，遂联想家乡湖南郴州橘井，为老一正斋题匾"橘井流香"。惜 20

世纪六七十年代抄砸，不过同治年间石碑因体量大得以避过灾难。

注：同治八年镇江府丹徒县知县立《奉宪勒石永禁》碑，指出康熙初年唐守义创建药店一正斋，"蒙河宪陈（鹏年）赐题'橘井流香'匾额"，二百年来并无分铺。但"因有利，徒假冒，诳客误病"，故唐氏几代不懈努力，争取各级官署批准立碑禁止假冒。中华打假第一碑，乃由"橘井"老字号开始。

安徽黄山屯溪同德仁药店"橘井流香"匾

注：安徽黄山市屯溪老街同德仁药店，150多年中华老字号，挂"橘井流香"牌匾。

浙江台州黄岩县沈宝山药店门联

注：浙江台州黄岩县沈宝山药店门联："杏林春暖铺里多妙药，橘井泉香壶中有神丹。""沈宝山"药店创始于光绪六年（1880），现为中华老字号。

江苏镇江名医张云鹏故居橘井

注：江苏镇江名医张云鹏故居水井取名橘井，竖"橘井流香"碑刻。张云鹏系清顺治——雍正朝三朝元老、文华殿大学士兼吏部尚书、《佩文韵府》《康熙字典》总阅官、张玉书第七代孙，1900年生人。三代行医，造福地方，德厚流光。其故居为省级文物保护单位，被联合国教科文组织评为2000年亚太地区"文化遗产保护杰出项目奖"，是中国大陆第一次获此殊荣的古民居，水井与"橘井流香"碑在前庭月门旁。

杭州广兴堂国医馆"橘井流芳"匾

注：杭州市中医院在清代名宅"梁宅"成立广兴堂国医馆，副院长、浙江省名中医詹强集齐了各地具有中医药元素的牌匾，共有清代民国的260余块，其中有"橘井流芳"匾。

广东徐闻县"橘井流香"匾

注：清代广东湛江徐闻县龙屯村吴仁达，武庠生，性倜傥，好义举，每遇公益，捐资首倡。虽娴武略，能攻书，潜心岐黄

术，尝设医馆济人，四方活者不计数。邑令尹进士大璋高其义，赠以"橘井流香"匾。已毁。

温州利济医学堂"橘井流香"匾

注：浙江温州利济医学堂创办于清光绪十一年（1885，瑞安县），创办人陈虬、陈葆善、陈黻宸、何迪启，中国第一所新式的中医学校，采用欧美办学制度和方法传授中医理论和临床实践，历时17年，培养了300多名中医人才。（世界温州人联谊总会资料）

上海广源堂藏清宣统年匾

注：上海广源堂陈岷医师收藏清宣统元年一块匾牌，镌"功同良相"一语，上下边框中间刊刻圆体字，记医林两大典故：上"杏林春满"，下"橘井泉香"。

民间收藏的"橘井"牌匾

注：民间收藏的"橘井"木刻、对联牌，左1"橘井泉香"，2"橘井活人多"，3楹联"秋风橘井落甘露，春雨杏林别有天"，4"龙蟠橘井"。楹联出清末生中医学家岳美中（1900—1982），河北滦南县人，幼时家贫，勤学苦钻成一代大医，中华人民共和国成立后9次受周恩来总理指派执行特别医疗任务，印度尼西亚总统苏加诺的肾病即他治愈。

撰多本医著，晚年当选全国人大常委会委员、全国政协医药卫生组副组长、国家科委中医专业组员、卫生部科委委员、中华医学会副会长等。楹联系1928年撰《道情歌》其一第六、七句，民国北京药店刻。

山东平度市中医院"橘井泉香"石刻

第五节　医药企业号橘井

丹井愈沉疴，橘叶通仙灵。

——释显万

中华医药老字号不少被誉为"橘井老字号"，或以"橘井""橘香""橘杏""橘泉堂""橘源堂"自励。现代随着改革开放的良好人文环境，还出现超出医药界的文化企业、传媒公司择号橘井，包括以"橘井"为名的新型养生产品等。

1. 陈李济药业，誉称"四百年橘井老字号"。

明万历二十七年（1599）广州一中草药店主李升佐捡拾银两，苦候归还失主；失主陈体全感激，遂投资其药店，以二人之姓取字号"陈李济"，寓意"和衷济世"。清光绪年帝师翁同龢，题写"陈李济"店名。至

"陈李济"药业创始人陈体全、李升佐画像，及"杏林春暖，橘井泉香"联匾

342

清光绪皇帝师傅翁同龢题"陈李济"名号，吉尼斯颁发"全球最长寿制药厂"证

1950 年代末并入神农、橘香斋等药厂、药社、蜡店，组成"广州陈李济联合制药厂"，诚信为上，名药更优，由是被社会誉为橘井老字号。2008 年"陈李济中药文化"入选"国家级非物质文化遗产代表性项目名录"。2010 年陈李济改公司制，并创"全球最长寿制药厂"吉尼斯纪录。现属广州医药集团有限公司，在沪、港两地上市的广州药业股份有限公司的全资子公司。

2. 童涵春堂

上海四大国药老字号之一的童涵春堂，创建于乾隆四十八年（1783）。坐落于繁华商埠十六铺，以前店后厂模式，坚持选用道地药材、讲究质量上乘的优良传统，经营各类特色饮片和各类丸散膏丹及花露药酒，人以"橘井"字号赞誉，赠"橘井流丹"匾。二百多年来赢得了世人的青睐，蜚声海内外。

童涵春堂保存的清代中药饮片格斗橱与"橘井流丹"匾

3. 橘香斋药业

广州橘香斋药业，创于清嘉庆年间。店名"橘香"，浓缩自医林典故"橘井泉香"，又含有用柑橘皮生产陈皮等香药茶剂之意。清末，其药已出口境外，如 1914 年的广告即印有英文"MADE IN CHINA"。2020 年 6 月 18 日有网友在越秀区北京路（原名永汉路），观察正维修的新华书店、北京路药材商

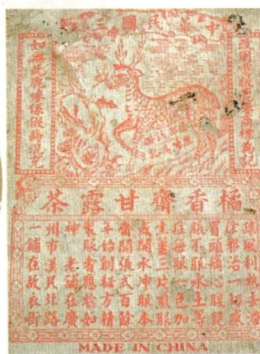

民国三年（1914）橘香斋广告，右图下沿印英文"MADE IN CHINA"（中国制造）

店旁的骑楼，发现拆除旧墙皮后露出了阳刻繁体字"橘香斋"的店名，上碑时间竖刻为"嘉庆丙辰巧月"，即1796年7月，说明橘香斋店址存世二百多年。武侠小说家梁羽生就读岭南大学时，住其分店。

4. 延生堂、橘源堂等

清初顺治十二年（1655）温州延生堂开办，以"医德良心济世于民"著称，民间赞誉"瓯越橘井，浙南杏林"。山东淄博橘源堂国医馆传承于乾隆年。佛山"李园橘井众胜堂"，诗咏："李园橘井也流香，妙药争传众胜堂。"后为佛山广州香港李众胜堂药业。茂名化州化橘红百年老店名"橘源堂"，湛江吴川"橘泉堂"。湖南湘潭合和泰药材行祖训："仁医之心，诚信为本。德术并彰，橘杏春秋。"

5. 当代

上海橘井泉香科技公司、橘泉堂养生、北京橘井本草诊所，香港橘井流芳中医诊所，台北橘井文化事业股份公司、橘井出版社，天津橘井科技公司，河北橘井药业，山西橘井泉香医院，广西橘井中医药科技公司，青岛橘井大药房公司，深圳橘井舒泉公司，汕头市龙湖区橘泉堂药行，长春橘泉堂中医有限公司，苏州橘泉堂医疗园艺，石家庄井陉

县橘泉堂诊所，河南商水县橘泉堂，漳州东山县橘井堂医药公司，郴州橘井中医药联盟、橘井泉香文化传媒公司等。

注："橘井泉香陈皮普洱熟茶"，由老中医、中国特效医术研究会理事、香港国际传统医学研究会理事张洪林教授，选云南勐海县布朗山大叶青毛茶与广东江门市新会区陈皮调配，云南西双版纳御雅天承布朗山茶业公司精制成疗疾养生的食疗茶。

第六节　大学医院筑橘井

苏泉一罅橘峥嵘，曾树仙人济世名。

——袁子让

全国中医药院校注重"橘井"医术医德传承。北京中医药大学国学院张其成院长，教导学生"苏耽橘井泉香，董奉杏林春暖，壶翁悬壶济世，华佗青囊度人。孙思邈《大医精诚》，为后世医家之行为规范"。上海中医药大学庆国庆和成果评选，主题词"壮丽 70 年·橘井泉香"。广州中医药大学

长春中医药大学在校园里创意建筑 16 处中华医学景观，有"橘井泉香"一景

山东医科大学药学院"橘香路"牌，下沿说明"取'橘井泉香'之意，人们喜用'橘井泉香'赞美悬壶济世的医家"

与紫和堂举行评选仁心仁德医生活动，主题即"杏林春暖，橘井泉香"。浙江中医药大学成立"橘井泉香"讲师团。南京中医药大学中医临床协会承办"问道橘井成长路"圆桌会，请世界中联中医治未病专委会常务理事吴教授和首届会长孙老师讲从医爱医经历。台湾阳明大学、上海第二医科大

学学生社团都办有《橘井》刊。新疆医科大学雪莲山校区八景有"橘井泉香"。河北中医学院有橘泉校区；湖北医学院神农公园有橘井台。甘肃中医药大学校门贴春联"历四十芳华香流橘井，培万千大木春满杏林"。福建医科大学及各学院学部每年都举办"橘井迎新晚会"。南方医科大学中医

广州中医药大学与紫和堂联办"橘井泉香，杏林春暖"评选仁心仁德医生活动

药学院举办"橘井诗缘"会。兰州大学基础医学院举办"橘井泉香·着手成春"师生联欢晚会。中国中医科学院研究生院2019级博士生系列学术活动"橘香论坛"，取"橘井一勺尤为馨香，橘井泉香"之意。吉林大学白求恩第一医院举办"橘井生香医心筑梦 桃李争辉师者荣光"2021年医师节、教师节庆祝表彰活动。湖南中医药大学校（院）长认为中医人的初心，就是大医精诚、杏林春暖、橘井泉香。澳门科技大学向建树卓越的校友颁授荣誉博士学位，给世界知名传染病专家、中国工程院医药卫生学部院士、香港大学微生物学系讲座袁国勇教授的赞词是"橘井泉香壶公术，杏林春暖众生依"。

西安医学院教师公寓以"橘井泉香芳四溢，杏林春暖燕双飞"为典名"橘泉苑"

第七节　医道同源承橘井

羽节云旌事已空，旧观今在最高峰。

——阮　阅

医道同源，系中华传统文化的一个特点，全国中医界、道教界继承和发扬苏耽母子橘井防疫、橘杏文化精神。2011 年海南特区举办首届道·医学习会，前言即云："仲春二月，岁在辛卯，琼岛定安，大块文章。全国道医大德，会白真人之道场，聆米晶子之开示。群季俊秀，皆为杏林之董奉；诘问答疑，独惭橘井之苏仙。"此处"白真人"，指南宋初道教金丹派南宗

昆明德梵橘井新概念中医馆 2018 年春开业

创始人、曾为宋宁宗讲道的"紫清明道真人"、诗书画家、海南白玉蟾，他写有"种橘仙人""郴阳鹤者"，即苏耽。湖南郴州市道教协会每年都举行祭祀救民医仙苏耽的祈福法会。

北京橘井中医药研究院江苏省中医院主办"橘泉院士论坛"；郑州橘井中医工作室开展中医健康科普讲座；昆明开办德梵橘井新概念中

北京朝阳区望京街道 2020 年 4 月举办抗疫诗书画展

济南橘井中医馆在 2020 年 12 月开业

郴州市道教协会庹会长主持祭祀
医仙苏耽的斋醮仪式

医馆；济南橘井中医馆诞生于战疫的 2020 年 12 月；湖南橘井泉香中医有限公司 2021 年 6 月成立。

第八节　旅游会展有橘井

子到同吟仙井橘，公余趁赏北湖莲。

——周必大

1980 年代初随着改革开放，郴州发展旅游、会展，笔者即奉政府部门调令，设计导游宣传品、展板，内容、图片含苏耽橘井元素。近如参加 2013（北京）、2015（武汉）国际园林博览会，郴州园林部门与包括笔者在内的专家学者研讨设计方案，

看法一致，造园含道家"天下第十八福地"构景要点：苏岭云松与橘井，武汉国博会郴州园更以苏仙传说"橘井泉香"为主线造景，融入林邑之城、雾漫东江、丹霞山水、南岭莽山、世界有色金属之乡等地域文化园林风光。

第九节　文化艺术迷橘井

闲依碧海攀鸾驾，笑就苏君觅橘尝。

——曹　唐

改革开放以来，在苏仙传说、橘井泉香的原生地郴州，自然形成了苏仙橘井的衍生文化：文学、美术、戏剧、剪纸、火柴花、木雕、石刻、连环画、烟标、邮票信封、城标雕塑等，直至群众文艺、主题晚会、十大文化符号。

章回体小说《苏仙传奇》

注：1982年作家出版社推出郴州地区文协主席陈第雄的长篇章回体小说《苏仙传奇》，是当代首部全景式描写苏耽橘井传说的文学著作。中国作协理事、湖南作协副主席、首届"茅盾文学奖"得主、《芙蓉镇》作者、郴籍名家古华在序言中说："通过一个在郴州尽人皆知的传说，写出了感人至深的母爱、人性。"封面画，由郴州师专（湘南学院）美术教师刘岩石创绘。

苏仙宾馆彩塑壁画

注：1980年代的苏仙宾馆，大堂装饰苏仙传说彩塑壁画。

郴州卷烟厂"苏仙岭"牌烟标

注：郴州卷烟厂曾生产 3 种"苏仙岭""苏仙桥"牌香烟，此为烟标图案。

湘昆剧《苏仙岭传奇》

注：1985 年湖南昆剧团编剧余茂盛创作新编神话剧《苏仙岭传奇》，中国戏曲研究所研究员、中国戏曲学会理事傅雪漪和湘昆李楚池作曲，北京著名京剧表演艺术家郝鸣超、湘昆孙金云导演。摘取省戏剧大奖，赴京参加全国昆曲会演。另有许贤志的剧本《橘井泉香》。

石刻连环壁画《苏仙传奇》

注：1998 年郴州苏仙桥游园装饰石刻连环壁画《苏仙传奇》，市作协副主席张式成撰脚本，市美协副主席刘乐生绘画，此为第一帧稿"彩丝情缘"，含意为潘氏孕子苏耽。

郴州火柴厂"橘井泉香"火柴花

注：郴州火柴厂曾生产"橘井泉香"火柴花。

天津"泥人张"塑"苏仙传说"

注：天津"泥人张"塑"苏仙传说"橘井熬药救民情节，苏仙岭风景区展陈。

旅游书籍《天下第十八福地郴州》

注：旅游书《天下第十八福地郴州》，由市政协刘城煦、张式成、邓汝珍等编。

泥塑苏耽像

注：郴州市道教协会在景星观苏仙殿奉祀的"苏耽"塑像。

木雕 "橘井泉香"

连环画本

注：郴州农民画家张安祥绘连环画《苏仙的传说》，湖南美术出版社出版。

剪纸 "苏岭云松"

注：中国剪纸艺协、湖南民协会员、郴州工艺美协理事井宗瑕剪纸"郴阳八景·苏岭云松"，其人其作被美国中文网介绍。

郴州火车站广场城雕

注：1996年郴州火车站广场树立城市雕塑"苏耽跨鹤飞升"，下方塑白鹿。

国家邮政局发行的"郴州风光"邮票、信封

注：2001年中国邮政发行"郴州风光"邮票、信封，第一枚即苏仙岭、苏仙观和望母云松。

群众文艺——苏仙岭放歌

注：群众文艺——苏仙岭放歌，每年定时定点开展。此图为国歌词作者田汉侄女田湘渝组织的"映山红"艺术团等表演。

郴州十大文化符号·苏仙岭

2016年"郴州十大文化符号"评选，苏仙岭得票列前，简介如下：

苏仙岭，郴州福地文化、旅游文化的典型，承载仙灵文化、宗教文化、古典诗词文化、名人文化等。位于苏仙区城区，是国家级风景名胜区苏仙岭—万华岩风景区主体，因西汉中医苏耽于此诞生、采药、修道、传说升仙而得名，自古享有道教"天下第十八福地"和"湘南胜地"的美誉，是郴州作为湖南省首批历史文化名城的重要支撑。

景区内万木葱茏，岚雾清绕，名人遗迹、文物众多。苏耽孝母、预测瘟疫以橘叶井泉救民的事迹，经唐宋皇帝敕封仙号，遂名苏仙岭；"橘井泉香"的典故，为中华预防医学发祥地之一。杜甫、王昌龄、刘禹锡、柳宗元、秦观、徐霞客、蒲松龄等历代名家，围绕"苏仙传说"留下了大量诗文。岭上有桃花居、白鹿洞、景星观、望母云松等景观。顶峰苏仙观始建于唐代，古朴典雅，临崖而建。山腰景星观建筑简朴淡雅，韩愈仰慕其住持写下传世散文《送廖道士序》。镌刻于山麓白鹿洞石壁的"三绝碑"，以秦观、苏轼、米芾声名显赫、艺术造诣精深，列为中国十大"三绝碑"之首。徐霞客专门寻游苏仙岭，将其列为"郴州九仙二佛之地"首席。"西安事变"后，张学良将军幽居苏仙观，留下"恨天低，大鹏有翅愁难展"的感慨。岭上摩崖石刻群评为国家级文物保护单位。

"苏仙传说"列入国家级非物质文化遗产代表性项目名录。

注：古代州县的文化符号，多以民众约定俗成的"八景"为代表；现代则更注重城市的历史记忆、人文内涵、物象标识、典型精神的综合性，及其立体合成的城市形象。

由苏仙岭峰顶俯瞰郴州城区

2016 年 4 月，为建立让外界了解郴州的窗口、展示郴城形象的平台、增强郴人文化自信的载体，本市面向国内外举办"郴州十大文化符号"评选活动，时长 8 个月，参与人次 500 万，经海选征集、国内外公众投票、评委投票，东江湖、苏仙岭、湘昆、湘南起义、板梁古村、中国女排腾飞之地、热水温泉、矿博会、第一军规、通天玉入选。笔者应邀撰苏仙岭、中国女排腾飞之地等简介。

橘井泉香·郴州市首届传统文化主题晚会

注：2018 年 8 月 29 日，橘井泉香·郴州市首届传统文化主题晚会在市广播电视台举行，由童声诵读《山水乡·仙佛窟》拉开序幕，分《林邑仙都》《橘井泉香》《南国问药》《寻仙之旅》四篇章，用文艺展示"橘井泉香"为代表的仙灵、中医

文化，推介郴州人文旅游资源。晚会为"橘井泉香海内外楹联大赛"作品颁奖，中国楹联学会会长蒋有泉等嘉宾出席。

注：国家级风景名胜区苏仙岭入口处古银杏树。

第八章　十八福地考究编

（探索成果）

反走无心怖季咸，还郴有客傲苏耽。

——王夫之

对苏仙传说蕴含的医药、文学、宗教、民俗、文化等内涵，需要从社会科学的层面进行学术化探索，分析其形成的自然与人文生态环境、物质载体、族群思想、社会基础，挖掘其历史渊源、根性文化，揭示其深藏的人文精神，并加以总结。以下不揣愚陋，陈示笔者历年的授课、文史、学术、社科文章及文化、文学作品，以便与方家同好及读者共同探讨。

神农、郴夭、苏耽医药文化风情[①]

神农尝草　郴夭辨蒿

郴州医药文化风情，包括汉代苏耽橘井救民，其渊源牵涉远古神农传说和南岭郴州历史文脉。众所周知，被中华民族尊为"农神""田祖"的神农氏族，由于"尝百草"以疗民疾，开创了世界上最早的医药文化，因此又被奉为发明医药的"医神""药王"。

传说神农氏族"尝味草木，宣药疗疾，救夭伤人命"，以致"一日遇七十毒"。也就是说，某一天就采摘、试吃了70种植物，看哪些能吃哪些不能吃，民谚说"是药三分毒"，不管什么植物都不是绝对无毒无害的，所以说"七十毒"。

更主要的是在蛮荒艰难的远古，人类要生存，首先就要解决两大生存难题：饥与寒，所谓饥寒交迫的问题。比较而言，饥饿稍微好解决一点，因为

---

① 本文为湖南省导游培训授课（省旅游局主办、湖南省电视大学录播，2009 年）。

那时候人少，而寒冷就难解决一些。当时没衣服穿，披裹兽皮，热天关系不大，可以光膀子；冬天肯定不行，寒冷导致感冒发烧，远古没有医疗条件，感冒发烧头疼脑热得不到治疗，马上就会要命！所以，头领要为人们寻找分辨哪些植物能食用果腹，哪些植物能治疗疾病。那么，"神农尝百草"，是在哪里尝的？怎样尝的？

首先来看，南岭山脉是长江流域与珠江流域的分水岭，是我国冰雪线的最南端，也是亚热带季风湿润气候与亚温带季风气候的分界线，因此形成了我国自然生物最多样化的地域之一，如郴州地区保存了多处原始次森林、天然阔叶常绿林、湿地、高山，包括中南地区最大的原始次生森林区宜章县莽山国家自然保护区（尚存数块小片原始森林），还有资兴天鹅山、汝城九龙江、安仁熊峰山、临武西瑶绿谷（注：现达到8个国家级森林公园、2个国家级湿地公园）、桂东八面山、苏仙区王仙岭、五盖山、永兴县及炎陵县、茶陵县等地的天然山林，这给"神农尝百草"提供了先决条件。初唐大诗人沈佺期在《自昌乐郡溯流至白石岭下入郴州》的诗中，就写了"崖留盘古树，涧蓄神农药"的佳句。

在湘南郴州和湘东南一带，我收集到很多传说故事。如神农氏族头领神农在这一带发现了"茶"的药用价值，所以后来有"茶乡""茶陵"县、鄙县。

传说他带了8个随从在安仁、鄙县采集药草，洗药、晒药、捣药等等，所以有两县边界的药草山云秋山；安仁县有他采药草的"神农谷"，洗药草的"药湖"，豪山建有"九龙庵"；鄙县有他洗药草的"天池"（药池），尝药草的味草亭，也是鄙县古十景之一"味草凝芳"；安仁县城古名"香草坪"，春分时"赶分社"盛会，主要活动是祭祀神农、交易药材，传承千年，有周边省市及东南亚国家客商参加，当地流传"神农尝百草，灵药在安仁""药不到安仁不齐""北有安国（河北），南有安仁"的民谚。

回到刚才的问题，神农氏怎样尝百草的？上古没有实验室和实验设备、实验动物，全凭人的脑子、身体感受，后世流传："以赭鞭鞭草木，始尝百草，始有医药。"明代状元曾棨的诗中有"赭鞭已藉神农力，甘苦酸咸孰解尝"的诗句，就赞颂了神农尝百草的无私奉献和勇于开拓的精神。

资兴、鄙县传说，神农翻山越岭带头用赭鞭尝百草，钻荆棘攀岩爬石壁，经常弄得一身伤痕，所以每次都到资兴汤市，摘吃茶叶恢复体力，"洗汤"温泉，洗去疲乏、医治伤痛。相传有一次，他找药时非常劳累，从山崖上摔下来，晕倒了；跟随他的那条狗，就咬住他身上的兽皮坎肩，下坳上坡穿过树林，拼命往汤市方向拖，拖到汤市茶山的茶树下，用舌头舔神农的脸；神农朦胧中闻到茶的清香，伸手薅了茶叶放进嘴里嚼起来，吃了一些茶叶后清醒一些，又把嚼烂的茶叶渣涂抹在伤痕处，又用温泉水泡茶叶喝。完全清醒后去找狗，而那条忠诚的狗已经累死了。神农悲痛，又觉得狗有脑子很聪明，就把汤市茶山命名为"狗脑山"。据传到宋代，资兴汤市茶叶成为贡茶，故名为"狗脑贡"，所以天下的"狗脑贡"茶种都出自汤市。

我们的中药水剂也叫"汤剂"，中药方子编为口诀叫"汤头诀"。并且温泉开先的"汤"的叫法，也可以说出自汤市，郴州、资兴人有去炎帝陵祭祀神农必经汤市"洗汤"的习俗，俗话说"去炎陵朝圣，不洗汤谓之不诚"。传到国外，现在日本、韩国仍然把温泉叫"汤"，泡温泉跟郴州人一样叫"洗汤"。

最后，传说神农尝百草误食"断肠草"，这种草学名"钩吻"，又称"大茶药"，是一种较毒的藤蔓植物。正因为"大茶药"与"茶"的叶子相似，不易分辨，神农在尝试过中才中其毒。他自知不起，要臣子葬他于"汤边"即资兴汤市。上一课讲了，运载其灵柩的船筏翻了，变成了船形山，而百姓赶来的猪牛羊也都变成了洣水河里岸上的大石头，形成了一道别致的景观。因此炎帝陵，与北方帝王的陵墓完全个同，地处酃县与安仁、资兴交界的偏僻深山野地中。

传说神农炎帝最得力的大臣叫郴夭，他呢，也跟医药发端密切相关。

郴夭的"郴"字，甲骨文为"𣏌"，森林的"林"。后来这个字专门用于一种蒿类植物，春秋战国时，写为"𦱤"，上由"林"字头下由仓廪的"廪"字的初文组成"𦻀"，再简化为"𦾓"，以后又进一步简化为"萕"字，因为草木本一体。它是一种著名药材：莪蒿，又叫萕蒿，俗名"米蒿"，又叫"抱娘蒿"。现代制作青霉素的原料，就是蒿类植物。郴夭的"夭"字，原始意义是：草木茂盛状。《诗经》形容鲜花为"桃之夭夭，灼灼其华"，所以人们喜欢选鲜嫩花草果实采折；后来就引申为过早地枯萎的意思，把少儿、青壮年生命过早地完结形容为"夭折"。"郴"字写作"萕"，说明郴夭是最早尝试、发现青蒿药用功能的。这表明，郴夭不仅和神农一起开创农耕文化，也一起探索百草用途，共同开创了中华医药文化。由于郴夭尝百草很辛苦，体内毒素积累太多而过早地夭折了，人们纪念他就叫他"郴夭"，并把南岭这块地域叫"郴"。"萕"字在战国中期楚国时，人们将其义符移到声符右边表意"邑"，因它早已拥有较大的城邑，这样"林""邑"合成了"𨛬"（郴）字，读音还是"林"，到晋代前后转为今天"chēn"的读音。

《禹贡》记载，郴州地域早在夏商已向中央王朝，进贡"茗""包瓯菁茅"等药材、香料，用于酿酒、祭祀，即后来的"楚贡"。因郴州、南岭由楚国占据后成了苍梧郡，郡治在郴县，湘西龙山县里耶镇出土战国秦简第

14—177 号残简"苍梧郴县"可以证实。苍梧郡为南岭地域首郡,郴县为南岭地域首县,县下面有"茶乡",即神农氏族尝百草最先发现茶的地方。苍梧将"茗""包瓯菁茅"进贡给楚国王宫,楚国又进贡给周王朝,这就叫"楚贡"。

郴州为什么从汉代直到唐代,一直叫"桂阳郡"或"郴州桂阳郡"?也是因为上贡药材的缘故。汉王朝开国时,高祖刘邦设置了"桂阳郡",管理整个南岭地域。原因何在?因为刘邦知道南岭"郴"地与"桂"的关系。"桂",是当时最有名的药材:桂皮、桂枝、桂子。东汉的《说文解字》解释"桂"是"江南木,百药之长",即最重要的药材。为什么?民间、中医有一句经典之语"百病由寒起",而早在先秦,人们就酿造"桂酒"用于驱寒消疾。东汉医圣张仲景任长沙太守,长沙地接桂阳郡,他利用这个条件发明"桂枝汤",驱散了伤寒病的流行。而且《汉书》说"桂,赤色,汉家象",即刘邦将"桂"的黄红色作为汉王朝的象征色彩。其后人汉武帝还在京城专门兴建"桂宫"。茶乡呢,由《汉书·王子侯表》可知,是作为亲王(长沙定王)子孙的封侯地,升置为由桂阳郡节制的茶陵县,直到后代无子嗣才移隶长沙国。

郴州、南岭早在夏商周,就是产桂和进贡桂的地方。传说炎帝的小女儿女娃,曾带着氏族部落居住在这一带;她的后裔采集桂等药材,进行南北交易和朝贡,因而就叫"桂人"。女娃的"娃"字去掉偏旁为"圭"字,而肉桂的叶片背面纹路,正是呈"圭"形。桂属乔木,所以加偏旁"木"为"桂"。骑田岭等南岭五岭因产桂叫"桂岭",其他山岭如香花岭也叫过"桂山、桂岭";从桂岭、桂山流出的江河水叫"桂水";桂水流过、方位北向的城、地叫"桂阳"。如,今广东连州当时是桂阳县,为"小桂",最早的桂阳是治所在郴县的"桂阳郡"为"大桂",汉代初期管理着桂阳、零陵(湘南)、始安(桂北桂林)、始兴(粤北韶关),这些地方都出产桂;中国首部国家药典唐代《新修本草》、宋代《本草图经》都指出"桂生桂阳"。因此舂陵江是历史上的"北桂水",由郴州临武县发源的武水形成的珠江北源北江叫"南桂水",漓江即桂江叫"西桂水",北面的城镇叫"桂林"(既产肉桂也产木樨——桂花树)。由于西桂水流经的广西,直到明清、近代产桂与栽培桂还是最多最好,省会也长期设在桂林,因此一直简称"桂"。

再查先秦《山海经》、汉代《神农本草经》、南北朝《本草经集注》等文献,产于楚苍梧郡、汉桂阳郡的药材有桂、牛扁、橘柚、钓樟、鸡头实、粉锡等好几种,所以郴州、南岭地域理所当然是神农和郴天肇始中华医药文化之地。

苏仙传说　橘井泉香

在开始讲中心内容之前，我想起 1994 年的一件事：有一天，《湖南日报》头版发表一篇文章，大字标题为"菊井泉香"；内容是想讲中华中医药史上的典故"橘井泉香"的事，却连出自本省本土、名扬天下的"橘井"都不知根底，实在有失大雅。这说明什么呢？以往的运动，带来了十分严重的恶果，它割断了炎黄子孙与民族医药文化的血脉联系。这是值得我们旅游界从业人员高度重视的。

前已讲明代状元曾棨的诗句"赭鞭已藉神农力，甘苦酸咸孰解尝"。这首诗的上半部分是"橘井泉通灌圃场，杏林花发共传香。神仙托寄壶中迹，医术兼全肘后方"。说的是远古的医药文化的根系、基因传到西汉，郴州出了一个非常有名的少年草药郎中，姓苏名耽。国家级风景名胜区郴州市苏仙岭，就是以他的仙号命名的。诗中所说的"橘井"就是他开凿的。按明代《万历郴州志》记载，汉惠帝五年（前 190）苏耽出生，距今超过 2100 年。苏耽幼时丧父，他非常孝顺母亲，小小年纪便学会识别中草药，以给人放牛和种橘凿井、采集药草孝养母亲。母子二人还经常行医，帮助邻里乡亲。尤其在瘟疫之年，不辞劳苦用房前井泉水熬井边橘树叶药汤，救治郡民。由此产生了中外闻名的民间传说和中医药史的著名典故。

故事传说简述如下：

西汉年间，桂阳郡郡城郴县，城东北马岭山下郴江边潘家湾，有一位年轻善良美丽的潘姑娘，一天到郴江边洗衣服，看见从上游漂来一朵红色浮萍，就好奇地捞起来欣赏，不料浮萍的红根须像红丝线一样缠住了她的手指，怎么也解不开，她急得用牙齿去咬，没料到红浮萍却"哧溜"一下溜进了她的肚子里。吓得她慌慌张张回了家。不久，更意外的事发生了，她突然有了身孕！父母打骂，村人耻笑，族规不容，宗祠制裁，逼得姑娘逃出家门要投江。就在那刹那，她想到如果这样死了，不是给别人留下了话把儿了吗？肚子里没出生的孩子不是更冤枉吗？

她，满腹悲苦地走进马岭山，躲到山洞里，挣扎着生下一个男婴儿，哭泣着走了，快出山时于心不忍，转身又回洞口，却看见：一只白鹿用自己的乳汁喂哺婴儿，为他免除饥饿；一只白鹤用自己的翅膀羽毛覆盖婴儿，为他挡住寒气。潘姑娘深受感动，毅然住在山洞中，不畏族规宗法，不怕耻笑冷眼，孤身一人养育婴儿。孩子就在母亲怀抱、山里洞中，喝泉水吃野菜长起来。

潘姑娘在孩子五六岁时，想再穷再苦也要让孩子识字读书，她找到山中一位老道做先生。没爹的孩子姓什么叫什么呢？老道让小孩出山去，然后把看到的事讲出来。小孩走到郴江边，看到一个挑柴火担子的人，在树下头耳枕着扁担歇息，扁担一头吊着一条用稻草捆住的鱼。他赶快跑回去告诉，老道就用"草字头""鱼"加"禾"组合的"蘇"字，给他取姓，"蘇"是解毒救人的药草紫苏；用"耳"加"枕"的"耽"字给他取名，含有耽误苏母青春的意思。

苏耽慢慢长大，懂得孝顺母亲，尊重白鹿和白鹤等动物。他给人家放牛、打柴，向道士先生学习医术，采药、挖井，孝养母亲。他放牛的水平高超，《辞源》《辞海》等工具书记载他是中国第一个被称作"牛郎"的。他为郡民救死扶伤，分文不取，做了很多好事。传说13岁时就得道成仙，在马岭山顶跨鹤升天。实际上应该是他外出访医道求学问，云游天下未归。

传说临行前，他含泪跪别母亲，苏母说："你走了，我依靠谁啊！"苏耽首先说："明年将有瘟疫发生，我们家院子里的井水和房子旁边的橘树，都能代替儿子我奉养母亲；您只要用一升井水煮一片橘叶和草药，就能救活一个病人。"然后苏耽又说："此外，我为母亲留了一个柜子，如果缺什么，您只要敲柜子说出来，它就会把您需要的东西送来。但切望母亲万万不可打开柜门。"苏耽身不由己，升仙而去。第二年果然如他预言的那样，天下发生大瘟疫，四面八方的人都来求苏耽母亲治病，苏母照苏耽所说，用井水熬橘叶救人无数，同样分文不取。苏母善有善报，后来活了百岁，无疾而终。

传说苏耽升仙后，日思夜想苦命的母亲，常偷偷从天宫下界，因仙凡有别，只能立于松树云朵上，含泪深情南望母亲住宅；久而久之，岭顶松树都被感化，枝柯伸向南面，人们就把这"苏岭云松"称作"望母云松"，列为郴阳古八景之首。苏耽被道教尊为"苏仙公"，其栖憩和乘白马采过药草的马岭山，以及山下家中的水井，被认定为道教七十二福地中的"天下第十八福地"。马岭山称作"苏仙岭"，他出生的山洞称作"白鹿洞"，他采摘桃子以骨核做药的山坡称作"仙桃坡"，他跨鹤飞升的大石头称作"跨鹤台""升仙石"。老百姓和地方官署在苏仙岭下建起了乳仙宫、遇仙桥、乳仙亭，在山半腰建起了"仙阙可攀""共步云梯"石路亭，在岭顶上盖起了规模宏大的苏仙观；在苏耽苏母居住的郡城东门外，即今省级重点中学郴州一中校园，建起苏仙宅、苏母祠、苏母墓、橘井观等系列道教建筑；在郴江之上筑起"苏仙桥"，沿郴江的石板道修起鹿角亭（纪念白鹿）、树起仙桥古渡牌坊、修建神道、雕刻石人石马；人们赞誉苏耽为"孝子神仙"，苏耽家的水井被人们颂扬为"橘井"。甚至郴州城中也盖起了"来鹤楼"（纪念白鹤），命名了"仙桥巷"、苏仙路等。从苏仙岭山顶一直到郴州城里的洋洋大观的道教建筑，如果全都保存下来，可以评为世界文化遗产。

以一个草药郎中即后世的赤脚医生的名字，命名药店、诊所，较好理解；命名街巷、道路，也不稀奇；命名学校、单位、企业产品，已算很不错；命名著名风景区，就了不起了；命名行政区划，完全是全国独一份，事实上能批准"苏仙区"，就充分说明了郴州市、湖南省和国务院文化部门对"苏耽橘井"文化内涵的重视程度。

这个传说早在西汉末，就由著名经学家、文学家刘向写成《苏仙公》，编入《列仙传》中。晋代前，桂阳郡郡城边的马岭山顶就已筑起"苏仙坛"。历代医家、史学家、文学家非常喜爱这个传说故事，三国《桂阳先贤传》、晋代《湘中记》、北魏《水经注》、唐代《全唐诗》《全唐文》、宋代《太平广记》、明代《列仙全传》《徐霞客游记》、清代《古诗源》《聊斋志异》等文学名著，《神仙传》《洞神传》《洞天福地说》《洞渊集》《云笈七签》《历世真仙体道通鉴》等道教典籍，《古今医统大全》《历代医术名流》等医学著作，《楚宝》《湖南通志》《万历郴州志》等地方志，《永乐大典》《四库全书》等工具书，全都收入这个传说和苏耽、橘井。"苏耽橘井"成为《龙文鞭影》等启蒙读物的内容，它产生的"橘井泉香"的典故，与"杏林春暖"交相辉映在中华传统医药史上，苏耽橘井被作为良医良药的代称。医家常以"橘井""橘井流芳""橘杏"等，作为医书、个人医刊文集名。

《全唐文》中《苏仙碑铭》记载：开元二十九年（741），唐玄宗"特有明诏""严饰祠宅"。因此，郴州官署和百姓将苏仙岭上苏仙坛扩建成"苏仙观"，祭祀纪念"孝子神仙"苏耽。宋代先后有5朝皇帝敕封他，从"冲素真人"到"普应静惠昭德真君"；宋真宗赐名苏耽苏母故宅为"集灵观"，后叫"橘井观"；宋理宗赐苏仙岭苏仙观门额"敕封苏仙昭德真君"碑。由此，影响到全国各地派生出苏仙、橘井的传说与遗迹。苏耽橘井的神话故事，还丰富了杜甫、王维、元结、王昌龄、柳宗元、刘禹锡、黄庭坚、秦观、阮阅、张栻、王都中、李东阳、何孟春、张居正、徐霞客、汤显祖、蒲松龄、林则徐等历代名人的写作。在《天下湖南之旅》的著作中，苏耽被列入湖南古代名人录。在《辞源》《辞海》《中国神话人物辞典》等工具书中，"苏仙公""橘井"成为重要条目。

这些，尤其是"橘井医药文化"，辐射影响着亚洲国家与海外华人社会，甚至欧洲人。明代意大利著名传教士利玛窦来到中国，马上就知道了中国医药的两个著名典故，在他关于记忆方法的著作《西国记法》中，提示西方人在中国"记医，以橘井，以杏林"。法国、英国、意大利、德国、奥地利国家图书馆，美、澳、俄、韩等国大学存有苏仙公的相关书籍、研究资料；日本国有橘井堂医院，并以"橘井"为人名；柬埔寨王国有橘井省、橘井市；越南庸宪市温氏祖厝楹联的下联为"宪南风物，寿人橘井久传家"；一些国家华人社区、中华街有橘井诊所、橘井药店。

"苏耽橘井"成为中华传统医药文化一大系，可简称为"橘井文化"。这个现象说明什么呢？说明苏耽和苏母一脉相连地继承了神农、郴禾开创的不畏艰辛牺牲"尝百草以疗民疾"的无私奉献精神。大家看，"苏仙传说"中，苏母顶着宗法族规的巨大压力，孤身孤苦养育不明身份的"野崽"，这其中不是蕴含了反封建元素和人道主义元素吗？苏耽在告别慈母时，首先考虑到明年将发生瘟疫和怎样救人，这其中不是蕴含了向善积德、造福百姓的仁爱境界吗？苏耽的孝敬慈母和潘氏的疼爱孩子，不是蕴含了人间母慈子孝的孝道文化吗？白鹿哺乳、白鹤羽寒婴儿的场景，不是蕴含了人类应同自然保持和谐相处的辩证思维吗？苏耽苏母挽救天下百姓的行为，既包含了"悬壶济世"的医家高尚情怀，以及不信业果、力抗天灾的道家精神，还产生了大孝于民的公德和奉献精神。更令人钦佩的是，这种预告、群防群治瘟疫之举，开启了中华预防医学大门，是《黄帝内经》所说"上工（即上医、良医）治未病"理念的源头之一。

这种以人为本、大爱苍生的医术医德，以及不信命运摆布、力抗天灾瘟疫的不屈精神和科学态度、进取思想，不单在古代封建社会，在现代化的今天也仍然具有超出医药文化范畴的人文思想和精神力量。

注1：2009年湖南省旅游局主办全省导游培训，首次采取全省选取专家讲课（省旅游局专家、各大学旅游院系教师、各地市推举一位学者分担相关内容），由湖南省电视大学录制，上网公开授课。郴州市旅游局首推市政协委员兼文史研究员、旅游局特聘培训师张式成，主讲湖南人文旅游资源——中华"农耕文明起源""医药文明渊源"（神农氏族尝百草、"郴"的字源）两课；第2课即"苏仙传说·橘井泉香"。

注2："郴"即"菻"，即菻蒿、青蒿之一种，最早发现有药用价值的青蒿之一，药学家屠呦呦提炼出青蒿素（获诺贝尔医学奖）的原料。

"苏耽橘井"传说渊源探①

7月的央视国际频道播出"国宝档案——利玛窦在中国"，使我联想起这

位国际友人与"橘井"的特别关系。

"苏耽橘井"是中国古医药史上的著名典故,与"杏林春暖"共同辉映青史。不过,西汉初问世的"苏耽橘井"故事要比三国时出现的"杏林春暖"早几百年。2100年前,桂阳郡(治所郴县)郡城即今湖南郴州城,诞生了一位伟大的草药郎中苏耽。他早年失父,以给人放牛、采药孝养母亲,瘟疫之年和母亲潘氏一起,用家门前的井泉水熬橘叶汤(当然还要配伍别的草药),日夜救治乡亲郡民,活人无数,国中传为美谈。

随着岁月流转、朝代兴替,这个故事形成神话传说:苏母浣衣郴江,误吞红萍红丝,未婚成孕,族规不容,躲进山洞生子,泣弃复还,见白鹿哺乳、白鹤羽寒,遂坚定心志孤苦育儿;而苏耽种橘凿井,十分孝母,直到因行善得道升仙后,常在苏岭云头凝望母亲住处,久之岭顶松树也受感动,枝柯齐齐伸向西南……这故事被纳入道教典籍、蒙学著作,中医药界又奉为良医良药经典,杜甫、王维、秦少游、汤显祖、徐霞客、蒲松龄等"历代文人都非常喜爱"(见《中国神话人物辞典》"苏仙公"、《辞源》"苏耽"、《辞海》"橘井"条目)。甚至名扬域外他邦,落户全球华人社会及东南亚,如唐人街有"橘井药店""橘杏诊所",日本国曾有《橘杏医药》杂志,柬埔寨王国以"橘井"命名省市;意大利的利玛窦400年前一到中国就知晓了这个典故,在他被收藏于法兰西国家图书馆的著作《西国记法》中写道:"记医,以橘井、以杏林。"直到民国时期,"苏耽橘井"都历久不衰。

只是因"阶级斗争",阻断了学界和民间对它的研究,并造成对它的破坏。以致很长时间人们不知其原生地所在,不能断定其人其传说究竟出自哪朝哪代、何种典籍,有何内涵品位。近几年,学者们寻踪探秘,各持高论,都有道理。乃至河南商城县有人发现那里也有个"橘井"和苏仙传说,兴奋异常,提出"北橘井"一词,地方立即开发利用……这里我也谈点浅见,与同道、读者共同研究:

首先要看到"苏耽橘井"的传说,发生年代早,西汉之初从桂阳郡、郴县传出。按徐霞客在郴州苏仙岭亲眼所见两位知州碑刻及明《万历郴州志》记载,苏耽生于汉惠帝五年(前190),随仙官上升于汉文帝三年(前177)。他的故事富藏人文信息,其中的"仁孝"内容,恰好吻合了汉初统治者以"孝悌治国"的政治需要;应该说这始于汉惠帝和汉文帝(刘邦第二、三子),因为汉文帝本身就很孝母,被后世称作"仁孝天子"。此头一开,历朝历代都提倡、推行"孝道"教化和蒙学教育;如此一来,"苏耽橘井"的传说由汉魏晋桂阳、隋唐宋郴州,行遍华夏,乃至扎根大江南北。这是一种神化流转、移植延伸现象,属于辐射影响传播作用造成,毫不足怪。即如类似苏耽"橘井"的古遗迹，全国东南西北都有，就在桂阳郡耒阳县、湖南浏阳县也有，南宋至明清成为当地的古八景之一。

而各地的"橘井"、苏耽井、苏仙井，基本上都是唐宋之后冒出来的，这是因为：一、唐宗宋祖的儿孙们很多都好道，唐开元年间，唐玄宗对郴州苏耽遗迹"诏有司饰其祠宇"，赐名橘井观为"集灵观"；宋代四位皇帝敕封苏耽仙号，郴州苏仙观门"敕封苏仙昭德真君"额碑即宋理宗赐刻。二、每次改朝换代之后，上至帝王朝廷下至乡闾村镇，就会掀起一轮全面深入的文化修复工程（包括蒙学教育）。虽然统治者的目的在维护大统，老百姓的心思在安居乐业，但是以弘扬正统的道德精神和传承文化遗产为手段，用以强化社会秩序，规范人们行为。三、道教界的推动，苏耽修真的郴州马岭山，从唐末《洞天福地岳渎名山记》、北宋《云笈七签》七十二福地中排名第二十一位，到北宋《洞渊集》中调整为第十八位，此后专享大名"苏仙岭"。

如此一来，苏耽橘井的生存发展空间，想不大都不行。除了郴州桂阳郡及至湖南本省，还有广东、广西、湖北、四川、江西甚至海南都有类似的"井"，像河南商城县的所谓北橘井，就属于这一类，有人说是苏耽和他母亲汉代迁居到了那里，这当然是牵强附会之说。孤儿寡母，在家门前凿井种橘，在屋后开了药园，却不好好过日子，由气候温暖的南方移去人地生疏的北方干吗？况且北方又不长橘子。当然，作为神话传说的正常流布、地方非物质文化遗产的一种，进行必要的、科学的宣传和保护，理所当然，因为它丰富了"苏耽橘井"文化大系；在它的精神层面、文化内涵的框架中，科学地严肃地保护它的真实性、地方性，才有史学、美学、民俗学、人文遗产的价值和生命力。

再说"苏耽橘井"传说版本的出处等问题。先说《桂阳先贤画赞》，"苏耽"篇写"苏耽常住门庭，有众宾来招。耽告母曰：'人招耽去，已种药在后园梅树下，可治百病，一叶愈一人。卖此药，过足供养矣。'……"我认为此处的"梅"，系后人刊印时错把"橘"字刻成了"梅"字，所以与前后的文献典籍都不相合。

至于这个典故的最早出处，笔者浅识，还是西汉后期刘向撰写的《列仙传》。有的学者曾认为《列仙传》不是刘向的，而有些专家认为是他晚年的作品。鲁迅先生说过，"现存汉人小说皆伪托，惟此外有刘向的《列仙传》是真的。"按这个"仙人指路"的提法，我理顺了思路，找到几条理由：其一，作为西汉著名的经学家、文学家、目录学家，又是汉高祖刘邦弟弟刘交的四世孙，对刘向来说，一本薄薄的《列仙传》算什么，何况还有一本《列女传》，可印证其互为"列"字姊妹篇。其二，他高祖刘交是楚元王，他生于楚地长于楚地，为楚人，对楚地的文化、人物、事物应该很熟悉。其三，他本身又任朝廷要职，官至光禄大夫，曾校阅群书，掌握富足资料。《列仙传》的赞词中，说他曾得到秦国大夫的《撰仙图》，共收入700多人，那么他写先秦和汉初的70多人有何困难？其四，最重要最直接的一点，史料显示东汉末的《楚辞·天问注》和《汉书音义》，都引了《列仙传》。因此，"苏耽橘井"典故出处，可认定西汉末的《列仙传》乃主源。《列仙传》中的"苏耽"篇如下：

> 苏耽，桂阳人也，汉文帝时得道，人称苏仙。公早丧所怙，乡里以仁孝著闻，宅在郡城东北，距县治百余里。公与母共食，母曰："无鲊。"公即辍箸，起身取钱而去。须臾以鲊至。母曰："何所得来？"公曰："县市。"母曰："去县道往返百余里，顷刻而至，汝欺我也！"公曰："买鲊时，见舅氏，约明日至。"次日，舅果至。
>
> 一日，云间仪卫降宅。公语母曰："某受命仙箓，当违色养。"母曰："我何存活？"公以两盘留。母需饮食扣小盘，需钱帛扣大盘，所需皆立至。又语母曰："明年天下疾疫，庭中井水橘树能疗。患疫者，与井水一升，橘叶一枚，饮之立愈。"后果然，求水叶者，远至千里，应手而愈。

这样看来，"苏耽橘井"的传说与典故，要早于三国时郴人、东吴左中郎张胜的《桂阳先贤画赞》和晋代名道葛洪的《神仙传》，可上溯至西汉后期，渊源何其悠长！

论郴州"福地"的物化根基与文化内核[①]

改革开放以来，"福文化"兴起于全国各地。湖南郴州当仁不让，近些年，从出版的《天下第十八福地郴州》的旅游书名到记者的《福城郴州令人流连忘返》的报道文章，从苏仙岭风景区的"万福山"到北湖公园的"百福墙"、龙女温泉风景区的"百福大鼎"，从"福地郴州，山水含福"的旅游宣传口号到"福城网""福城论坛""福城志愿者协会"多种事物的出现，直至2011年中国（郴州）国际旅游文化节市、区领导强调的"福城郴州"，掀起了一股"福地文化"热潮。而综合历史、地理的角度来看，古代以"福城"为别称的是福建福州，福州以州北有"福山"而得名，且产"福橘"，有

① 2011年湖南郴州与中国福文化研讨会论文，原载2012年《湘南学院学报》第1期。

"福城宝地"之誉，所以福建的旅游宣传口号是"福天福地福建游"；郴州则没被古人冠以"福城"的称谓。一位来林邑讲坛讲课的专家说现今郴州人不争福地前几名，而自称苏仙岭为"天下第十八福地"，是谦虚的表现。又有不少人说查道教资料苏仙岭并非第十八福地而是第二十一福地。那么，郴州是不是福地？是怎样的福地？有无福地文化？有怎样的福地文化？本文作一试解，以见教于方家师友。

一、郴州独特的"福地文化"根基

判断一个城市是否是福地、有无"福地文化"，要从历史、人文、地理、宗教、民俗诸方面综合分析，首先要检视它有无先决条件——物质文化遗产。

（一）郴州"福地文化"之物化根基：道教福地苏仙岭

一种文化要有物质形体作为展现空间，物质形体即这种文化的物化依存根据，从这个角度来说，道教福地苏仙岭就是郴州"福地文化"最初的物化根基。

如果单从字面词义来看，旧版《辞海》对"福地"的解释为："道家谓神仙所居有七十二福地，见《云笈七签》。"早期道教界人士则宣称一些游居修炼、得道成仙之处的名山胜景为"洞天福地"，形成道教的人间仙境。"洞天"，意指山中有洞室通达上天，贯通诸山；共有十大洞天、三十六小洞天，系群仙聚居之处。"福地"，意指得福之地，居此能受福度世、修成地仙，系单个地仙、真人（得道者）主治之处，共有七十二福地。那么毫无疑问，郴州苏仙岭在此范围之内。

原叫马岭山的苏仙岭，得名于汉魏名郡桂阳郡（治所郴县）少年草药郎中苏耽和他母亲在瘟疫之年救民的故事。因影响大、流传广，西汉末被经学家、文学家刘向写入《列仙传》，三国时被吴国左中郎张胜写入《桂阳先贤传》，晋代被道教理论家、医学家葛洪写入《神仙传》，北魏载入《水经注》。于是，苏耽由民间郎中成了道教名医，还位列仙班，形成民间传说、神话。历代为他大兴土木，设立和兴建相应的纪念性、祭祀性场所、建筑物。

盛唐时唐玄宗狂热迷道，开元二十九年（741）明诏对苏耽其人其事"发挥声华，严饰祠宅"。郴州刺史孙会奉旨在马岭山顶将苏耽坛扩建为苏仙观，新绘苏耽画像；山下苏耽故居的"橘井观"，苏耽宅、苏母祠也修饰一新；并刻《苏仙碑铭》以记其盛，后收入《全唐文》。曾奉唐玄宗令制作道教音乐的茅山道第12代宗师、著名学者司马承祯撰写了《上清天地宫府图》，列出道教七十二福地，其中将苏耽采药栖居过的马岭山，排位为"第二十一，马岭山，在郴州郭内水东，苏耽隐处，属真人力牧主之"。七十二福地到唐末五代起了一些变化，名道杜光庭编撰了《洞天福地岳渎名山记》，减去衰微部分，增加了新出名的武当山等，将马岭山排进前二十名，为第十九位"马岭，在郴州苏耽上升处"。到北宋，名道士李思聪又根据七十二福地的变化，在《洞渊集》中进行了调整。李是郴州近邻江西赣县人，堪舆家。崇道皇帝宋仁宗，赐号他为"洞渊太师"和"冲妙真人"。李思聪在《洞渊集》卷之四"天下名山七十二福地"中，将苏仙岭又提前一位"第十八福地马岭山，在郴州"。此后，宋代共4位皇帝敕封了苏耽，苏仙岭苏仙观门额上的蟠龙碑"敕封苏仙昭德真君"即宋理宗敕封，于是苏仙岭在道教福地中第十八的位置就此稳定下来。又由于李思聪对七十二福地冠以"天下名山"，所以苏仙岭麓竖起了"天下第十八福地"穹碑。这也为著名地理学家、旅行家徐霞客所见证，他在《楚游日记》中记述："随郴溪东岸行，东北二里，溪折西北去，乃由水经东上山。入山即有穹碑，书'天下第十八福地'。"

因此，郴州苏仙岭具备深厚的福地历史根底、宗教文化身价，在唐宋官方修编的道教典籍中占据重要一席，毫无疑问拥有"福地文化"物质实体基座。

(二)郴州"福地文化"之物化根脉：延展福地橘井

不独明代徐霞客大师，清乾隆年间方志家、诗人檀萃在其名著《楚庭稗珠录》记他于郴州橘井也目睹"湖南郴州苏仙故居，院门匾额'第十八福地'，殿前庭当阶有井，甃以石，深丈许，即橘井"。

这又要回头看北宋，大中祥符元年（1008），宋真宗敕赐"集灵观"匾给橘井观。一些学者曾认为：道教第十八福地，其对象只是单指苏仙岭。然而宋真宗赐匾橘井观，就已将第十八福地的范围及概念，扩展至郴州城了。因为苏仙岭在郴州"郭（外城）内"，橘井所在的苏耽故居则紧靠内城东门；这里从北宋开始，通过重修与新建，构筑起以橘井为地标的庞大的道教建筑群。苏耽故居处有橘井观、橘园、苏仙宅、苏母祠、苏母墓，竖"汉苏仙母潘氏元君墓"墓碑，碑名说明其母亲也已纳入道教人物行列；东城门处建高巍的"来鹤楼"；由内城通向外城的半里多路建成宽大的青石板神马道，道上立"仙桥古渡"牌坊，道旁置石人石马等；通向东城门的还有"仙桥巷"；郴江河上建石礅木板面的"苏仙桥"；由苏仙桥沿郴江通往苏仙岭的5里长石板道上有"鹿角亭"等；如此，整个郴州城俨然而成道教福地。当然，不止州城，周边数县如永兴、资兴、宜章、汝城、桂阳、耒阳也都有相关地点地名、建筑、纪念物。

第十八福地的脉络肌理由苏仙岭一处连接至橘井，进而扩展到郴州城乃至各县，根系之庞大深广，在七十二福地中为一特例。

二、郴州独有的"大福地圈"人文环境

(一)"大福地圈"的人文地理

除第十八福地的脉络肌理，郴州还拥有其他福地所在城市所没有的"大福地圈"环境。明代徐霞客当年游郴的最大收获，是发现了郴州不一般的福地性质。他在《楚游日记》中归纳出一个重要印象："郴州为九仙二佛之地，若成武丁之骡冈在西城外；刘瞻之刘仙岭在东城外；佛则无量……"

游遍天下的徐霞客，只对郴州人文地理如此总结。徐霞客游郴在明崇祯十年（1637），四月初三入境至四月十二日出境，总共 10 天，游了临武县、宜章县、郴县、永兴县、兴宁县（今资兴市）的部分名胜。如临武县的龙洞、凤岩，宜章与郴县交界处（今北湖区境）的五岭之骑田岭，郴县（今苏仙区）与资兴、永兴的丹霞地貌，寻找了郴州万华岩（今北湖区境）。九仙二佛所居山岭只游了苏仙岭，提到了程乡"中远（周源）山，为无量佛现身地"。因时间短，他对其余仙佛之地"不暇及之"，无法在数量、内涵上全面深入地掌握与表述郴州的"福地文化"。

郴州地处南岭五岭山脉中段，这里既是长江流域与珠江流域的分水岭、内地与沿海的过渡区，又是楚巫文化同百越文化、中原文化同岭南文化的交汇处。特殊的地理、气候、物产、生活方式孕育特别的族群、民情、风俗、信仰。漫长的历史储存、厚重的文化积淀，使人们将一些先贤作为仙佛神来崇拜信仰，从而形成了九仙二佛三神之地（不括全国祭祀的炎帝神农、纸祖蔡伦和外省祭祀的救民县令张熹）。综合历代文献、地方志书如三国《桂阳先贤传》、明《列仙全传》《万历郴州志》、清《洞庭湖志》《嘉庆郴县志》等记载，九仙为：以防治瘟疫享誉国内外的中医名典"橘井泉香"的苏耽、透露"牛郎织女七夕相会"的成武丁、"元一真人"范伯慈、救治长沙郡民的"露仙"王锡、唐代名相刘瞻兄弟三人、唐玄宗敕封的"元妙真人"及韩愈赠序的名道士廖正法、名道唐道可；二佛为：唐代的无量寿佛周全真、"寂通证誓大师"朱道广；三神为：传书救龙女的柳毅获封"洞庭湖神"、征伐交趾之乱获封"武陵昭德侯"的"石虎山神"黄师浩、平息水患救人性命获封"青史王"的北湖神曹代飞。

其中，苏耽所居苏仙岭在城内东北，成武丁所居骡仙岭在城西，南塔仙姑所居南塔仙在城南，曹大飞龙王庙所在北湖岭在城北，刘瞻读书台所在的刘仙岭在城西北，这是内圈；外圈：刘瞻兄长弟弟居处刘仙岭在城东面 15 里，廖正法家居廖仙岭在城西面 20 里，王锡所居王仙岭在城东南面 10 里，朱佛岭在城南，柳毅传书的仙居山与后仙岭在城北面 10 里；再往外看第三圈，东面有鱼绛侯柳毅的鱼绛山，西南有范仙岭，南面有高仙山，北面有仙台山（天飞山）与无量寿佛的周源山；郊外（今苏仙区、北湖区）还有太和仙、慧仙岭、肖仙山，每个县还有不少仙山仙岭，如汝城县苏仙岭、白云仙，永兴县仙母山、八仙山，临武县成仙山、金仙寨岭，宜章县瑶岗仙岭、昭王

371

山，桂阳县太和仙、飞仙，兴宁县（今资兴市）苏仙山、落仙岭，安仁县金紫仙、猴昙仙，桂东县仙人掌，嘉禾县仙人桥石山，永兴与耒阳交界的侯憩仙等。千百年来，大福地圈由此形成。

（二）"大福地圈"的人文氛围

这种大小仙岭福山团团合围、众星拱月烘托城中道教第十八福地苏仙岭的人文地理态势，这种八方延伸、千里同宗的福地根脉景观，这种遍地散花、密集分布所造成的大福地圈气场，别说独领七十二福地风骚，在全国也绝无仅有。数量庞大的仙、佛、神阵营，以及仙岭佛山所荟萃的道观、神祠、寺庙、殿堂，绘画、碑刻、木石雕像；以及整个区域的各类民间纪念、祭祀、崇拜活动，流传的故事、传说、神话、民谣、歌曲、谚语，历代刊印的文章、方志、书籍，必然萌发产生丰厚的福地文化，必然蕴藏涵养深邃的人文思想，从而形成浓郁的大福地圈环境氛围。

三、郴州"福地文化"的多重性与思想内核

大福地圈的人文氛围，提供了"福地文化"另一重要的也是决定性的条件，即非物质文化遗产的形式、内容、特征及思想含量、精神高度。

（一）郴州山水涵福、祥瑞俱备的人文现象

"福地"，除道教作为神仙居处的专用名词外，它的主要意义按《古今汉语词典》解释是指"幸福安乐的地方"。幸福安乐，需要一定的构成因子为条件。单就"福"字来说，它含有与"祸"相对的"幸福"的本义，如福气、福运、称心如意的生活，还表示"祐、休、善、祥"等意思，含有"富（多）""备（全）"等意义。《韩非子》说"全寿富贵谓之福"，又"五福，一曰寿，二曰富，三曰康宁，四曰攸好德，五曰考终命"。那么，郴州富含了这诸多因子、条件。

1. 山水涵福

汉代先民所建郴州古城坐北朝南，群山环抱，背依后龙山北门岭，遥对案山南塔岭；古城左为东塔岭，右为北湖岭，犹如龙身稳伏；苏仙岭踞城东北昂立似龙头，引紫气东来，回望龙脉祖山南岭山脉之骑田大岭。又城址高地，东俯瞰郴江，西俯临北湖；郴江发源于骑田岭之白石岭，顺祖山龙脉由西南而正南流向城东萦绕苏仙岭，再折向西北，燕泉河、秀水由城南穿过，江河水三面环绕城治；北湖居州城郭内，如龙穴大张，吸金纳银、浮月耀星。整座城池形成山环水绕之势，属于道家所说"青龙（东）白虎（西）朱雀（南）玄武（北）"全有且位置正的风水福象。这是地处江河下游、湖滨、海边、平原很多城市所欠缺的。孔子说"里仁为美"，郭璞说"山顿水曲，子孙千亿"，传统堪舆学认为"生气所聚，草盛木荣"，是指选择优良的自然、人文环境居家生聚，就既能草木茂盛、谷丰畜旺，又能习俗良好、福延子孙。郴州作为福地，具备规范的堪舆学文化条件。

2. 聚宝藏富

郴州地域，山水之间，聚宝藏富，自然资源丰饶，则是天造地设。

山，藏聚财富：稀有金属铀铌钽钴金银锂铍、有色金属钨锡钼铋铜锰铅锌、煤炭、石墨、萤石、钾长石、花岗岩、大理岩、国宝香花石等，钨储量世界第一，铋、石墨全国第一，锡、萤石全国第二，硅灰石全国列前。汉代设金官40处，江南只桂阳郡（治所郴县）一处；唐代全国东西南北中铸钱炉99座，桂阳郡占5座，享有"汉唐银场"的盛名，所铸钱币的品牌叫"桂钱"。终年常绿的山岭动植物资源多样：银杉、红豆杉、莽山松、伯乐树、银杏、水松、钓樟、方竹、合欢竹、长苞铁杉、金丝楠木、云锦杜鹃等，肉桂、紫芝、薏苡、藁本、玉竹、石蒜、金毛狗、鸡血藤、花松萝、三尖杉、七叶一枝花等，华南虎、莽山烙铁头、陈氏后棱蛇、蟒蛇、云豹、鼯鼠、毛冠鹿、苏门羚、相思鸟、白鹇、黄腹角雉、短尾猴、华南黑熊等。自然景观资源多样：喀斯特地貌如苏仙岭、王仙岭、骡仙岭、万华岩、兜率岩、白石岩、神农岩等，花岗岩地貌如五盖山、八面山、香花岭等，丹霞地貌如天飞山、便江山水、程江口、安仁神农谷等，山地草原如仰天湖草原、汝城飞水寨草地等，森林景观如莽山自然保护区原始森林、天鹅山自然保护区原始次生林、西山原始次生林、八面山自然保护区等。各种土特产，如白蜡、油茶、香芋、临武鸭、东江鱼、香潭鱼、三味椒、大冲椒、桂东黄菌干、玉兰片、倒缸酒、瑶山酒、桂阳坛子肉、魔芋豆腐、宜章猕猴桃、人参果、蕨根粑、苏仙豆油、桂阳烟草、龙须草、资兴蜜橘、枇杷、水蜜桃、永兴冰糖橙、临武乌梅、南强枣、汝城柰李、蜜梨、北湖西瓜、葡萄、五盖山米茶、玲珑茶、狗脑贡、南岭天湖、东山云雾、汝白银针、莽山银翠、豪峰贡、龙华春豪等。

水，蕴含灵气：温泉、矿泉、珠泉、蒙泉、燕泉、橘井、蔡伦井、犀牛井、被《枣林杂俎》列为"圣泉"的潮泉、与"天下第十八福地"对应的"天下第十八泉"圆泉，耒水、武水、洣水、章水、热水、舂陵水、郴江、沤江、注江、永乐江等。南朝宋盛弘之《荆州记》记载："桂阳郡界（郴县）有温泉，其下流有田，恒资以浸灌。常十二月种，至明年三月新谷便登。温液所周，正可数亩。""西北接耒阳县有温泉，其下流百里，恒资以灌溉……重种一年三熟。"北魏郦道元《水经注》记载："县界有温泉水在郴县之西北左右（永兴），有田数千亩，……温水所溉，年可三登。"温泉各县基本上都有分布，如汝城热水镇拥有江南最大、水温最高的地热田，宜章一六镇拥有湖南最密集的温泉群，北湖区龙女、天堂温泉、永兴悦来温泉、安仁龙海温泉享誉省内外。

老天如此偏爱厚赐这一方山水，遂使郴州的非物质文化达到较高层次，现今以"世界有色金属博物馆"驰名国内外；莽山享有"华南生物基因库"的声誉；市本级被授牌"中国优秀旅游城市"（括资兴市）、"中国温泉之乡"、省级历史文化名城（括汝城县），永兴县被授牌"中国银都"。传统堪舆学认为"山来水回，贵寿保财""风水之法，得水为上"，元代《玉镜》说"四季青青福自来"，都是指良好的生态环境能致富得福；郴州称为福地，并非虚名，具备上佳宏富的生态文化条件。

3. 鹿鹤呈祥

郴州古代另一个福地意象，是祥瑞动物颇多。祥瑞即福瑞，汉代帝王重视桂阳郡并将白色动物看作福瑞，义帝陵塑白虎，称白虎郡。百姓同样如此。故"苏仙传说"中出现了哺乳、羽寒救婴儿的白鹿与白鹤，及苏耽骑上白马为民治病的细节。视白色动物为祥瑞的这一喜好，为后世刘姓王朝承袭。如南北朝宋（刘）王朝先后封数位王子王孙、皇弟，为"桂阳王""桂阳公""桂阳侯""桂阳县公"，"祥瑞"在实际生活中也多次出现，文献记载"少帝景平元年十月（423），白虎见桂阳耒阳"。公元458年"白鹿见桂阳郴县，湘州刺史山阳王（刘）祈佑以献"，桂阳王刘休范也献有白雀、白獐。

地处南岭的郴州又产白鹇、白蛇，《神仙传》记牛脾山也叫白马岭，而北湖曾是白鹤的越冬地。当然还不止白色的祥瑞动物，如苏仙区栖凤渡镇的地名就来自凤凰栖降于此的传说，桂东县的红嘴相思鸟就是牛郎织女传说的象征物。《列仙传》写苏耽骑的鹿非鹿而是龙，《神仙传》写苏耽变身赤龙化作桥送人们渡河。郴州作为福地，具备传统祥瑞文化条件。

（二）古代名人对郴州"山水涵福"的评论

郴州这种"山水涵福"的人文地理现象，吸引着历代名人的思索并阐发见解。例前述徐霞客"郴州为九仙二佛之地"的总结，又如唐代文豪韩愈在《送廖道士序》中的评论："郴之为州，在岭之上，……又当中州清淑之气，蜿蟺磅礴而郁积。其水土之所生，神气之所感，白金、水银、丹砂、石英、钟乳，橘柚之苞，竹箭之美，千寻之名材，不能独当也，意必有魁奇忠信材德之民生其间。"即说这样地理之特、景观之美、物产之丰的有福之地，必然产生德才兼具的非凡人物，一言以蔽之："地灵人杰"。宋代阮阅担任郴州知州后发出的感慨"郴在荆楚自是一佳郡也"，就验证了上述评论。

（三）郴州"福地文化"的多重思想内核

"福文化""福地文化"同别的文化一样，都是人的活动、人的创造，围绕人而生发的。郴州这块福地产生的人中翘楚、民之俊杰，无论对本地对湖

374

南，对全国甚至于对世界，都是福星福音。从"九仙二佛三神"中择三例而言：

1. 苏耽其人与传说蕴含的福文化内核符号"橘井泉香"

综合《列仙传》《桂阳先贤传》《万历郴州志》《中国民间故事集成湖南卷郴州市资料本》《神仙传》《聊斋志异》，简述苏耽其人与传说如下：

西汉惠帝年间桂阳郡郡治郴县县城，一个美丽善良的潘姓村姑浣衣郴江，绿萍漂来绕石三周；潘女好奇捞起，红丝须缠指不脱，用嘴去咬，竟滑入腹中未婚而孕。为族规宗法不容，潘女逃进山中一洞，生下婴儿哭泣离去。其时寒冬降雪，潘女不忍，反身赶回洞中，见白鹿哺乳、白鹤羽寒，遂毅然独留山中，艰辛抚育孩子。孩子稍长，因遇用稻草吊鱼的樵夫取名"苏耽"。他自幼牧牛捕鱼摘桃孝养母亲，后住城东凿井种橘度日，山中遇道士学得医术，持竹杖采药特灵，人传"苏生竹杖是龙"，又骑白马往返为民治病。遂得道跨鹤升仙，泣别母亲前留下灵应一柜，又嘱告翌年将有瘟疫，汲房前井水一升熬橘叶一枚可救一人。来年果然，在儿子暗助下，苏母架锅日夜熬药，救民无数。苏耽常降马岭顶峰凝望母宅，久之山顶松树也受感动，枝柯齐向南伸。苏母百余岁无疾而终，苏耽在岭顶云盖上哀哭三年，百姓感念，称苏耽为苏仙，井为"橘井"。

这故事除了苏耽出世、母子救民的情节，几乎都是传统的福文化符号：鹿、鹤、桃、松都是长寿象征物，"鹿寿千岁，满五百则其色白"；"鹤寿千年"，故称仙鹤；桃乃寿桃；松为常青。龙，汉民族图腾与象征，所谓"中华龙"；鱼，产仔最多被视作祈子吉物、富裕象征，所谓"连年有鱼（余）"；牛，关乎耕作收成、农家贫富，系祭神祈福的三牲之首；马，喻马到成功；橘，既以音喻"吉"，又因药用而为辟邪之物；竹，谐音"祝"，指代祝福祝愿之意；云，云为仙鹤乡，多用作"祥云瑞彩"；红丝，则直喻牵连幸福。

发生于两千多年前的苏耽故事所形成的传说，并非简单地表达百姓求福的愿望，而是蕴含了多种文化意义。如它形成了"苏耽橘井"的典故，与"董奉杏林"一起成为蒙学教材的条目，但比董奉多一重意义：孝道是福。后世因苏耽孝母而将其称作"孝子神仙"，而且这种孝超出一家亲情，苏耽离家时不只想到母亲，还心系百姓安危；母子两人博爱苍生的大孝，才真正是天下之福。因此，母亲享寿百岁，苏耽跨鹤升仙。

"苏耽橘井"，由是又成为医界的良医良药的代称，并从中衍生出"橘井泉香"的医林典故，与"杏林春暖"共同辉耀中华民族医药史。由于发生年代早、内容丰富，它比后者在国内外更有影响，这就是它所蕴含的反封建的人道主义思想和不信天命、力抗自然灾害的道家精神。一个姑娘未婚怀孕，在两千多年前的封建社会是要受到宗法制度和族规"打胎""上吊"等迫害的，而潘姑娘竟逃出村子生下孩子并育孤成才，说明她对封建宗法的反抗和坚定的人道思想。在天降重灾时，苏耽预测到了，但母子没有只顾自己逃避，反而以微薄之力济世救民，说明他们从自身不信天命、不求业果的道家精神，上升到无私无畏、力抗天灾、以人为本、奉献社会的民族精神。这，才是华夏之福。

因此，"橘井泉香"蕴含的人文精神，高于以述说神异为主的七十二福地另七十一仙，并影响到国外。明代意大利著名传教士利玛窦在《西国记法》一书中，介绍说："记医，以橘井、以杏林。"法国、奥地利、俄罗斯国家图书馆藏有关于"苏耽橘井"的书籍；日本有橘井会山口内科外科、橘井医药公司，甚至以橘井为人名如"橘井健一"；柬埔寨王国以"橘井"命名省市；越南庸宪市温氏祖厝楹联的下联为"宪南风物，寿人橘井久传家"等。这就不难理解，国家首例批准以仙人名号改郴县为"苏仙区"的理由。

2. 柳毅龙女传说蕴含的福文化内核符号"传书洞庭"

综合北宋文学家张舜民《郴行录》、清《洞庭湖志》《嘉庆郴县志》《中国民间故事集成湖南卷郴州市资料本》，简述柳毅龙女传说如下：

洞庭龙王的三女儿，因帮助人间瞎眼女触犯了天条，被贬到郴州一个万员外家做童养媳，受尽虐待。宜阳（宜章县）青年柳毅，上京赶考路经州城北郊仙居山，遇到放羊的龙女。龙女哭诉委屈，求柳毅传书父王。柳毅十分同情，决心帮她脱离苦海，于是千辛万苦赶往洞庭湖龙宫。龙王接书信后，派独角蛟龙陷万员外家，救回龙女。龙女的叔叔为感谢柳毅，执意将龙女许配柳毅。柳毅是因重承诺才救人的，故而谢绝，他还因为救龙女误了科考。后来，龙女化身为卢女嫁给他，洞庭龙王封他为"洞庭湖神"。

这个传说也非简单的救助弱势的意义，而是蕴含了人道、诚信、勇敢、担当、牺牲、大义等精神。古代读书人的唯一出路，就是十年寒窗金榜题名。然而柳毅一次偶遇，为一个承诺放弃自己的功名机会；面对成为龙王东床快婿的巨大补偿，仍表现出讲信义重承诺的高尚情操。康熙年间郴州知州范廷谋就在诗中歌颂柳毅"一封书寄洞庭君，婉转推辞义薄云"。这种福佑弱小、有求必应、善待他人，甚至为造福他人牺牲自己的根本利益的勇于担当、高尚大义的精神，尤其对现代社会来说，是非常需要的公德与福祉。

3. 无量寿佛其人与传说蕴含的福文化内核符号"当陷万家"

综合宋《湘山无量寿佛记》、明《万历郴州志》《大明一统志》、清广西

《湘山志》《嘉庆郴县志》《中国民间故事集成湖南卷郴州市资料本》，简述中国佛教的无量寿佛其人与民间传说如下：

无量寿佛名叫周全真，唐代郴州郴县程水乡（今资兴市周源山）人，少年出家，披剃于郴州开元寺（今义帝陵对过、文化路西的义帝路路口一带），16岁时参礼禅宗"牛头宗"传人、杭州径山道钦禅师。天宝年间，他随道钦到长安，拜见了唐玄宗。周全真学成之后自立禅关，于至德初到达唐代初期仍为郴州桂阳郡管辖的湘源县（后划归永州，明初由湖广划属桂林），选取清幽湘山，开创了他自己的说法之地禅宗净土院即湘山寺。他享年132岁，为中国有记载最长寿者。其著作有《遗教经》《湘山百问》《牧牛歌》等。他宣扬《遗教经》《金刚经》《楞严经》《圆觉经》《无量寿经》等经典，强调"和、仁、静、行、实"，"仁者寿、寿者静，静故万物生焉"，以及"盖以身为寿，其寿有量，以无身为寿，其寿无穷"等。他告诉十方信徒说："说得一尺，不如行得一寸。"他特别告诫俗众要忠于国、孝于亲，对士大夫说"忠孝是佛"；他教人们勤劳致富、俭用持家，对农夫和工匠说"勤俭是佛"；他教商贾公平经商，对生意人说"公平是佛"，使世俗风习为之一变。在郴州方言、湘方言和桂方言中，"佛""福"谐音。因此佛教界、信众们推崇他为福寿文化大师。唐末五代，后晋天福四年（939），楚王马希范因周全真在佛教界的影响及湘源县为全真禅师道场和坐化之地，向后晋高祖奏准将湘源县改为清源县，并以其法号第一字"全"为名升县为州，置"全州"。从宋徽宗到宋理宗的4位宋代帝王敕封他，为"慈佑寂照妙应普惠大师"；清康熙皇帝亲书"寿世慈荫"匾额赐予湘山寺，咸丰皇帝赐封他为"保惠无量寿佛"。

而在关于他的众多民间传说中，最具意义的文化内核符号是记载于唐代文豪柳宗元诗句及北宋张舜民著作中的郴州民谣"当陷万家"：洞庭龙王为女儿报仇命独角蛟"水陷郴州万家"，独角蛟竟莽撞地要陷郴州一万家，而当时郴州正是一万户人家！寿佛大惊，他变身老农，乘独角蛟打开地图数户数时，用衣袖拂来挡去，使独角蛟数来数去总是9999家，然后指点迷糊的独角蛟："我看龙王爷不是要水陷郴州一万家，是陷姓万的一家。如果搞错了，老弟你担罪不起呀！"独角蛟一听，忙谢过寿佛，水陷了万员外家。这个传说不仅表现了寿佛的智慧、幽默和民间传说的创造力，还蕴含了大慈大悲、普济众生的佛教教义，福气、福运的民间文化心理，以及郴州福地出福星、福荫福泽护万民的福文化内核。

总之，"福地文化"自古存在于湖南郴州地域，表现形式多种并显示出丰沛宏富的思想、精神含量，具有非物质文化遗产所拥有的多重高品位价值。

郴州为何敢称 "天下第十八福地"①

经过 2011 年中国（郴州）国际旅游文化节与 "福文化" 研讨会，满耳 "福地" "福城"；又瞄到郴州那么多带 "福" 字的事物：龙女温泉风景区 "百福大鼎"，北湖公园 "百福墙"，苏仙岭风景区 "万福山"，还有福城网、福城论坛、福城志愿者协会等；想到历史上只福建福州因州北有福山、产福橘而别称 "福城"，享 "福城宝地" 之誉，而郴州没被古人冠以 "福城"；又听不少人聒噪查资料郴州不是第十八福地而是第二十一，一位来林邑讲坛上课的博导还恭维郴人不争前几名自称第十八福地谦虚得很嘛。那么，郴州是不是福地？是什么样的福地？有没有 "福地文化" 呢？

苏仙岭在道教七十二福地中的最初排位

单看字面词义，旧版《辞海》对 "福地" 的解释为："道家谓神仙所居有七十二福地，见《云笈七签》。" 早期道教界人士宣称一些游居修炼、得道成仙之处的名山胜景为 "洞天福地"，形成道教的人间仙境。"洞天"，意指山中有洞室通达上天，贯通诸山；共有十大洞天、三十六小洞天，系群仙聚居之处。"福地"，意指得福之地，居此能受福度世、修成地仙，系单个地仙、真人（得道者）主治之处，共有七十二福地。那么，还要问什么？郴州苏仙岭在这范围内根脉深、桩子稳。

苏仙岭，得名于汉魏名郡桂阳郡（治所郴县）少年草药郎中苏耽孝养老娘，并和母亲在瘟疫之年用井泉水熬橘树叶救民的故事。因影响大、流传广，西汉末被经学家、文学家刘向写入《列仙传》，三国时被吴国左中郎张胜写入《桂阳先贤传》《桂阳先贤画赞》，晋代被道教理论家、医学家葛洪写入《神仙传》。于是，苏耽由民间郎中成了道教名医，还位列仙班，形成民间传说、神话故事；历代为他大兴土木，设立和兴建相应的纪念性、祭祀性场所、建筑物。

盛唐时唐玄宗狂热迷道，开元二十九年（741）明诏对苏耽其人其事 "发挥声华，严饰祠宅"。于是郴州刺史孙会大显身手，霸蛮在马岭山顶扩建苏仙观，新绘苏耽画像；山下苏耽故居的 "橘井观"，苏耽宅、苏母祠也修饰一新；并亲撰和镌刻《苏仙碑铭》以记其盛。

奉唐玄宗令制作道教音乐的茅山道第 12 代宗师、著名学者司马承祯当时考订了一部《上清天地宫府图》，列出 72 个道教福地，其中把苏耽采药栖居

---

① 原载《郴州日报·周末》2011 年 11 月 13 日。

过的马岭山，排为"第二十一，马岭山，在郴州郭内水东，苏耽隐处，属真人力牧主之"。到北宋，《天地宫府图》收入著作佐郎张君房编撰的道书《云笈七签》，进呈宋仁宗御览，保存入宫。这样，郴州苏仙岭在唐宋官方修编的道教典籍中占据重要一席，毫无疑问早已搞定"福地文化"的物质基座。

苏仙岭"天下第十八福地"的最后定位

山没办法像人一样自我做主，苏仙岭在七十二福地的位置非一成不变。比如在台湾收藏的道书中，它排第"二十五福地——马岭山，一名苏仙山。在湖南郴州东北。晋苏耽入山修道，其母窥之，见乘白马飘然"。甚至随着苏耽传说的四向流布，其福地还克隆到邻省"五十一福地……苏山，一名元辰山。在江西南康府都昌县。西晋苏耽真人得道于此……"唐末五代名道杜光庭熟悉郴州，编撰《洞天福地岳渎名山记》时，将马岭山提升为第十九位"马岭，在郴州苏耽上升处"。

而一般人提及、解释苏仙岭时，引用资料显示的基本上都是《云笈七签》所载"第二十一"位。所以，前头那位博导，以为"天下第十八福地"是郴州人自称的。然而，早在明代，大旅行家、地理学家徐霞客游访郴州时，亲眼瞧到了苏仙岭的"天下第十八福地"标志，他在《楚游日记》中记述："随郴溪东岸行，东北二里，溪折西北去，乃由水经东上山。入山即有穹碑，书'天下第十八福地'。"

这种碑，道教七十二福地的另七十一福地没有。它显示出了郴州"福地文化"的复杂性。那么，为什么会出现这种状况？

这是因为直接论述道教洞天福地的道家经籍，主要有3种：唐代司马承祯的《天地宫府图》，其中一些福地经过百多年起了衰微变化；于是被五代杜光庭毫不留情地勾掉，《洞天福地岳渎名山记》重新排序，增加了武当山等，把苏仙岭提进到第19名；北宋李思聪所著《洞渊集》，也根据当时福地"地情"进行了调整。这位名道士、堪舆家、江西赣县人，是郴州人的老表，皇祐二年（1050）春向宋仁宗进呈著作《洞渊集》。宋仁宗赐号"洞渊太师"和"冲妙真人"。在《洞渊集》卷之四"天下名山七十二福地"中，把苏仙岭排到七十二福地的"第十八福地马岭山，在郴州"。

此后，帝王们热情硬是有天样高，从北宋宋哲宗敕封苏耽为"冲素真人"，经南宋宋高宗、宋宁宗加封，直到宋理宗再加封为"冲素普应静惠昭德真人"，苏仙观大门门额上的"敕封苏仙昭德真君"蟠龙碑即宋理宗御赐。这样，苏仙岭在道教福地中专享第十八位，又由于李思聪对七十二福地冠以"天下名山"，所以苏仙岭麓才竖起徐霞客见证的"天下第十八福地"穹碑。

苏仙岭的福地排位靠前，一是说明福地主人公苏耽及其事迹发生年代早、声气高；二也显示了它的根盘和身价。

郴州"福地文化"之物化根脉：延展福地橘井

不独明代徐霞客大师，清乾隆年间方志家、诗人檀萃在其名著《楚庭稗珠录》中记，他过郴时也目睹了"湖南郴州苏仙故居，院门匾额'第十八福地'，殿前庭当阶有井，甃以石，深丈许，即橘井"。

这又要回头看北宋。一些学者以为，道教第十八福地只是指苏仙岭一山。然而大中祥符元年（1008），宋真宗敕赐"集灵观"匾给橘井观，把第十八福地的范围、概念，扩展至郴州城。因为苏仙岭在郴州外城之内，橘井所在的苏耽故居则紧挨内城东门。当时宋真宗的威望天样高，地方既托他的福又晓得规划，通过重修与新建，在城里构筑起以橘井为地标的庞大道教建筑群。苏耽故居处鸭子塘（今一中）有橘井观、橘园、苏仙宅、苏母祠、苏母墓，竖"汉苏仙母潘氏元君墓"碑，碑名说明他母亲也已纳入道教人物行列；东城门处建高巍的"来鹤楼"；由内城通向外城的半里长路铺成宽大的青石板神马道，道上立"仙桥古渡"牌坊，道旁置石人石马等；通向东城门的还有"仙桥巷"；郴江河上木头"苏仙桥"改石头的；苏仙桥沿郴江通往苏仙岭数里长石板道上有"鹿角亭"等；整个郴州城都俨然而成道教福地。当然，不止州城，周边县份如永兴、汝城、宜章、桂阳、耒阳也都有相关山岭地名、建筑、纪念物。"橘井"甚至扩展到全国数省。第十八福地的脉络肌理由苏仙岭一山延伸至橘井，进而扩展到郴州城乃至各县，根系之庞大深广，七十二福地走一圈，能找到第二家吗？九仙二佛三神所居山岭团团围住郴州的福地构图，更是全国无二。可惜呀，因历经清末太平天国运动、"阶级斗争"、欠科学规划的城建、房地产过热等，上述古建文物大多已消亡。如太平天国军攻进郴州大肆破坏，苏仙岭麓"天下第十八福地"石碑就被毁掉。不然，郴州从城内至苏仙岭顶苏仙观的庞大道教建筑群足可申报世界文化遗产。

皇帝御诗与郴州橘井①

泉液清甘、水光荡漾的郴州橘井，自汉代起，就因少年郎中苏耽和他的苦命母亲在瘟疫之年熬药救民而名播天下。到明代，这口井和它主人进入启蒙读物《龙文鞭影》，为"苏耽橘井"，而著名典故"橘井泉香"，早已与"杏林春暖"交相辉映在华夏民族医药史册上。

----

① 原载《郴州日报·周末》2012 年 6 月 10 日。

苏耽橘井之名的由来

一段时间里，因"阶级斗争"，将古先民感恩、道教界推崇而口耳相传的民间文学"苏仙传说"视作封建迷信，而冷落了"橘井文化"，让很多人只知三国的"杏林"，不了解早生四百多年的西汉"橘井"，遂使名典成盲点。甚至20世纪90年代在其原生地湖湘，仍有某报头版一文的标题把"橘井"说成"菊井"，贻笑大方。

"橘井泉香"典故中苏耽和他母亲用橘井水熬橘树叶救民的传说，出自西汉经学家、文学家刘向编撰的《列仙传》。但刘向在书中的"苏耽"篇中，只讲述了故事，没有给苏耽家的井命名，原文写苏耽对母亲说："明年天下疾疫，庭中井水橘树能疗。患疫者，与井水一升，橘叶一枚，饮之立愈。"然而，这种超出一家亲情、心系百姓安危的大孝与博爱，这种不信天命不求业果、力抗天灾济世利民的道家精神，如《中国神话人物辞典》所指那样"历代文人都非常喜爱"。不过三国时吴国左中郎张胜撰写的《桂阳先贤传》"苏耽"传中，却没提到这口井。晋代葛洪的《神仙传》才重复了《列仙传》的内容："明年天下疾疫，庭中井水，檐边橘树，可以代养，井水一升，橘叶一枚，可疗一人。"接着南北朝的《桂阳列仙传》继续写它："年将大疫，死者略半，穿一井饮水，可得无恙。"此后，郦道元的《水经注》、李昉的《太平广记》等名著就不少这口井了。

千年风云流淌到唐开元二十七年（739），"诗家天子"王昌龄贬谪岭南过郴州，在《出郴山口至叠石湾野人室中寄张十一》中写下"昨临苏耽井"；740年名相张九龄逝世后，"诗圣"杜甫在《八哀诗》中也写了"痛迫苏耽井"；这口井便有了姓。开元二十九年（741），郴州刺史孙会奉唐玄宗令扩建苏仙观时撰《苏仙碑铭》，文中出现"橘井"二字。杜甫则3首诗都有"橘井"：《秋日夔府咏怀奉寄郑监李宾客一百韵》中"橘井尚高褰"句，《奉送二十三舅录事崔伟之摄郴州》中"橘井尚凄清"句和《将之郴先入衡州欲依崔舅于郴》中"橘井旧地宅"句。与杜甫"橘井"诗句差不多同时吟咏的，是文学家元结，他任道州刺史时于767年过郴州，专门寻游苏耽井，特撰七律《橘井》。从此，这口井便拥有了正式名称，中国医药界和道教界的专用词"橘井"，金声玉振传扬天下！

医界"橘井泉香"之名的由来

于是自诗山韵海铸就的大唐起，"橘井"成为全社会的诗文对联用典。宋代以降，名人、名著也将"橘井"引入诗词曲赋，如北宋词坛巨擘秦观贬居郴州，留下"闻道久种阴功，杏林橘井"的词句；南宋丞相周必大咏出"子到同吟仙井橘"；元代谥号"清献"的王都中治郴时感叹"苏仙孝感动乡间，橘井千年事若符";明代史学家、刑部尚书王世贞赞颂"橘井汲后绿";清代民族英雄林则徐有楹联句为"橘井活人真寿客";人们还把"橘井"与"泉""香"二字连起来,如翰林院编修张九镡《郴州四首》的第一句"汉朝灵橘井泉香",基本上就是医界"橘井泉香"的版本了。

然而,百代过往,地久天长,"橘井泉香"到底是怎样组合上的?按顺序排列的四字,究竟出自谁的诗行?谁的词章?颇难查探。五百多年前一诗人曾感叹"自古神仙事渺茫,郴州橘井渐遗忘"。总之,"橘井泉香"的根蒂藏在千年之前渺渺茫茫,必须心脑化作锄尖深掘细探,否则踪迹难寻只能留下遗憾。

橘井因苏耽而得名,苏耽橘井的大名除了历代百姓膜拜、千年道教推崇,在封建社会决不能低估帝王们的作用,神仙也要皇帝封,只有获得封号的仙人才能高踞官立的道教殿堂。唐开元二十九年(741),唐玄宗李隆基明诏"严饰祠宅",赐建"集灵观",后改名"橘井观"。北宋宋哲宗赐号苏耽为"冲素真人",南宋宋高宗加封苏耽为"冲素普应真人",宋宁宗加封苏耽为"冲素普应静惠真人",宋理宗加封苏耽为"冲素普应静惠昭德真君"。于是苏耽采药栖居过的马岭山,在道教七十二福地中迭次上升为"天下第十八福地"。

皇帝御诗"橘井泉香"

江西上饶市万年县罗湖上丁村所藏丁氏族谱,记述了一个与宋真宗有关的趣事:丁氏宗族的郎中丁和喜欢在名山胜景处采集百草药料,传说他在经常洗药草的西山洗药池边,遇到水中神仙,教授他一个单方说:"现在宸妃已怀了龙胎,你可以按此方配药料送到京城去,取金水桥边之水,泡好洗澡水供她使用。皇妃洗浴了就可生下龙子。"丁和马上赴京,将单方、药材及神仙的话上奏皇帝。宫里烧药水给宸妃洗浴,果然顺利生下了太子。宋真宗大喜过望,将他御笔亲题的"济生堂"金匾和一首亲撰御诗赐给丁和还乡。《赐丁和还乡》为七律:

> 天生一物一阴阳,燮理全凭太古方。六脉若能医有效,四民谁
> 不寿而康。杏林佳实留心种,橘井甘泉透胆香。卢扁更从何处问,
> 罗湖溪上济生堂。

从此诗可以看出宋真宗的确才华横溢,第6句"橘井甘泉透胆香",在古代所有写苏耽橘井的诗词作品中,首次出现"橘、井、泉、香"四字的排序。

由于出自帝王御诗的身价,更因为世代百姓的感恩和文人墨客的喜爱,

道教界医药界倍加推崇。宋代以降，中医堂号、诊所药铺门上贴"橘井泉香"的对联，或柜台摆放"橘井泉香"的铭牌，已成约定俗成的文化现象，连明代来华的著名意大利传教士利玛窦所撰《西国记法》中，也说在中国"记医，以橘井、以杏林"。这样，"橘井泉香"自然传遍天下，相沿而成中华医林国风，并衍生出"橘井流芳""橘井流丹""橘井四时春""橘井活人多""龙蟠橘井水泉香"等熟语、联语、用典；甚而随着各地民众对道教的喜爱，东南西北神州处处现橘井。自然，它也随着唐风宋韵泽被海外，各国唐人街上举目可寻"橘井"为名的诊所药行；法兰西、奥地利、俄罗斯国家图书馆、日本皇宫图书馆藏有关于"苏耽橘井"的藏书；柬埔寨王国以"橘井"命名省市；越南庯宪市温氏祖厝楹联的下联为"宪南风物，寿人橘井久传家"；日本国现今还有橘井医药公司与《橘杏春秋》医药杂志，甚至以"橘井"为人名如"橘井健一"等。这真是：

郴州橘井清泉香，千载美名世界扬。

郴州孝子天下闻[①]

孙中山先生说过："现在世界上最文明的国家，讲到孝字，还没有像中国讲得完全。"这让人联想到，中国除了湖北孝感，还有诸如湖南郴州也是孝道文化的产生地之一，从古至今有较完全的孝子传承谱。

孝仙与孝佛

这要从秦末讲起，反秦起义成功后，项羽逼迫义帝熊心迁都南楚长沙，而义帝毅然建都郴县却被项羽暗弑，古代君同父母，此为一大不孝；"楚汉相争"时项羽又绑架扬言烹死刘邦的父母，刘邦竟反击说"愿分一杯羹"；所谓"刘项原来不读书"也含有这两人的不忠不孝之意，刘邦虽胜出坐了天下，但此次"不孝"却为天下人诟病。刘邦之子汉惠帝和其弟汉文帝鉴于这样的教训，将"孝文化"纳入政治制度，采用"孝悌治国"的国策。而桂阳郡郴县的少年草药郎中苏耽，正是惠帝—文帝年间人。因早年丧父，他放牛、卖药、挖井、种橘养活母亲。历代名著、典籍，写他，不是"以仁孝著闻""少以至孝著称"，就是"事母至孝""养母至孝"。而从"孝友"角度，即他在瘟疫之年救治乡亲来说，更是大孝。这样，他达到了道教"要想成仙，先得尽孝"的境界，成为中国最早的"孝子神仙"的代表。

唐代，唐玄宗曾亲注《孝经》，下诏书要求国人家藏一部。而周明经"全

---

① 原载《郴州日报·周末》2015年6月14日。

真，郴程水乡（今资兴市香花乡）人"（《湖南通志》），正生逢其时。他学佛成年后，随恩师进长安，晋谒了玄宗皇帝。此后，他在广西全州开创净土院，撰写佛学著作，阐述"忠孝是佛"等创见。后世尊他为"无量寿佛"。他的孝老故事很有趣，如某次云游前，父母见他苦修佛法瘦得很，硬要杀只鸡给他补一下。寿佛两头为难，吃就坏了不杀生、不食荤的佛规，不吃又对父母不孝敬。最后他吞下煮熟的鸡，带着鸡毛辞别父母。过程水时他念起咒语吐出这只鸡，再插上鸡毛，对鸡嘴吹口气，不过寿佛插反了毛，吐丢了一只脚，活了的鸡成了独脚倒毛鸡。寿佛也被后人看作"孝佛"。

历代孝行图

东汉郴县程曾，字孝孙，父早逝，他7岁时母亲又亡，不幸的孤儿哀哭不止，瘦削昏沉。祖母为救他的命，从邻家讨得肉，嚼烂喂到他嘴里，昏沉中的孤儿记得服丧期间不能吃好的，竟吐出不食。

南北朝时便屏（今永兴县）人郭世道，生母早逝，14岁时父又死，他为养继母，给人打工，并狠心将儿子送人。直到继母去世，才又生一儿取名原平。如此贫寒，他却品行端正，一次送货到墟场，货主多付了一丁文，他发现后追赶了30多里退还。郭原平也是长到10多岁，就打工孝养父母，主人赏他一份菜，他却省下给父母吃。父病故，原平年少无钱，只好以工抵债买棺木，为造墓又给人当小工，偷学泥水工技术，历时3年才将父亲入土。父子孝行被宋文帝知道后，诏令将其居住的独枫里改名为"孝行里"。他们被列入《历代孝子图》。

北宋阮阅任郴州知州时，以《郴江百咏》名世，其中《孝妇冢》一诗"国史班班有旧闻，欲将重说与郴人。教知蔡妇潜然意，可比神仙噀酒神"，褒扬的就是永兴县一位媳妇在家里起火，烧向公婆棺材时，她无力拖动，竟然扑上去以肉体挡烈火，后人为纪念她命名其墓"孝妇冢"。

明代，郴籍巡抚以上的官员出了9个，个个孝廉。如宜章人、兵部尚书邝埜"性至孝"，他当陕西按察副使时，父在江苏句容县做学官。时间长了他思念老人，寄一件粗绒衣给父亲御寒。他父亲也是清官，退给他还附一信教训说："你应把精力用在洗雪冤情处理积案上，以不愧于职责，从哪里弄到这袍子来玷污我？"邝埜接信，流泪跪读。又如临武人、寒门出身的礼部尚书、太子侍讲曾朝节兄弟都"性笃孝"。曾朝节应试礼部时，他弟弟、举人朝简也入京会试，时"闻父丧"，兄弟二人中止应试赶回家乡，弟弟竟痛哭死在棺枢前，朝节只得操办两件丧事，朝廷特赐其弟"孝子进士"。

清代安仁进士欧阳厚均任监察御史，"性孝友，年逾四十"即"以母老告归"。"当事聘主岳麓书院"，他谢辞说要奉养母亲。"母促行，始应聘"，而母亲一促，他便在岳麓书院山长位置上干了27年。但不辞辛苦"每春往夏归，秋往冬归"，每年跋山涉水回安仁两次，奉养母亲使之欢颜悦色。老人寿高90而终，他"哀毁骨立，葬祭皆如礼"。郴县陈振玉考中举人，因见父亲患脚病，于是辞官居家孝养。带头运作、捐资出力为郴州做大量好事，如扩建郴州试院，倡修同海、浪石坝、铜坑湖石路、苏仙桥、黄金桥等，倡建龙王祠、昭德侯祠、刘猛将军祠，又捐修苏仙观、叉鱼亭、节孝坊、良田巡检署等，为穷苦人捐义谷、施药、施棺、救溺、全婚，行善举数十年不倦，"皆承父志"。造福乡梓，这也是一种大孝，他们的孝名都上了《同治湖南通志》。

普通人的孝行

乾隆年郴县人李方侯"目盲废学，家赤贫，乞食养母"。他一个盲人打连花落，挨家挨户讨米。母亲寿终70多岁，他哭奠尽哀，叹气说："数十年傍人门户，非不知耻，徒以有母在耳，今已矣。"同治年初桂阳县尹人塘和龚尧际，父母贫病难治，他们割自己的肉煮药汤给父母疗疾；因儒家认为"身体发肤，受之父母，不敢毁伤"，《桂阳直隶州志》照例不立传，湖湘文化大家王闿运就专门写"至孝存肤发，临危不顾身"的两诗相赠。

现代人如何？虽也出过某些不孝的败类，但大多数郴州人继承了传统美德。如1997年底嘉禾县女孩罗娟，知道母亲重症危急，当时父在外打工、兄在外读书。这个刚满18岁、身在长沙的姑娘毅然回乡割肾救母，成了中国大陆首例为父母献肾的子女，经湖南、郴州传媒报道后，中央电视台海外频道又在《走遍中国》栏目推介到国外。

郴州鸣九山庄经理雷舒婷也有孝老故事。1989年雷舒婷由永兴来郴求学，租住在南街海棠井边一对老人的小房中，她的床边竟是老人的棺材，原来两位老人无儿无女自备寿料。小雷只住了半年多，却照顾非亲非故的两位老人数年，她把自己当成老人的孩子，以慰藉孤老。工作赚了钱，每逢年节假日去送钱、洗衣。房屋拆迁后，两位老人住进原郴州福利院，她也找了去看望，两位老人去世后骨灰葬香山陵园，她仍然在清明去烧香祭奠。

2004年桂阳县桥市乡吉冲村村民肖玉英，因大儿子廖金明在煤矿打工负伤而忧心患了精神病，一发作就骂人打东西，晚上常闹得左邻右舍无法睡觉，病情严重时把米倒掉，甚至连碗带饭都丢进马桶。母亲既聋又瞎，家里穷，没钱医治，但三兄弟对母亲极为孝敬。廖金明虽身患残疾，却对母亲百依百顺，夏天为母亲摇扇，冬天为母亲取暖。三兄弟为了照顾好母亲，至今也不分家。他们恪守传统德行，人穷志不短，贫困知冷暖，孝道美名扬。

郴州孝子的影响

郴州孝子曾影响全国。如苏耽孝名远扬，宋代人听惯了写多了"苏仙"，甚至将苏轼也称"苏仙"；苏轼的表兄林同专门写孝事诗，圣人、仙佛各 10 个，咏苏耽的《苏仙公》就在其列。古人咏郴诗，有"礼罢孝仙礼孝佛""须知儒墨孝名扬"句。

清代山东进士曾尚增任郴州知州，不料妻子瘫痪 4 年，15 岁女儿曾衍纶听过苏耽孝母传说，尽心服侍病母。女佣不慎引起火灾，人们将衍纶刚救出，她却扑入火屋去救母，结果两人殉于大火。郴人感其孝烈，在苏仙桥东建"孝女祠"，不少名家诗文都有记述。

清末民初擅长"孝子图"的大画家、中国佛教会会长王震，居住上海。民国郴县教育局局长张愈昱也是孝子，他在省教育厅任职时托郴籍画家王兰，在上海请王震为苏耽画像。王老早慕"孝仙"，1934 年欣然命笔《苏耽跨鹤图》，还赋诗一首："流芳橘井诵苏仙，未肯飘然绝俗缘。闻说当年应召去，一天白鹤舞翩翩。"张愈昱出钱刻成碑，那时长沙—郴州公路刚通，他设法运回郴州，摆在绣峰试馆家中厅屋，花钱找齐人工，再抬到苏仙观后，立于飞升亭中。

九仙二佛三神[①]

方术、道教的产生，佛教的传入，以及民间、官方泛神化的信仰，形成中国的宗教文化。郴州的特色宗教文化有幸汇入其主源流，那就是"九仙二佛三神"。均实有其人，因民间崇仰、官署上报事迹，帝王敕封仙、佛、神、王侯号，朝廷用以笼络民心以维持大统，予以建祠庙祭祀，百姓传颂，形成郴州仙灵文化。

九仙影响国内外

"九仙"是南岭郴州道教界的代表，郴州遍布百余座仙岭仙山，郴州城即为三重仙岭拱围，山水间仙霞抹天、仙气缥缈；人们最喜爱的九仙，首推：

西汉苏仙

郴县少年郎中苏耽。名著《列仙传》始记，按时间、内容，为湖湘第一大仙。苏仙在国内外的文化影响力巨大，主要是预测瘟疫暴发，嘱告母亲用橘叶井泉熬药汤（配伍草药）救治百姓，这是中华预防医学之始，形成启蒙读物中的"苏耽橘井"、传统医药界的"橘井泉香"典故。因对母亲行孝道，

---

① 原载 2015 年湖南人民出版社《人文郴州》。

救百姓亦为大孝，橘井观原悬挂"孝子神仙"牌匾。包括帝王宰相在内的历代名流撰有诗文，唐宋皇帝5次诏令封赐仙号；其栖身采药、传说升天、祭祀之地苏仙岭，被列为道教"天下第十八福地"，苏仙观载入《中国道观》前言。明代意大利传教士利玛窦著书，告诉西方人记中国医药文化"以橘井、以杏林"。苏耽领起郴州仙灵文化。

东汉成仙

成武丁，临武县人，后任桂阳郡主簿（管理文书档案），移居郡城。他在国内外的文化影响力，主要是传播"牛郎织女传说"，牛郎织女七月七日夜鹊桥相会即他透露，"七夕文化"由此形成（《续齐谐记》）。他因坐骑为白骡子又被人们称为"骡仙"，其住所郴城西的骡仙岭是其祭祀地；原有"成仙观""骡穴观"，临武县原来也有"成仙观"。在《神仙传》中，按时间、内容，继苏耽之后为湖湘第二大仙，日本、欧洲有学者研究他，或图书馆收藏有他的资料。

南朝范仙

范伯慈，郴县人，名道士。在全国的主要影响，是患狂疾后为孝敬父母，隐居天目山抗争自救，坚持长期服胡麻治疗；后获唐皇诰封"元一真人"。法国、日本有学者研究他。祭祀地在郴城西北30里丹霞地貌凤悟山。

唐代王仙

王锡，郴县人，母早逝，父亲王相行医行善，王锡从小随父行医，及长为郴州桂阳郡府低级军官。押送粮食去长沙遇瘟疫，入锡山采药救民，故长沙有锡山；回郴又遇疫疠，救人不可胜数；其文化影响在此。其道德高尚并传说饮露成仙，长沙、郴州均称他为"露仙"，一些名著有载。苏仙区王仙岭、北湖区原"露仙观"、长沙锡山"露仙台"，是其祭祀地。王仙岭又叫黄相山（纪念其父），有"王仙观"等道教建筑，流传唐代王仙与汉代苏仙斗棋，属仙灵文化活泼一面。

唐代刘仙三兄弟

汉楚元王后裔，郴州人。老二为名相刘瞻，在全国的文化影响力表现在：公正清廉、名著褒扬（《唐书》《资治通鉴》）；挺身直谏皇帝救三百人命；被贬如故，崇高威望；湖湘历史上第二位状元。三兄弟传说甚广，《列仙全传》将三兄弟都列为仙人。刘瞻的"刘相读书堂"及所在东山（东塔岭），为历代名家吟咏。刘家三仙祭祀地在郴城内外都有：东塔岭、下河街乌石矶"刘相第"是刘瞻祭祀地，北湖畔岭上有刘瞻读书台，传说其弟刘小仙也在此岭修道，故称"刘仙岭"，与北湖山水相映。苏仙区香山坪"刘仙岭"，为刘瞻之兄刘大仙修道处，城边白露塘镇刘家即他们老家。

唐代廖仙

廖正法，苏仙岭景星观名道士。在全国的主要影响，是韩愈为他撰哲理散文名篇《送廖道士序》，赞美郴州的地理之特、山水之美、资源之丰、人之忠信，后世曾国藩、刘大櫆等推崇此文。《湖广通志》记唐懿宗敕封他"元妙真人"，而他谢辞封官回郴修道，湘南粤北鄂中均有其传说。祭祀地在郴州城西廖仙岭、广东连州靖福山。

唐代唐仙

唐道可，郴县人，道教居士，长寿百岁，传说能降虎，名著《太平广记》《事文类聚》记他有奇术。其祭祀地在郴城北丹霞山洞巘唐仙山。

二佛修行臻化境

"二佛"是南岭郴州佛教界代表，分别是唐代寿佛周全真、唐代朱佛朱道广。

唐代寿佛

周全真，郴县程水乡（今属资兴市）人，出家于郴州开元寺，开山立说于永州湘山净土院（今广西全州），称"无量寿主"。在全国的文化影响力，是撰佛学著作数种，修身养性获得长寿。湖南、广西志书记载他活了132、136或138岁，系中国有史记录实足年龄之最。今广西全州，即五代时楚国（湖湘加粤北、桂北），楚王因其名"全真"，将其驻锡之地湘源县改为"全州"。唐宋—清朝有敕赐、封号，如"保惠无量寿佛"，于是天下信众尊其"无量寿佛"，同于西方阿弥陀佛，清宫藏有其画像。在郴州其祭祀地有资兴市周源山、苏仙区天飞山风景区、万岁山（十八泉处）、永兴县等地。

唐代朱佛

朱道广，郴州人，在家乡出家，到衡州拜师，归郴州开元寺。其主要影响，是为家乡祈雨有灵。驻锡广东韶州时，天宝元年大旱，他不顾生命安全，端坐于武水（经临武、宜章流入广东）、浈水合流的珠江北源北江上祈雨成功。逝后，北宋敕封"寂通证誓大师"。其祭祀地在郴州城南东海庵、韶关。

三神传说入民心

"三神"是南岭郴州泛神化能人的代表，古代获封王侯者被地方崇祀为家国守护神，故郴州分别有洞庭湖神柳毅、石虎山神黄师浩、北湖神惠泽龙王曹代飞。

洞庭湖神

柳毅，唐代宜章县人，因赶考时在郴城北陷池潭遇到湘北女子，同情其不幸帮其传书洞庭湖区，形成影响全国的千年传说。文化意义在"诚信、担当"，牺牲自己赶考的大事，帮助弱小不求回报。唐代即有杜甫、柳宗元、皎然的诗歌反映其事。唐末至清代，历朝 6 次封赐柳毅，其号为"灵济侯""洞庭湖神"；地方则传说龙王封其"鱼降侯"。其祭祀地在苏仙区鱼降山、北湖区龙女温泉风景区仙居山、宜章县笆篱堡。

石虎山神

黄师浩，唐代由郴移居临武县，此地后划归宜章县浆水乡。他中进士后，历任智州刺史、安南都统，平定过附属国交趾之乱，在讨平浙江之乱时战死，获封"武陵侯"，葬石虎山，民间俗称"石虎神"。宋元时因其庙祈雨灵验，又追封"广惠灵应昭德侯"，民间俗称"昭王菩萨"。其主要意义在维护国家统一、百姓平安。其祭祀地在临武县上乔村（历史文化名村）昭王庙、宜章县石虎山、郴城崇德山等处。

北湖神

惠泽龙王曹代飞，唐代郴县人。祖父河北人，任郴州刺史。曹刺史病卒后，郴人葬其于东山，盖屋安置其妻和孩儿。孩儿感恩，在郴娶妻生子名曹代飞。曹代飞自幼好道术厌喧嚣，迁居半都（今资兴碑记）。主要影响是，建中年间，北湖"水沸地震"出巨蟒，掀船筏，百姓不能过湖，曹代飞射杀后平息。他逝后朝廷诏封其"青史王"，郴州刺史、户部尚书杨于陵作《诏封青史王碑》。宋初宋军攻南汉政权，在北湖遇暴雨洪水，郴州城治久攻不下，后走访乡民，祷告"青史王"，使洪水退去，遂夺郴城，方越南岭统一沿海。将领上奏，宋太祖赵匡胤改封曹代飞为"惠泽龙王"，郴州刺史张熏撰《敕建惠泽龙王庙碑》。其文化意义在于，为百姓挺身而出，救济排难。其祭祀地在郴州北湖原"惠泽龙王庙"，资兴市碑记乡。

明代大旅行家、地理学家徐霞客畅游郴州时，总结出一语："郴州为九仙二佛之地"，引起明清宗教界、文化界注目。"三神"也在清《嘉庆郴州总志》言及（北湖神记于唐代刺史杨于陵《青史王碑》）。他们都是真实人物，在两千多年的历史长河淘洗中，在湖湘、郴州的众多名人中脱颖而出，德厚流光，被百姓顶礼膜拜。官方主持祭祀，成为泛神化的世间"真人"。

苏仙观历史沿革实考①

《中国道观》前言指出："与佛教寺院相比，道教庙宇要繁杂得多""有不少祀奉历史名人的道教庙宇，比如……苏仙观，供奉西汉文帝时的神仙家

① 原载 2016 年《南岭论坛》第 1 期。

苏耽"。

苏仙观在湘南郴州,来龙去脉为:西汉初桂阳郡治郴县苏耽,种橘凿井放牛孝养寡母,采药治病乡邻,预测瘟疫大爱救民,后世传说得道升仙。这民间传说记于西汉末经学家、文学家、光禄大夫刘向的著作《列仙传》和三国《桂阳先贤传》及东晋医学家兼道教理论家葛洪的《神仙传》中;成为中华预防医学的开端之一,产生蒙学题材"苏耽橘井"、医林典故"橘井泉香"及民间文学"苏仙传说"(国家级非物质文化遗产)。草药郎中苏耽被道教纳入仙班,唐宋帝王敕封,桂阳郡、郴州历代设坛筑祠建观,祭祀这位乡贤;苏仙观与苏仙岭由道教第二十一福地,递次升为天下第十八福地。综合史志、地理、宗教、类书、文学名著、工具书籍记载,实考沿革如下:

一、东汉已设"苏耽坛"

东晋哲学家、长沙相、桂阳郡耒阳县人罗含《湘中山水记》载:"《后汉书·郡国志》刘昭注引三事:项羽徙义帝于郴而害之;今有义陵祠;又县南十数里有马岭山,山有仙人苏耽坛。(桂阳郡注)"这说明苏仙岭前身马岭山,在东汉已建纪念医家的祭坛;按古汉语倒装句法,"仙人苏耽坛"简称"苏仙坛"。

坛,本是土筑高台,举行祭祀、朝会、盟誓等的场所,后发展为带有殿堂的建筑群。南北朝史学家、刘宋朝廷通直郎刘昭对《后汉书·郡国志》的注释,证实了苏耽坛的早期史学意义、文化价值。

二、三国—南北朝已建苏耽祠

北魏地理学家郦道元《水经注》记:"黄溪东有马岭山,高六百余丈,广圆四十里许,汉末有郡民苏耽栖游此山。《桂阳列仙传》云:耽,郴县人。少孤,养母至孝。……即面辞母云:受性应仙,当违供养。涕泗。又说:年将大疫,死者略半。穿一井饮水,可得无恙。如是有哭声甚哀。后见耽乘白马,还此山中,百姓为立坛、祠,民安岁登,民因名为马岭山。"

《桂阳列仙传》,由三国吴国左中大夫张胜撰《桂阳先贤传》而来。《桂阳列仙传》的"苏耽传",除了"坛"还出现"祠",说明三国时马岭山上已建"苏耽祠"。

祠,"在古代原指春祭。……也指祈祷……又引申指称庙堂……所以旧时把祭祀祖宗或贤能有功德者的庙堂叫作'祠堂'"。

《隋书·经籍志》和《旧唐书·经籍志》录有六朝女道医见素子所著《洞仙传》的"苏耽"传,记:"耽初去时云:'今年大疫,死者略半,家中井水,饮之无恙。'果如所言,阖门元吉。母年百余岁终,闻山上有人哭声,服除乃止。百姓为之立祠矣。"

三、唐代高宗诏令"天下诸州置观"

《旧唐书·高宗本纪下》载述唐高宗改元乾封，诏令"天下诸州置观、寺一所"；这是李唐皇室以老子李耳后人自居，强调王权天授的一种做法。因此郴州民建的仙人祠，得以扩建为官立的道观。

四、唐玄宗诏令扩建仙人祠——苏仙观

盛唐时，玄宗重臣、左散骑常侍、光禄大夫、崇文馆学士徐坚编撰启蒙工具书《初学记》，"苏耽义帝"词条，记为"仙人祠　义帝庙　《舆地志》曰：马岭山有仙人苏耽坛。耽至孝。一朝忽辞母曰：'受性应仙，当违供养。'涕泗呜咽。百姓立坛祠之……"这里的"仙人祠"即苏仙祠，"祠之"，表示马岭山"苏仙祠"早已进行春祭（《舆地志》由南朝末文字学家、地理学家顾野王撰）。至唐代，苏仙观、祠通称。

《全唐文》收郴州刺史孙会的《苏仙碑铭》，记述"巨唐开元二十九年也，特有明诏，追论（矫迹），俾发挥声华，严饰祠宅。皎洁遗像……"开元系唐玄宗年号，开元二十九年即 741 年，唐玄宗特别公布诏书，御示大力宣扬苏仙孝母救民事迹，庄重严整地装修好苏仙祠、苏耽宅，诏令中的"祠"即苏仙岭顶苏仙祠，"宅"即橘井旁的苏耽宅。刺史孙会遵奉明皇诏令大兴土木，扩建苏仙祠装修成美盛之苏仙观，重绘苏耽画像。

唐僖宗赏赐的名画家张素卿，所绘道观祝寿专用的《十二真人图》，第12 个真人（修真得道、成仙之人）为苏耽。《中国画学全史》（民国郑午昌著，黄宾虹序）引北宋学者黄修复的《益州名画录》，记中晚唐"简州开元观画容成子、董仲舒、严君平、李阿、马自然、葛玄、长寿仙、黄初平、葛永璲、窦子明、左慈、苏耽十二仙君像"，可见唐代郴州本土供奉苏耽仙君像之观，也就是"苏仙观"。

观，"在古代是指城堞可供眺望的地方。《渊鉴类函》引《释名》说：'观者，于上观望也。'《尔雅·释宫》则说：'观谓之阙。'即宫门两边的望楼。《楼观本起传》记载：'楼观者，息周康王大夫关令尹之故宅也。以结草为楼，观星望气，因以名楼观。此宫观之始也。'……古代祀神的地方称为观。"道教庙宇的各种称谓，有"宫、观、殿、院、祠、洞、庵、阁、馆、署、谱、府、堂、门等名目繁多的道观"。

北宋朝散大夫阮阅出任郴州知州，撰《郴江百咏》诗集，第一首即《苏仙观》，言"旧庵今在最高峰"（见清《湖南通志》方外三寺观三记）；说明旧庵即唐代苏仙观，因唐玄宗朝名道士司马承祯奉旨排定道教七十二福地并撰《上清天地宫府图》，马岭山排第二十一福地，苏仙观在顶峰。

《全宋诗》里此诗题为《苏仙祠》。在《古人咏郴州》一书，题名《苏仙庵》（注语指出："原'苏仙观'观名牌于 1998 年被毁，换上'天王殿'和'南禅寺'牌子。天王殿旁《南禅寺记》说：'数百年前僧尼所建之佛教圣地……故称为天下第十八福地。'此说与保护历史寺观和名胜古迹的规定相违背。"北宋末郴州教授、南宋初吏部尚书罗汝楫的五古《苏仙观》（清《嘉庆湖南通志》卷二百四十），亦可证实。

庵，"在古代指的是圆形草屋"，"《广韵》则说庵，小草舍。晋代葛洪在《神仙传》中介绍焦先'居河之湄，结草为庵'"，属早期"修道、祀神的净地"，如成都二仙庵、武当山冲虚庵。庵也通用于其他宗教庙宇的俗称。

五、两宋对苏耽的敕封扩大了苏仙观规模

北宋经济的发展促使文化空前繁荣，宋真宗亲作御诗赏予中医《赐丁和还乡》，吟"橘井甘泉透胆香"。更主要的是他大建大修道观，带起好道之风，"于是诸路府州道教宫观，概置提举、提点、管勾等官，……授以祠禄，谓之奉祠焉"。进一步扩大了苏仙和苏仙观的影响。皇祐二年（1050）春，经宋仁宗御览洞渊太师李思聪的《洞渊集》，苏仙岭升至"天下名山七十二福地"中的"第十八福地马岭山，在郴州"。苏耽连续获得敕封。

《宋朝大诏令集》载"郴州苏仙山苏耽，赐号'冲素真人'，制元符三年五月戊寅"；敕赐令："敕维尔生于遐裔，世传为仙，历千余年犹能惠泽一邦，有请辄应。州上其事，朕用叹嘉，因民之心，锡以显号，尚其敷祐，永庇斯人可。"即公元 1100 年宋哲宗封苏耽"冲素真人"。《宋会要》记"冲素真人祠，在郴州苏仙观。高宗三十二年十月加封：冲素普应真人"；南宋高宗三十二年（1158）加封苏耽"冲素普应真人"，嘉定壬午年（1222）宋宁宗加封苏耽"冲素普应静惠真人"，景定甲子年（1264）宋理宗加封苏耽"冲素普应静惠昭德真人"；"敕封苏仙昭德真君"碑，一直保存于苏仙观门额上方。

这一切，既让苏耽仙号延续千年，还使地方扩建苏仙岭的苏仙观、飞升亭、景星观、乳仙宫（传说苏母生育苏耽的白鹿洞旁），"初登仙境，共步云梯""蓬莱在望，仙阙可攀"登山道亭，东城门外苏耽故宅的观祠；重修苏母墓，东城门来鹤楼、来鹤亭、郴江苏仙桥、鹿角亭等，形成庞大的城市道教建筑群落。

因金兵入侵，宋王朝财力不济使苏仙观得不到维修。郴州教授、吏部尚书罗汝楫，在五古《苏仙观》中吟"荒祠冠其岭，千古凛灵踪"，述苏仙岭的苏仙观给人荒旧之感。

六、元代苏仙观

元代名道士赵道一编撰《历世真仙体道通鉴》"苏耽传"，后部记："耽母之终，山上哭声，服除乃止。后，郡守以其事闻于上，封其山为苏仙山，名其观为'苏仙观'。郡守以时严洁醮祭焉。"（国家图书馆藏《道藏》洞真部记传）说明马岭山因苏耽获敕封后称"苏仙山"，顶观故名苏仙观。且从宋代到元代，由官方每年按时、整肃洁净地主持，进行道教"打醮"祭祀祈福仪式。

七、明代苏仙观、苏仙宫

明《一统志》记郴州"橘井观，在州治东。又有苏仙观，在州东七里"。州城东面 7 里即苏仙岭，苏仙观即宋《方舆胜览》所指苏仙观。嘉靖十九年严州知府庄壬春贬任郴州同知，在《重修苏仙桥记》中叙述："嘉靖十九年夏六月，余谪郴州。其至之五日，避暑出城东桥，登苏仙观，相传汉苏耽冲升于此。"理学家、茶陵诗派主将、代吏部尚书的郴州大儒何孟春，有吟家乡的《马岭》诗"马岭古福地，苏仙此为宫……"，说明马岭山即苏仙岭上的苏仙观也叫"苏仙宫"。

宫，《尔雅·释宫》解释："宫谓之室，室谓之宫。"秦汉以降，帝王居所专称"宫"；"后来宫成了道教庙观最隆盛的称谓。称作宫的庙宇，通常都是一些由帝王兴建的庙宇、规模较大的庙宇或是经过帝王的特许或命名的道教庙宇"。如宋代皇帝敕封苏耽仙号后，祭祀之观即升"宫"，称"苏仙宫"。

万历年郴州知州胡汉编《万历郴州志》卷之十九"苏耽传"，记录宋代四次敕封苏耽仙号，其中第三次"嘉定壬午，因苏旱、息盗，再加封'冲素普应静惠真人'；是岁三月二十八日，忽有一鹤飞于苏仙绕仙观"；这里的"苏仙"指苏仙岭，"仙观"即苏仙观。

八、徐霞客亲见天下第十八福地之苏仙观、殿

崇祯十年（1637）大旅行家徐霞客游郴，《徐霞客游记》载："乃持盖为苏仙之游。……入山即有穹碑，书'天下第十八福地'。由此半里，即为乳仙宫。……由宫内右登岭，冒雨北上一里，即为中观。观门甚雅，……由观右登岭，冒雨东北一里半，遂造其顶。有大路由东向迤入即延伸者，乃前门正道；有小路北上沉香石、飞升亭，为殿后路。余从小径上，带湿谒苏仙，僧俗谒仙者数十人，喧处其中，余向火炙衣，自适其适，不暇他问也……

"十一日 与众旅饭后，乃独游殿外虚堂。堂三楹，上有诗匾环列，中有额，……殿后有寝宫玉皇阁，其下即飞升亭矣。"

徐霞客所写"殿"即苏仙观大殿，"带湿谒苏仙"按古汉语用法，"苏仙"指代苏仙观与观中苏耽像。其时，苏仙观大殿挤满"僧俗谒（拜见）仙者"。

殿，在古代指的是高大的房屋，"后来专指帝王所居及朝会之所，也泛指供奉神佛的处所……道教的不少庙宇，都被称作'殿'"。

九、清代静思宫、仙子宫、苏仙观、苏仙上观（道会司）

清代情况相对复杂些，一是改朝换代；二是清代中晚期，世界已进入多元的近代社会，这也多少能反映在苏仙观名上：

清初著名学者、《明史》《一统志》纂修刘献廷寓居郴州，撰名著《广阳杂记》，记："苏仙山上为静思宫，中为中观，下为白鹿洞。静思宫在山巅，亦颇高，中奉苏耽母子像。屋宇皆坚致……"写清初苏仙观别称"静思宫"，应是由明朝代吏部尚书何孟春所见"苏仙宫"转称的。殿中供奉苏耽苏母像。到康熙年间回称"苏仙宫"，郴州知州、范仲淹第19代孙范廷谋撰郴阳八景诗《苏仙云松》，写"清磬敲残仙子宫"。

同时，康熙年间《钦定古今图书集成·职方典·郴州部汇考》中，《郴州公署考》州的"道正司　在橘井观以上"，而"道会司　在苏仙观"，即明初设立的郴县道教机构至清代在苏仙岭苏仙观办公。

清中期统为三观，苏仙观称"上仙观""苏仙上观"，雍正《湖广通志》卷八十古迹志·寺观，记载："郴州　上仙观在州城东十里。"因传苏耽白日上升，故也称苏仙观为上仙观。《嘉庆郴州总志》卷之五山川·郴州山，记："苏仙岭　在州北七里，高二里，周回三十二里，即苏仙飞升处。山顶即仙观……"此处因前有"苏仙"，"仙观"在语法上承前省"苏"字。卷之三十九寺观志，又记："郴州　寺三十，观七，庵一百六十一，仙五十，山三十一，堂八，祠一。"那么祭祀苏仙的，除东城门外半里橘井观，就是7里远苏仙岭："苏仙下观　州东北五里即传称'鹤覆鹿乳处'，旧有桂五株，扶疏苍翠，布席其下，最称名胜。苏仙中观　在苏山半岭，青松夹道，云气缭绕，旧名景星观，唐廖道士居之。苏仙上观　在苏山绝顶，州守范廷谋匾'去天不远'，联句曰'江山同一览，风景并千秋'。"此时苏仙岭三观，中观旧名景星观，下观是乳仙宫；绝顶"苏仙上观"省方位词"上"，即苏仙观，表明由清初"静思宫"恢复苏仙观原名。康熙年知州范廷谋有《重修苏仙岭上观记》。

嘉庆九年（1804）郴州东山书院主讲聂铣敏（后四川、安徽学政），在《自永兴肩舆至郴途中》诗写"指点树梢仙观露"，即坐在竹轿上将抵郴时能远望苏仙岭顶树林掩映的苏仙观。嘉庆年左都御史姚元之《竹叶亭杂记》记："苏仙公土桃出湖南郴州。苏仙公祠即汉时苏耽也。祠旁往往掘得土球。"苏仙公祠，即苏仙观，土桃即仙桃石，在苏仙观下山体中，属化石，传可治心病眼疾。

同治年翰林院编修、国子监祭酒（最高学府长官）、湖湘文化大家王先谦的《湖南全省掌故备考》记全省寺观，郴州第一为"橘井观　州治东，即苏仙旧宅。有柏树最古，相传为苏仙手植"。第二"苏仙观　在州东"即城东岭上。

十、清末民初苏仙观、苏耽祠及"奉宪泐石"碑

光绪年《湖南通志》方外志三·寺观志三，郴州第一观为橘井观，第二观即"苏仙观　在州东七里。《明统志》：宋罗汝楫《苏仙祠》诗'绛节回白马。青书收赤龙。仙人在何许，烟霞锁晴峰。荒祠冠其岭，千古凛灵踪。粉堵尘悬网，石凹苔钱重。我来款遗像，再拜虔且恭。檀烟曳云白，茗粥浮新浓。世事非所期，真游誓相从。云轺几时来，微风韵寒松。'阮阅《苏仙观》诗'寂寂星坛长绿苔，井边橘老又重栽。城头东楼依旧在，未见当时鹤再来'"。州东七里，即苏仙观在州城东北7里远的苏仙岭顶。

苏仙观属全民所有。明末动荡至清，佛教禅宗曹洞宗古爽派逐次南移郴县栖凤渡、五里牌龙岩寺，及至州城苏仙岭；均恪守教规、尊重历史与道家，不改道教名目。咸丰年州县绅耆为保护苏仙观计，招法云、法秀禅师立约据、受田租，三年一居，照约交替为的是有人经管维修苏仙观，州署发执照。法云是曹洞宗古爽派第22世传人，民国初至1953年40年间的全国佛协会长均系其法脉嗣裔。法云高僧借道教福地传佛法，守规矩不改观名，且在有能力后迁出，在观西2里外俗称小苏仙处建寺；圆寂后寺后建舍利塔。故，州县志只载苏仙观名。

光绪初产生劣僧宏开等超期霸住苏仙观，强收租谷，乡民李、欧等"勾串劣僧，滋生事端"。光绪五年（1879）刘知州为"保全福地"，与32位绅民代表在观中竖《奉宪泐石》碑刻，规定"仍分云、秀、照三房，三年一居，轮流管理"，并驱逐宏等；"奉宪"即奉法令。光绪六年孙知州，续立《奉宪泐石》碑："查苏仙庵院建自前汉，历今二千余年，本系合郡香火福地。前人施设田租，招僧住持，原为侍奉香火，岂容僧人据为己有。如有劣僧不守清规，应即随时驱逐。"官署依法令立碑，确证苏仙观所有权在州郡，属于全民。

光绪朝军机处章京、民初四大文人画家之一的金蓉镜，1905年任郴州历史上倒数第二个知州。他撰有《郴游录》，八月初九日记："今苏岭有祠，在州治东北八里。"11月11日写《游苏仙岭记》，记："登道拾级而上征，凡七里而跻其巅至苏耽祠觞焉。"时近民国，仍是苏耽祠。

十一、民国时期苏仙观、庙

推翻清王朝，孙中山创立中华民国。1919年湖南护法军总司令程潜驻军郴城，《春游苏仙岭》吟："绝顶启丹扉，高观耀朱光。"诗中"高观"即苏仙观。1926年北伐时，国民革命军总司令蒋介石8月率军过郴，戎马倥偬间，

登游参观道教天下第十八福地苏仙岭，其日记写 8 月 4 日"九时后，登苏仙岭，在苏仙庙午餐。相传汉苏耽成仙于此，旁有沉香岩，为其飞升之处"。

爱国将领张学良 1937 年 12 月底至 1938 年 2 月，幽禁于苏仙观，他日记写"12 月 28 日（郴县）移往苏山（俗称苏仙岭）苏仙庙中"。其幽居屋在改革开放后修复苏仙观时，经原郴州市人大、政府研究，为文保单位，命名"屈将室"；连同苏仙观，由省旅游局 1986 年公布为对外参观游览点。

十二、中华人民共和国成立后的苏仙观

中华人民共和国成立后，苏仙观保持原状，大殿仍存苏耽立像，悬"孝子神仙"匾。1966—1976 年遭受破坏；改革开放后 1978—1981 年修复。1987 年地市县修志，《郴州地区志》"第三十三篇 文物名胜 第二章 古建筑 第一节 寺观 一、苏仙观"；《郴县志》"第二十六篇 文物名胜 第二章 古建筑 第三节 观庵——苏仙观"（仅介绍一观一庵，观即苏仙观，庵为白云仙庵；以及《郴州市志》"第二十篇 第二章 古建筑 第一节 观楼祠庙 苏仙观"，大同小异，图文均为苏仙观。如《郴州市志》"古建筑 第一节 观楼祠庙"，第一古建筑即：

"苏仙观 位于城东苏仙岭顶端，坐北面南，占地南北长 82.2 米，东西宽 41.5 米。原是一座始建于唐代的砖木结构、楼阁式三进庑殿道观建筑。唐杜光庭著《洞天福地说》记载：苏仙观为道教'七十二福地'中的'天下第十八福地'。曾受历代皇朝多次敕封。自'唐开元十九年（731），诏有司饰其祠宇'起，宋代累经休憩，元末毁于兵灾，明代复加修建，清光绪十年（1884）重修正殿，后又多次修葺。每次修建，均保持正殿高于厢房。两厢为二层楼房。正殿为大屋顶、四角飞檐、犀头粉墙、小青瓦、回纹窗的建筑风格。其中殿前山门、旋马坪、化财炉、金刚大士门房及大殿两旁香客留宿房共为 603.8 平方米，大殿为 405 平方米，分上中下三厅排列。殿西为西湖，门厅、上下客房、过道、开水房、升仙祠等，建筑面积 570.6 平方米。正殿南名南海，设有观音堂、食堂、住房、客房、杂房等建筑物，面积为 884.6 平方米。

"1978 年，市革委根据社会各界人士的建议与要求，投资 59.3 万元，经省建委主任孟起等领导亲临考察，委派省建筑设计院古建筑专家曾子泉来郴现场勘察、设计，发现苏仙观基础筑于南宋，按照'不洋、不土、不俗'的原则和宋式营造法式，不更动原主体建筑基础，在细部做了科学处理，改土木结构为钢筋混凝土仿木结构，修复面积 2050 平方米。将山门至大殿一段，改回 83 平方米的观景台，回廊环绕，形成'雄州新貌争供眼，南岭风光尽入堂'的仿古建筑风格。山门改为西南向宋式牌坊建筑，门额上横书'天下第十八福地'，两旁书'云雾岩巉下，乾坤指点间'门联。整个建筑较前更为雄伟壮观，展现出'金碧楼台依半空''白云深处是仙关'的壮丽图景。"

参加修复工程的陈新明证实，当年永兴县油市建筑队由市设计院杨淑媛高工等带领，勘察、清理时发现：苏仙观墙基确是南宋的。按省古建专家曾子泉"不更动原主体建筑基础"的指导及设计，市设计院1980—1982年修复时，保留苏仙观大殿基础和2米高墙体，2米以上墙体、房梁、大柱采用钢筋混凝土结构、仿木结构；古代的"旋马坪"修复为观景台。

修复施工期间，郴籍前辈中顾委常委、全国政协副主席、中华炎黄文化研究会执行会长萧克将军，中央委员、空军副司令曹里怀，全国政协常委、总后勤部顾问唐天际将军等领导人，在郴州地委书记熊清泉等陪同下，专程视察、看望工作人员。唐天际将军应中共郴州地委、郴州市人民政府请求，为恢复的观景台重题"去天不远"的观景廊额匾，和古人"云雾岩巉下，乾坤指点间"的抱柱联。修复后，全国人大常委会原委员长乔石，国务院总理朱镕基，国务院副总理田纪云，中顾委副主任宋任穷，中纪委书记、中华全国总工会主席尉健行，中央书记处书记、总参谋长杨得志，全国政协副主席王任重、全国人大常委会副委员长廖汉生，最高人民法院院长江华，全国政协副主席、中国社会科学院院长胡绳，中宣部部长张平化等党和国家领导人；郴籍前辈、炮兵副政委欧阳毅，中央组织部副部长曾志，中宣部部长邓力群，中纪委委员彭儒；中央委员、湖南省委书记熊清泉，省长刘正等众多领导；各界名人，纷至沓来，评价甚佳。著名翻译家、全国政协委员杨宪益1982年《郴州纪事》诗，第一首即吟"三更薄醉入郴州，朝起苏仙观里游"。

十三、"郴州风光"邮资封"苏仙岭—苏仙观"

国家邮政局2001年发行"郴州风光"邮资封4枚，第一枚即苏仙岭风光，右上角80分的邮票画面，即苏岭云松掩映的苏仙观；封面椭圆形照片也采用苏仙观全景。

十四、《湖南宗教志》对苏仙观的记述

国家出版基金项目、湖湘文库丛书之《湖南宗教志》"第二编　道教"概述第1段记："汉惠帝五年（前190）至文帝前元三年（前177），桂阳郡郴县有苏耽遇异人授仙术成仙的传说，唐开元十九年（731）玄宗李隆基命桂阳郡太守修整苏仙庙宇，后来历代皇帝屡次为苏仙观加封道号。……这是旧志上汉代道教在湖南活动的记载。"湖湘文库由张春贤、周强等两届省委、省府、人大、政协主要领导担任顾问，《湖南宗教志》由省民族宗教事务局编写组编撰，以湖湘文库编纂委员会的名义出版；所提苏仙观，牵涉道教在湖南的起源活动。

概述第 3 段记:"唐代皇帝李渊、李世民以道教崇奉的老子姓李,自认是老子后裔,提倡道教。特别是唐高宗李治即位时,尊太上老君为'太上玄元皇帝',敕令各州建道观。在这时期,南岳先后建有大庙、黄庭观,郴州先后建有苏仙观、橘井观、成仙观、露仙观,……道教在湖南有很大发展,而且道教名人辈出。"此处,在南岳大庙、黄庭观后即郴州苏仙观等,说明了苏仙观在湖南宗教文化中的历史地位。

概述第 7 段记:"湖南地处中国中南部,是中华文明古国的重要组成部分,也是中国道教的圣地。……湖南的洞天福地占了全国的六分之一以上。其中最负盛名的有长沙岳麓山,……郴州苏仙岭,山势秀丽,万木葱茏,有白鹿洞、三绝碑、苏仙观、升仙石、望母松等名胜,古称道教'天下第十八福地'。"

十五、鸠占鹊巢对苏仙观的破坏

古今所有史料显示,无论苏仙岭、郴州还是湖南省,历史上宗教界只有苏仙观,没有佛教建筑"南禅寺"或苏仙岭寺;苏仙岭亦非苏佛岭,古今地方志亦无类似记录;古代涉及苏仙岭的文艺作品中,更无佛教建筑名称、内容。

然而,1991 年后一谢姓"僧人",在贪官的纵容下进入苏仙观鸠占鹊巢,成立家族式"佛协",不经苏仙岭风景名胜区管理处、市园林管理处、市民政局、市地名委员会批准,在贪官的包庇下绕过规划、建设、房管等政府部门,偷偷将"苏仙观"改成郴州历史上从未有过的"南禅寺";大兴土木,拆毁道观山门和观景台,擅改钟鼓楼;破坏道观、大殿、观景台原貌、陈设,擅自改成佛教风格;却又不研究、弘扬郴州佛教,长期造假蒙骗海内外不明真相的信众,坐享道教名人苏耽的香火钱、捐献款,积累起私家财富。他们破坏各种法规、地域文化、旅游秩序,尤其破坏了"苏仙传说"的物质载体苏仙观的保护,胡言道教名人苏耽故事,搅乱国家级非物质文化遗产的保护传承……

中国旅游协会地学部主任、国际风景旅游洞穴协会中方代表、中科院地理所研究员宋林华等专家,到郴州考察苏仙岭—万华岩风景名胜区,见苏仙观被破坏得面目全非,在考察报告中批评"南禅寺":"不伦不类","违章建筑破坏了山顶古建的整体美";"2003 年,建设部原副部长周干峙走过苏仙岭",指斥"南禅寺":"不遵循寺庙规制,怎么看都像一座宾馆。"

湖南省原省长、省委书记熊清泉曾是改革开放之初的郴州地委书记,苏仙观完成恢复在他主政期间,地委院子就在苏仙岭下,他多次从小路登顶锻炼,也多次陪同郴籍老前辈、中央领导参观苏仙观。他卸任省委书记、中央委员，担任全国人大常委会常委后，1998 年 8 月返郴视察，见苏仙观被造假、破坏，大为震惊，在《江山万里行》一书中严肃批评："面前就是古老的苏仙观。可是原来的山门上石刻的横匾'苏仙观'三个大字不见了，代之以'南禅寺'三个描金大字，山门后新修了一座天王殿，为了修天王殿，竟将苏仙观山门一侧的飞檐也锯掉了，变得不伦不类的样子……他们把'苏仙观'的匾额扒掉，换上了'南禅寺'的牌子，并在观前修了天王殿，在道观的后殿置放了弥勒佛和观音大士，全部接管了苏仙观……你要在这里弘扬佛法也可以，但是把原来历史悠久的景观破坏了，实在是太可惜了。何况山以观名，苏仙岭之所以出名，之所以成为天下第十八福地，实在是由于有了苏仙观的缘故。"

2015 年郴州市人大召集《苏仙岭—万华岩风景名胜区保护管理条例》论证会，城管部门稀里糊涂提出保护"南禅寺"，被与会专家、人大法制委否决。数年来政协、人大会议均有民主党派、各界委员、人大代表提交议案，要求恢复苏仙观本来面貌。2016 年 3 月 3 日，全国政协第十二届第四次会议在京召开。全国政协委员、中国道教协会副会长、湖南省道教协会会长黄至安道长提交"福地苏仙岭的正本清源"提案。2018 年，郴州市道教协会、民间文家协会文史顾问到中国佛协调查，找不到原佛协会长赵朴初给谢某题写"南禅寺"的档案，郴州"南禅寺"题额纯属偷梁换柱式的造假营私。

改革开放以来，文化、宗教日益受到重视。政府部门也一直在甄别与清理，以保护真正的宗教文化；各级官员也进一步增强文化生态、文物和非物质文化遗产的保护意识。历史就是历史，在任何时候都要实事求是、尊重历史、敬畏文化、去伪存真，必须如此，社会才能真正和谐，文明前行。

苏仙祭祀祈祷文化漫谈①

古代郴州，除祭祀先农（神农炎帝）、义帝等，民间与官方主要崇祀本土守护神仙、汉代草药郎中苏耽，祈祷苏仙降福乡梓、护佑民众。那么，这项宗教仪式、文化活动始于何时？

晋代道教理论家、医学家葛洪在《神仙传》中记载，汉初桂阳郡治郴县苏耽之母无疾而终，苏耽因仙凡有别，只能降于马岭山云头悲哭，于是"郡守乡人，皆就山吊慰""至今修道之人，每至甲子日，焚香礼于仙公之故第也"。前面说桂阳郡太守和郴县乡民，登岭慰问云中的苏耽、吊念其母。后面

---

① 原载《郴州日报·周末版》2016 年 6 月 19 日。

说从西汉直到东晋，凡勤苦修持、德功并进，以求达到真仙境界的人，每年农历甲子日都在苏仙宅进行敬香祭礼。说明祭祀苏耽、苏母的礼仪，早在汉代已开始。

南朝学者刘昭所注《后汉书·郡国志》引《湘中记》佚文："桂阳郡，《湘中记》曰：……县南十数里有马岭山，山有仙人苏耽坛。"山上的"坛"，就是祭祀高台。北魏郦道元《水经注》引《桂阳列仙传》"百姓为立坛、祠，民安岁登，民因名为马岭山"，坛、祠，分别为道教祭祀纪念场地、场所。六朝著名女道医见素子《洞仙传·苏耽》也记"每年百余岁终，闻山上有人哭声，服除乃止。百姓为之立祠矣"。初唐崇文馆学士徐坚奉诏撰工具书《初学记》，其"苏耽、义帝"条目为"仙人祠、义帝庙"，"《舆地志》（南北朝末史学家顾野王编）曰：马岭山有仙人苏耽坛"。以上名著、类书、工具书，都记载了马岭山上下纪念苏耽的祭祀高台、祭祀祠宅，说明纪念祭礼的常态化。

盛唐时郴州刺史孙会作《苏仙碑铭》，记载郴州对苏耽的尊奉由来已久，首先在汉代："感太守一吊之礼，所以重桑梓之敬也。"这种对苏耽在瘟疫之年救民的感恩至深，属于对故乡先贤的无比敬重。郴州民间的常态化祭礼甚至被大名鼎鼎的唐玄宗利用："巨唐开元二十九年（741）也，特有明诏，追论（仙绩），俾发挥声华，严饰祠宅。皎洁遗像，似逢姑射之人；氤氲晚花，何异武陵之境？深院风洒，松声为之淅沥；古坛烟横，苔色为之彬碧。邑中耆艾禹然曰：'仙公之旧宅，仙公之灵迹，华表犹在，空山相对。今荷皇恩远及，祀典克明，请考盛事，皆愿刊石。'"

由于好道的唐玄宗特别发布诏书，令大力宣扬苏耽孝母救民事迹，郑重严密地装修好苏耽的祠、宅。孙会遵令大兴土木，扩建山上苏仙古坛为庄重美盛的苏仙观，修整橘井旁的苏耽故宅，并为苏耽画像。州城父老师长肃然起敬，议论这祭祀典礼，能弘扬君恩、体察民愿、祈福人间，应刻碑纪念这一盛事。清嘉庆《郴州总志》记"开元十九年，诏有司饰其祠宇"，将时间提前了10年，"诏有司"揭示了玄宗令朝廷相关部司直拨款项给郴州官署，重建美化苏仙观、苏耽宅，以便更好地崇奉苏仙、开展祈祷活动。

从此，苏耽的画像进入唐朝道观祝寿用的《十二真人图》，按北宋学者黄休复《益州名画录》记，十二仙为：容成子、董仲舒、严君平、李阿、马自然、葛元长、寿仙、黄初平、葛永瑱、窦子明、左慈、苏耽。

五代道教名家杜光庭的《川主大王为鹤降醮彭女观词》，写有"苏耽降日，亦显霜翎。流万古之美谭，标当年之瑞牒"，"愿祈山寿鹤年，以奉龙图凤历。遐瞻烟峤，伏切欢愉，冀凭奏醮之仪，以达归依之恳"，提道：苏耽降生时，白鹤用羽翎覆盖为其御霜寒的传说。并由这种万古美谈，表示愿为信众祈福：寿比南山，年如仙鹤；说只要诚恳参与道教斋醮仪式，可以愉悦地延年益寿。

北宋，道教典籍《云笈七签》采用的是初唐的福地排序，苏仙岭为第二十一福地。宋仁宗时，"洞渊太师"李思聪著《洞渊集》，重新排定道教福地，"苏耽升仙处"的马岭山升至第十八，又由于李思聪在七十二福地前冠以"天下名山"四字，故马岭山即苏仙岭遂称"天下第十八福地"。清《湖南通志·郴州》记："马岭山在州东北五里，一名苏仙山……第十八福地马岭山，在郴州（《杜光庭福地记》）。上有白鹿洞、仙人坛……"自然，祈福祭祀主要在此。

元代名道士赵道一编撰《历世真仙体道通鉴》，"苏耽传"记载一位名叫"卢献可"的郡守"率郡僚、郡人，诣山慰耽"，"郡守以其事闻于上，封其山为'苏仙山'，名其观为'苏仙观'。郡守以时严洁醮祭焉"。这位郡守不知是哪朝哪代的人，但说明当时由官方主持苏仙观的斋醮，"以时严洁"，即按照一定的时间整肃洁净地进行；"醮祭"，道士设坛祭祀祈福禳灾，也称"打醮"。

明末学者周圣楷的《楚宝外篇·列仙》中，记苏耽："郡人立祠祀之，名集灵观。宋元符三年，诏封冲素真人。"集灵观，在橘井、苏耽宅旁，与苏仙岭上的苏仙观同为祭祀祈福之所。

明《万历郴州志·仙释传》中"苏耽传"记载"郡守张邈乃率郡僚父老往吊之"，张邈应是东汉或晋代的桂阳郡太守，他亲自主持祭奠礼仪。由于苏耽"其阴功默被于郴民深矣。宋元符三年郡境旱，请雨辄应，州上其事，赐号'冲素真人'。绍兴间加封'冲素普应真人'；嘉定壬午因苏旱息盗，再加封'冲素普应静惠真人'；是岁三月二十八日，忽有一鹤飞于苏仙绕仙观，后诰到郴，乃知于是日命下，其灵验昭响如是。至景定甲子加封'冲素普应静惠昭德真人'"。

这就是北宋—南宋319年中4次皇封"苏仙"的过程。随着宋仁宗年间"天下第十八福地"的扩容，后世祭祷祈福范围及仪式规格，愈加盛大，不仅州城苏仙岭苏仙观、橘井集灵观、寻母冲苏母庵、许家洞仙母观（潘婆庵），永兴县潘家园（苏母潘元君老家）的苏仙观、汝城县苏仙岭、宜章县高云岭望苏亭、桂阳州苏仙庙，还有原桂阳郡属县耒阳县苏仙祠、衡阳县苏家井都热热闹闹地开展起来。在朝廷支持、道教提倡、民间信从的祭祀祈福氛围中，郴州"橘井"甚至出现于国中东西南北，谁不愿意"橘井愈疾""受福度世"呢？

清乾隆年广东乡试解元谢仲元任郴州知州，他在《苏仙岭祷雨记》中记下这种活动与仪式的来历，"苏仙之名著于汉，橘井愈疫，天下莫不闻。知岭盖其生长地，郡人于此香火奉之。唐饰祠宇，宋赐封号"，说明唐宋以降，"香火奉之"、祈祷成为定制。"乾隆戊子，春雨失时，泉痼土干，终三月种不能播"，于是"诹吉（择吉日）致斋，乘夜陟岭，祷告仙坛"。同时说明"祷雨之礼，肇自先王"，即祈祷降雨播福的仪式是先代帝王创建的。

笔者发现《宋朝大诏令集》关于苏耽第一个仙号，确由北宋第 7 个皇帝宋哲宗御封，时在 1100 年："郴州苏仙山苏耽赐号'冲素真人'，制元符三年五月戊寅"；敕赐令为"敕维尔生于遐裔，世传为仙，历千余年犹能惠泽一邦，有请辄应。州上其事，朕用叹嘉，因民之心，锡以显号，尚其敷祐，永庇斯人可"。

对于苏耽预报瘟疫、母子以橘叶井泉熬药救民的中华预防医学之开端，笔者认为应恢复纪念性祭礼，祈福郴州，能抚平"乡愁"，切实保护这一独特的非物质文化遗产。

名城人文生态环境复建浅议[①]

——以湖南郴州市为对象研讨

城市管理错综复杂，且对于城市发展极为关键。省级、国家级历史文化名城，其管理更需要严谨的科学规划和强调特色的理性建设。

郴州历史文化名城保护、管理有一定成果

郴州市 1988 年与岳阳、衡阳、永州一起有幸成为湖南省第一批历史文化名城，说明改革开放初期在建设发展时注意了保护、规划。日后岳阳于 1994 年、永州于 2016 年升格为国家级历史文化名城（第二批省级名城凤凰县也于 2001 年增补为国家级名城）。郴州市人大会议 2013 年初决议申报国家级历史文化名城，市政府随即成立历史文化名城保护与发展委员会，明确提出"积极申报国家级历史文化名城"。

数年来名城保护方面取得了一定的成绩，制定了《郴州市历史文化名城保护规划》，2016 年通过了郴州市首部地方性法规《苏仙岭—万华岩风景名胜区保护条例》；2017 年发布了《郴州市古民居保护办法》，中国传统村落达35 个，中国历史文化名村 1 个，历史文化名镇 1 个；2018 年 1 月省政府公布郴州市桂阳县为省级历史文化名城，是近年唯一上榜的，使郴州的省级历史文化名城达到 3 个（另为汝城县，2007 年）。"苏仙传说""临武傩戏"继汝

① 中国管理科学研究院学术委员会 30 周年庆典（2018）暨中国管理创新大会"管理科学 30 年智库文选"一等奖。

城香火龙、桂阳湘剧、宜章夜故事后，列入国家级非物质文化遗产代表性项目名录；"安仁赶分社"继湘昆之后，列入世界非物质文化遗产名录。对义帝、蔡伦等的研究有收获。

郴城历史文化名城保护、管理遭遇瓶颈

眼下，《郴州市历史文化名城名镇民村保护管理办法》正修订，保护和管理工作却遇难题。主要存在抽象肯定与具体否定的矛盾，具体否定即在实际操作过程中，相关单位在城建项目与名城保护方面脱节，相关部门遇矛盾即难有作为等。主要问题是缺乏合理规划与统筹管理，由于历史原因，郴州的人文生态环境不复当年，新近的城市扩容、"房地产热"等又猛烈冲击了历史文化遗迹尤其是老街区的保护，给规划、管理带来不少困惑。

如国家级风景名胜区苏仙岭的苏仙观，未经地方志、文物、园林部门和景区管理处同意，就被改成郴州历史上从未有过的"南禅寺"，道教苏仙塑像的正位被佛像取代。湘粤古道起始段老街巷被全部推倒，致盐米码头遭毁。龙女温泉的龙女祠被改成龙女寺，陷池塘改成仙池潭。天官坊巷改成"兴中街"，濂溪巷井改成朱家坪井，橘井路错成"桔"井路，骡仙路错成"骆"仙路，金仙寨错成"仰天大佛"，天飞山国家地质公园错成"飞天山"；又如北湖周边高楼栉比，不复山水相映美景。高新区要求对由明代建筑向清代过渡的刘家村从保护规划中取消。这些都使人文生态环境紊乱。

2014年市文史研究会在市政协领导率领下调研全市文史工作，涉及文物、非物质文化遗产保护等，发现城市规划、城建管理欠科学，有触目惊心之感，于是形成调研报告交付市委、市政府、人大。专家组前往南京、杭州、曲阜等市考察学习；笔者2016年又随市政府办、法制办专家组到黄山等市取经；愈发感到本市在历史文化保护和发展方面的差距不小。

自1995年地改市后，市政协委员、人大代表每年两会都有提案，要求相关部门解决苏仙观、义帝陵、剑泉、橘井、橘井观、苏母墓、学宫、刘相第、濂溪祠、燕泉、湘粤古道、湘南起义旧址、湘南特委旧址、劝农碑、辛亥烈士碑、矿冶遗址等的保护、恢复问题。2005年一份提案共46个委员签名，占委员总数的21%。截至目前，橘井、苏母墓、国共抗战和谈旧址李家大屋等恢复，义帝陵、剑泉、湘南起义旧址等部分恢复（陈家大屋）；劝农碑等得到保护；湘粤古道起始段、湘南特委旧址、穷泉消失，燕泉、郴县县委旧址废置，国家级文物义帝陵在重新规划，可周边房产大热、高楼续耸；学宫、刘相第则"免谈"。非物质文化遗产保护与利用方面，五岭广场2002年树立城市标志性雕塑"神农作耒"，作为首席文化符号已15年，但2016年评选"郴州十大文化符号"，却予放弃。又如《苏仙岭—万华岩风景名胜区保护条例》

竟避开保护关键对象——苏仙观。

上述历史欠账，使郴州的历史文化名城保护与发展未达理想线。

郴州人文生态资源、环境起底

城市管理层、规划部门、建设单位乃至市民群体，必须要了解、读懂并珍惜、捍卫其人文生态资源、环境，才有利于科学规划、保护、建设母亲城。

郴州的人文生态资源丰赡广博，千秋构筑，使人文生态环境底蕴厚实：

大的文化遗产方面，上古《世本》说："神农作耒。"《易·系辞下》记载："包牺氏没，神农氏作。斫木为耜，揉木为耒，耒耨之利，以教天下。"春秋《管子》记述："神农作，树五谷淇山之阳，九州之民乃知食谷，而天下化之。"前者说伏羲之后，神农炎帝执政，发明世上最早的农具耒耜，教耕百姓。后者指明，神农在苍梧郴县骑田岭山（淇、骑二字谐音，通假使用）南面种植稻谷等，先民才懂得吃用粮食，从而使天下归化。因骑田岭与古郴地处南岭，南岭分隔长江流域与珠江流域，沿海气候与亚热带季风湿润气候在此交汇，适宜农作物萌生，故农耕于此发祥。

西汉考证出"神农作耒"在桂阳郡治郴县地域，《汉书》记"郴，耒山耒水所出"，这指向呈唯一性，《水经注》记"耒水出郴县南山"，《明一统志》记"耒水出郴州之耒山"。清代《衡湘稽古录》考证："当时田器，帝创其式，命匠作之，颁赐万国，衡湘山水，故每以田事制名。《衡湘传闻》曰：帝之匠赤制氏，作耒耜于郴州之耒山。"即指神农炎帝在古郴发明农具，令工匠制作于耒山，由耒水传输各地。《嘉禾县学记》考据："嘉禾，故禾仓也。炎帝之世，天降嘉种，神农拾之，以教耕作，于其地为禾仓，后以置县，询其实曰嘉禾县。"说郴州嘉禾县是《周书》记载"天雨粟"之处，即旋风将野生稻卷上天，掉落湿地长出来的自然现象，被神农发现，始创湿地开田、驯化野禾的农耕方式，盖敖仓存禾种。此地故称"禾仓"，设县以"嘉禾"命名，迄今是唯一的"嘉禾县"。同治年翰林侍讲兼国子监祭酒的王先谦，在《汉长沙零陵桂阳武陵四郡地考》中考实"桂阳郡……郴，今酃县及郴州"，即炎帝陵所在酃县地，在汉代属桂阳郡治郴县。郴城内外神农殿保存至民国。1950年代，酃县也属郴州。《衡湘稽古录》还考出神农的助手郴夭，传说他与神农共尝百草，"郴"字前身即菻（青蒿）。

这些，揭示了郴州在中华农耕史的里程碑式地位。

义帝陵获批为国家级文保单位，敲定郴州为古都的史实：秦末领导起义的义帝熊心因诚信"如约"得罪项羽，被逼迁徙长沙，他选择南岭郴县建都，《史记·秦楚之际月表》记"徙都江南郴"。《汉书·陈胜项籍列传》记"徙之长沙，都郴"。因他自我择都，遭项羽密令英布暗害，引发楚汉战争，改变中国历史走向。刘邦后派三侯王陵、周勃、樊哙到郴，为其举行国葬、修筑陵墓；宋代陵前绿地迁入州学、建学宫，形成宏大景观。清代太平军破坏学宫，曾国藩撰《讨粤匪檄》，以"粤匪焚郴州之学宫……"为由，组成湘军征讨。现，义帝陵是唯一的城中帝陵；但经过"大跃进"办烟厂、"文革"等，学宫、州学消失，义帝陵陵园被侵占，成了世界上最小最委屈之帝陵。

《后汉书·蔡伦传》记载"蔡伦字敬仲，桂阳人也"，即桂阳郡治郴县人。他因"数犯严颜，匡弼得失"，被安帝"以谮害大臣"而害死。他改进的造纸术推动了世界文明进程。其宅、墓原在郴江边，宋郴州知州阮阅有《郴江百咏·蔡伦宅》诗。

苏仙观、苏仙岭、橘井等，是国家级非物质文化遗产"苏仙传说"载体，也是郴州仙灵文化的主干。郴州"九仙二佛三神"俱真实人物。九仙：苏耽、成武丁、范伯慈、廖法正、王锡、唐道可及名相刘瞻三兄弟；二佛：寿佛周全真、道广大师；三神：洞庭湖神柳毅、石虎神黄师浩、北湖神曹代飞。一方山水养一方人，这些"魁奇忠信材德之民"，操守人格靠拢圣贤，以仁义孝友、智慧才能行走世间，成为国之良才、地方乡贤，在生给民众带来好处，离去为社会留下事功，郴州民众在百多个仙佛中推崇他们为家山守护神，形成本土泛神化的宗教信仰习俗。

其中，传说西汉草药郎中苏耽升仙前嘱告母亲：来年将发瘟疫、以井边橘叶熬泉水救人，是中医"治未病"之预防医学开端之一；母逝后他由天庭降落苏仙岭松林长望山下母宅，久之感化松树枝柯朝向南面，形成古八景之首"望母云松"；抗疫产生医林典故"橘井泉香"。苏耽被赞"孝子神仙"，苏仙岭、橘井成道教"天下第十八福地"，唐宋皇帝敕封，历代名著、历代名家杜甫、元结、秦观、汤显祖、李时珍、蒲松龄、林则徐等多有吟咏，影响海外。意大利传教士利玛窦在《西国记法》书中，写在中国"记医，以橘井、以杏林"。

郴州当南岭要冲，先秦已有楚在此设苍梧郡开旧道穿越南岭；秦始皇北筑长城南戍五岭，在此修新道、攻百越。西汉以郴县为治设桂阳郡，分水陆两道置邮驿；东汉中交趾七郡贡物转运走海上，风波艰阻多沉船，大司农奏开桂阳峤道，遂为常路；两汉楼船、伏波将军平息南粤内乱、交趾反叛，均走此道，人马艰难翻越南岭原始林莽下沿海，故名湘粤古道、骡马古道。至今，南北交通依然按其走向构筑。这南岭走廊，是内陆连接沿海的交通动脉，也是中原文明与岭南文化的融合接点，更是民族统一的牢固纽带。

东汉以降，内地大米桐油等船运至郴城郴江，换骡马翻越南岭转船下广州；沿海食盐海带等由骡马越过南岭，至郴江换船转输内地。于是湘粤古道起始段由盐米码头为基点，伸向南塔岭山上，人居两旁。历代贬谪岭南的官员名士，多由此经过或寄寓于郴。中国社会史丛书《流放的历史》，写流放内容的民谣，即"船到郴州止，马到郴州死，人到郴州打摆子"。清代闭关锁国一口通商时，南北物资运输多由此道，形成伙铺酒店拥挤、人烟辐辏的商贸街巷。纪念造纸祖师的蔡伦宅，出洋考察宪政的军机大臣戴鸿慈题名的广肇会馆，国歌作者田汉、聂耳的好友首美的居屋，上演湘昆的郴阳戏院等，分布于由水平面上升半山的街道两旁的奇特斜线性空间。

理学鼻祖周敦颐首次任县令为郴县令，再做桂阳（汝城）县令，首次升州级。

主官也机缘巧合在郴州，故在郴为官三任。其间新绘了太极图，创作《太极图说》，"明天理之根源，究万物之终始"；又撰《爱莲说》《拙赋》，并在此培养了程颐、程颢两个人才；"时当道诸公皆以先生治郴桂有绩，交荐之"。追随其足迹，张栻、陆九渊、解缙、陈献章、湛若水等理学家到郴传承、发阐理学、湖湘之学。

朱德、陈毅在郴州与湘南特委发动湘南起义，是土地革命时期时间长（4个月）、空间广（湘粤赣边20多县）、人数众（百万民众）、政权全（1地级、8县级苏维埃政府）、武装多（1正规师、3工农师、2独立团），规模、内容超过南昌、秋收、广州起义的最大起义，并胜利会师井冈山。军事家萧克指出"历史已经证明，有了湘南起义，才有井冈山会师，才有巩固的井冈山根据地"；故邓小平为湘南起义纪念塔题名，胡耀邦为湘南起义纪念馆题名。

其他囿于篇幅不一一讨论。每一项规划、建设好，即可汇聚成恢宏的人文生态大环境。

尊重历史敬畏文化是名城保护与发展之道

城市的一大作用和贡献在于其能保存历史痕迹、人文脉络和传播、发展社会文化。"罗马不是一天建成的。""二战"结束后，欧洲各国民众回到城市，首先就是饿着肚子卷起袖子，修复和重建遭破坏的古迹文物，复原自己的物质和精神家园。波兰人就在"纳粹摧毁华沙之后让它重生"，并积累修复重建技术知识及人才队伍；因只有保护好才能发展。

马克思告诫"不能割裂历史来创造现实"，因此我们必须尊重历史、敬畏文化，实事求是地解决历史欠账。即如杭州西湖和桂林名重天下，但为恢复历史面貌，西湖周边拆迁百多万平方米各类建筑；桂林重新规划两江四湖，木龙湖周边就拆了20多万平方米商住房。又如德国柏林，一个专门修复人文遗迹的组织取名"小心翼翼地修复城市"，年复一年助推世界名城。郴州上下应提升思路共识，战略性规划，统筹化管控，全力修复和重建人文生态环境。

即恢复义帝陵原有规模，做景区规划；复原苏仙观本来面目；复建神农殿、蔡伦宅、濂溪祠，复原湘南起义旧址群、湘粤古道盐米码头，并设立博物馆；恢复橘井路、骡仙路等原名；再现城市肌理、历史印记、名人遗迹、市井氛围、文化标识，使丰厚资源转升为优势品牌。规划、管理的最终目的在于实现一个理想的人居环境和完美的城市风貌，经济建设的最终目标在于成就一个富足的物质社会与和谐的民族家园，如此人文生态环境，才符合历史文化名城身位。

附录:

中国女排和苏仙岭的故事①

满城欢腾,烟花漫天,湖南郴州在庆祝中国女排 17 年后重新登顶世界排坛。同时,一个传说又在球迷与市民口中传开,越传越神……

苏仙岭上"仙公庇佑"

这要从 24 年前说起,1979 年金秋,一队英姿勃勃的鸿雁悄然栖落在郴州苏仙岭下。一连三载,她们在此梳理羽翅,磨砺筋骨,而后一飞冲天,实现了中国体育的历史性突破。1984 年,还有 1986—1988 年,她们又数次练兵于此,获得"五连冠"殊荣。当国内外传媒纷纷探究中国女排的成功秘诀时,一种说法开始流传,说女排每次到郴州训练都能打出优异成绩,是因为她们每次在郴期间都攀登了"天下第十八福地"——苏仙岭,得到了苏仙公的暗中保佑。

数字巧合岂能当真

说来也巧,中国女排在郴集训迄今共 10 次,每次集训的时间与任务完成的情况如下:1979 年首夺亚洲冠军;1980 年获南京国际邀请赛冠军及在 36 场国际比赛中胜 35 场;1981 年首夺世界冠军;1984 年首夺奥运会金牌;1986 年再夺世锦赛金杯,获得世界排坛第一个"五连冠"。巧的是这 5 次重要比赛前,中国女排都在集训前登了苏仙岭。1987 年、1988 年连续两年集训中未登苏仙岭,就不巧在第 24 届奥运会中未保住冠军。此后 12 年,未到郴集训也未能夺冠。2001 年重新组建,中国队首先拉到郴州,又进行了连续 3 年集训,头一年就在国际女排邀请赛上战胜 14 年未赢过的古巴队;今年 8 月

① 原载《广州日报》2003 年 11 月 17 日。

首次夺得世界女排大奖赛冠军；这次更是再次登上了国际排坛的顶峰。

情有独钟亲近之感

女排姑娘确实对挺拔秀丽、峻峭葱茏的苏仙岭怀有一种美好情感。每次集训，大运动量期间需调节一下身心时，队里就安排去登苏仙岭。我曾问袁伟民、邓若曾教练，郴州可供休憩调节的风景名胜不少，为何对苏仙岭情有独钟？他们说，女排离开北京南下郴州进行封闭式集训，就是要让全队一天到晚集中精力、集中思想，投入训练，集中解决问题。必要时离开基地训练馆到户外调整一下，也不能舍近求远，多花时间。苏仙岭就在城边，登山既可练练队员们的腰腿力量、膝踝关节，又可缓解转移一下紧张心理，一举两得，何乐而不为呢？而从队员的角度来说，自起初登山后夺得亚洲桂冠特别是世界冠军后，在心理上也对"寿山福地"苏仙岭产生了一种亲近、信赖感。

心理体能登山齐练

运动员特别是名将们的心理表现，是一种十分有趣的现象，一如苏仙岭的云卷云舒、雾漫雾散，有其自身规律、特点。女排姑娘也是如此，上次对某队获胜穿什么颜色的比赛服装、打什么牌子的比赛用球，下次再与该队对阵时，她们就会希望仍穿那种颜色的衣服、打那种牌子的球。又如赛前乘车，谁上次坐哪个位子、前后是谁，比赛时她发挥好，赢了球，那么下次，她上车后仍喜欢这个座位。例如郎平就喜欢坐田大夫后面的位子，听田大夫说话她能放松。她们就是这样靠外部环境、物象刺激，采用自我暗示法，将心理调到最佳状态。这其实是一种积极的心理训练方法，和求仙拜佛没有什么关系，如 1982 年、1985 年女排没到郴州集训，更没登苏仙岭，但也拿了冠军。

实际上，历次女排登苏仙岭都是作为一种体能训练手段。这一届新女排2001 年新组建后重返郴州，她们攀登苏仙岭的次数增加了。苏仙岭的上、下石阶加起来是 3600 级，过去老女排集训只在一天上午登一次，而且下山时膝盖要比上山时更费力一些；现在苏仙岭建起了观光索道，可以选择登上苏仙岭后坐缆车下山，一上午便可登两次，既练了体能又保护了膝关节。今年春训，巧得很，女排登了 5 次。也许，这预示着中国女排姑娘又开始了新的"五连冠"的征程，且让我们将这当作我们对女排的良好祝愿吧。

南岭秘语·橘井泉香[①]

张张宣纸黝黝墨汁书写的中华传统医药史上，深植着一眼护卫民族健康的井泉，它水体清冽、涟漪荡漾，发散橘叶的清馥橘花的芬芳橘果的甜甘，香透神州的漫漫时光。庚子年春全民"抗疫"的国情，可追溯至这眼井泉的不朽发端：

那在公元前反秦起义后，告别楚汉相争的剑影刀光，距离汉王朝开国的日月不长，桂阳郡治郴县即今湘南郴州，出了个苏耽。桂阳郡、郴州地当南岭要冲，南岭巨灵神掌般间开长江流域与珠江流域，乃大陆冰雪线最南端，上古山深林密、瘴气蛮烟、毒菌滋长，连年的惨烈战争和自然遭荒，使疫病流行作乱。苏耽尚在母亲肚腹，其父便染疾身亡，他自幼牧牛捕鱼将慈母孝养，遇道士学医术为乡亲医治病疡，凿井种橘开药园，采药骑白马上马岭山。传说，人在做天在看，苏耽赤心可鉴，由是得道跨鹤升仙，但少年郎中泣别母亲时却叮嘱：儿身不由己应召而去，翌年将发瘟疫，汲房前井泉和药橘树叶可以熬汤剂救人。来年果然，苏母在庭院架起九口大锅，苏耽在云间吹气暗助火势，日夜熬药救民。

典籍载，不止桂阳郡民，"求水叶者，远至千里，应手而愈"，"存活者千百人"，黎民对良医良药感激泫然。然而，仙凡有别，苏耽在天庭苦念亲娘，却不得以人身下界露脸，他只能骑马降临马岭云头凝望山下母宅方向；久之山顶松树也受感化，枝柯齐伸向南，形成郴州八景头一景"望母云松"。苏母百岁无疾而终，苏耽云中哀哭三年；最后化鹤归乡降于城楼，儿童不识弹弓弹射……仙鹤用脚爪攫楼板写下伤感歌谣"城郭是，人民非，三百甲子一来归，吾是苏君弹何为？"由是，民众铭记其孝母更救民的义山恩海，称苏耽"孝子神仙"，"百姓为立坛、祠，民安岁登，民因名为马岭山"，后称"苏仙岭"。

素朴凄美、孝敬母亲、拯救生命的苏仙传说，属于非物质文化遗产中的口头文学。文化部编的《非物质文化遗产概论》告诉读者："表面上看起来口

---

① 2014首届郴州旅游杯"林中之城、休闲之都"全国文学作品征文大赛奖，本次重撰。

头文学靠口耳相传，没有固定文本，人为性、随意性似乎比较强，但这是问题的一个方面。换个角度来看，就会发现口头文学可能更多地保存了历史的原状，是活态的、生动的历史。由于口头文学是在民间流行，相对于官修史书而言，更少受官方意识的影响和干扰，更少为所谓的尊者、贤者讳饰，因而就能更多地记录、存留下来当时的真实状况。这就使得在某些时候口头文学比官修史书更有历史记忆价值、科学认识价值。"所以这传说，徐徐拉开的是两千多年前大众利用药橘矿泉群防群治瘟疫的生动场景，深层揭示的是中国人预防抗击瘟疫的民族智慧。因此，唐代收进启蒙读物《初学记》，明代选入《龙文鞭影》，为典故"苏耽橘井"。

一段时间里，曾将先民感恩、传递真善美的"苏仙传说"和医林推崇的"苏耽橘井"，视作封建迷信，民间文学惨遭批判。导致很多人不知"橘井文化"之深厚，遂使中华预防医学之源头的名典弱化成盲点；甚至1994年在其原生地湖湘，省报头版一文标题仍把"橘井"印成"菊井"，贻笑大方。出版社编成语典章，也漏掉"橘"字熟语，至今留下缺憾。

参天之木必有其根，怀山之水必有其源，这传说最早记在西汉末经学家、文学家刘向的《列仙传》里，但书中"苏耽"篇只讲故事，没给那眼井命名，原文写苏耽交代母亲："明年天下疾疫，庭中井水橘树能疗。患疫者，与井水一升，橘叶一枚，饮之立愈。"此"疾"指急病，"疫"为"民皆疾"表示传染急病瘟疫，"患疫者，与井水一升，橘叶一枚"就是无偿义治。晋代道教理论家、医学家葛洪赴岭南过郴州，经田野调查，在《神仙传》拓展了"苏仙公"内容。此后如《中国神话人物辞典》所指，"历代文人都非常喜爱"这传说，郦道元《水经注》、李昉《太平广记》、王世贞《列仙全传》、徐霞客《徐霞客游记》等名著都少不了这口井。因为，井中涵养着超出一家亲情、心系百姓安危、敬畏生命的忠孝博爱，井中反射出不信天命不求业果、力抗天灾济世利民的人文思想光芒，它如清甜乳汁一般渗透全民族的心房……

泉韵云影潺流到诗情画意的大唐，开元二十七年诗家天子王昌龄贬谪岭南过郴州，在《出郴山口至叠石湾野人室中寄张十一》中，记下"昨临苏耽井"；翌年名相、郴州近邻韶州人张九龄逝世，诗圣杜甫在《八哀诗》喟叹"痛迫苏耽井"，这口井便有了姓。又过一年，开元二十九年，郴州刺史孙会奉唐玄宗诏令扩建苏仙观，撰《苏仙碑铭》，出现"橘井"二字。接着杜甫一连3首诗反复歌吟此井：《秋日夔府咏怀奉寄郑监李宾客一百韵》有"橘井尚高褰"，《奉送二十三舅录事崔伟之摄郴州》有"郴州颇凉冷，橘井尚凄清"，《将之郴先入衡州欲依崔舅于郴》有"橘井旧地宅，仙山有舟航"句。与杜甫"橘井"诗句同时讴颂的，是文学家元结，767年他任道州刺史途经郴州，专门寻游苏耽宅，特作七律《橘井》。

于是自诗山韵海铸就的大唐起，"苏耽""橘井"成为文学、医药界的规范用典，名人、名著也将这传说引入诗词曲赋，北宋文学家张舜民谪郴，极赞"橘井苏耽宅，茶经陆羽泉"；词坛巨擘秦观贬居郴州，留下"闻道久种阴功，杏林橘井"之句；南宋丞相周必大呼号"子到同吟仙井橘"；元代"清献"公王都中治郴时感悟"苏仙孝感动乡间，橘井千年事若符"；明代郴籍代吏部尚书何孟春指点"马岭古福地，苏仙此为宫"；政治改革家、首辅大臣张居正咀嚼"苏耽控鹤归来日"；戏剧家汤显祖怀念"久无白鹤到苏耽"；清代"岭南三大家"之首的屈大钧嗟叹"泪应留橘井"；小说家蒲松龄忆述"苏仙故井犹存楚"；名人们写楹联也用上橘井，药圣李时珍有"橘井泉里龙问病"之语，民族英雄林则徐有"橘井活人真寿客"之言。翰林院编修张九镡《郴州四首》的第一句"汉朝灵橘井泉香"，就接近医界"橘井泉香"的原版。

然而，百代过往，地久天长，"橘井泉香"到底是怎样组合上？按顺序排列的四字，究竟出自哪篇辞章？谁的诗行？五百多年前明代一诗人曾感叹"自古神仙事渺茫，郴州橘井渐遗忘。"总之，"橘井泉香"的根蒂藏在千年之前渺渺茫茫，必须心脑化作锄尖深掘细探，否则只能留下踪迹不寻的沉沉遗憾。

橘井因苏耽得名，苏耽橘井的盛名，除了历代百姓膜拜、千年医界看重，还由于医道同源颇受道家推崇。盛唐时上清派第12代宗师司马承祯奉唐玄宗令，考订一部《上清天地宫府图》，列出国教道家的洞天福地，在72个福地中，将苏耽采药栖居过的郴州马岭山排为第21福地。于是牵动了帝王的神经，他们借助道教的影响力维持大统的做法是敕封，俗话说：神仙也要皇帝封，只有获得封号的真人才能高踞官立的道教殿堂。公元731年，唐玄宗李隆基明诏对苏耽其人其事"发挥声华，严饰祠宅"。北宋真宗赐建"集灵观"，后改称"橘井观"。哲宗赐号苏耽为"冲素真人"，南宋高宗加封为"冲素普应真人"，宁宗加封为"冲素普应静惠真人"，理宗加封为"冲素普应静惠昭德真君"。于是苍翠峻立的马岭山在道教72福地中，迭次上升为第十八福地。明代奇人徐霞客游郴时，亲见苏仙岭"入山即有穹碑，书'天下第十八福地'"，便完整记下苏仙橘井传说。清代方志家檀萃过郴时，也在东门外（今省级重点郴州一中校园）目睹"湖南郴州苏仙故居，院门匾额'第十八福地'，殿前庭当阶有井，甃以石，深丈许，即橘井"。清光绪《郴州乡土志》记此匾额"相传为苏东坡书"。

珍藏于江西上饶万年县罗湖上丁村的丁氏族谱，记述了一个与此相关的传说：丁氏医师丁和喜欢在名山胜景处采集百草药料，一次他宣称，在经常洗药草的西山洗药池，水里出来仙人，教给他一个单方："现在宸妃已怀龙胎，你可按此方配药料送京城，取金水桥边之水，泡药供她使用。皇妃洗浴后即可产下龙子。"丁和马上赴汴京，将单方、药材加"神仙"之语进献皇帝，果然宸妃顺利生下太子。宋真宗大喜过望，御笔题下"济生堂"金字匾和一首御诗，赏赐丁和。《赐丁和还乡》为七律：

　　　　天生一物一阴阳，燮理全凭太古方。六脉若能医有效，四民谁不寿而康。

　　　　杏林佳实留心种，橘井甘泉透胆香。卢扁更从何处问，罗湖溪上济生堂。

　　从此诗可以看出宋真宗的确才华横溢，而第6句"橘井甘泉透胆香"，在古代所有写苏耽橘井的诗词曲赋中，首次出现橘、井、泉、香四字的排序。

　　如此身价，更因世代百姓的感恩和高士骚翁的喜爱，医林、道教倍加推重。宋代以降，中医堂号、诊所药铺贴"橘井泉香"的额联，柜台摆放"橘井泉香"的铭牌，成为约定俗成的文化现象。北京三里河大街同和堂店门墙上刻"泉香橘井"语，上海豫园童涵春堂挂着"橘井流丹"匾，广州陈李济药厂号称"四百年橘井老字号"……元代，原湖南道元帅府都事、奉派安南使节、冠名礼部侍郎黄常，在七律《植芳堂》写成"橘叶秋香浮石井，杏林春暖绕庭除"，现"杏、林、春、暖"排序；有心者便将三国纸张记写的"杏林"与西汉简牍刻画的"橘井"相提并论。

　　这样，"橘井泉香"与"杏林春暖"珠联璧合，两个典故交相辉映中华医药史，相沿而成华夏国风，衍生出"橘井流芳""橘井四时春""橘井活人多""龙蟠橘井水泉香"等熟语、楹联、用典。光华粲然辐射八方，台湾也出版《橘井文化》，神州东西南北处处现橘井。东到福州，《乌石山志》记载药王庙"前有井曰'橘井'"；西达成都，明代蜀王朱让栩《锦城十景》诗有"橘井相浮金盏注"句；南竟抵海南三亚，南山"上有万仞泉……下有橘井，可疗病"；往北，清乾隆帝在承德避暑山庄也挥毫写有关于橘井主人苏耽的诗行"鸾音愧阮籍，鹤度肖苏耽"。

　　金声玉振的"橘井泉香"与"杏林春暖"，不仅闪耀中华医林，还随着唐风宋韵泽被海外。明代日本的特芳禅师诵出机语"橘井一勺，甘泉延无疆寿；杏林五株，春色联不尽芳"。意大利来华的传教士利玛窦从广州到毗邻郴州的韶州，他久闻大爱苍生的"橘井"，于是越过南岭到郴一访；尝过橘井水，便在《西国记法》一书，告诉西方人了解中国事物"记医，以橘井、以杏林"。君不见，各国唐人街上可寻觅华人华裔开办的"橘井""橘杏"诊所药行，奥地利、俄罗斯国家图书馆藏有与"苏耽橘井"相关的中国古代名著，柬埔寨王国以"橘井"命名省市，越南庸宪市温氏祖厝楹联的下联为"宪南风物，寿人橘井久传家"。清末美国教会捐款在郴州开办慈善医院，取宋代皇帝敕封苏耽的"静惠"仙号加"爱"字命名为"惠爱"。日本国还有橘井堂医院、橘井会山口内科外科，甚至以"橘井"为姓名如"橘井健一""橘井敏弘"等；中国举办的亚洲少年女排锦标赛上，日本队一个小姑娘芳名就叫"橘井友香"，与"橘井泉香"典故一字之差。

伴随着中国日新月异的变化，民族振兴昌盛的气象，海内外炎黄子孙共同精心维护的"橘井"美名，蒸蒸日上。2014 年底一个震耳消息飞传："苏仙传说"成功入选第四批国家级非物质文化遗产代表性项目名录。

风色染异的 2020 年春天，步入国家图书馆，翻开明代《郴阳仙传》《万历郴州志》和《徐霞客游记》的古色页码，上面记着橘井主人苏耽跪别母亲时间，在"文帝三年甲子五月十五日"。汉文帝三年即公元前 177 年，距今两千多年，那么苏耽和苏母带动民众预治瘟疫的历史故事，可能是世界上发生最早的预防医学和地球公民最先主动的"抗疫"行动。《黄帝内经》早有"上工治未病"的理念，可以说博大精深的中医"上医治未病"的保健理论，导引了现代医学的体检。

这并非是孤立地产生的，奇峰雄列古木森然的南岭郴州，天赐生态，甲骨文表述为"林（萧）"的方国；"神农尝百草、尝茶"传说数千年经久不衰，故春秋战国便有苍梧郡治所郴县"茶乡"，发展为茶陵县的行政区划。郴县、郴州的地名，也来自神农炎帝的助手"郴夭尝萧"的传说，"萧"就是屠呦呦等医药专家所提取青蒿素的植物名，是最早发现具备食药两用价值的一种青蒿，又名"抱娘蒿"。楚国将方林的"萧"的形符"艹"移到声符"林"的右边，形成"郴"字。史料显示从远古至汉初，南岭郴州的药材，都属于"楚贡"。正因为夏商周上贡茶、萧、菁茅、桂等药材，春秋战国时方林为楚国兼并设置"艹"字头的"苍梧"郡；《山海经》把上贡桂的方林叫作"桂阳"；楚汉战争后刘邦登基，汉王朝增设郡国，因以"桂为汉家象"，首个即在苍梧郡郴县的基础上置桂阳郡。故而，"橘井泉香"底蕴自来有之。

庚子年震惊地球的不平凡风头，我登上苏仙岭，追寻绿野仙踪。天地苍茫，远可眺上古神农氏族、郴夭部落筚路蓝缕遍尝百草，坚韧不拔将农耕开创；近可见当今父老乡亲、兄弟姐妹百折不挠抗击瘟疫，英勇无畏气壮河山。再看，中国民航载着中国人民捐助的医疗物资和政府派出的医疗队的飞机，振翅青天掠过大洋郁郁苏仙岭上、葱葱一中校园、郴州潇湘、荆楚武汉、大江南北的绿水青山，再一次弥散开千秋橘井的隽永馨香……

"千秋、万岁"话地名①

拙文《郴州古代之人文地舆考识》（《中南大学学报》社科版 2013 年第 4 期）、《从源头根蒂解析"桂阳"古代沿革》（《社会学》2014 年第 12 期）发表后，市内外人士来电议论"郴州、桂阳"地名。这话题，浑如一项系统文化工程，一言难尽，遂撰此短文。

名著千秋

地名，是人类为便利生活、生产、交通命定的地物、地域名称，如自然地理实体、行政区划、居民地、各专业部门使用的具地名意义的台、站、港、场等名称。地名系有音、形、义和"位置"的语言词汇，而语言（民族语言、方言）、民间文学（民间传说）属第 1、2 类非物质文化遗产。古老地名都出自民族语言、方言或民间传说，需按《中华人民共和国非物质文化遗产法》进行保护。

例如神农炎帝的助手郴夭发现"林（萪）蒿"，才有南岭方国"林"；由于"神农尝百草""郴夭采萪蒿"的人文精神传承，其后裔又发现"桂"的医药价值，故方林又叫"桂"国。从夏商周"苍梧"国到战国楚苍梧郡，此地肉桂、菌桂、桂花、萪蒿、菁茅、香茅等药材香料，成为"禹贡""楚贡"。《山海经》即出现"桂阳"地名，桂花又叫香花，故境内有桂水（舂陵江），郴城有香花井、香花铺、香花路，临武有香花岭即桂岭，五岭之骑田岭又称"桂阳岭"。

汉初刘邦增设 23 郡，首个即"桂阳郡"，囊括岭南桂林、贺县、韶关及清远部分。三国时湖湘第一部史志《桂阳记》记："桂阳程乡有千里酒。"清《衡湘传闻》一书解释：桂阳程乡即古郴，"其国久长，故境内有千秋水、万岁山之目焉"。这"千秋水"，即郴州城郊灵寿山流出之河，灵寿山即"万岁山"。"目"，指人文地理名目。

上述地名，是族群古老的生命记忆，是地域活态的文化基因，体现了先

---

① 原载《郴州日报·周末》2015 年 4 月 26 日。

民智慧，承载着民族创造精魂，形成宝贵的非物质文化遗产。

地重千钧

古人重视地名，创"地望"一词，也叫郡望。将名人、族姓、名字与其籍贯、出生所在郡县联系，表明人望、威信。宋代史家郑樵的《通志》指出"以地望明贵贱"，是说一地的名望、族群的影响，其知名度、美誉度有大小优劣。说明地名如姓，能凝聚族群的认同感，规范子弟言行，鞭策人们作为，可推动地区间良性竞争，促进社会前进。

如蔡伦"桂阳人也"，即纸祖蔡伦的地望为"桂阳郡"，蔡姓的地望堂号即"纸造桂阳"，桂阳郡、郡治郴县、桂阳县、耒阳县、蔡姓千秋万代铭记，其为国为民、忍辱负重、创新图强的精神，也随着地望渗透到郡民和蔡氏宗亲血液中。由此可知，地名大到郡县小到乡村，形同身份牌，故清代学者顾炎武总结"姓千万年而不变"。蔡氏族群不会改姓，但假设"桂阳郡"改名，从此打另一张牌，那怎么对得上《后汉书》中蔡伦籍贯故里的名称呢？

百折千回

地名在千回百折的历史长河中也有变动。如西汉末王莽篡政改桂阳郡为"南平"、临武为"大武"等，意即南平蛮越、武治南岭；但他一死又改回原名。东汉因桂阳郡治郴县地望显赫，到此任职或在此生儿的官员，争相将"郴"的地名作后代人名，如中郎将"段郴"、议郎"樊郴"、太仆"张郴"，还有成语"杯弓蛇影"主角、武陵太守"应郴"。五代时后晋王石敬瑭的祖父叫"石郴"，为避此名讳，曾改郴州为"敦州"，但随着石敬瑭两腿一伸很快就改回郴州。

地名都有历史渊源。如"资兴"原由郴县析置，叫过"晋兴"县，唐代置入郴县，后析出改置资兴县，是以治所前"资兴水"为依据改名。汝城县东晋析置，由郴县"汝城乡"得名，唐代改"义昌"，五代时为避后唐文皇李国昌名讳，改义昌为"郴义"。北宋郴州去"桂阳郡"名，以桂峒之南得名的坑冶监管机构桂阳监，也别离郴州独立建制，旧桂阳县早已划入广南东路。郴州一千一百多年的"桂阳"政区名需要传承，加上"郴义"犯宋太宗赵光义名讳，于是以原郡名作县名改郴义县为桂阳县。

1995年地改市，取"苏仙、北湖"两区名称，根据充足。但遗憾放弃"郴县"，它是郴州、桂阳郡的母体，科学做法是保"郴县"，设"苏仙高新技术区"。故市地名委员会、民政局命名一条"郴县路"留档。

经验教训

上述取名、改名都是特殊历史、文化造成的。古、近代官员奉派各地，下车伊始要先读志书、拜访长老，了解本州县地名来历，再研究州情县情等，

416

才能有的放矢解决民生政事。故《西游记》写孙悟空等每到一处，都要：神仙下凡问土地。

改革开放拨乱反正，历史归位，但积重难返，仍存乱象。如为纠正过去失误普查地名，但工作人员缺乏文史知识，将骡仙铺写成"骆仙铺"，导致《郴州市志》、骡仙路名、居民身份证全错成"骆"！南方哪有"骆驼"？"骡仙"本是东汉桂阳郡主簿成武丁，他说出牛郎织女"七夕相会"，被后世尊为湖湘大仙，其坐骑为白骡，故其住处叫"骡仙铺"，后山叫"骡仙岭""骡师岭"。有贪官嫌"陷池塘"名不吉利，用权杖改成"仙池塘"，他不懂这是传承了千年的非物质文化遗产，"陷"是陷丑恶之符号，被陷的恶人怎能成仙呢？志书记载的龙女祠，也被不读志书的人改成"龙女寺"，道仙就这样被佛教化。"金仙岭"亦如此，有人一说"仰天大佛"，众人就集体拜着喊。出于名典"橘井泉香"、蒙学知识"苏耽橘井"的"橘井路"，也错成"桔井路"；"天飞山"错成"飞天山"，不一而足。

最悲惨者为苏仙观，《中国道观》序言中的唐宋名观，被改成郴州历史上从未有过的"南禅寺"，引起郴人愤慨。中国旅游协会地学部原主任宋林华评论为"不伦不类"；建设部原副部长周干峙指斥"不遵循寺庙规制，怎么看都像一座宾馆"；省委原书记熊清泉曾是郴州地委书记，他任全国人大常委会常委时返郴视察，在《江山万里行》一书（湖南教育出版社2000版）中严肃批评"面前就是古老的苏仙观。可是原来山门上石刻的'苏仙观'三个大字不见了，代之以'南禅寺'三个描金大字……你要在这里弘扬佛法也可以，但是把原来历史悠久的景观破坏了，实在是太可惜了"。

名正事成

国务院《地名管理条例》规定："应当从我国地名的历史和现状出发，保持地名的相对稳定。""地名的命名应遵循下列规定"，第1条即："有利于人民团结和社会主义现代化建设，尊重当地群众的愿望，与有关各方协商一致。"同时规定："全国范围内的县、市以上名称……不应重名，并避免同音。"目前我市桂阳与贵州贵阳同音，但贵阳乃贵州省城，与桂阳县并非同一范围内同级的行政区，字也不同，而且桂阳得名在前，"贵阳"明隆庆三年（1569）才有，比湘郴桂阳至少晚六百年，需理清这三点。

地名重名同音来自古代，南宋史学家洪迈在《容斋随笔》"州县名同"一节指出"州名或同，则增一字以别之"，如河北有雄州，广东就增一字叫"南雄"。"若县邑不问"，举例"饶、邛、衡州皆有安仁县……郴、兴国之永兴……郴、连之桂阳"。但其他省的安仁、永兴、桂阳名称先后改、省或废，而汝城的"桂阳县"名从976年至1913年沿用938个年头，为2014年跻身全国"千年古县"之列奠定深厚基础。反之试想,"桂阳"地名不再保护,怎么对得起纸祖蔡伦、抗日名将刘放吾、爱民模范欧阳海给郴州、桂阳争来的地望和民族贡献呢!

地名涉及民族、国家、历史、文化、地理、交通、经济等学科和现代化建设、国际交往,必须谨慎善待。《地名管理条例》规定:"可改可不改的和当地群众不同意改的地名,不要更改。"民政部《地名管理条例实施细则》规定:"县级以上民政管理部门(或地名委员会)主管本行政区域的地名工作。""地名的命名、更名由地名管理部门负责承办。行政区域名称的命名、更名,由行政区划和地名管理部门共同协商承办。"在地名工作中首要的是尊重历史,敬畏文化。孔子有言:"名不正则言不顺,言不顺则事不成。"马克思告诫我们:"不能割裂历史来创造现实。"习近平同志语重心长地要求大家"留住乡愁",这乡愁即本土历史文化和非物质文化遗产,正是它们构成了国家历史、民族文化不可或缺的要素和基本单位,我们决不能与之失联,必须要树立文化自觉理念。

南岭秘语·《陋室铭》奇缘[①]

读书人都知晓的百字美篇《陋室铭》，现为人教版八年级语文上册课文，乃唐代文学家、思想家刘禹锡之名作。正因如此，其如何产生与撰于何处，其背后有何玄机，是喜爱《陋室铭》的读者们想要弄明白的一件事。

皇皇大唐史页掀开，李白、杜甫、王维、王昌龄、韩愈、柳宗元纷纷吟咏湘南郴州山水风情。至宋代，真宗皇帝、宰相王安石、秦观、张舜民、阮阅、杨万里等落笔成花、浅吟口诵，亦不绝于耳。所以南宋诗人丁逢在《郴江前集》序言中写"郴阳自唐以山水名天下"，此说一出，白纸黑字记入地理总志《舆地纪胜》郴州卷之"风俗形胜"篇，随即流传国中。又"其地多崇山大泽……天下佳山水处也"。巍巍崇山指南岭五大岭系人文最厚重的、传说神农开田的骑田岭、九嶷山、苏仙岭，悠悠大泽指"神农作耒"的耒水、春陵水、北湖，《左传》云"深山大泽，实生龙蛇"。唐贞元间宰相郑余庆贬郴州司马，遇隐士薛玄真"每遇人曰：'九嶷五岭，神仙之墟，山水幽奇，烟霞胜异'"。

风云莫测的元和十一年（816），三月一纸诏令，诗豪刘禹锡左迁连州刺史。连州在南岭五大岭系人文最深厚之骑田岭南，必道经岭北麓郴州。于是乎，他也置身山水幽奇、烟霞胜异的龙蛇之地、神仙之墟了。

此前诗豪没来过郴州，却熟悉郴州桂阳郡，他在朝中与郴籍郎中陈谏等"定为死交"，"永贞革新"同遭贬谪。他还与郴州进士刘景（宰相刘瞻之父）友善，刘景题名长安金榜，他吟诗《赠刘景擢第》："湘中才子是刘郎，望在长沙住桂阳。昨日鸿都新上第，五陵年少让清光。"谪官朗州，他写《武陵书怀五十韵》，前序即指斥"项籍杀义帝于郴"。这次南下入湘，经湘潭游唐兴寺，结识80岁的郴籍方丈智俨，日后专撰《唐故衡岳大师湘潭唐兴寺俨公碑》，语气尊重："公号智俨，曹氏子，世为郴之右姓。"

一骑瘦马越过千山万水，汗津津抵达南岭郴州，刘禹锡歇于好友杨于陵

---

① 原载 2019 年 6 月 23 日《郴州日报》，本次加工。

刺史郡斋。世族出身的杨于陵，没参与"永贞革新"。东汉同蔡伦一起被安帝谗害的丞相杨震，是其先祖，杨震拒收千金的"天知地知我知你知"乃廉政名典，荫庇后裔历代披冠。杨于陵本是户部侍郎领判度支，管理国家财政收支，位高权重，但被小人告"供军有缺"，先一步外放郴州。他南下前，刘禹锡以诗赠别，《和南海马大夫闻杨侍郎出守郴州因有寄上之作》。

二人都不曾料到，诗寄上没多少日子，接下来诗豪紧步杨尘接踵而至。他乡遇故交，正在郡斋撰写《青史王碑记》的杨于陵，遂放下笔陪好友悠游北湖、苏仙岭。刘禹锡好奇地询问这山水名由和碑记背景，杨于陵一笑讲述：

远在西汉，郴县草药郎中苏耽，出生即失父，牧牛打柴捕鱼孝养母亲，学会寻药治病、扶助乡亲。更预测瘟疫，用庭院橘叶配伍药草，汲橘树旁井泉熬药救民。百姓感恩戴德，遂传：苏耽骑白马采药马岭山，得道跨鹤升天。《全唐文·苏仙碑铭》载"《列仙》是纪"，指西汉光禄大夫刘向将"苏耽"纳入《列仙传》；晋代葛洪在《神仙传》中作《苏仙公》长文，传颂千年，名扬史册。初唐诗人沈佺期过郴，就深情吟咏："少曾读仙史，知有苏耽君；流放来南国，依然会昔闻。"开元二十九年（741）唐玄宗诏令"发挥声华，严饰祠宅"，其出生采药之马岭山获建"苏仙祠"；杜甫、王昌龄、元结、柳宗元等先后讴颂苏仙橘井，杜甫吟："郴州颇凉冷，橘井尚凄清。"道教将马岭山推为"天下第十八福地"；"橘井泉香"成医林典故。仙自人间，苏耽被奉为"孝子神仙"，居郴州"九仙"之首，山名尊称"苏仙岭"。

大唐建中年间，城外"龙祟北湖，水沸地震，郴人大恐，募能禳者"，百姓船筏被沸水掀翻，见"蛟龙"出没也不敢打鱼，便招募消灾除害的能人。一位好道习武的壮士曹代飞揭榜，为民伏"龙"（注：水蟒）平水患，造铁栅锁"龙窟"。县州上报，朝廷欲让其做官，曹代飞辞谢说：我居处乃狭小山区，请允准吾乡纳正赋免杂税，就是大大恩赐小民了。按例，拥有王侯爵位才可如此；于是唐德宗赐其"青史王"号，将其所居设"半都"乡，免除杂税。而曹代飞伏"龙"后，北湖风调雨顺30年，百姓流传：外来黑龙为害，壮士化身白龙，与之相搏，射黑龙保境（北宋知州阮阅写北湖灵湫诗句即"老蛟力斗死池中"）。这才有鱼肥粮丰，水美月靓，靠的是白龙呀！北、白二字在郴方言中同音，"北湖"名既表方位也含纪念白龙之意。曹代飞逝后，郴人奉为北湖神，在湖边盖庙祭祀，俗称龙王庙。杨于陵到任，欣然为之作《青史王碑记》。

登阶苏仙岭，饮茶橘井畔，泛舟北湖，心随鱼龙戏；刘禹锡听了好友讲述，写下《和杨侍郎初至郴州纪事》《和郴州杨侍郎玩郡斋紫薇花十四韵》等10余首咏郴诗，"城头鹤立处""移根近仙井""湖上收宿雨，故国思如此"的佳句迭出。二人揖别，刘禹锡踏上湘粤古道赴任，连州虽归湖南观察使管，却在岭南，"谪在三湘最远州，边鸿不到水南流"。

从"船到郴州止"的盐米码头往上出南关，跋涉于"马到郴州死"的崎岖五岭道。正值夏初，时雨时晴，雨来如寒秋，日出即酷暑，刘禹锡头一次翻越瘴氛蛮雾的南岭，水土不服，加上赶路一月半抵抗力弱，突有打摆子症状，这是夺命之疾，仆人赶紧护送退回郴城。杨于陵连忙在驿馆腾出小屋，紧急治疗。驿馆设北湖边，即韩愈记"俟命于郴"处，"憩水木之幽茂""费刍薪于馆候""航北湖之空明"，805 年韩愈在水木幽茂的湖边驿馆等候诏令，费了半年煮饭柴草，李刺史陪游北湖散心。

未料继韩愈踟蹰北湖 11 年后，刘禹锡也独居驿馆小屋，杨于陵对好友抱歉道：你这是"打摆子"的瘟病，故只能找一间陋室单住疗疾，另送"六经"为其解闷。"打摆子"即疟疾，病一发浑身抖摆，郴州俗称"打摆子"。好在当地出产对付此病的药草，"郴"字前身即"菻"，传说神农助手郴夭尝百草发现的第一种具备食用兼药疗价值的青蒿——菻。战国将其义符"艹"移至声符"林"的右旁为"𣛙"。

按《肘后方》之法，"青蒿一握，以水二升渍，绞取汁"。刘禹锡每日服用，止住了"打摆子"。外放岭南的官员，过郴时也随杨于陵去探望他，陋室便有谈笑声。开窗，能见烟霞缠绕的峻秀苏仙岭；入夜，可亲湖面波动的皎皎月影。这使他联想起环城的骡仙岭、南塔仙、刘仙岭、王仙岭，这些山都不很高却仙名鼎鼎；还有陷池塘、龙泉塘、龙骨井的龙传奇，这些水也不太深，却引得好友柳宗元吟"游麟出陷浦"；刘禹锡不胜慨叹，病初愈离郴前，挥毫记述思绪铭感：

> 山不在高，有仙则名。水不在深，有龙则灵。斯是陋室，惟吾德馨。苔痕上阶绿，草色入帘青。谈笑有鸿儒，往来无白丁。可以调素琴，阅金经。无丝竹之乱耳，无案牍之劳形。南阳诸葛庐，西蜀子云亭。孔子云：何陋之有？

搁下毛笔，他强撑弱体重新上路，翻越苍莽南岭，终于到得连州。因误了行程，未敢宣扬《陋室铭》；立即修书飞报朝廷，解释晚了数日的缘故，"非臣殒越，所能上报。伏以南方疠疾，多在夏中。自发郴州，便染瘴疟。扶策在道，不敢停留。即以今月十一日到州上讫"。这一天，是 816 年 5 月 11 日。

《陋室铭》仅 81 字，却文美思深，道尽自然规律、人生哲理、社会状貌，及自身抱负；历千百年风霜雨雪，珠玑亮色依然闪现，成为启迪鞭策人的散文精品、哲理名篇。

正由于太有名而太短小精辟，《陋室铭》千百年来，也总是引起后人、各地对它撰于何处的猜测。南宋地理学者王象之在《舆地纪胜》和州卷，记述："陋室，唐刘禹锡所建。又有《陋室铭》，禹锡所撰，今见存。"于

南岭郴州，山为杜甫吟"仙山有舟航"的苏仙岭，水即韩愈咏"北湖之空明"的北湖

是有人说，刺史刘禹锡在和州城东两里多郊外筑了座居所，因狭小简陋故取名"陋室"。好事者杜撰：和县知县三难和县通判刘禹锡，将其一迁再迁，房子由3间减至1间，于是刘禹锡愤然作《陋室铭》。

读者诸君稍动脑筋，便可明白这纯属戏说，因唐代未设通判，宋代才置；而县无通判，通判系州、军副职；刘禹锡贵为州刺史，县令怎敢犯上刁难。刘刺史也无可能建居所于城外，朝廷规制，州官必须住州署，守城听命；刺史履职三年，自建居所毫无可能。刘禹锡先后任连州、夔州、和州、苏州四州刺史，如果到一州便建一居，那点俸银哪里承担得起！况且现代写手说他，"到达和州时，正值百年未遇的大旱，和州大地哀鸿遍野"，那他还建居所，不怕举报？

冬去春来四百载后，南宋王象之见和州有陋室祭祀刘禹锡，便简单误会是刘禹锡本人所筑。后世和州兴建陋室，全属敬仰、纪念先贤，属于造福地方文化之举。

清《湖南通志》载有郴州文士何禅的《苏仙岭赋》，咏郴州苏仙岭和北湖"山高以仙，水深以龙"，印证了刘禹锡之《陋室铭》。至于笔者考据《陋室铭》原生地在南岭郴州，是刘禹锡他任连州刺史时作，虽为远州却是首次担纲大吏，加之首次踏足南岭，兼重病复愈于仙灵文化之地，人的深思洞悟往往发于如斯人文环境节点上。由此散开思维，《陋室铭》原生地郴州理应接续前缘，恢复苏仙岭下北湖岸畔的小小"陋室"，播扬思想家、文学家刘禹锡之哲学精神和文学精品！

苏仙岭、三绝碑与古今名人[1]

  国家级风景名胜区苏仙岭因"苏仙传说"得名，而其中过程却少有人清楚。苏仙岭上"三绝碑"闻名遐迩，自南宋起便引名家争议秦观词版本与米芾书法真伪问题，近现代三绝碑成写手撰稿对象，但大多数好事者信口开河，凭抄袭、猜测强加于人，说领袖两次问到三绝碑的保护情况，断言没有领袖"就没有三绝碑的发现与保护"。又，张学良将军曾幽居苏仙观，有些人不假思索说成是 1938 年上山，由赵四小姐陪伴。而苏仙岭从来就没有南禅寺，只有苏仙观。笔者就长期调研的结果和亲历亲闻，对这些做一叙述。

  苏仙岭系南岭五大岭系中人文最厚重之骑田岭北麓隆起的一端点，海拔526 米，秀丽峻峭，峙立于郴州母亲河郴江畔，原名马岭山，《神仙传》《水经注》有载。

  唐代道教理论家司马承祯在叙述洞天福地体系的《天地宫府图》，排序七十二福地时考据"马岭山 在郴州郭内水东，苏耽隐处，属真人力牧主之"。意思是华夏炎黄时期，南岭已在伏羲养子、黄帝大臣力牧主掌之下，其驻地就在今大唐郴州外城之内、郴江东面的马岭山，此山即西汉救民郎中苏耽藏身采药之处。

  唐高宗敕令全国各州置道观，郴州马岭山祭祀苏耽的仙人坛改为观。唐玄宗又诏令对苏耽其人其事迹，要"发挥声华，严饰祠宅"，苏仙观扩大了规模。

  最早将马岭山称为"仙山"的，是诗圣杜甫：770 年他投亲代理郴州刺史的妻舅崔伟，写下《将至郴先入衡州欲依崔舅于郴》一诗，讴歌"橘井旧地宅，仙山引舟航"，开启湘南胜地有仙则名的过程。815 年诗豪刘禹锡赴任连州经郴，"自发郴州，便染瘴疟"。好友、郴州刺史杨于陵安置他在苏仙岭下北湖驿站小房治疗，陪他游览苏仙岭、北湖并讲述苏仙传说等；刘禹锡联想到杜甫诗句，遂作《陋室铭》"山不在高，有仙则名；水不在深，有龙则

灵"。唐宋八大家之柳宗元在《奉和杨尚书郴州追和故李中书夏日登北楼十韵之作》,亦吟"唳鹤绕仙岑"。

北宋,仁宗朝道教理论家、洞渊太师李思聪,根据五代以后洞天福地的变化,对"天下名山七十二福地"进行了调整,将苏仙岭提升至"第十八福地",记在《洞渊集》中,1046年经宋仁宗御览,定下道教福地的排序,苏仙岭山口便竖立起"天下第十八福地"的穹碑。明代大旅行家徐霞客专程游访苏仙岭,瞻仰了此碑,笔录于《徐霞客游记》。清乾隆年史学家檀萃南下广州过郴,特意寻游橘井观,也亲睹院门上的"第十八福地"匾。这当与苏仙岭穹碑一体,因清《郴州直隶州乡土志》记载"相传为苏东坡书"。由于元代、明前期的郴州志书佚失,清代《郴州直隶州乡土志》就只能搜集到前志流传下的只言片语了。

而苏轼为苏仙岭、橘井观题写"天下第十八福地"的墨宝,当是应好友吴瑛之托请。吴瑛,字德仁,在郴州知州任上多善政,留下不少利民公益和良好口碑,《嘉庆郴州总志》评价他"性乐易高洁……任情率物而民不扰",宰相王安石为其赋诗"遗爱郴人想共歌"。

此后,婉约词派代表人物秦观(字少游,号淮海居士)不幸受朝中党争牵连削职,遭贬远州,骨肉亲朋天各一方,孤居郴州苏仙岭下,遂以此郴山、郴江等为素材创作《踏莎行·郴州旅舍》:"雾失楼台,月迷津渡,桃源望断知何处?可堪孤馆闭春寒,杜鹃声里残阳树。驿寄梅花,鱼传尺素,砌成此恨无重数。郴江本自绕郴山,为谁流下潇湘去?"凄婉典雅的清词丽句,倾吐鸟语花香的仙山也难觅桃源之冤苦。结束句"郴江本自绕郴山,为谁流下潇湘去?"这沉痛之问,激起天下文人士子的心灵共鸣。秦观逝后,苏轼将其词抄于扇面,附上哀悼之语:"少游已矣,虽万人何赎!"另一挚友、书画大家米芾将秦词苏语一并痛书,刻于石碑,南宋郴州知州邹恭再摹刻于苏仙岭石壁,三绝之碑由是诞生,仙山平添一大景观,引历代名家心驰神往。

秦观逝后,其女婿范温编辑《淮海集》,改动了《踏莎行·郴州旅舍》,"桃源望断知何处"成"桃源望断无寻处","杜鹃声里残阳树"成"杜鹃声里斜阳暮","郴江本自绕郴山"成"郴江幸自绕郴山"。引发名家争议不断,苏东坡就对范温的改动不满,"《淮海小词》云'杜鹃声里斜阳暮'。公曰:'此词高绝。'但云'斜阳',又云'暮',则重出也。"范温这才理解"余因此晓句法不尝重叠"。然刻本流出,无法控制,后世出版秦观词,基本采用《淮海集》的《踏莎行·郴州旅舍》。

范温为何改动岳丈之词?皆因心有余悸,唯恐触犯赵宋王朝之"讳",具体即英宗皇帝的名字赵曙,《踏莎行·郴州旅舍》有"杜鹃声里残阳树"的

"树"字；且英宗无子嗣，就更担心小人联想"残阳树"了。

这一点影响到了现代，连全国书法家协会启功主席也认为，郴州苏仙岭三绝碑上的秦词"绝非治平（1064—1067 年，宋英宗年号）以后之人所敢书"。事实上，1067 年英宗逝后，皇家允许诗文使用与"曙"字不同音的"树"字，不说苏轼、周邦彦、辛弃疾、刘克庄等名家诗词多处有"树"，秦观的《行香子》也早已"树绕村庄"了。

南宋初著名词家张孝祥 1167 年出任潭州知州兼荆湖南路提点刑狱，在郴先睹为快，观赏到三绝碑原碑秦观词，即步秦词原韵填《踏莎行》一首，"古屋丛祠，孤舟野渡，长年与客分携处。漠漠愁阴岭上云，萧萧别意溪边树"等，均用秦观原韵字。两年后，名相、文学家周必大游苏仙岭、北湖，观三绝碑原碑，作《跋米元章书秦少游词》，云："借眼前之景，而含万里不尽之情；因古人之法，而得三昧自在之力，此词此字所以传世。"1218 年万俟倡任郴州知州，谒苏仙岭，步秦观原韵填写《踏莎行·题景星观》，上阕的"渡、处、树"，下阕的"素、数、去"，全部是秦词原位置原韵字。

一些古人对苏仙岭三绝碑书法是否米芾真迹的质疑，影响后世较大。对此，南宋湖广总领项安世，词家、真州录事参军张端义，郴州知州邹恭，元代翰林侍讲学士兼国史编修黄潘等都亲眼观赏并证实其为米芾书写真迹。

清代，嘉庆年间郴州学政左逢霖，为三绝碑建起"桃花流水"护碑亭。嘉道年金石篆刻、书画家瞿中溶任郴州通判（后升湖南布政司理问），还在《古泉山馆金石文编》考据苏仙岭三绝碑为真迹，指出秦观词"当以石刻为正"。道光年状元、翰林院修撰陆增祥，为编大著《金石补正》，专程到郴，查明《万历郴州志》和清《嘉庆郴州总志》，量三绝碑尺寸，写了一篇千字考据文《米芾书踏莎行词刻》，肯定苏仙岭三绝碑的秦词苏语米书及石刻为真迹。

至于崖刻字稍有变化，毫不足怪，一是苏仙岭乃喀斯特地貌，渗水的石灰岩壁经七百多年沧桑，产生了地质变化。二是历代拓印较多，也影响不小。《嘉庆郴州总志·古迹志》述："当时摩拓者众，今岁久字稍剥蚀，幸石理坚，得不坏耳。"而在运动中，有愚者竟将米芾字加深一次，《湖湘历代书法选集·综合卷》载："碑文 1959 年加深一次，弄坏二字……"后又有蠢材破坏文物，把米芾写的"秦少游辞"的"辞"，改刻成"词"。这些，则从反面进一步"炒"起了苏仙岭与三绝碑的名气。

1926 年 7 月国民革命军总司令蒋介石秉承孙中山先生遗愿，为推翻北洋军阀政府、统一全国，率部北伐，首站即郴州。8 月 3 日召开军事会议，4 日白天休整、夜晚办公，蒋戎马倥偬间偷闲游苏仙岭谒义帝陵，日记简述 4 号：

"九时后，登苏仙岭，在苏仙庙午餐。相传汉苏耽成仙于此，旁有沉香岩，为其飞升之处；山麓有白鹿洞，即（苏）耽所骑一鹿如龙者，养育其中云。"

当1937年底日寇军机大肆轰炸南京浙江，蒋介石和宋美龄示意军统局：管束在宁波奉化雪窦山的张学良宜迁往湖南僻静山乡……看守张学良的"军统局派驻张学良先生招待所特务队"队长刘乙光，正是郴州永兴县人，他同军统局摸清了蒋氏意思后，选择了湘南胜地苏仙岭。当年12月25日抵郴，张学良日记载28日"移往苏山苏仙庙中（注：即苏仙观）"。在苏仙岭，他与夫人于凤至住苏仙观东厢房两间。到1938年2月，因某日在郴城中山东街偶遇东北军改编的炮兵团一中校，暴露了行踪，刘乙光遂报军统局戴笠，17日将张学良转移到刘乙光的老家永兴县油市墟文明小学。

幽居苏仙岭虽只55天，但毕竟度过两个年头、一个春节，毕竟是陆海空军副总司令，张学良在郴山郴水享有较大活动空间，频频下山。到中山西街拜访孙中山先生曾委任的中华总工会会长、国会议员陈九韶，去下湄桥郴县公共温泉与龙女温泉泡澡、游泳，或去天飞山丹霞天生桥郊游，或游览地下河溶洞万华岩……在苏仙岭，他寻找过纪念汉代马援、路博德两将军由桂阳郡南征南越、交趾的将军石，也"游白鹿洞，观宋代三绝碑"。总之，莅郴一周，1938年1月3日他就在日记中写下："此地甚好，余（我）甚喜之。"

共和国成立后，1956年郴州专区行署文化科向湖南省文化厅申报，三绝碑与郴州耒阳县蔡伦墓同一批定为省级文物保护单位。

1960年3月上旬，湖南省委召开省委书记处、地州市委、县委书记三级干部会议，毛泽东主席莅临长沙。12日下午张平化领着省委书记处新书记于明涛和全省11个地州市委书记，上了专列。当张平化介绍到第三人、郴州地委书记陈洪新时，毛主席饶有兴味地说出郴州古民谣"船到郴州止，马到郴州死，人到郴州打摆子"，并背诵了三绝碑镌刻的秦观词《踏莎行·郴州旅舍》"雾失楼台，月迷津渡，桃源望断知何处……"

翌年3月，国务院文教办主任、郴人张际春回乡，在陈洪新、郴州师专单泽周老师陪同下踏勘三绝碑，返京后拨款3万元重建护碑亭，盘山公路也开建。

1965年3月27日，中南局第一书记陶铸，带着秘书长雍文涛等，在张平化陪同下到郴州检查农业生产，正蹲点郴县华塘公社抓"社会主义教育运动"的省委第二书记、湖南"社教"总团团长王延春也赶来。陈洪新汇报完工作，邀请陶铸等领导去苏仙岭看看。翌日上午，大家前往建设中的苏仙岭公园，到护碑亭吟读了《踏莎行·郴州旅舍》；再攀上绝顶，一览返绿的田园、美丽的山城。陶铸想到"饿魔"远遁，稻香复归，当晚诗兴勃发，步秦观原韵填写《踏莎行》：

"一九六五年三月，检查农业工作至郴州，游苏仙岭公园新栽果树林，只见千枝吐艳，景象欣欣。然于三绝碑上览秦少游词，感其遭遇之不幸，因益知生于社会主义时之有幸。乃反其意而作一阕，以资读该词者做今昔之对比，而更努力于社会主义革命与社会主义建设。

"翠滴田畴，绿漫溪渡，桃源何似人间处。不须惆怅怨春寒，万人欢唱朝阳树。　桥跃飞虹，渠飘练素，英雄此际无重数。郴江虽仍绕郴山，流向稻香长不去。"

他将初稿放了一段，最后定夺为：

"翠滴田畴，绿漫溪渡，桃源今在寻常处。英雄便是活神仙，高歌唱出花千树。　桥跃飞虹，渠飘束素，山川新意无重数。郴江北向莫辞劳，风光载得京华去。"

陈洪新、张平化考虑，陶铸词很有意义，且全国人大会议已任命他为国务院副总理，为党和国家领导人之一。其词适合上石，竖于三绝碑旁，以让游人做今昔对比。上述内容经浓缩，先载 1981 年郴州《十字街头》，后发表于三湘览胜旅游丛书之《南国郴州》"苏仙岭"一文（湖南美术出版社 1984年 1 月版）。

后陶铸被江青、康生等野心家迫害病逝，陈洪新等遭受摧残，苏仙岭陶铸词碑被砸掉。好在"四人帮"于 1976 年金秋被一举粉碎，邓小平等老革命家引领中国走上改革开放之路。

1986 年 2 月邓小平同志题名的"湘南起义纪念塔"、胡耀邦题名的"湖南起义纪念馆"奠基兴建，中顾委常委、全国政协副主席萧克与夫人、中顾委委员塞先佛、全国政协委员、原北京军区副政委王紫峰将军，在原郴州地委书记、全国政协委员、省政协副主席、全国杂交水稻专家顾问组组长陈洪新陪同下返郴揭幕。他们来到中国女排集训基地参观。我时为基地秘书兼外事旅游专干，参与接待。陈老告诉我："我要给你补充一点史料，担心这次碰不上，就给沥青同志说了，由他转你。"

李沥青，省政协委员、省民间文艺家协会顾问、郴州地区文联顾问、湘昆发现者。他转告我："当年陶铸同志填词后，向友人征求高见，毛主席秘书、中宣部副部长胡乔木建议'渠飘练素'的'练'改成'束'，以求与'桥跃飞虹'的'飞'字更为相对。陶铸大喜，请毛主席另一秘书、擅长行草的理论名刊《红旗》杂志总编辑陈伯达书写。这样，陶铸词、胡乔木一字之师、陈伯达书法，一时被称作新三绝。老书记说，这件事原来是你采访的，这文史补充给你，写出来，让全社会都能知道真实历史。"于是，我写了《三

427

绝碑史话》，发表在 1989 年《湖南外事》杂志上。2004 年又撰散文《三绝碑》，发表在 7 月 1 日的《人民日报》"大地"副刊上。

1988 年 3 月，中顾委委员、中组部原副部长曾志返回家乡，与杨得志、萧克、曹里怀、欧阳毅、张平化、王紫峰、彭儒、郑效峰等前辈一道，为湘南起义纪念塔落成剪彩。她专门参观了苏仙岭三绝碑，并告诉人们，夫君陶铸书写的《踏莎行》一词当年由她保存下来了。回到北京，她寄来陶铸原件，郴州文化部门制碑嵌于护碑亭山墙，与三绝碑一同无声地叙述风云往事。

中华抗疫与苏耽仙传

偌大地球，漂浮宇宙，如同太虚中一粒细小箕斗；虽然它是目前我们所知仅有的一颗存在生命的星球，居住着在自然界顶端的最具智慧最有力量的精灵高手，可浩茫宇宙变化莫测忒难捉摸，人只能算微尘粉末，常被比我们小得太多的东西左右。人的进化史、人类文明史，演绎着与瘟疫之间的战斗无止无休。

杳远的公元前430—公元前427年，相当于中国的战国前期，在欧罗巴暴发的雅典瘟疫，将人类引以为傲的古希腊文明拖入暗淡境地，这是人类所知最早有明确记录的可怕瘟疫。公元78年后罗马帝国几度发生灾疫，其中542年瘟疫大流行并传向各地，极大地扰乱了世界文明进程。15—17世纪西班牙、英国殖民主义者发现和征服新大陆，却将天花病菌带去，几乎灭绝美洲的印第安民族。反过来，欧洲民众被传染病逼迫而抗疫，终于苏醒，摆脱教会的"神谴论"，在积极防治中萌发科学理性思维，促进了公共健康理念、社会卫生行业的改进与发展，世界上称之为人类"第一次卫生革命"。

有史以来，中华民族就同各大洲其他民族一样，屡受细菌病毒侵扰，但从未屈服一直英勇迎战，早在公元前就有先例。秦灭六国、秦末起义、楚汉相争，连年"流血漂橹"，当时自然环境改变缓慢，先民抵御疾病的能力有限，遂使汉王朝初期病害频发。如《汉书》记述：汉文帝朝数年"水旱疾疫之灾"，使得"朕甚忧之"。

"疾疫"的"疾"，按古代第一部系统地分析汉字字形和考究字源的字书、东汉文字学家许慎的巨著《说文解字》解释，就是"病也"，清代学者段玉裁的《说文解字注》引前人"经""传"的训诂，是："急也，速也。此引申之意。如病之来多无期无迹也。"疾，就是无期无迹的急病。而"疾疫"的"疫"，《说文解字》指出，是可怖的"民皆疾也"，即很多民众都染上急病。《说文解字注》引东汉经学家、大司农郑玄"《周礼》两言：疫，疠之鬼"。这"疠"作何解？《说文解字》指出是"恶疾也"，《周礼》早已记载上古"四时皆有疠疾"，春秋《左传》记载"天有菑（灾）疠"，《黄帝内经》的《素问》篇更指明"疠大至，民善暴死"。就是说，毒菌邪气形成烈

429

性传染的规模，就成了天降瘟病，人民容易猝然而死。"疾疫"即瘟疫，怪不得属于病魔疠鬼！

悠悠上古，科学思想和药理医术尚在探索，严重危急的疫情袭击，人们一时难以对付，受"天命论"约束，认为自然灾害乃是上天的责罚，故称之为"天谴"。那么，古人是怎么对付"天谴"疫疠的呢？出土于楚国故地湖北云梦县的战国晚期竹简《睡虎地秦墓竹简·法律答问》，黄底黑字告诉后人有几种处置方式。一、"疠者有罪，定杀"。说传染病重症患者天生有罪，要处死以免传染他人。二、"甲有完城旦罪，未断，今甲疠，问甲何以论？当迁疠所处之"。即说一个人犯法判服筑城四年苦役，已服刑完未宣判结果，他却患了传染病，这怎么处理？可以把他转移到"疠所"去，即隔离到专门设立的传染病人住所。这是看在其服刑四年，赎完了自己的罪，做人道处理，如果病愈就可活命。三、"或曰：当迁疠所，定杀"。这是另类处置，犯罪者完成服刑期后患传染病，转移到"疠所"，如果病不能愈，为防止传染就予处死。四、"城旦、鬼薪疠，可何论？迁疠所"。修筑长城、为宗庙砍柴供祭祀鬼神的男服刑者患传染病，如何处置？可以转移到隔离处所……总之，战国晚期中国人对付"疫疠"的医疗卫生水平受限，因此迷信天谴、歧视病人，但已懂得隔离之法。

历史车轴转动半个世纪后，西汉文帝年间，虽仍处在公元前，但摆脱了战乱，休养生息20多年，社会正常发展。南方桂阳郡治郴县（今湖南郴州）出了一个草药郎中苏耽，曾力挽"疾疫"狂澜。其传说现为国家级非物质文化遗产。

步入散发书香的国家图书馆，埋首湖南、郴州图书馆及瀚天云静文化公司，在浩如烟海的古籍里查阅明代《郴阳仙传》《万历郴州志》《康熙郴州总志》和《徐霞客游记》等，这些书记载，苏耽生于汉惠帝五年（前190）7月，汉文帝三年（前177）五月离家未归，年龄记录到13岁，是个南岭少年。其事迹，最早则记述于西汉末史学家、经学家、文学家、光禄大夫刘向撰著的《列仙传》中的"苏耽"传：

"苏耽，桂阳人也，汉文帝时得道，人称苏仙。公早丧所怙，乡里以仁孝著闻，宅在郡城东北，距县治百余里。公与母共食，母曰：'无鲊。'公即辍箸，起身取钱而去。须臾以鲊至。母曰：'何所得来？'公曰：'县市。'母曰：'去县道往返百余里，顷刻而至，汝欺我也！'公曰：'买鲊时，见舅氏，约明日至。'次日，舅果至。

"一日，云间仪卫降宅。公语母曰：'某受命仙箓，当违色养。'母曰：'我何存活？'公以两盘留。母需饮食扣小盘，需钱帛扣大盘，所需皆立至。

"又语母曰：'明年天下疾疫，庭中井水橘树能疗。患疫者，与井水一升，橘叶一枚，饮之立愈。'后果然，求水叶者，远至千里，应手而愈。"

《列仙传·苏耽传》开篇说苏耽的父亲过世早，却"以仁孝著闻"。那么除了孝养母亲，他以什么仁义或仁爱闻名呢？《苏耽传》结尾一段最为关键，即他预测"明年"即汉文帝四年将暴发"天下疾疫"，因此公元前176年他与母亲带领民众抗击疫情。

时光轮转到晋代，道教理论家、医药学家葛洪去岭南罗浮山，道经南岭北麓桂阳郡郴县时，对苏耽传说进行了一番社会调查，撰写出《神仙传·苏仙公》，篇幅比二百多字的《列仙传·苏耽》扩大了4倍半。记述他因父早丧家贫，牧牛养母；离家外出前，先整修房屋、留下储物柜，这是尽孝慈母。而后"跪白"提醒母亲：翌年天下将会暴发瘟疫！告诉母亲采摘他种的橘树叶子，用他开凿于院中橘树旁的井泉熬制药剂，可以治疗。这是根据那几年疫情做的预测，更是超出一家之情大爱苍生的表现，是大孝于国家人民。说"患疫者"，是指忧患担心人们将染瘟疫和初患者，故让其服一升橘叶药剂，就能预防和治疗。

第二年，果然发生苏耽预测的瘟疫，除了桂阳郡民预防在前，千里之外的人们纷纷赶来，服饮橘树叶井泉水熬煎的药剂。橘属芸香科植物，有多种，果实及叶、根均有食疗药用功效，其全身是宝。橘叶熬水、煎服、绞汁捣汁饮，可散逆气、疏肝，治肺痈、伤寒、咳嗽、气痛，消肿散毒等。苏耽栽种的橘为药橘，郴州、湖湘俗称的"皱皮柑""丑橘"，除上述好处，还有预防冠心病及动脉硬化等作用，含有抗癌活性物质等。

纷纷芸芸，民间传说：郡城东门外的苏耽宅，苏母在井旁架起9口大锅，采井边橘树和后园橘树的叶子日夜熬制药剂；苏耽从天庭降临马岭山顶青松林吹气，暗助火势；而"求水叶者，远至千里"，那就是东南西北的民众来了很多；晋葛洪《神仙传》说"无不愈者"，元代《仙鉴》说"所存活者千百人"。如是，形成了群防群治瘟疫的场面。传说属于口头文学，这是否真实？

厚厚的《非物质文化遗产概论》，明确了"口头文学可能更多地保存了历史的原状，是活态的、生动的历史。由于口头文学是在民间流行，相对于官修史书而言，更少受官方意识的影响和干扰，更少为所谓的尊者、贤者讳饰，因而就能更多地记录、存留下来当时的真实状况。这就使得在某些时候口头文学比官修史书更有历史记忆价值、科学认识价值"。

就以苏耽预测瘟疫和郴州民谣为例，中国社会史丛书之《流放的历史》提到历史上与流放相关的民谣，只举郴州民谣为例，有朗朗上口的"船到郴州止，马到郴州死，人到郴州打摆子"。第一句缘由，湘江、耒水的船往上游最远至南岭郴城就再无航道了，战国时楚国鄂君熊启凭其兄怀王颁给的舟节，上有"内未庚鄙"一语，即商船由湘水入耒水经过耒、鄙水关抵终点苍梧郡治郴县，一般货物可免征税。秦末项羽逼义帝迁都长沙，义帝也选择到上游船止之处郴县建都，故"船到郴州止"。第二句，郴州踞南岭要冲，山高林密、瘴气蛮烟、毒蚊滋生，北方大马千里费力而来，不是爬山累死就是被毒蛇猛兽咬死，《后汉书》叙述："县接交州，旧献龙眼、荔枝及生犀，驿马昼夜传送之，至有遭虎狼毒害，顿仆死亡不绝。"故湘粤古道上的王宫特贡，造成"马到郴州死"。第三句，南岭原始林区，瘴雨湿热，北人南来不服水土，被蚊虫叮咬，易染疟疾伤寒，浑身发抖，俗话"打摆子"。《史记·南越列传》记载：汉初南越王赵佗攻桂阳郡、长沙国，伏波将军"出桂阳"南征，汉军却败北，原来"会暑湿，士卒大疫，兵不能逾岭"，故"人到郴州打摆子"。因此，苏耽预测"明年天下疾疫"，实有依据。

学富五车的清末民初思想家、民主革命家兼医学家章太炎，就认为苏耽橘井传说与防治瘟疫相关，其《防疫》诗写"济生无橘井，隐背尚藜床"，"何当赴龙墀，一写百金方"。按《郴阳仙传》和《万历郴州志》记载，苏耽预测的"明年"，是汉文帝四年即公元前 176 年。因此，中华先民战疫成功有可能最早出自南岭郴州，从世界范围来看也是领先的。人类最早的"卫生革命"之一，很有可能发生在中国。

这应与楚义帝熊心的秉正义行仁义、坚守信义道义，建都郴县有所关联。春秋战国诸子百家，学术兴盛，而"秦患之，乃燔灭文章，以愚黔首"。义帝领导义战，"与诸将约，先入定关中者王之"；灭秦后，项羽想做关中王，威逼义帝改约，但义帝坚持"如约"，诚义千钧。项羽大为不满，凭军力自封西楚霸王，分封刘邦为汉中王，遣使者对义帝说"古之帝者地方千里必居上游"，逼其迁往长沙，又暗杀义帝于楚都郴县。刘邦知晓，指责项羽不义，爆发楚汉战争。刘邦得道多助胜出，建立汉王朝，派三侯至郴为熊心举行国葬，筑义帝陵。故，是楚义帝信义为本血践"如约"，奠定了汉朝建立与汉文化兴起的基础。于是"汉兴，改秦之败，大收篇籍，广开献书之路"。也就是刘邦鉴于秦始皇"焚书坑儒"的失败教训，进行了改革，且懂得百姓需要知识、书籍藏于民间。因此，将有历史文化价值的文字都搜集起来，动员和嘉奖民众献出藏书。这样，《神农本草经》《黄帝内经》《神农黄帝食禁》《五脏伤中十一病方》《风寒热十六病方》等大量医书，找出来进行整理。随着汉初经济的恢复、发展，医学更受社会重视，长沙马王堆西汉墓出土的医书医方就能说明这点。如果再往远古联想，"神农尝百草""郴夭尝菻蒿"等传说也在南岭一带。

薪火相传，生于神农郴夭开创医药、义帝建都的南岭郴县，长于重视医学的西汉初期的苏耽，显然深受影响，并继承了民族先贤的探索精神、抗疫思想，才能知晓瘟疫规律，以超出一家之孝而大爱苍生的良知，带领民众努力抵抗。如此，百姓将他、他母亲视作良医，将苏家井、橘树视作良药，逢疫情即祈祷于苏仙观、橘井观。唐玄宗敕令"发挥声华，严饰祠宅"；宋代四朝皇帝封予仙号，从"冲素真人"到"昭德真君"。如此，苏耽成了苏仙，他出生、采药的马岭山成了道教"天下第十八福地"苏仙岭。历代修葺苏仙观、橘井观，如康熙四十九年（1710），范仲淹第19代孙范廷谋走马上任郴州知州，与各县官员、州城绅民、道教界再次重修两观，镌碑叙述"历年以来，水旱疾疫，祷无不应"。

不过，还有一个疑点，13岁少年怎么会懂得采药看病预测瘟疫？原来，上古以十二年为一纪，时人因适应环境与生计发育得早，社会视13岁为成人。皇宫选贵妃、美人、宫人、采女，"年十三以上……合法相者"即可。东汉大将邓禹，"年十三，能诵诗，受业长安"。桂阳郡人蔡伦也是13岁时选进宫当差。苏耽幼年失父，俗话说穷人的孩子早当家，所以他少年能采药治病、预测瘟疫并不奇怪。

奇怪的是，13岁的苏耽跪别母亲去了哪里？得道升仙吗？显然传说过了头。还有传说他在河南襄城、信阳商城、光山、江西九江都昌、安徽泾县、浙江衢州（古信安郡）等地活动过。唐末诗僧贯休《寄郑道士二首》，即有"常忆苏耽好羽仪，信安山观（著名的烂柯山道观）住多时"句。中唐进士诗人、秘书郎严维有诗《酬刘员外见寄》，刘员外是"五言长城"刘长卿，他寄诗严维。严维回赠，吟："苏耽佐郡时，近出白云司。药补清羸疾，窗吟绝妙词。柳塘春水漫，花坞夕阳迟，欲识怀君意，朝朝访楫师。"其中"柳塘春水漫，花坞夕阳迟"为唐诗名句。但"苏耽佐郡时，近出白云司"不易理解，连著名文学家施蛰存也疑惑："其意义是可以理解的，但他用苏耽的故事却不可解。"

然而，苏耽跪别母亲后下落不明的秘密，就藏在"苏耽佐郡时，近出白云司"和"常忆苏耽好羽仪，信安山观住多时"，这两句说史诗中。

头一句大有深意，苏耽因驱瘟救民称仙，人所皆知。"羽仪"比喻居高位而有才德，被人尊重或堪为楷模。他居过何种高位？"白云司"怎解？传说黄帝以云命官，秋官为白云，那么苏耽得道成仙，即为天庭医药秋官。在唐代，尚书省六部中刑部属秋官；刘长卿曾任刑部都官员外郎，也是秋官，且"药补清羸疾"热衷道家养生术。这首诗是说，刘长卿曾出入清要，非尘世中人，像西汉苏耽一样暂时佐郡罢了。而且他贬岭南过苏耽家乡郴州桂阳郡，写下《逢郴州使因寄郑协律》《洞庭驿逢郴州使还寄李汤司马》《入桂渚次砂牛石穴》《桂阳西州晚泊古桥村住人》等多首诗，大名远扬的是《逢雪宿芙蓉山主人》："日暮苍山远，天寒白屋贫。柴门闻犬吠，风雪夜归人。"日后，境耸扶苍山又满城芙蓉的桂阳县，就别称"蓉城"。刘长卿后面也不佐郡了，做上江淮转运使判官、代理淮西鄂岳转运使、随州刺史、入淮南节度使幕。

问题来了，刘长卿辅佐淮南节度使，那"苏耽佐郡时"是辅佐哪个郡国之主呢？时间太久远了，蛛丝马迹都难找。不过，看似虚无缥缈，却也草蛇灰线影影绰绰。翻阅《全唐文》，由唐代郴州刺史孙会撰写的《苏仙碑铭》透露，除了"桂阳之邱，仙公牧牛"，还有"襄城之野，仙公牧马"。襄城，即河南襄阳今许昌，唐代铭文说明从西汉流传下的故事，有苏耽当年活动于中原的行迹。而河南有大小苏山和苏耽为淮南王刘安的辅臣的传说。刘安是汉高祖刘邦之孙、淮南王刘长之子，文帝十六年（前164）封淮南王。好道好书鼓琴，发明豆腐，著《淮南子》，乃西汉文学家、思想家。他有一大特点，还在做阜陵侯时就好招宾客方术之士，多多益善，府中养有招徕及各地投奔的数千人。苏耽学医术求道术救民而出名，十三四岁离开桂阳郡，云游天下求道访医，经过及活动于淮南王管辖之九江郡、衡山郡，极有可能被刘安招去做辅臣。故都昌、瑞昌、信阳、芜湖泾县流传其传说与祭祀建筑，浙江衢州也传说他在信安山观（烂柯山）住过。贯休吟"常忆苏耽好羽仪，信安山观住多时"，可能指他居于管理一方道教、医药的高位。刘安封淮南王时，苏耽26岁。然而刘安势力大了以后，竟卷入谋反事件，导致事败自尽，辅臣们都被株连抄斩；苏耽可能就此遭到不幸，或躲避杀戮藏于民间终老。郴人当然不愿提及此损害苏耽清名之赖事，而是传说他辞别母亲跨鹤升仙了。

总之，迢迢两千多年，各类典籍文献对苏耽橘井传说都有记载，以"橘井"为名的事物多不胜数。如医林名典"橘井泉香"就与"杏林春暖"，交相辉映于中华传统医学史；许多医药医方书籍也以橘井命名，《橘井真源》《橘井元珠》《橘泉仙馆医案杂著》等。"苏耽橘井"传说流传中华广袤大地，不止湖湘，粤、赣、鄂、桂、川、渝、黔、闽、浙、琼、豫等省区也出现橘井；北京老药店同和堂外墙刻"泉香橘井"大字，保定老药号万宝堂塑李鸿章的"橘井""杏林"题词，上海沈氏女科有对联牌"橘井甘泉分来申浦"，广东陈李济医药集团称"四百年橘井老字号"，化州化橘红百年老店名"橘泉堂"，江苏浙江安徽河南等地诊所药铺悬挂"橘井泉香""橘井流芳"匾，香港有橘井流芳中医诊所，台北有橘井出版社等。

这种巨大的辐射影响，让明代来华的意大利传教士利玛窦告诉西方人，对中国事物"记医，以橘井、以杏林"；日本也有橘井堂医院，明时特芳禅师著作也写下机语"橘井一勺，甘泉延无疆寿；杏林五株，春色联不尽芳"。越南共和国庯宪市温氏祖厝楹联，书："半月烟波，泛宅陶公宜小隐；宪南风物，寿人橘井久传家。"三保太监郑和下西洋带了180个医师，把开凿深井饮卫生水的橘井文化也传播到东南亚，所以柬埔寨王国除了纪念他的三保公庙，还有橘井省、橘井市。

　　吟咏苏耽橘井的诗词曲赋就更瞩目了，多达600余篇，远远超过杏林诗词，居道教三十六洞天七十二福地中之最。因为桂阳郡苏耽预测瘟疫以及橘井救民的现象产生，恰好印证了上述历史、群体战疫的预防医学史实，更折射出中华民族的智慧、勇气、力量。所以从南北朝开始历代文化文学精英，如李白、杜甫、王维、王昌龄、沈佺期、元结、刘禹锡、柳宗元、罗隐、宋代苏轼、秦观、张舜民、黄庭坚、阮阅、陆游、张栻、刘克庄、张元干、金元吕延嗣（女真族）、元好问、杨维桢、倪瓒、丁鹤年（回族）、明代韩雍、何孟春（郴人）、王世贞、徐渭、湛若水、汤显祖、董其昌、明清之际王船山、钱谦益、柳如是、屈大钧，清代刘献廷、蒲松龄、张九钺、程恩泽、陈起诗（郴人）、石恒玉、丘逢甲；乃至历代帝王将相郭震、张九龄、宋真宗、朱胜非、周必大、文天祥、王都中、刘伯温、明蜀王、杨溥、李东阳、张居正、乾隆等，还有民国章太炎、程潜、革命家邓中夏（郴人）、南怀瑾等，都倾情讴歌颂扬。唐代诗圣杜甫吟"橘井旧地宅，仙山引舟航"，宋代真宗皇帝吟"橘井甘泉透胆香"，元代湖南廉访使完颜东皋吟"橘井有泉通玉液"，明代内阁辅臣杨荣吟"香分橘井泉"，清代民族英雄林则徐吟"橘井活人真寿客"。查阅诗词篇章，扫视这份名单，你的心灵是否会震撼……

　　然而，最震撼的是庚子年春，在瘟疫袭击全球之时，广袤中华上演了人类历史上最大规模最雄壮威严的战疫行动：国家主席、国务院总理奔赴一线，政府迅疾在武汉新建火神山、雷神山医院和16家方舱医院；国家卫健委组织专家组、医学院士团队三进武汉展开调研、策划方案，卫生部组织各省市自治区医疗卫生系统的院长主任、医生护士，集结成紧急驰援湖北的巨型战疫军阵，346支医疗队，4.26万名医卫人员，女性占2.8万；不仅如此，还有一支专业的心理援助队伍24小时在线为公众提供心理服务。这其中，也有苏仙故里湖湘郴州的白衣天使一队，带去橘井深情一片。

　　寒冰摧命青松战，春风拂绿湖海岸；莫谓疾疫藏鬼影，大众齐心可拔山。中国人民与友邦携手，在世界范围率先成功突出重围，并慷慨向各国伸出援手承受重担。我们，正和全地球村的公民勇敢探索在战胜瘟疫的大自然！

战疫期说"橘"与"桔"

　　极不平静的庚子年，面临浩大的战疫场面，使人联想起与之相关的中华医林名典"橘井泉香"；它萌生于公元前西汉初桂阳郡治郴县草药郎中苏耽预防瘟疫之举，遂使湖湘郴州"橘井"天下闻名。但如今人们普遍不清楚的是，这个"橘"属专用名词，不应写成"桔"字。

　　芬芳之"橘"，是芸香科果木柑橘专属名称，"橘"读音为 jú，这类果树产生很早，夏商即有橘果上贡，《尚书·禹贡》记载"扬州厥包橘柚锡贡"，注为"小曰橘，大曰柚"。《尔雅》云："江南为橘，江北为枳。"言明橘树产自南方。当然还有柑、橙、柚等。东汉语言文字学家许慎的《说文解字》记述："果出江南，树碧而冬生。"《汉书》早已记录西汉朝廷设置"橘官"，说明其掌管南方佳果橘柑橙柚的种植及输运诸事。

　　"橘"字与"井"合为一词，则人文意义巨大，大型工具书《辞海》"橘"字第一个词条，内容为："橘井　古代传说：苏仙公，汉代桂阳（郡）人，修仙得道。仙去前，对母亲说：'明年天下疾疫，庭中井水一升，檐边橘叶一枚，可疗一人。'到明年，果然发生疫病，他的母亲依他的话医治病人，果然都痊愈了。"这是据西汉末光禄大夫刘向《列仙传》和晋代道教理论家葛洪《神仙传》中的"苏耽传"编辑，据三国《桂阳先贤传》记载苏耽实有其人。此橘，乃是药橘。

　　《辞海》词条中"明年天下疾疫"的"疾"，指急病；"疫"指"民皆疾也"，即各地民众都可能传染流行性急病，这就是瘟疫。而桂阳郡治所郴县（今郴州）草药郎中苏耽，预告母亲采取防疫治疗措施，第二年救民无数。按明《万历郴州志》《徐霞客游记》在郴所见碑刻的记载，苏耽预测及防治瘟疫时间，在汉文帝三年（前177），这可视作人类战疫的预防医学的开端，充分体现出中华民族在医药学方面的智慧，及面对自然灾害不挠不挠顽强抗击的精神。如此，产生出"苏耽橘井""橘井泉香"等典故。

　　"桔"字在读音及含义方面，则自成复杂体系。"桔"字第一个意思，与"槔"合为"桔槔"一词，战国中期道家学派代表、哲学家庄周所著《庄子》

一书，记春秋有"桔槔者，引之则俯，舍之则仰"，乃一种原始提水工具、最早的"吊杆"，一俯一仰即一下一上就把井水从低处提出来；后成汲水的"井上辘轳"，在北方。因其与水与木有关，所以"桔槔"的"桔"读音"洁"，写成"木"旁"桔"。

"桔"字第二个意思，与"柣"合为"桔柣"一词，春秋《左传》记载："子元以车六百乘伐郑，入于桔柣之门。"桔柣，指春秋郑国远郊之门。

"桔"字第三个意思，与"梗"合为"桔梗"一词，属于草本植物药物，《神农本草经》《战国策》，都记有"桔梗"，所以许慎《说文解字》解释"桔"为"药名"。还有"桔梗石竹"的观赏植物。

"桔"字第四个意思，与"槔"合用，"桔槔"还被利用为：烽火。《史记》载"北境传举烽"，东汉末—三国著名学者、荆州从事文颖注释"烽"，是"作高木槔，槔上作桔槔，以薪置其中；有寇则燃之，谓之：烽"。

"桔"字第五个意思是：直木，见《说文·木部》"桔，一曰：直木"。

博大精深的汉语中文就这样告诉我们，"桔"与"橘"本来没什么关联。但为何今日到处以"桔"代"橘"？漫说《说文解字》无此替代，《康熙字典》也没有这样的做法。问题出在哪里？

有心人自然会思考，清中期文学家、四川进士、翰林院编修、吏部员外郎李调元，乾隆四十二年（1777）升广东学政，到岭南后，发现以"桔"代"橘"的行文现象，便进行一番考证。他在《斋琐录》卷四中叙述："《易林》'三人求吉，反得大栗'。东坡有《黄甘陆吉传》，皆借'吉'为'橘'。今蜀音犹然。粤东呼橘皆曰'吉'，凡相馈遗橘，写橘为桔，本此。"意思是，汉代《易林》一书记录曾有人以"吉"字代"橘"字；宋代文豪苏轼曾在寓言小品《黄甘陆吉传》，用"甘"代"柑"，用"吉"代"橘"；四川方言"吉""橘"也音似。而到了清朝康乾盛世，广东得地利之便经济活跃，粤人为追求"大吉"，在互赠礼物盆景橘或者买卖后剩余的橘子，都"写橘为桔"，以求"吉利"。那么，"桔""橘"不分、写"桔"代"橘"的根本原因，就在于粤人追求大吉大利。

显然，这是一种功利性改变语言文字的行为，不足为法，"桔"不能等同于"橘"字。别说字形区别大，字义也各不相干，如"橘"是水果；"吉"则表吉祥、吉利、善、美之意，还属姓氏。即使按《正韵》的读音，"吉"与"橘"也是两回事。只在某一处方言区某个时段读音含混，如北魏地理学家郦道元《水经注》写湘江长沙段，"湘水又北径南津城西，西对橘洲，或作吉学字"，这是他猜测当时长沙人有一种现象，学着把"橘州"的"橘"读成"吉"；这其实是郦道元没弄清长沙方言，古今长沙人并未将"橘"读成

"吉"。

在现代简化字时，1977 年推出了《简化字方案草案》，将"桔"当作"橘"的简化字，推行 8 年到 1986 年又废止。由于操之过急，使得一些工具书的版型未改，以至于今天那些工具书中"桔"的注音、字义，仍有"桔同'橘'"的释读，令人模棱无可适从。让我们看看典范，国务院《关于同意湖南省撤销郴州地区设立地级郴州市的批复》（国函〔1994〕136 号）和湖南省《关于撤销郴州地区设立地级郴州市的通知》（湘政函〔1995〕15 号），这两个权威文件提及新设的郴州市苏仙区人民政府，规范写着"驻橘井路"。

早在战国，《诗经》即告诫，君子的修养要"如切如磋，如琢如磨"。写字用字，同此一理，因为它是一门文化科学。

第四批国家级非物质文化遗产代表性项目名录（部分）

民间文学（共计30项）

序号	项目编号	项目名称	申报地区或单位
1220	Ⅰ-126	卢沟桥传说	北京市丰台区
1221	Ⅰ-127	鬼谷子传说	河北省临漳县
1222	Ⅰ-128	东海孝妇传说	江苏省连云港市
1223	Ⅰ-129	刘阮传说	浙江省天台县
1224	Ⅰ-130	孔雀东南飞传说	安徽省怀宁县、潜山县
1225	Ⅰ-131	老子传说	安徽省涡阳县，河南省灵宝市
1226	Ⅰ-132	陈三五娘传说	福建省泉州市洛江区
1227	Ⅰ-133	胡峄阳传说	山东省青岛市城阳区
1228	Ⅰ-134	孟母教子传说	山东省邹城市
1229	Ⅰ-135	河图洛书传说	河南省洛阳市
1230	Ⅰ-136	杞人忧天传说	河南省杞县
1231	Ⅰ-137	三国传说	湖北省
1232	Ⅰ-138	伯牙子期传说	湖北省武汉市
1233	Ⅰ-139	尹吉甫传说	湖北省房县
1234	Ⅰ-140	苏仙传说	湖南省郴州市苏仙区
1235	Ⅰ-141	毕阿史拉则传说	四川省金阳县
1236	Ⅰ-142	仓颉传说	陕西省白水县、洛南县
1237	Ⅰ-143	骆驼泉传说	青海省循化撒拉族自治县
1238	Ⅰ-144	回族民间故事	宁夏回族自治区泾源县
1239	Ⅰ-145	广禅侯故事	山西省阳城县
1240	Ⅰ-146	解缙故事	江西省吉水县
1241	Ⅰ-147	壮族百鸟衣故事	广西壮族自治区横县
1242	Ⅰ-148	阿凡提故事	新疆维吾尔自治区喀什地区
1243	Ⅰ-149	广阳镇民间故事	重庆市南岸区
1244	Ⅰ-150	西王母神话	新疆维吾尔自治区阜康市
1245	Ⅰ-151	盘王大歌	湖南省江华瑶族自治县
1246	Ⅰ-152	玛牧	四川省喜德县
1247	Ⅰ-153	黑白战争	云南省丽江市古城区
1248	Ⅰ-154	祁家延西	青海省互助土族自治县
1249	Ⅰ-155	常山喝彩歌谣	浙江省常山县

后　记

　　"山光忽西落""等闲平地起波澜"，完全意料不到，撰写先贤抗疫著作过程中，全球暴发威胁人类命运的瘟疫。而本书的最后笔耕，是在中国人民携手各国公众抗击"新冠病毒"迎来曙光之际，这使得其出版，具有极不平凡的象征意义。现虽因疫情搅乱、经济欠佳，郴州市、苏仙区领导仍关注重视该项目，市文旅局、文联、报社、非遗保护中心、义文化研究会、苏仙岭风景区、郴州一中、道教协会同苏仙区文化、非遗保护部门组成编委会，显示出对本土文化遗产的尊崇与担当。

　　犹忆 2005 年国务院办公厅《关于加强我国非物质文化遗产保护工作的意见》，指出："非物质文化遗产与物质文化遗产共同承载着人类社会的文明，是世界文化多样性的体现。我国非物质文化遗产所蕴含的中华民族特有的精神价值、思维方式、想象力和文化意识，是维护我国文化身份和文化主权的基本依据。加强非物质文化遗产保护，不仅是国家和民族发展的需要，也是国际社会文明对话和人类社会可持续发展的必然要求。"正因如此，笔者认定"苏仙传说"具备国家级甚至世界性非物质文化遗产资质，常年节假未敢放松，潜入史海十数年，深掘苦研，发现它超过别的洞天福地的大量文献，遂力助苏仙区拟出申报国家级非物质文化遗产的材料。

　　感恩改革开放，互联网通畅，出版业发达，图书馆方便；家人利用电脑协查史料、搜购古籍，帮助攻坚克难；朋友热心配合，提供帮助；笔者自费赴北京、长沙，常淘宝，最终还原了这一部中华民族特有的两千年自成体系的皇皇巨著。

　　中国文史出版社编辑部慧眼扶助；101 岁的原省民协顾问、湘昆发现者李沥青逝前审阅书稿，令人感佩。又遇 1966 届初中毕业一学友，他记起当年吾辈端坐"苏母墓"石阶读书情景，及甬道的历代汉白玉、青石碑刻，叹息"十年浩劫"时拆毁"苏母墓"，将宋石明砖清瓦去造防空洞，简直暴殄天物！"还要把它们从封闭的洞里找出来呀。"这冷静提醒，令人联想到《关于加强我国非物质文化遗产保护工作的意见》中的一段话："随着全球化趋势的加强和现代化进程的加快，我国的文化生态发生了巨大变化，非物质文化遗产受到越来越大的冲击。一些依靠口授和行为传承的文化遗产正在不断消失，许多传统技艺濒临消亡，大量有历史、文化价值的珍贵实物与资料遭到毁弃或流失境外，随意滥用、过度开发非物质文化遗产的现象时有发生。加强我国非物质文化遗产的保护已经刻不容缓。"确实，我们理当在已有的工作层面上，延伸视野，不停思索，做得更多更优，才能通达"前程渐觉风光好，琪花片片粘瑶草"的良辰妙境。

张式成
2022年春